分卷主编　杜继东

中华民国时期
外交文献汇编

1911—1949

第九卷

上

中华书局

本卷说明

本书系《中华民国时期外交文献汇编 1911—1949》之第九卷，主要反映 1945 年抗日战争结束后数年间的中国善后外交事务。

1945 年 8 月，抗日战争取得最终胜利，日本宣布无条件投降。日本投降，盟军受降，作为四大国之一的中国，理应在受降过程中起主导作用。经过与美、英、法等国的交涉，中国参加了香港的受降、主导了印度支那北部地区的受降。在美国的支持下，国民党政府基本上垄断了国内的受降权，顺利解除了百万日军的武装。

日本宣布接受无条件投降时，分散在中国各地的日本军队仍有 128 万，还有一百六七十万日本开拓团民、工商业者、间谍特务等所谓侨民。在接受日军投降以后，如何集中管理日侨、日俘，是摆在中国各级政府面前的一个重要事项。在国共和谈的背景和国际社会的调处下，国共双方分别就各个根据地的集中、遣返日侨、日俘工作达成协议，迅速将分散各地的日侨、日俘集中几个地区的大城市和港口，并在美国运兵船的帮助下，分批次从葫芦岛、青岛、连云港、上海、广州等地陆续遣返日本。

二战期间，日本军队在远东地区犯下了令人发指的累累罪行。日本投降以后，如何惩处日本战犯成为盟国面临的一项重要工作，也是各国媒体关注的一大焦点。美、苏、英、中等国经过长时间协商，成立远东委员会，下设战犯工作委员会，负责制定惩治日本战犯的政策和法规。在战胜国的推动下，日本战犯的审判工作在日本本土和被日本侵略的国家同时进行。盟国在日本建立远东国际军事法庭，负责对甲级战犯进行审判。中国等其他被侵略国家也纷纷组织国内军事法庭，审判乙级和丙级战犯。远东委员会还按照相关规定，对日本战犯的财产进行处置。

日本投降后,盟国需要解决的另外一个重要问题是日本赔偿问题,因为赔偿不仅是受战争侵害国恢复经济的重要办法,而且是一种惩罚日本侵略行为并防止其将来重新武装的重要手段。战争结束后,日本在海外的资产都被盟国接收。这些财产是否应该算入接收国应该获得的赔偿份额?苏联军队从中国东北地区搬走大量机器设备,苏联政府还声称,所有原为日本军队服务的中国东北各省日办企业都是苏联的合法战利品。苏联的做法是否合法?这些问题都曾成为争论的焦点。

由 11 个对日战胜国组成的远东委员会是当时处理日本问题的最权威的国际机构。远东委员会成立的前两年,美国对日索赔的态度是积极的、严厉的,各成员国之间的合作最初也是成功的。后来由于各国在赔偿份额问题上互不相让,加之美国对日政策开始发生变化,远东委员会最终没有解决对日索赔问题。

1949 年底至 1951 年初,远东形势发生急剧变化,也彻底改变了美国的对日政策,为使日本取代蒋介石集团作为自己在远东的最重要盟友和朝鲜战争基地,美国在政治上积极准备对日媾和,军事上一再催促日本重整军备,经济上以“日美经济合作”为口号,一面把日本经济纳入美国的全球战备计划,一面把东南亚各国让给日本开发,至于战争赔偿,美国的态度已完全变成“不赔偿主义”。中国对日索赔的问题被搁置,连参加对日和会的资格也被剥夺。台湾当局最终委曲求全签署了“日台和约”。

1947 年 7 月 16 日,美国政府发出请柬,邀请英国、苏联、法国、中国、加拿大、菲律宾、印度、澳大利亚、荷兰和新西兰等国参加由美单独决定于 8 月 19 日在美举行的对日和会。此议受到苏联政府的质疑和中国共产党的明确反对。但是,在美国单独控制日本的现实条件下和冷战格局已经形成的国际大环境中,不仅新中国被排除在对日和会之外,就是败退台湾的国民党政权也无缘参加。因此,中国人民至今仍不承认 1951 年 9 月美国单方面主持的旧金山对日和会的有效性、合法性。

《雅尔塔协定》规定的战后中苏关系的基本框架在《中苏友好同盟条约》中得以明确。根据条约及其协定,苏联出兵东北,对日作战;中国长春铁路中苏共管;大连为自由港,苏联享有优越权益;旅顺口划为苏联海军基地,外蒙古公民投票决定其归属,等等。因为中苏条约中四个协定都是关于东北的,而且苏联还有未写入条约的要求——中苏在东北实行垄断性经济合作。所以中苏关于战后善后交涉的工作围绕东北问题和外蒙古独立两方面展开。在美苏冷战的大背景下,亲美的蒋介石政权在谈判中受到苏联种种制约,在外交方面被迫做出许多让步。

美国前参谋总长马歇尔奉杜鲁门总统之命来华,调停国共冲突。美国从自身利益出发,试图以中立者的身份调解国共军事冲突,避免中国爆发全面内战。但美国的对华政策本身存在着一个矛盾,美国自抗战爆发以来,一直以支持国民党主导的国民政府为其基本立场,因此马歇尔调停多偏袒国民党,难言中立。这次调解最终没有成效,马歇尔也无功而返。

本卷的编纂宗旨就是要以大量的中外外交档案为主,辅以其他相关历史资料,全面、系统、完整地反映抗日战争胜利以后的善后外交概况。

收入本卷的中方史料,主要有中国第二历史档案馆、北京市档案馆收藏、编纂、出版的相关外交档案和资料,辽宁省档案馆和其他一些档案部门编纂出版的资料集,《人民日报》《大公报》《民众周刊》《东北日报》等报刊,以及台湾方面编辑出版的相关档案史料。国外史料则主要有美国、英国、俄罗斯等国的外交文献及其中文翻译资料。详见各章的资料来源说明。

本卷主编为杜继东,具体编辑分工如下:

第一章,王建朗

第二章,徐志民

第三章,赵玲燕

第四章,贾　俐

第五章,徐志民

第六章,栾景河、邱海燕

第七章,杨婉蓉

由于水平与能力所限,再加上时间的关系,本卷的不足与错误之处在所难免。我们诚挚地期待各位方家和读者的批评与指正。

目　录

一、接受日本投降

说明:1945 年 8 月,抗日战争取得最终胜利,日本宣布无条件投降。在战后受降安排中,中国在境外获得部分受降权,与作为战时盟国的英国和法国发生了分歧。急于在香港和印度支那恢复殖民统治的英国和法国,力图主导受降,尽可能排除中国的影响。经过艰难的交涉,中国参加了香港的受降,主导了印度支那北部地区的受降。国内受降平稳进行,顺利解除了百万日军武装。国民党政府基本垄断了受降权,并获得美国政府的大力支持。

本章主要资料来源:

中国国民党中央委员会党史委员会编,秦孝仪主编:《中华民国重要史料初编——对日抗战时期》第二编《作战经过》第 3 册,台北"中央"文物供应社,1981 年(以下简称《作战经过》)

苏联外交部编,宗伊译:《1941—1945 年苏联伟大卫国战争期间苏联部长会议主席同美国总统和英国首相通信集》第二卷《斯大林同罗斯福和杜鲁门的通信》(简称《斯大林通信》),世界知识出版社,1963 年

世界知识社辑:《反法西斯战争文献》,世界知识社,1955 年

[苏]萨纳柯耶夫、崔布列夫斯基编,[德意志联邦共和国]亚·菲舍尔注释:《德黑兰、雅尔塔、波茨坦会议文件集》,三联书店,1978 年

[法]戴高乐著,北京编译社译:《战争回忆录》第三卷《拯救,1944—1946》,世界知识出版社,1964 年

朱偰:《越南受降日记》,商务印书馆,1946 年

凌其翰著:《在河内接受日本投降内幕(回忆十六年旧外交官生涯之一)》,世界知识出版社,1984 年

叶德伟等编著:《香港沦陷史》,香港:广角镜出版社,1982 年

中国国民党中央委员会党史委员会编,秦孝仪主编:《先总统蒋公思想言论总集》第 37 卷,台北"中央"文物供应社,1984 年

王楚英等著:《亲历者讲述:受降内幕》,中国文史出版社,2010 年

中国陆军总司令部编印:《中国战区中国陆军总司令部处理日本投降文件汇编》,1946 年

中国第二历史档案馆编:《第二次世界大战中国战区受降纪实》,中共党史资料出版社,1989 年

中国人民政治协商会议南京市委员会文史资料委员会编:《中国战区受降始末》,中国文史出版社,1991 年

张瑞成编:《光复台湾之筹划与受降接收》,台北:中国国民党中央委员会党史委员会,1990 年

United States Department of State, *Papers Relating to the Foreign Relations of the United States*(《美国外交文件》,以下简称"FRUS"),1945, Vol. 7, Washington: United States Government Printing Office,1969

U. S. Department of State, *The Conference at Cairo and Tehran*(《开罗与德黑兰会议》), Washington: United States Government Printing Office, 1961

美国国家档案馆收藏的下列档案:

Records of the Office of the Director of Plans and Operations, the War Department（以下简称"RG 165"）

Records of Joint Chiefs of Staff（以下简称"RG 218"）

Records of U. S. Theaters of War, World War Ⅱ（以下简称"RG 332"）

以上文件由陶文钊搜集,中国社会科学院近代史所藏有复印件

英国国家档案馆收藏的下列档案:

英国首相府档案(简称 PREM)

英国外交部档案(简称 FO)。

以上英国档案,由刘存宽、陶文钊搜集,中国社会科学院近代史所藏有复印件。

以上英文资料部分由天津编译中心译出,部分由杜继东译出。

(一)日本无条件投降

说明:1945 年 7 月,盟国发出《波茨坦公告》,敦促日本无条件投降。日本起初持抗拒态度,但在盟国的沉重打击下,日本不得不接受《波茨坦公告》,最终宣布无条件投降。9 月 2 日,在东京湾"密苏里"号战舰上举行了日本向盟国投降签字仪式。

1. 日本宣布投降

美、英、中促令日本投降之波茨坦公告
1945 年 7 月 26 日

美、英、中三国政府领袖同意对日本发表公告,促其立即无条件投降。公告原文如次:

美、英、中三国政府领袖公告

(一)余等:美国总统、中国国民政府主席及英国首相代表余等亿万国民,业经会商,并同意对日本应予以一机会,以结束此次战事。

(二)美国、英帝国及中国之庞大陆、海、空部队,业已增强多倍,其由西方调来之军队及空军,即将予日本以最后之打击,彼等之武力受所有联合国之决心之支持及鼓励,对日作战,不至其停止抵抗不止。

(三)德国无效果及无意识抵抗世界激起之自由人之力量,所得之结果,彰彰在前,可为日本人民之殷鉴。此种力量当其对付抵抗之纳粹时,不得不将德国人民全体之土地、工业及其生活方式摧残殆尽。但现在集中对付日本之力量则较之更为庞大,不可衡量。吾等之军力,加以

吾人之坚决意志为后盾,若予以全部实施,必将使日本军队完全毁灭,
无可逃避,而日本之本土亦必终归全部残毁。

(四)现时业已到来,日本必须决定一途,其将继续受其一意孤行
计算错误,使日本帝国已陷于完全毁灭之境之军人之统制,抑或走向理
智之路?

(五)以下为吾人之条件,吾人决不更改,亦无其他另一方式。犹
豫迁延,更为吾人所不容许。

(六)欺骗及错误领导日本人民使其妄欲征服世界者之威权及势
力,必须永久剔除。盖吾人坚持非将负责之穷兵黩武主义驱出世界,则
和平安全及正义之新秩序势不可能。

(七)直至如此之新秩序成立时,及直至日本制造战争之力量业已
毁灭,有确实可信之证据时,日本领土经盟国之指定,必须占领,俾吾人
在此陈述之基本目的得以完成。

(八)开罗宣言之条件必将实施,而日本之主权必将限于本州、北
海道、九州、四国及吾人所决定其他小岛之内。

(九)日本军队在完全解除武装以后,将被允许返其家乡,得有和
平及生产生活之机会。

(十)吾人无意奴役日本民族或消灭其国家,但对于战罪人犯,包
括虐待吾人俘虏在内,将处以法律之裁判,日本政府必须将阻止日本人
民民主趋势之复兴及增强之所有障碍予以消除,言论、宗教及思想自由
以及对于基本人权之重视必须成立。

(十一)日本将被许维持其经济所必需及可以偿付货物赔款之工
业,但可以使其重新武装作战之工业不在其内。为此目的,可准其获得
原料,以别于统制原料,日本最后参加国际贸易关系当可准许。

(十二)上述目的之达到及依据日本人民自由表示之意志成立一倾
向和平及负责之政府后,同盟国占领军队当即撤退。

(十三)吾人通告日本政府立即宣布所有日本武装部队无条件投
降,并对此种行动诚意实行予以适当之各项保证,除此一途,日本即将

迅速完全毁灭。

《反法西斯战争文献》,第298—299页

日本乞降照会
1945 年 8 月 10 日

日本天皇希望促进世界和平,早日停止战争,以便天下生灵得免因战争的持续而沦于浩劫。日本政府为服从天皇陛下的圣旨起见,已于数星期前请当时仍居中立地位的苏联政府,出面斡旋,以便对诸敌国得恢复和平,不幸这些为促致和平的努力,业已失败。日本政府为遵从天皇陛下恢复全面和平,希望战争造成之不可言状的痛苦能尽速告终结起见,乃作下列决定:

日本政府准备接受中、美、英三国政府领袖于一九四五年七月二十六日在波茨坦所发表其后经苏联政府赞成的联合公告所列举的条款。而附以一项谅解:上项公告并不包含任何要求有损天皇陛下为至高统治者的皇权。日本政府竭诚希望这一谅解能获保证。且切望关于这事的明白表示,能迅速获致。

《反法西斯战争文献》,第317页

蒋介石致杜鲁门电
1945 年 8 月 11 日

关于日本政府接受波茨坦公告事,余同意各条,并与阁下联名答复日本政府,余尤同意天皇及日本高级将领必须签署投降条款及发布命令以使投降生效之条件,对于日本最后政府方式,应依照日本人民自由表示之意志之条件,余亦同意,此固为余数年来所主张之条件也。

《先总统蒋公思想言论总集》第37卷,第307页

中、苏、美、英对日本乞降照会的复文

1945 年 8 月 11 日

美国国务卿贝尔纳斯①送交瑞士公使馆代办葛拉斯理,托其转达日本政府对于日本投降建议之复文,全文如下:

"代办阁下:八月十日之照会奉悉。兹复者,美国总统已嘱鄙人代表美、英、苏、中四国政府致函阁下,俾经由贵国政府转达日本政府。关于日本政府来电接受波茨坦公告之条款,然有下列一点'附以一项谅解,上项宣言并不包含任何要求有损日本天皇陛下为至高统治者的皇权'。吾人所采立场如下:

自投降之时刻起,日本天皇及日本政府统治国家之权力,即须听从盟国最高统帅之命令。最高统帅将采取其认为适当之权力,实施投降条款。日本天皇必须授权并保证日本政府及日本帝国大本营能签字于必须之投降条款,俾波茨坦公告之规定能获实施,且须对日本一切陆、海、空军当局以及彼等控制下之一切部队(不论其在何处)实施号令停止积极活动,交出武器,此外并须发布盟国最高统帅在实施投降条款时所需之其他命令。日本政府在投降之后,应立即将战俘及所扣侨民运至指定之安全地点,俾能速登同盟国之运输船只。按照波茨坦公告,日本政府之最后形式将依日本人民自由表示之意愿确定之。同盟国之武装部队将留于日本,直至达到波茨坦公告所规定之目的为止。国务卿贝尔纳斯。"

《反法西斯战争文献》,第 319 页

日本天皇裕仁发布停战诏书

1945 年 8 月 14 日

朕深鉴于世界大势及帝国之现状,欲采取非常之措施,以收拾时

---

① James F. Byrnes,1945 年 7 月 2 日起任国务卿。

局,兹告尔等臣民,朕已饬令帝国政府通告美英中苏四国愿接受其联合公告。

盖谋求帝国臣民之康宁,同享万邦共荣之乐,斯乃皇祖皇宗之遗范,亦为朕所拳拳服膺者。前者,帝国所以向美英两国宣战,实亦为希求帝国之自存与东亚之安定而出此,至如排斥他国主权,侵犯其领土,固非朕之本志。然自交战以来,已阅四载。虽陆海将兵勇敢善战,百官有司励精图治,一亿众庶之奉公,各尽所能,而战局并未好转,世界大势亦不利于我。加之,敌方最近使用残酷之炸弹,频杀无辜,惨害所及,真未可逆料。如仍继续交战,则不仅导致我民族之灭亡,并将破坏人类之文明。如此,则朕将何以保全亿兆之赤子,陈谢于皇祖皇宗之神灵。此朕所以饬帝国政府接受联合公告者也。

朕对于始终与帝国同为东亚解放而努力之诸盟邦,不得不深表遗憾;念及帝国臣民之死于战阵、殉于职守、毙于非命者及其遗属,则五脏为之俱裂;至于负战伤、蒙战祸、损失家业者之生计,亦朕所深为轸念者也。今后帝国所受之苦难固非寻常,朕亦深知尔等臣民之衷情,然时运之所趋,朕欲忍其所难忍,堪其所难堪,以为万世开太平。

朕于兹得以维护国体,信依尔等忠良臣民之赤诚,并常与尔等臣民同在。如情之所激,忘滋事端,或者同胞互相排挤,扰乱时局,因而迷误大道,失信义于世界,此朕所深戒。宜举国一致,子孙相传,确信神州之不灭,念任重而道远,倾全力于将来之建设,笃守道义,坚定志操,誓必发扬国体之精华,不致落后于世界之进化。尔等臣民其克体朕意。

御名御玺

昭和二十年八月十四日

各国务大臣副署

《第二次世界大战中国战区受降纪实》,第13—14页

日本政府致中美英苏政府电

1945 年 8 月 15 日

一、关于日本接受波茨坦宣言之各项规定事,天皇陛下业已颁布敕令。

二、天皇陛下准备授权,并保证日本政府及日本大本营,签订实行波茨坦宣言各项规定之必需条件。

天皇陛下并准备对日本所有海陆空军当局,及在各地受其管辖之所有部队,停止积极行动,交出军械,并颁发盟军统帅部所需执行上述条件之各项命令。

《第二次世界大战中国战区受降纪实》,第 15 页

杜鲁门致麦克阿瑟命令

华盛顿,1945 年 8 月 15 日

第一号总命令

陆军和海军

1.帝国大本营遵奉天皇敕令,并依据天皇所有日本军队向盟国最高统帅投降之命,为此下令所有在日本和海外的司令官们命令日本军队和在日本控制下的军队立即停火,放下武器,原地不动,无条件地向代表美国、中华民国、联合王国与大英帝国和苏联社会主义联邦共和国的司令官们投降,今后按照盟国最高统帅的指示或进一步的命令行事。立即与上述司令官们或他们委派的代表联络,并立即全部执行他们的指令,任何细节的变动由盟军最高统帅拟定。

(a)在中国境内(东北地区除外)、台湾和北纬 16 度以北的法属印度支那的日本高级司令官及一切陆、海、空军和辅助部队向蒋介石委员长投降。

(b)在东北地区,北纬 38 度以北的朝鲜、南库页岛和千岛群岛的高级日本司令官和一切陆、海、空军和辅助部队向远东的苏军总司令投降。

（c）（1）在安达曼群岛、尼科巴群岛、缅甸、泰国、北纬16度以南的法属印度支那、马来亚、苏门答腊、爪哇、小巽他群岛（包括巴厘、龙目和帝汶）、博埃罗埃、塞兰、安汶、卡伊、阿罗埃、塔宁巴尔群岛、阿拉弗拉海诸岛屿、西里伯斯群岛、哈马黑拉群岛和荷属新几内亚的高级日本司令官及一切陆、海、空军与辅助部队向东南亚司令部盟军最高统帅投降。

（2）在婆罗洲、英属新几内亚、俾斯麦群岛和所罗门群岛的高级日本司令官和一切陆、海、空军及辅助部队向澳大利亚军队总司令投降。

（d）在日本托管的岛屿、小笠原群岛和其他太平洋岛屿的高级日本司令官和一切陆、海、空军及辅助部队向美国大平洋舰队总司令投降。

（e）帝国大本营、在日本主要岛屿和邻近的次要岛屿、北纬38度以南的朝鲜、琉球群岛和菲律宾的高级司令官和一切陆、海、空军及辅助部队向太平洋美国陆军总司令投降。

（f）只有上述司令官是盟军指定的受降代表，所有日本军队只能向他们或他们的代表们投降。

日本帝国大本营进一步命令它在日本和海外的司令官们全部解除一切日本军队或在日本控制下的军队的武装，不论他们处在何地，按照以上指定的盟军司令官们的规定把一切武器和装备在指定的时间安全地完好无损地送到指定的地点。

日本本土的警察队伍不在此解除武装的条律之内，等待进一步的指示处置。警察队伍各司原职，负责维持法律和秩序。将对这支警察队伍的武装力量作出规定。

（以下2至13部分，为专门处理日本投降事宜。）

2. 东京受降

赫尔利致贝尔纳斯电

重庆,1945 年 8 月 9 日上午 10 点

鉴于日本可能即将投降,我得知美国参谋部已指定两位美国军官去受降。没有提到中国或委员长参加受降。我建议邀请委员长或他指定的军事代表出席并参加接受日本投降。在中国抗日战争八年之后不这样做将损害中国在亚洲的声誉。

FRUS,1945,Vol. 7,p. 492

贝尔纳斯致赫尔利电

华盛顿,1945 年 8 月 11 日

(白宫第 327 号)请立即把以下总统的电报送呈蒋介石委员长:

"1945 年 8 月 10 日收到瑞士政府照会后,美国即于 8 月 11 日复电瑞士政府转交日本政府,据此我建议任命陆军五星上将麦克阿瑟为盟军最高统帅去接受协调并实施日本军队的全面投降。

请通知我你任命哪位军官作为你的代表,我将指示麦克阿瑟上将做出必要的安排以便你的代表在受降时出席。

也在考虑让麦克阿瑟将军指令日本帝国大本营命日本驻华军队,除了那些和俄国人对抗者,向你或你属下的指挥官们无条件投降。

我想你会大体同意以上步骤,我已按照这种意思初步向麦克阿瑟将军发出指示。我请你立刻告诉我你任命的代表,以便我可以通知麦克阿瑟将军。我建议就这方面的安排直接与麦克阿瑟将军联系。"

FRUS,1945,Vol. 7,pp. 495–496

赫尔利致贝尔纳斯电

重庆,1945 年 8 月 13 日上午 6 点 15 分

我收到委员长致杜鲁门总统答复白宫 327 号电的电文,内容如下:

"杜鲁门总统:我感谢你关于接受日本人全面投降的各方面安排的来电。我欢迎任命麦克阿瑟陆军五星上将为盟军最高统帅。我特别感谢你支持中华民国政府,感激地注意到你决定麦克阿瑟将军指令日本帝国大本营让在中国的日本军队,除了那些和俄国人对抗的,向我或我属下的指挥官们无条件投降。按照你的建议,我已与麦克阿瑟将军直接通信,通知他我已任命徐永昌为我的代表。发给他电文如下:

'杜鲁门总统曾发给我一份电报建议任命你为盟军最高统帅去接受、协调和实施日本军队全面投降。我衷心赞成这项建议,在这次任务中我能与这样一位伟大的军人交往感到高兴。遵照杜鲁门总统的要求我已任命军事委员会军令部部长徐永昌将军为受降的代表。我相信你将很好地做出必要的安排使徐将军出席日本参谋总部代表正式签署投降书的仪式,并在各方面给予他指导和合作。

杜鲁门在他的电文中还说:"也在考虑让麦克阿瑟将军指令日本帝国大本营命日本驻华军队,除了那些和俄国人对抗者,向你或你属下的指挥官们无条件投降。"他进一步建议就这些安排立即着手直接与你通信。

因此我希望要求你向日本帝国大本营发出必要的命令,具体的目的是防止驻华日军,包括与日本人合作的傀儡及武装匪徒向中国任何有武装的政党或地方武装组织投降。日本只能向由我向你指派的中华民国政府的官员投降,交出一切日本武器和装备。日本帝国大本营和所有在中国战区(除了那些和俄国人对抗者)的全体日本司令官们特别负有责任严格地完全服从以上指令。'

谨致以热诚的问候,祝万事如意。我为在这次恢复远东和平和稳定的无上任务中与你合作感到骄傲。"

赫尔利

FRUS, 1945, Vol. 7, pp. 497–498

杜鲁门致斯大林电
1945 年 8 月 12 日收到

美国于 8 月 11 日致函瑞士政府,由它转交日本政府,以答复 1945 年 8 月 10 日从瑞士政府收到的照会。按照该信件,我提议任命道格拉斯·麦克阿瑟陆军上将为接受、协调和执行日本武装部队总投降的盟国最高统帅。

如果您把您任命的、希望充当您的代表的军官的名字通知我,我将指示麦克阿瑟将军在投降的时间和地点上为您的代表作必要的安排。

还准备由麦克阿瑟将军命令日本帝国总部让在贵国作战区域的日军向苏联的远东最高司令或向他的下级司令官无条件投降。我假定您一般是同意上述程序的,我将向麦克阿瑟将军发出大意如此的初步指示。请您立即把您所任命的代表通知我,以便我可以通知麦克阿瑟将军。我建议立即开始就各项安排同麦克阿瑟将军进行直接联系。

《斯大林通信》,第 261 页

斯大林致杜鲁门电
1945 年 8 月 12 日

我已接到您 8 月 12 日关于任命道格拉斯·麦克阿瑟陆军上将为盟国最高统帅以便接受、协调和执行日本武装部队的总投降的信件。

苏联政府接受您的建议,并同意您所建议的程序,该程序规定,麦克阿瑟将军将向日本帝国总部颁发有关日本军队也向苏联在远东最高司令无条件投降的命令。杰烈维安科中将已被任命为苏联军事最高司令部代表,并且已得到一切必需的命令。

《斯大林通信》,第 262 页

军令部纪要：日本投降专使赴马尼剌洽降

1945 年 8 月 23 日

受降纪要　中华民国三十四年八月廿三日

军令部第二厅第一处

日本方面（综合十八至廿二日各方情报）：

一、日本洽降专使、大本营副参谋总长河边虎四郎中将等一行，于十九日飞抵马尼剌，参与受降会议，并供给盟方关于登陆占领日本本土所必需之情报。

二、河边专使等于廿一日晨，携带盟国统帅部训令返东京，递呈日政府及大本营。

按：河边虎四郎中将，系参谋本部次长。富山县人，现年五十四岁，士官二十四期生，陆大毕业，曾任防卫军总参谋长，第二航空军总司令官，及航空总监部等职。

三、据日播：首批盟国占领军，将于廿日以后由空运登陆日本。第二批由军舰载往。

四、登陆日本之美军先头部队，携带各种武器，以备遭遇意外之袭击。

五、盟国最高统帅麦克阿瑟元帅，于廿〔六〕日向日本广播，希望于十日内，在东京签订日本之正式投降文件。

六、日本海军损失，及现存数目如左表（略）

《第二次世界大战中国战区受降纪实》，第 16—17 页

军令部纪要：同盟国在东京湾准备受降

1945 年 8 月 27 日

日本方面

一、日本投降协定，经盟军最高统帅麦克阿瑟元帅改于九月二日（原定八月卅一日签字，因廿二至廿三日受台风影响，特予展期。）在停

泊东京湾内之美国"米苏里号"舰上正式签字,各国参加代表如左:

中国:徐永昌上将。

美国:尼米兹元帅。

英国:福拉塞海军上将。

苏联:狄里夫扬柯中将。

澳国:布来梅上将。

法国:莱克勒将军。

荷国:欧英中将。

加拿大及新西兰代表尚未派定。(八月廿三日美方公布。)

二、日大本营称:日本本州、四国、九州及其他各地之战斗行动,已于八月二十二日零时完全停止。(八月廿三日美方公布)

三、美军十四至十七个师,已由菲岛开琉球本岛,准备从事初期占领日本本土。(八月廿三日美方公布。)

四、美、英舰队,均在日本近海守候,准备进入东京湾。又于举行投降仪式当日,澳国亦派舰队一队参加。(八月廿二及廿六日美方公布。)

五、日政府下令:凡在首批盟国占领军驻扎区域内(自千叶县之□川以东起,经千叶、多摩川口、府中、八王子、厚木至伊豆半岛一线内)之日军,应尽速提前撤退。上述地区之治安,由警察及宪兵负责维持,并准带小型武器。(八月廿二日〔日〕方广播。)

六、占领东京之任务,定八月底完成。首批占领军有地面部队二万余人。(八月廿二日〔日〕方广播。)

七、盟军空运部队降落机场,为千叶、厚木、横须贺等地机场。(八月廿二日美方公布。)

八、盟军空运部队,将于九月一日起,在鹿儿岛之鹿屋机场进行大规模降落。舰载部队则于九月二日起,在机场以西之高须登陆。该地及附近日方武装部队即将撤退。(八月廿二日〔日〕方广播。)

九、麦帅警告日大本营称:日机如奉命不论在何地起飞,将遭美机追击。各日机不准以任何方式飞行，否则，视为威胁占领军。（八月廿四日美方公布。）

十、日本投降条款摘要：（八月廿三日美方公布，全文共六条二十二款。）

第一条　下列各款由日政府，及大本营执行，于三十四年八月廿四日下午六时（格林威治时间，以下同。）生效。

1. 保证日本境内之一切陆海军，及民用飞机，均停留地面上、海上，或舰上，听候盟方处置。

2. 日本领海内，日本或日本控制下各式陆海军舰船或商船，不得破坏。且在奉到训令之前，除进行中之航行外，不得有所行动。并须将各种爆炸物投入海中，或移往岸上仓库。（一百吨以下之商船，从事民用供应活动者除外。）

3. 在海上之日本，或日本控制之下之舰船，不论在何地点，立须以明语向最接近之美、英、或苏联无线电台报告其所在地位，并须燃点舰行灯，前往最接近之盟方港口，或指定之港口待命。其潜艇除照前项规定行动外，并须浮出海面，悬挂黑色长旗，前往关岛之阿格纳港、中途岛、或菲岛之苏必克湾，听候盟方处置。

4. 保护盟国战俘，及侨民，并供给充分之衣、食、住与医药。其所居住之营房，须有显明之标志。

第二条　下列各款由日本政府，及大本营执行，于三十四年八月廿五日下午六时生效。

1. 撤除东京湾区域之水雷、地雷阵地，滩头障碍，及使一切沿海防御高射炮，与固定及流动炮丧失作用。

2. 东京湾及其入口之一切各种船舰艇，均不得行动，并解除武装。

3. 与管理海港有关之海军人员，应继续执行正当任务。

4. 东京湾区域之引水工作，应予继续并恢复一切辅助航行之设备。

第三条　下列各款由日政府，及大本营执行，于三十四年八月廿七日下午六时生效。

1.准备横须贺海军基地,供美海军占领及运用。

2.撤退盟国占领区内日本陆海军,及一切战斗部队(警察、宪兵除外)。

3.为盟军统帅备办膳宿,士兵驻所、营区设备与用具。

第四条　下列各款由日本政府,及大本营执行,于三十四年八月廿八日上午六时生效。

1.日本参谋本部派员,俟盟方最高统帅代表到达后,立即举行会议,并随时解决各项问题。

2.供给占领区之(响)〔向〕导员及译员。

第五条　为保证安全驶入东京计,应有日船舰一艘,随带引水人员,尽速且不得迟于八月廿六日上午八时以后驶出港口二十英里,引导盟方舰队进入相模湾及东京湾。

第六条　盟军于三十四年八月廿五日上午六时起,采取下列行动:

1.盟国海军将占领日本本土,及沿岸领海,并得在大阪、佐世保、长崎、高须、仁川、青岛、上海、广州、香港、新加坡等港口,进行扫雷工作。

2.联合国以飞机日夜在日本本土,及为日军控制之上空巡逻监视。

3.联合国空军将向拘留盟国战俘,及侨民之营房投下供应品。……

《第二次世界大战中国战区受降纪实》,第 17—20 页

日本向同盟国家投降的降书
1945 年 9 月 2 日

余等兹对合众国、中华民国、及大不列颠帝国,各国政府首脑,于一千九百四十五年七月二十六日于波茨坦宣布,尔后由苏维埃社会主义共和国联邦之参加宣言条款,并根据日本国政府,天皇,及日本帝国大本营之命令代表受诺之。右述四国以后称之为联合国。

余等兹布告,无论日本帝国大本营,及任何地方所有之日本国军队,与夫日本国所支配下之一切军队,悉对联合国无条件投降。

　　余等兹命令任何地方之一切日本国军队,及日本国臣民,即刻停止敌对行为,保存所有船舶及军用财产,且防止损毁,并服从联合国最高司令官及其指示,对日本国政府之各机关所课之一切要求,应予以应诺。

　　余等兹命令日本帝国大本营,对于任何地方之一切日本国军队,及由日本国支配下之一切军队指挥官,速即发布其本身或其支配下之一切军队无条件投降之命令。

　　余等兹对所有官厅、陆军及海军之职员,命令其遵守且施行联合国最高司令官为实施此投降文件,认为适当而由其自己发出,或根据其委任发出之一切布告及指示,且命令右开职员,除由联合国最高司令官,或根据其事务委任,与解除其任务以外,均须留于各自原有地位,且仍继续行使各个之非战斗任务。

　　余等兹为天皇、日本国政府,及其继续者,承约切实履行波茨坦宣言之条款,发布为实施该宣言之联合国最高司令官,及其他特派联合国代表要求之一切命令,且实施一切措置。

　　余等兹对日本国政府、及日本帝国大本营命令,即速解放现由日本国支配下所有联合国俘虏,及被拘留者,且执行对彼等之保护、津贴、给养,及对指定地点之迅速运输等措置。

　　天皇及日本国政府统制国家之权限,置于为实施投降条款采用认为适当措置之联合国最高司令官之限制下。

　　一千九百四十五年九月二日午前九时四分,于东京湾米苏里号舰上签字之,并根据大日本帝国天皇陛下及日本国政府之命令且以其名义。

重光葵

　　根据日本帝国大本营之命令且以其名义。

梅津美治郎

　　一千九百四十五年九月二日午前九时四分,于东京湾为合众国、中华民国、联合王国,及苏维埃社会主义共和国联邦,及与日本国存在战争状态之其他联合国之利益受诺之。

联合国最高司令官	道格拉斯·麦克阿瑟元帅
合众国代表	尼米兹元帅
中华民国代表	徐永昌上将
联合王国代表	福拉塞上将
苏维埃社会主义共和国联邦代表	狄里夫扬柯中将
澳大利亚联邦代表	浦列米
加拉大国代表	柯司克列失
法兰西国代表	克列克
荷兰国代表	赫尔佛尼兹
纽西兰代表	依西特

《第二次世界大战中国战区受降纪实》, 第 22—23 页

联合国最高司令官对日本投降后第一号命令
1945 年 9 月 2 日

一、帝国大本营兹奉敕命且基于敕命为履行所有日本国军队对联合国最高司令官投降之条款,命令日本国国内外所有指挥官对其指挥下之日本国军队,及在日本国所支配下之军队,立即停止敌对行为,将其武器就地存置,依左项指示或联合国最高司令官所下达之指示,对合众国,中华民国,联合王国,苏维埃社会主义共和国联邦之各指挥官,无条件投降。对其所指示受降指挥官或指派之代表者,须即取联络,所关细目须俟联合国最高司令官方可变更。右列之指挥或代表者之命令须绝对立即实行:

甲、中国(除满洲)台湾及法属印度支那北纬十六度以北地区之日本前任指挥官及一切陆海空军与辅助部队,向蒋主席投降。

乙、满洲北纬三十八度以北之朝鲜,库页岛及千岛群岛之日本前任指挥官及一切陆海空军队与辅助部队,向苏维埃远东军最高司令官投降。

丙、(1)安达曼群岛,尼科巴群岛,缅甸,泰国,北纬十六度以南之法领印度支那,马来亚,苏门达拉,爪哇,小巽他群岛(含峇厘,龙目,及帝汶),布鲁,西兰,安汶,怯义,阿卢,塔龙巴及亚拉佛拉诸群岛,西里伯斯,赫尔玛,赫拉群,荷属新几内亚之日本前任指挥官及一切陆海空军与辅助部队向东南亚最高司令官投降。

(2)帛琉,英属新几内亚、俾斯麦及所罗门群岛之日本前任指挥官及所有陆海空军与辅助部队向澳大利亚陆军最高司令官投降。

丁、日本委任统治诸岛,小笠原群岛及其他太平洋诸岛之日本前任指挥官及所有陆海空军与辅助部队,向美国太平洋舰队最高司令官投降。

戊、日本大本营及日本本土邻接之诸小岛,北纬三十八度以南朝鲜、琉球群岛及菲律宾之日本前任指挥官及所有陆海空军与辅助部队,向美国太平洋陆军部队最高司令官投降。

己、仅前列之各指挥官,为负有受降权限之联合国代表,日本国军队之投降须均向上列指挥官或代表者行之。

日本国大本营,更命令日本国内及国外之各指挥官,对任何地点之所有日本国军队及受日本所支配之军队,均须完全解除武装,依前述联合国指挥官所指定之时间及地点,按现有状态于完整安全之状态下缴呈之。

无特别指示前,日本国本土内之日本国警察机关得免予适用解除武装之规定,警察机关须保留原部署,担负维持法定秩序之责,上即为警察人员及武器之规定。

二、日本大本营于收到本命令后,不可迟滞,须将有关日本国及日本国所支配下之所有地域,左列各点向联合国最高司令官提供之:

甲、所有陆海空及防空部队之位置及兵力配备表。

乙、所有陆海军及非军用飞机之数目型式位置及有关之状态等完全情报。

丙、日本国及日本国所支配下之所有水上及潜水舰艇与辅助舰艇而非现役者及建造中者之各个位置状态与运行之报告表。

丁、日本国及日本国所支配下之凡超过一百吨之商船（含曾属联合国中之某一国而现受日本统辖者）现役中或非现役中者之位置状态及运行之报告表。

戊、一切鱼雷或对陆海空军一切障碍物之位置设施状况，与有关安全通路之详细地图。

己、飞机场，水上飞机基地，防空设施，港口，海军基地仓库，常设或假设之陆上与沿岸防备设施要塞及其他设防地域之一切军事设施及建筑物等之位置说明。

庚、联合国之俘虏及被拘留者之所有收容所或其他之拘留所之位置。

三、日本军用或军用之航空站当局，对所有日本陆海军及非军用航空机，在未获其有关处理之通告前，须保证留置陆上海上或舰上。

四、日本国或日本国所支配下之一切型式海军舰艇及商船，在未得有联合国最高司令官指示以前，不得损毁，且禁止移动。航海中之船舶，须即将所有爆炸物抛置海中，非航行中之船舶，须将一切爆炸物转移沿岸安全之贮藏所。

五、凡日本及日本国所支配下之军事及行政当局须保证左列各项：

甲、所有日本国前所设置对陆海空军行动之一切障碍，不问任何地点，须受联合国最高指挥官之指示而除去之。

乙、为便利航行，立即恢复原有一切设施。

丙、在甲项尚未实施以前，须开放安全通路，并注明标示。

六、日本，或在日本所支配下之军事及行政当局，在未得联合国最高司令官指示之前，左列各项，须保持现状，并存在于良好之状态下：

甲、一切兵器，弹药，爆炸物，军用装备，军需品，各种有关战争用具，及一切战争资材（本命令丙项所规定者除外）。

乙、一切陆上水上及空中运输通信之设施与装备。

丙、飞机场，水上航空基地，防空设施，港口，海军基地，仓库，常设或假设之陆上与沿岸防备设施,要塞及其他一切设防地域之军事设施与建筑物设计与图样。

丁、凡为制造一切战争用具,及可供军事机关或军事机关所使用之其他资产之所有工场,制造场,工作场,研究所,实验所,试验所等技术上重要资料,特许设计图样与发明。

七、日本国大本营对联合国最高司令官接受本命令后,不得延滞,立将前第六项之甲,乙及丁所举之一切项目之数量型式及位置详细列表呈出。

八、一切兵器弹药及战争用具之制造及分配即刻停止。

九、对于现留于日本或日本所支配下之区域内盟国俘虏及被拘留者:

甲、所有盟国之俘虏,或被拘留者,须保持其安全及福祉。在未交待联合国最高司令官以前,须付与适当之粮食,居住,被服,及医疗,并含必要之管理及补给之业务。

乙、盟国俘虏及被拘留者之收容所或其他拘留所,其中之设备,贮藏品,记录,武器及弹药等须立即点交右项俘虏或被拘留者中之高级军官或选定代表接收,并由其指挥之。

丙、依联合国最高司令官指示,须将俘虏及被拘留者运送至安全地点。

丁、日本大本营在奉到本命令后,须立即将所有盟国之俘虏及被拘留者之地点,详细报告之。

十、凡日本及日本所支配下之军政当局,须协助联合国占领日本及日本所支配下之地域。

十一、日本国及日本国所支配下军政官吏于奉到联合国占领军指挥官之指示后,即收集所有日本国民之一切武器并准备缴呈。

十二、日本国及日本国所支配之军政官吏与私人,于奉到本命令后,对联合国最高司令官与其他联合国官吏所发一切之指示,须诚实迅速执行之,若对本命令执行迟滞或不遵守时,或认为对联合国具有有害行为时,联合国军官官吏及日本国政府得迅速加以严重制裁。

十三、日本国大本营对前述第二项,第七项及第九项(丁)所要求之情报须迅速报告之。

《中国战区受降始末》,第 210—214 页

(二)香港受降

说明:太平洋战争中,香港一直划在中国战区。战后,英国力图恢复在香港的殖民统治,反对中方主持香港受降,并迅速调遣军队开赴香港。虽然中方已公开声明无意于当时收回香港,希望以后通过外交途径解决问题,但英国仍然坚持要主导香港受降。最终,中国作出让步,同意由一名英国将军以英国政府代表和中国战区统帅代表的双重身份接受日军投降。

1. 英国坚持要求香港受降权

赫尔利致斯退丁纽斯电

德黑兰,1945 年 4 月 14 日①

总统去世噩耗令我震惊。你知道罗斯福总统指示我去办一项特别任务,去和伦敦的丘吉尔与艾登、莫斯科的斯大林和莫洛托夫商议。……

在与丘吉尔和艾登讨论的后期,英国人提出了关于和美国人重新占领殖民地和帝国领土、租借物资的供应以及与香港有关的问题及其他问题。几乎与亚洲政策各个方面有关的问题都作了坦率讨论。丘吉尔明确地给美国对华的长期政策贴上了"伟大的美国幻想"的标签。

---

① 其时赫尔利正在来华途中。

他也不赞成美国为了稳定美国在中国的军事地位而从缅甸和印度撤出美国的人力物力。他说从缅甸和印度撤走美国的人力物力可能会严重地影响蒙巴顿的处境。我反驳说,美国在中国面临灾难,为了避免美国在中国失败,我认为使用必需的美国人力物力来维持美国在中国的地位是正当的,必不可少的,这和太平洋军事行动构成真正的抗日前线。

在提出这个问题时,我告诉丘吉尔,我不是派来解决使用美国人力物力来重新占领东南亚殖民地的问题。不过,我表达了我自己的观点,我认为美国应该利用它的一切资源来打败日本,而不是把资源挥霍在重新占领后方的殖民地上。丘吉尔强烈地反对我的立场。我回答说我觉得英国、法国和荷兰都各有足够的资源,能在他们自己的帝国内肃清敌人。

关于香港问题,总统事先向我作了简要指点,并允许我在该问题被提出时进行讨论。丘吉尔断然地说他要为香港斗争到底。确切地说他的原话是"只有跨过我的尸体才能把香港从大英帝国版图中除掉"。然后他说英帝国不会要求什么,也不会放弃什么,我回答说罗斯福总统曾经给过他一个大英帝国,依我看,在我们参战之前这个大英帝国已经输掉了。我还说我们曾经无偿地给了他们大量物资和美国人的生命,我认为他的不会要求什么,也不会放弃什么的说法从逻辑和事实上都是不对的。我提醒他,他已经接受了很多东西了。我于是指出如果英国拒绝遵守《大西洋宪章》,继续抓住香港不放,那么俄国可能在华北地区提出要求,那样会使局势进一步恶化,而且联合国家的领袖们,尤其是罗斯福所说的我们为之而战的原则就大部分化为乌有了。

……

FRUS,1945,Vol.7,pp.329-331

英国第二十次内阁会议摘要
1945 年 8 月 10 日下午 3 时

……

2.帝国参谋总长说,参谋部业已着手拟定我们在日本突然投降的情况下部署军队的计划。这些计划不可能在两三天内完成,但他以非常概括的语言阐述了在各地接受日军投降以及准备占领被解放和被征服地区的各项安排。

我们将不得不作些特殊安排,以使英军奉派进驻香港。香港不在英军采取军事行动的区域之内,但我们已经考虑过,应该在美军的军事行动使其挺进至香港附近时派遣一队英军。现在就应该制定应付紧急情况的计划,最方便的办法可能是向香港派遣一支带有海军陆战队的海军力量。这支部队可能要抽自英国太平洋舰队。首相认为,鉴于与此事相关的各种重大的政治考虑,他个人就此事致电杜鲁门总统可能是适当的。

PREM8/34,54651

伊斯梅①致艾德礼电

1945 年 8 月 11 日

1. 在昨天下午的内阁会议上,参谋部说将不得不作些特别安排,以便让英国军队奉派进驻香港。您发表看法说,鉴于与此相关的各种重大的政治考虑,您个人就此致电杜鲁门总统也许是适当的。

2. 内阁会议之后,参谋部立即召开了一次会议,结果是向华盛顿拍发了随附的这份电报。电报的第三段谈到了香港这一特殊问题。

3. 我认为,在与日本投降有关的各种更重要的问题解决以前,您个人不宜就香港问题特别致电美国总统。我觉得这样做也许会使美国人认为,我们不合时宜地把注意力集中在原封不动地保持我们的殖民帝国方面。美国参谋部极有可能会同意我们提出的派一支部队去香港受降的建议,您无须介入此事。不过,如果美国参谋部表示反对,我们将请您直接与杜鲁门总统磋商此事。

PREM8/34,54651

---

① Hastings L. Ismay,英国国防大臣。

普赖斯①致艾德礼电

1945 年 8 月 11 日

占领香港

伊斯梅将军在 8 月 11 日呈送给您的一份备忘录中提到,参谋部昨天发往华盛顿的电报[COS(W)50]中有一段是关于香港的。现在,参谋部业已进一步考虑了在香港接受日军投降的问题,并修改了该电报的第三段:

"(a)英国政府认为,我们尽早派遣一支英军或英联邦的军队到香港接受日军投降,具有极为重大的政治意义。我们的想法是立即向香港派遣英国太平洋舰队的分遣队,尽可能快地用英国舰艇运送一支澳大利亚军队随后到达。当然,这应该征得澳大利亚政府的同意,并与麦克阿瑟将军和尼米兹将军作一些必要的安排。"

为了不失时机地征得澳大利亚政府同意调用澳大利亚军队尽快重占香港,参谋部建议您致电澳大利亚总理。参谋部并呈上电报草稿,请您批准。

PREM8/34,54651

日本的投降——总参谋部的报告

1945 年 8 月 13 日

……

政策

总体考虑

3.目前,我们控制的唯一地区是东南亚战区。我们已对外宣布,我们准备由停火之日起控制西南太平洋地区。此外,我们有必要在香港接受日军的投降,我们应该在上海、天津、青岛和大连等中国的主要港

---

① C. R. Price,英军参谋部中校。

口升起英国国旗,这有重大的政治意义。

……

近期目标

10. 缅甸。有必要完成对英帝国领土的占领,并接受日军的投降。

11. 香港。香港是英国属地中我军可能受阻的唯一地方,除非英军尽早到达该地。另外,它是仅次于马来亚的一块仍然完全控制在日军手中的重要的英国殖民地。

12. 马来亚。马来亚是仍然掌握在日军手中的重要的英国殖民地。为了进行邻近地区的受降工作,有必要打通马六甲海峡。

……

中国各地

17. 我们希望英国在中国各港口地区的利益能够得到保护。日军投降以后,这些地区极有可能发生大量的骚乱、抢劫和普遍的动乱。所以,从政治方面考虑,我们希望我们能够代表美军被派往这些地区,以便保护我们自己的利益。我们不希望向所有的地区派遣地面部队,但在某些例外的情况下,派出军队可能是必要的。在开始阶段,英国太平洋舰队能够代表我们的利益。

……

占领香港

23. 鉴于英军尽早到达香港的急迫性和从东南亚地区派出足够的军队需要一定的时间,我们认为对香港的占领应分为三个阶段:

(a)一旦形势允许,英国太平洋舰队的一小股部队应尽早到达香港实施占领;

(b)婆罗洲的约一旅澳大利亚军队应该乘英国太平洋舰队于第一步完成后的几天之内抵达香港;

(c)在马六甲海峡开通之后,应立即从东南亚战区派遣一支部队(我们预计约需一个旅)和进行支援的战术航空分队(如有可能的话,使用英国型号的飞机),以便控制香港地区。之后,澳大利亚军队即可撤离。

……

中国

28. 在开始阶段,英国太平洋舰队必须在中国各主要港口,特别是上海、天津、青岛和大连代表英国的利益。如果联合参谋长会议原则上接受此点,即可由弗雷泽①海军上将、尼米兹海军上将和麦克阿瑟将军作出详细的安排。

PREM8/34,54651

2. 美国与中英香港交涉

赫尔利致贝尔纳斯电

重庆,1945 年 8 月 16 日下午 10 点

我刚收到代理外交部长吴博士送来的中国政府今天致英国大使馆备忘录副本。备忘录不解自明,全文如下:

"英国大使馆今日备忘录收悉。兹全文引述如下以便作答:

'1. 日本投降后,重新占领沦陷区的关键地区,执行投降条件并迅速解除日军武装乃急需处理之要务。

2. 英国政府希望中华民国主席阁下立即获知,本政府正在安排派遣必要的英国军队去重新占领香港并恢复香港行政,并确保对西贡的日本南方军队大本营的控制。

3. 关于后一点,事态的发展已经超越了关于控制印度支那边境问题的谈判,主席阁下曾于 8 月 7 日致电给首相谈及此事;英国政府认为,日本既已投降,即无须继续研究此问题。相信主席阁下会赞同英国政府的意见,现时双方政府的共同目的应是恢复印度支那的法国行政机构,在法国军队和行政官员准备就绪时就立即促使他们回到那里执

---

① Bruce Fraser,英国东方舰队司令。

行此项任务。'

中国政府遗憾地发现上述备忘录中提出的关于英国希望重新占领香港，确保控制日本南方军队的大本营，等等，不符合杜鲁门总统向盟军最高统帅下达的受降总命令，本国政府已收到该命令的一份副本。

上述命令('R')〔'A'〕段中规定，'在中国(东北地区除外)，台湾和北纬 16 度以北的法属印度支那的日本高级司令官及一切陆、海、空军及辅助部队应向蒋介石委员长投降'。

同一命令中'C'段全部内容如下：

'在安达曼群岛、尼科巴群岛、缅甸、泰国、北纬 16 度以南法属印度支那、马来亚、婆罗洲、荷属东印度群岛、新几内亚、俾斯麦群岛和所罗门群岛上的高级日本司令官及一切陆、海、空军与辅助部队向东南亚司令部盟军最高统帅或澳大利亚军队司令官投降(蒙巴顿和澳大利亚军队之间的确切分工，由他们自己安排，该段细节届时由盟军最高统帅制订)。'

这表明香港不包括在向东南亚司令部盟军最高统帅投降的地区之内，而在日本军队应向中国战区总司令投降的地区之内。这也表明英国大使馆的备忘录中关于印度支那的建议是与上述指令中的'A'段和'C'段相矛盾的。中国政府尊重英国一切合法利益，并准备给予充分的必要的保护。但是一项接受日本军队投降的协调一致的计划对于在亚洲重新恢复和平和秩序是至关重要的。兹建议英国政府按照联合国家的总规定安排接受日本军队投降，避免在取得盟军最高统帅和中国战区最高统帅的许可之前把军队送到中国战区任何地方。"

FRUS,1945,Vol.7,pp.500–501

艾德礼致杜鲁门电

伦敦,1945 年 8 月 18 日

(第 6 号)谢谢你个人的绝密第 4 号电报，其中包含经你批准的致麦克阿瑟五星上将的第一号总命令，你批准时已经理会到，该命令可以由参谋长联席会议的进一步指令加以改动,在具体行动方面盟军最高统帅将按照他所掌握的实际情况……作出改动。

2.我大体上同意你的命令,现正进行仔细研究。同时,关于香港我有以下看法。

3.蒋介石声称,香港处于中国战区内,作为该战区的总司令,该战区内的日本军队应向他投降。虽则我们打算通知蒋介石我们欢迎他的代表出席在香港接受日本军队投降的仪式,我们不能接受任何把第一号总命令解释为意味着香港包括在"中国之内"的说法,香港是英国领土。

4.正如已通知参谋长联席会议和中国政府的那样,一支英国舰队现已在去解放香港的途中,为俘虏和拘留民送去援助,并恢复英国行政机构。当地的日本司令官有可能认为香港是属于"中国之内"的,所以我请你指示盟军最高统帅五星上将麦克阿瑟命令日本最高指挥部,保证在英国殖民地香港的日本司令官在英国舰队司令抵达时向他投降。

FRUS,1945,Vol.7,p.504

李海致贝尔纳斯备忘录
华盛顿,1945 年 8 月 18 日

兹送上首相致总统的有关香港投降问题的第 6 号电。

总统告诉我他已与国务卿讨论此事,同意国务卿的态度,如你对我说的那样。

请你准备一份答复首相 6 号电的电文,并通知陆军部已采取的行动,以便在投降问题上明确地把香港划出中国战区。

FRUS,1945,Vol.7,p.505

赫尔利致贝尔纳斯电
重庆,1945 年 8 月 20 日上午 8 时

昨天(8 月 19 日),当我和委员长以及代理外交部长在委员长的乡

间别墅时,代理外交部长把他刚收到的英国大使馆的一份备忘录交给了我,全文如下:

"8月16日由代理外交部长递交给英国大使馆参赞的备忘录已经及时转呈英国政府。

英国政府研究了本备忘录,但不能同意中国方面对向盟军最高统帅下达的受降总命令的解释。

关于香港,总命令规定中华民国主席阁下将接受'中国境内'日军指挥官的投降。英国政府认为,不能把这一条解释为包括香港在内。正如在8月18日英国大使致代理外交部长的公函中所说的,英国政府认为,撇开战区的界限不论,只要一个主权国家有足够的军队,它就应该在本国领土内恢复主权,接受日本投降。此外,英国政府相信,作为一名军人,主席阁下会理解此点:由于英国是被迫放弃香港于日本人的,所以在该地区接受日本投降事关英国政府的荣誉。当然,英国政府欢迎主席委派的代表出席英军接受香港日军的投降仪式。英国政府相信这种安排会令中国政府满意。

至于西贡,英国政府希望中国政府理解英国的立场:英国认为8月16日大使馆备忘录中的建议实际上与向最高统帅下达的受降总命令完全相符。在这件事上,英国政府也欢迎中华民国主席阁下委派的代表出席西贡的受降仪式。"

本备忘录就是我们在8月19日下午6时的第1398号电报中提及的那份备忘录,英使馆参赞曾将内容转告布雷格斯①。

FRUS,1945,Vol.7,pp.506–507

赫尔利致贝尔纳斯电

重庆,1945年8月21日上午8时

委员长要我通过你转达这份他致杜鲁门总统的急电,全文如下:

---

　① Ellis O. Briggs,美国驻华大使馆公使衔参赞。

"亲爱的总统先生:我于 8 月 20 日收到了英国驻华大使的这份备忘录:

'英国大使馆获知,美国国务卿在华盛顿告诉宋子文博士,美国正在考虑让英国海军光复香港。

本使馆受命转告中华民国主席阁下,英国各军事部门已接到确切的命令,以便与中国最高统帅部对有关通过香港地区帮助和支持仍在对敌作战或保证日军投降的中美两国军队的军事行动事先提供全面的军事协作。'

在递交这份备忘录时,英国大使告诉外交次长吴国桢,你曾致电艾德礼首相说美国不反对由英国海军光复香港。英国大使还说,你已授权英国人接受香港'地区'日军投降。总统先生,我们从宋博士和你处均未获得证实或否认英国人的这种说法的信息。如果你尚未向英国人发出此种电报,那么我坚决反对对《波茨坦公告》的有关条款和盟军最高统帅业已发布的受降条例单方面做任何修改。现在对受降令加以改动可能会首开恶例,会在香港以外的地区造成更为严重的后果。英国人应遵守总受降令,不要在香港登陆或试图接受该地区日军投降。

如果你像英国大使所说的那样已经向艾德礼首相发去电报,为避免使你为难,我提出下述建议:香港日军应在投降仪式上向我的代表投降,美国和英国代表将应邀出席。受降仪式结束后,我授权英国人调派部队重新占领香港。英国军队不得以任何借口登上中国大陆。作出上述让步非我所愿。我希望阁下支持这一立场,并希望关于此建议,你会得到英国人的合作。在与英国政府作出确定的安排之前,我将等待你的答复。蒋介石。"

FRUS,1945,Vol. 7,pp. 507–508

贝尔纳斯致赫尔利电

华盛顿,1945 年 8 月 21 日

(白宫 337 号)以下是总统对你 8 月 21 日上午 8 点 1414 号电报中

转达的委员长致总统电的答复。

"我亲爱的委员长：我已收到由赫尔利大使转来的你关于香港受降一事的电报。8 月 18 日我向艾德礼首相发去以下电文：

'以美国观点我们不反对由一位英国军官接受香港的投降，只要英国和委员长对有关通过该地区帮助和支持仍在内地对敌作战或保障受降日军的中美两国军队的军事行动事先提供全面的军事协作。一旦实行上述协作，麦克阿瑟将军将接到指示安排香港向英国司令官投降。

今晨国务卿将这项打算采取的行动告诉了在此间的宋子文，并声明，这在任何方面都不代表美国对于香港未来地位的观点。'

我设想宋院长会告诉你我在电文中向首相表达的看法。

关于日本人在香港投降的情况，在我看来主要是具体操作性质的军事事务问题。没有涉及英国在该地区的主权问题，我理解你不希望提出这样的问题。出于这一考虑，我准备了上述给艾德礼首相的电文。只要切实可行，日本军队向在该地区实施主权的当局投降看来是合理的。至于香港，英国和你之间在具体操作方面实行可行的军事配合，使日本在香港向英国军事当局投降，我认为这是相当现实的。

亲爱的委员长，我真诚地希望你能对此事有和我同样看法，以合作和谅解的精神——这是我们两国政府和人民之间多年关系的特征——看待此事。我希望你能毫无障碍地像我所建议的那样授权与英国实行军事协作，以便能向麦克阿瑟将军发出相应指示安排香港向一位英国司令官投降。

我完全理解促使你在给我的电文中提出建议的动机，不过我相信，考虑到各方面的因素，我提议的步骤提供了一个合理的解决办法。哈里·杜鲁门。"

赫尔利致贝尔纳斯电

重庆,1945 年 8 月 23 日

外交部次长吴博士交给我一份重庆时间今天中午 12 时 30 分蒋委员长致总统的电报。电报全文如下:

"关于香港日军投降事,已以中国战区统帅地位通知英方,同意授权英国将官接受在香港日军之投降。并将指派中国及美国官长各一员参加该地接收受降。同时已告知英方,事前可与参谋长魏德迈将军及中国军令部,进行军事行动之联系。"

FRUS,1945,Vol. 7,p. 511

杜鲁门致蒋介石电

华盛顿,1945 年 8 月 23 日

关于日本在香港向英国司令官投降一事请接受我的谢忱,你体谅人的行动缓解了困难的局面。

FRUS,1945,Vol. 7,p. 511

蒋介石日记

1945 年 8 月 16 日

昨晚约岳军、敬之等来谈对香港问题、越南问题之方针,与今后之政策,最后决定对香港,不与英国竞争先后,免惹恶感。彼即对美言决派兵进占香港,如其不先与我战区统帅协商,则其自背言约,我当抗议其违约,而不与之争先进占也。但时间许可,仍须进占九龙也。

1945 年 8 月 22 日

对于英国要求重占香港,杜鲁门之覆电完全受英国之支配,劝余让英占领,而哈雷①与魏德迈至此乃默无一言。

上星期反省录,1945 年 8 月 25 日

英国争取接收香港之横态,以及美政府不负责任,不重公约之情状,完全为英所操纵。吾诚不知美国之惧英一至于此也。惟此事余自始即取不争之方针,而哈、魏强欲争持,彼乃对余之政策与行动正大慎重,不能不益加认识矣。

1945 年 8 月 26 日

与哈、魏商谈英国拒绝我委托英军官接收香港投降之提议,决定仍坚持委托方案,如其拒绝,则违法坏纪,责在英国,余则不能不守定中国战区统帅之权责也。

《蒋介石日记》,中国社会科学院近代史所抄本

3. 英国主持香港受降

赫尔利致贝尔纳斯电
重庆,1945 年 8 月 27 日下午 10 点

以下是外交次长吴国桢博士刚交来的蒋介石委员长致总统电文:

"我亲爱的总统先生:由于我极愿与你合作,我在 8 月 23 日告知你,我已通知英国人,作为本战区的最高统帅,我同意授权一位英国司令官去接受香港日本军队的投降。8 月 23 日我收到赫尔利大使转来的你的亲切的令人鼓舞的答复。……

今天英国政府通过它驻重庆大使向我传达口信如下:

'英国政府迫切希望达成双方满意的安排。他们不怀疑委员长会理解他们的感情,即在打败日本之后英国必须恢复香港的原状。所以,

---

① 即赫尔利。

他们不能接受委员长的建议作为委员长的代表在这块英国的领土上接受投降,对此深表遗憾。他们欢迎中国代表,也欢迎美国军官。按照第一号总命令授权进行此项任务的英国军官接受投降。委员长委派的中国和美国军官将作为中国战区最高统帅的代表出席。有一份投降文件,他们将以证人身份签名。'

英国大使进一步告诉我,他的政府已指定海军少将夏悫①为在香港接受日本投降的司令官。

我告诉英国大使,我不能同意英国政府对此事所采取的立场。英国要恢复香港的原状的愿望从未受到影响,从一开始我就向他们保证本政府无意派中国军队去占领香港。按照第一号总命令,香港不在英国受降范围之内。香港肯定是在中国战区之内。作为这个战区的最高统帅,我要履行职责,遵守与盟国的协定。我已让步允许委派一位英国司令官到那里去受降,纯粹是出于我希望与盟国保持友好关系的意愿。我做出的让步得到你的同意和赞成。我若超过这个范围,则既不符合盟国的协定,也与本战区最高统帅的职责不相称。

我也通知了英国大使,既然英国政府指派海军少将夏悫去香港接受日本投降,从今天起我授权给他。

总统先生,鉴于美国人民和你一贯极注重办事公平及认真遵守国际关系协定,我相信你会支持我的立场,并指示麦克阿瑟将军向夏悫少将发出必要的指示。"

FRUS,1945,Vol.7,pp.512-513

卡顿·戴维亚尔致伊斯梅电

1945 年 8 月 27 日

今天,蒋委员长再次召见我,讨论我们上次会面时提及的问题。他说他不理解我们为什么拒绝接受他授权英国在香港受降。他说,作为

---

① C. H. J. Harcourt.

盟国委任的中国战区统帅,他当然有权决定在他辖区任何地方接受敌军投降的手段和方式。尽管我们已通知他,我们打算派遣一支英国舰队到香港,但他们认为,这不可能改变他有权决定由谁来受降的事实。

他对我们目前的态度表示遗憾。他认为我们的态度严重损害了我们两国之间的传统友谊,特别是在他希望我们的新政府能够进一步增进两国间的友好关系的情况下。总之,他对目前的局面感到十分痛心。

在过去两年中,我曾多次见过蒋委员长,有时是在非常紧急的时刻。他一直十分坦率,但我从未见他像今天这样激动。

在谒见蒋委员长之前,我见过魏德迈。他毫无偏见地说,他认为如果我们坚持现在的态度,我们将严重损害将来的对华关系,而且,我们的现行政策也与美国的观点不符,因为杜鲁门总统业已同意蒋委员长授权受降。

继我之后,大使谒见了蒋委员长,但我不知道他会见的结果。

FO371/46253

薛穆[①]致英国外交部电
1945 年 8 月 27 日下午 1 时 29 分发出

第 958 号。今天下午我谒见了蒋介石,未能说服他改变立场:如果由一位英军军官在香港受降,必须由作为中国战区统帅的他予以授权。

下面是他的谈话要点。作为中国战区最高统帅,他有权派遣军队到香港,但他从未打算这么做。他并不反对英军前往香港。但是,各地的受降工作应该按照盟国的安排进行,在中国战区,受降或授权受降都是他的权利。

我争辩说,香港不在"中国境内",我们有权重新占领英国领土,但是他坚持说,他认为作为中国战区统帅,他有合法的军事领导权。

蒋介石说,他已告诉杜鲁门总统,他决定授权英国军官到香港受

---

① 英国驻华大使。

降;对此项举措,杜鲁门总统表示感谢。蒋介石也向麦克阿瑟作了通报。

蒋介石说他希望与英国政府保持良好关系,并希望两国关系得到进一步加强。他竭力让我们了解,他把这件事视为检验两国关系的试金石,说他不会放弃他的合法权利,虽然他明白,如果我们愿意,我们能够通过武力得到想要的东西。

蒋介石听了我的争辩,但无动于衷。我认为他绝不会放弃其立场。我明白,他实际上在请我再次向你提出由他授权受降的建议,对此,你早已认为不可能接受。他认为,让他从目前的立场后退是不可能的。

卡顿·戴维亚尔将军今天也谒见了蒋介石,正在向伊斯梅将军去电报告会见情况。

FO371/46253

英国外交部致薛穆电
1945 年 8 月 28 日下午 2 时

第 1001 号。在接受香港敌军投降一事上与蒋委员长存在意见分歧,我们感到非常遗憾。我们不想让他认为我们不尊重他这个中国战区统帅的意见。然而,我们必须指出,我们不能同意,他关于授权受降的要求与盟国的安排相符。最高统帅麦克阿瑟将军已接到美国参谋部的命令:安排由弗雷泽将军提名的一位英国司令官到香港受降。……

因此,我们愿与蒋介石达成完全一致的意见,以解决这个问题,因为我们极为看重与中国的友好关系。

我们希望他不要公开提出授权受降的要求。单方面放弃授权以利于英军司令完成是他职权内的事。我们真诚希望他能决定这么做。果真如此,我们会提前对他的行动公开表示感谢。

FO371/46253

英国外交部致薛穆电

1945 年 8 月 28 日下午 2 时 10 分

第 1002 号。我们认为，蒋介石现在的态度不合理，与他 8 月 24 日在国防最高委员会和中常委联席会议上所作的关于香港的声明不相一致。对我第 922 号电报第 3、4、5 段中陈述的各种考虑及我们愿意让由他指派的中国和美国军官出席受降仪式的表示，他都不予理会，我们对此颇感失望。

我们切望达成双方均感满意的解决方案。我们已在考虑，在我前封电报中所提建议无效的情况下，我们能够作出哪些让步。

我们考虑了 8 月 26 日卡顿·戴维亚尔将军致伊斯梅将军的第 1686 号电报第 5 段中所提的建议。但我们发现，很难区分领土受降和军事受降的界限。对卡顿·戴维亚尔将军的建议作些改动，我们认为可由夏悫海军少将代表英国政府、蒋介石授权另一位英国军官（也许是海斯将军）作为代表联合受降。其他盟国的代表则作为证人出席受降仪式。

你应尽力说服蒋介石按我前封电报中的建议行事，但是，如果他不愿那么做，你可向他提出上述建议。

FO371/46253

薛穆致英国外交部电

1945 年 8 月 29 日上午 9 时 14 分发出

第 973 号。今天早晨，我拜访了吴博士，要求谒见蒋介石，向蒋解释你提出的要他放弃授权的建议。吴博士以个人身份对我说，他坚决反对呈上这项建议。蒋委员长在这件事上决心已定（我和卡顿·戴维亚尔将军都可证实），认为我们在为了自己的脸面而让他丢面子。蒋委员长已向杜鲁门总统和麦克阿瑟将军通报他决定授权英军司令官受降，他也告诉了我（见我的第 958 号电报）。在这种情况下，他肯定不会放弃他的授权。吴博士建议，如果我们现在正式接受授权，这对中、英关系将最为有利,退而求其次,让受降工作按原定的受降计划进行,而把此事暂时搁置。

吴博士的劝告是非正式的,我认为也是真诚的。他与蒋委员长关系密切,并参与过历次讨论。他要求我在表述任何意见时不要引用他的话。

我认为你不会接受授权,但在目前的情况下,我觉得最好的办法是维持现状。鉴于蒋委员长的态度,如继续讨论此事,除了徒增双方的敌意,不会有任何结果。

在当时的情况下,我没有提到你在第 1002 号电报中所提的建议。请指示。

FO371/46253

英国外交部致薛穆电
1945 年 8 月 29 日晚 9 时 15 分

第 1014 号。关于你 8 月 29 日关于香港的第 973 号电报,兹复如下:

不是我们在争面子,相反,我们在尽力征得蒋介石完全同意的情况下行事。即使未征得蒋的同意,我们也认为我们不仅应在自己权力范围内,而且应严格按盟国的安排行事。

尽管如此,我们不愿在不进行最后一次努力争取蒋的同意的情况下按原计划行动。我们不希望不作任何反应就让受降工作以你第 958 号电报中的建议为基础进行。

由于中国外交次长的忠告,我们不能顺利提出我第 1001 号电报中的建议。但是你应立即亲自拜见蒋委员长,向他提出我第 1002 号电报第三段中的建议,阐明这是英国政府向他作出的一大让步。这项建议之所以作出这样极限的让步,不仅因为他是中国战区统帅,而且因为他是在华英军的统帅。我们真诚希望他能接受这项建议。

在写就上述内容后,我收到了你的第 978 号电报,但我仍旧发出此电向你表达我们的感受。如有可能,我们当然更愿意争取蒋介石同意放弃授权。我们认为,我们对蒋委员长的行动公开表示感谢对他和我们都切望加强的中英关系极具价值。

FO371/46253

薛穆致英国外交部电
1945年8月30日下午2时发出

第984号。下面是英国大使和卡顿·戴维亚尔将军的报告。

今天下午,我们在蒋介石乡间别墅同他会谈,所以报告迟至夜间才发出。

种种迹象表明,蒋介石对我们践踏他作为中国战区统帅的权力颇为愤慨。我们认为他将拒绝改变态度。他认为他已授权在香港受降,已按我们的意见作了必要的让步。

我们的意见是最好接受授权。

我们认为,蒋介石的受降代表肯定不会被授权仅仅作为证人参加签字仪式。如不接受授权,就有可能没有正式的受降文件。因为如对这样一份文件有任何反对意见,我们很可能为此在香港发生争论。

除非矛盾得到解决,这个争端将可能损坏我们与中国人的关系。而且正是在对我们的利益至关重要的时刻——为了重建我们在上海等地的利益,我们应当得到中国合情合理的合作。如因香港问题而使蒋介石留下极为恼怒的感情,那么不但在现在这个紧要关头,而且在以后相当长的时期内我们都会遇到障碍和恶意。

FO371/46253

蒋介石致张发奎电
1945年8月18日

南宁。限即到。张司令官:4299密。未灰亥令—亨电计达。甲、兹派该司令官为受降官,指挥第46军、第64军,接收雷州半岛及海南岛地区,该区为敌第 22 独立旅、第 27 独立旅各一部。并指挥新 1 军、第 13 军,负责接收广州、香港地区,该区为敌第 23 军主力。但第 13 军抵广州协助接收后,应即船运杭州、宁波。乙、第 62 军即归卢司令①指挥,向越北进出。除分令外,仰即遵照。中正。

《作战经过》第 3 册,第 622 页

何应钦致蒋介石电
芷江,1945 年 8 月 30 日

限 4 小时到。重庆。委员长蒋:据张司令官未马申国收电称、2208 表密。委座未巧辰令一享电奉悉。遵经转令并规定:(一)派邓龙光为雷州半岛及海南岛受降官。以 46 军进驻雷州半岛,64 军进驻海南岛,分别接收雷州半岛及海南岛日投降事宜。(二)驻印军直属步一团,改归本方面直接指挥,仍留北海,待命行动。(三)派孙立人为广州、九龙、香港区受降官。令 13 军先协助新 1 军,接收九龙、香港,尔后船运杭州宁波。(四)62 军即推进越北,归卢司令官指挥。以上各项,除分令外,谨电核备等情。除复关于香港由英军接收,64 军应留出主力剿匪外,其余各项准予备查外,谨电闻。

《作战经过》第 3 册,第 638 页

中国陆军总司令部致冈村宁次备忘录
1945 年 8 月 31 日

中国战区中国陆军总司令部备忘录　中字第十五号

日期:中华民国三十四年八月三十一日

致　驻华日军最高指挥官冈村宁次将军。

由　中国战区中国陆军总司令部。

事由:

---

① 陆军第一方面军司令官卢汉。

奉中国战区最高统帅蒋委员长八月二十九日命令

开:关于香港及九龙两地之日军投降,兹改定由英国接收:

(1)本委员长已授权英国海军少将哈考脱(Rear Admiral Harcourt)接收香港及九龙日军之投降。

(2)派罗卓英中将为中国代表,威廉逊(Colonel Williamson)上校为美国代表,参加接收香港日军投降。

(3)关于投降日期及详细规定另行电知等因,特请贵官查照,并希转饬香港、九龙日军知照。

中国战区中国陆军总司令一级上将何应钦

本备忘录由本部驻南京前进指挥所主任冷欣中将,转致冈村宁次将军。

《中国战区中国陆军总司令部处理日本投降文件汇编》,第 54—55 页

冈村宁次致何应钦复文

1945 年 9 月 4 日

支总涉第六号

对于中国战区中国陆军总司令部备忘录中字第十五号之答复。

中国战区中国陆军总司令陆军一级上将何应钦殿:

关于备忘录中字第十五号事项之答复:

遵照尊谕,业已转知驻香港、九龙日本军。特此函复,伏祈垂察。

《中国战区中国陆军总司令部处理日本投降文件汇编》,第 69—70 页

蒋介石日记

1945 年 8 月 27 日

约魏亚特与英使分别召见,明告其余委托英军官接收香港之主张必须贯彻,并即委其所派之"哈壳特"少将代余中国战区统帅接收香港投降,嘱其通知英政府知照。如其不接受此委托,而擅自接降,则破坏联合国协定之责在英国,余决不能放弃应有之职权,且必反抗强权之行为。

1945 年 8 月 30 日

英国对余指派其军官接收香港之口头指令，仍拒不接受。余告其大使曰：除非联盟国不承认余为中国战区之统帅，华盛顿之盟约无效，或尔英国脱离联盟，宣告单独自由行动，否则余之指令决不能改变，余决不能破坏盟约，违反公约，屈服了强权也。余令既出，必贯彻到底，希望英国恪守信约，保持国誉，如其最后仍加拒绝，则必宣布其恃强违约，公告世界，以著其罪恶而已。

上月反省录，1945 年 8 月 31 日

英国强欲重占香港，不许我军接收，并拒绝我委派其英国军官接收香港之指令，痛愤无已。

1945 年 9 月 1 日

英国对余委派两英军官接收香港投降之指令，最后仍承认接受，是公义必获胜利之又一明证，惟英国侮华之思想乃为其传统之政策，如我国不能自强，今后益被侮辱矣。

《蒋介石日记》，中国社会科学院近代史所抄本

驻香港日军投降书
1945 年 9 月 16 日签署

签立降书人冈田陆军少将和藤田海军中将，兹根据 1945 年 9 月 2 日在东京湾签定投降文书第二条所载，任何地域所有日本武装部队和日本辖下的部队，均须向盟国无条件投降。因此，我们代表日本天皇和日本帝国大本营，以及我们辖下所有部队，谨向夏悫海军少将无条件投降，并负责履行海军少将或其授权人所颁发一切指示，和发出一切必要的命令，俾能予以实施。

《香港沦陷史》，第 161 页

日本投降后粤、港、澳关系的回忆

李汉中①

日本投降后,张发奎的第二方面军进入广州受降接收。旋即成立军委会委员长广州行营,张任行营主任。当时广东各界强烈要求收回港、澳,报纸纷纷发表这种意见,广东参议会也发出了收回港、澳的宣言。军队方面,除同样具有反帝要求外,更因香港受降权的变化,官兵更为愤怒,都主张以强硬态度对待港、澳问题,有些人甚至提议实行武装占领,把事态扩大,以便为收回港、澳作更好的张本。此时中国军人出入港、澳有一个口号"我们不是进入外国地区,而是在自己家乡走动",情绪可见一斑。张发奎本人也有这样想法,他认为对港、澳问题采取强硬做法,可以博得社会的同情,增加自己的威望,有利于其对广东的统治;同时,由于他在政治上有依赖美国的意图,以为如此可以博得美国的赏识。他不止一次地说:"美国也不愿意英国占据香港,如果香港发生了事件,美国暗中一定高兴,决不会出面来支持英国,英国此时如无美国的支持,不敢单独对我们有所行动。因此,我们对港、澳的任何地方纠纷,都不致酿成国际的争端。"由于行营上下意见一致,乃决定采取"寻找机会,制造借口,纵容部下,扩大事态"的方针。因而纠纷事件,层出不穷。后来,如果不是南京政府一再严令制止和张发奎怕因此失宠于蒋介石的话,根据当时情况,我国在港、澳的主权恢复问题,很可能会朝好的方向变化发展。当时我在广州行营任参谋处处长,接触过一些有关香港、澳门的问题,曾代表张发奎去过香港几次,与港英当局交涉有关军事、治安、法权等属于地方外交性质的事件,并在业务上办过一些机密的工作。兹将我亲历的一些事件,分别记述于下。

香港受降接收权之变化经过

日本投降后,1945 年 8 月 21 日国民党政府陆军总司令何应钦在

---

① 时任国民政府军事委员会广州行营参谋处处长。

湖南芷江接见日本驻华派遣军总司令冈村宁次的乞降使节今井武夫副总参谋长之后，即召集各战区、各方面军的司令长官、司令官会议，按今井武夫呈出之日军战斗序列、兵力位置及指挥系统等资料，分配受降任务。第二方面军司令官张发奎被指定为广州地区的受降主官。当时何应钦对张发奎说："根据盟军太平洋战区最高统帅麦克阿瑟划定之受降区，中国战区受降范围应为北纬十六度以北地区，包括越南北部、台湾及香港，但东北归苏联军队受降接收。香港划入广州受降区，应即以一个军进驻香港办理受降接收事宜。运输所需船只，已请求美军负责，希即按此实施。"张返南宁方面军司令部后，美军联络官博文准将亦将此事转告，并云美军所负担之运输船只，将尽可能提前于9月上旬供应使用，登船地点指定为广州湾与北海两地。当时张所指挥的部队有四个军，其中孙立人的新一军原在梧州一带，已令沿西江向广州疾进，担负广州及其附近之受降接收任务；黄涛的第六十二军原在越桂边境，已令入越改归第一方面军司令官卢汉指挥；韩练成的第四十六军原在湛江一带，正对广州湾日军施行攻击；张弛的第六十四军，除张显歧的一三一师在湛江归韩练成指挥外，主力在南宁附近为第二方面军的总预备队。按照当时军队态势，如迅速进军香港，当以韩军较为便捷。但张以香港较海南岛为重要，将来"捞"的机会也较多，韩军系桂系部队，不如张（弛）军之可靠，因张军原是邓龙光所属，邓与张发奎有旧第四军的部属关系，且张显歧是张发奎的同宗兄弟，操纵可以自如，故以韩军进入海南岛接收，改令张军由南宁向北海、湛江推进，候轮运港。

当时第二方面军官兵对接收香港异常兴奋，且以为香港从此可以收回。但一周后，忽接何应钦电告，香港已于8月30日由英军舰队司令哈科特少将率领舰队捷足先登，并令驻香港日军向英军投降。至于香港受降接收权究竟归谁，何应钦来电另候指示，部队暂时中止运输。这个变化，当时不仅我们甚为诧异，即博文准将亦未奉到美军总部的任何通知，并对英军的行动表示不满。后经分电何应钦及美军总部了解，始得香港已经最后决定改归英军受降接收之复电，唯说由英军接收之日军武器装备,包括船、舰和飞机等则交中国。事后据博文对张发奎说,事变原因,实因英国怕香港受降接收权划归中国后,将影响英国对香港的殖民统治,甚至造成中国收回香港的既成事实,故利用海军优势,不待麦克阿瑟最后同意,即先在香港登陆;又说麦克阿瑟起初不同意英军此种行动,曾向英国提出香港归英军占领,九龙归中、美两军驻守之折中办法(当时印度新德里广播电台,也曾透露过这个消息)。唯英国坚持不让步,麦克阿瑟以英军占领香港已成事实,才不得不作此变更,但以日军武器装备交中国作为维持国民党政府面子的条件。又据国民党政府外交部两广外交特派员郭德华对我说,美国本想自己派兵占领香港,因恐英国不同意,才把香港划入中国战区,以中国军队驻守香港为过渡办法,将来中、英两国对香港主权发生争执时,美国即出面调停,将香港变为美国的委任统治地。

……

《亲历者讲述:受降内幕》,第329—331页

(三)印度支那受降

说明:1944年下半年,法国本土光复后,便开始筹划重新回到印度支那。1945年3月,日军驱逐此前一直与其合作的印度支那法军。部分法军退到中国境内。战争结束后,印度支那北部划入中国战区受降范围。法国企图让印度支那成为一个单独的受降区,让该地日军向法国人投降。除了要求退入中国境内的法军返回印支外,法国还组成远征部队奔赴印支。法国的受降要求未被盟国接受。中国陆军第一方面军司令官卢汉率部入越。9月28日,卢汉代表中国战区在河内接受日军投降。

1. 法国要求印度支那受降权

苏联记录：罗斯福与斯大林谈话
德黑兰,1943 年 11 月 28 日

……

斯大林说,法国某些领导阶层的人士想比所有的盟国都高明,想蒙蔽他们。看来,他们以为盟国会捧着一个现成的法国献给他们……

罗斯福回答说,丘吉尔认为法国会完全复兴并很快要成为一个强国。他,罗斯福不同意这种看法。他认为这要过很多年才能实现。如果法国人以为盟国会把一个现成的法国盛在盘子里端给他们,那他们就错了。要使法国真正成为一个强国,法国人还要付出很大努力。

斯大林回答,他不能想象,盟国在为解放印度支那流血后却让法国人拿过去并在那里恢复殖民制度。他认为当日本人在缅甸和泰国嘲弄了独立的观念之后,需要以较为自由的制度来代替旧的殖民制度。……

罗斯福说,对此他百分之百的同意。他很高兴地了解到蒋介石并不想要印度支那。法国人在印度支那统治了一百年,而目前印度支那人民的生活状况比一百年前更糟。蒋介石说,印度支那人民没有进行自治的准备。于是他,罗斯福,举了菲律宾的例子,几年前菲律宾人也没有实行自治的准备,但现在由于美国的帮助,菲律宾已做好了这样的准备,美国也答应给他们以自治。罗斯福认为可以向印度支那任命三—四个托管人,然后经过三十一—四十年,使印度支那人民做好自治的准备。

……

《德黑兰、雅尔塔、波茨坦会议文件集》,第36—37 页

美国记录:罗斯福与斯大林谈话记录

德黑兰,1943 年 11 月 28 日

斯大林元帅花了较长时间批评法国统治阶级,他说,在他看来,由于过去他们与德国勾结的记录,他们无权获享和平的好处。

总统说,丘吉尔先生认为法国将很快重建其强国地位,但他个人不同意这个看法。他认为在法国复兴之前,还需要许多年的诚实工作。他说法国人,不仅是法国政府,也包括法国人民,首先必须成为诚实的公民。

斯大林元帅对此表示同意,他继续说,他不会向盟国建议以盟国的流血牺牲在印度支那恢复旧法国的殖民主义统治。……他重申,法国不得回到印度支那,法国必须对勾结德国的罪行付出代价。

总统继续说,他百分之百地同意斯大林元帅的意见,并且强调法国统治印度支那已达一百年之久,那里人民的状况比接受其统治之前更糟糕。他说,蒋介石曾对他说,中国对印度支那没有任何意图,但印度支那人民还没有独立的准备。对此他回答说,当美国获得菲律宾时,那里的居民也未有独立的准备,一旦对日战争结束,美国将让菲律宾无条件地享受独立。他进一步与蒋介石讨论了把印度支那置于托管制度之下的可能性,这一托管的任务是使那里的人民在一个确定的时期(也许二三十年)内取得独立。

斯大林对此表示完全同意。

The conference at Cairo and Tehran,p. 485

贝契柯夫[①]致法国政府电

重庆,1944 年 10 月 11 日

蒋介石委员长在 10 月 10 日五点钟接见了我。会谈历时一小时以

---

① 时任法国驻华大使。

上,非常融洽。委员长毫不拘束地说明了他所十分关心的有关法中关系的各个方面。

第一,他开始就特别强调加强法中政治联系的重要意义。他对这种联系在战争期间有了某些疏远表示十分遗憾,希望从此把我们的传统地位肯定下来。他正是本着这种精神来欢迎法国派遣的使节,并注意法国使节在这方面所开始的活动的。

第二,经济联系也不应该忽略。特别是法国人的思想比盎格鲁撒克逊人(不管英国人还是美国人)更接近中国人。委员长希望法国继续培养中国所需要的专家。

我回答委员长说,他的愿望完全符合我国的愿望,我国计划每年派十五名青年到这里学习中国语言并同中国各界接触。这样就可以从个人联系来促进两国精神方面的接近。委员长以最满意的心情对这个意见表示欢迎。

第三,后来他主动地谈到了印度支那问题。这段谈话非常重要,谨将他的原话引述如下:"我要再一次向您肯定,"他对我声明说,"不论对于印度支那或者印度支那的领土,我们都没有任何企图。在这个问题上,我的主张是坚定不移的。如果我们能够帮助贵国在该殖民地建立法国政权,我们是乐意的。请您亲自把我这个意愿正式转达给戴高乐将军。贵国驻印度支那的军队如果由于受到日本的压力而不得不退入中国时,将会受到兄弟般的接待。关于这个问题,我可以发出一切必要的命令。"

我回答说,假使真的发生这种情况,那么,我国驻在印度支那的军队也决不会退到中国来避难,而是重整旗鼓同中国军队并肩打击日本。接着,我对日军在东京集结兵力企图从背后占领广西的谣言加以澄清;10月7日的最新情报得以使我在委员长面前说明这些谣言是毫无根据的。最后我向他肯定说,在任何情况下,印度支那的法国军队都不会对中国作战。

第四,在结束时,委员长表示希望能经常接见我。过去他由于事务繁忙而未能做到达一点，今后彼此要更多地会晤。最后，他非常遗憾地表示还没有认识戴高乐将军。他非常赞赏戴高乐将军的智慧和能力，并请我把他亲手签名的照片转赠给戴高乐将军。

《战争回忆录》第三卷，拯救，第 336—337 页

菲纳德将军①致戴高乐

华盛顿,1944 年 10 月 12 日

……10 月 12 日罗斯福总统接见了我。……

……

接着，他阐述了他对远东的一般看法。

他对我说:"我知道您多么希望使法国舰队参加对日作战。我很了解您的心情，我自己也很希望这样。这个问题正在研究中。但是，关于亚洲问题我有以下几个主要的看法。

"在日本战败以后，白种人在太平洋地区的地位比过去更加危险了。独立的思想在所有这些一直被欧洲国家统治的民族中越来越普遍了。在印度、荷属东印度群岛和印度支那都是如此。

"我认为，如果我们不愿意让这些民族很快地把我们都赶走，必须寻求一个方法来解决白种人和黄种人之间的关系问题。这里可以采取一个一般的组织形式，那就是要每个国家继续管理它目前所占领的国家。

"但是，鉴于若干年后殖民地国家可能恢复独立，因此现在就应该制定一个所有殖民国家的共同行动总路线。至于实现独立期限的长短将随着不同国家的人民的进步程度而有很大差距。"

总统谈到，他曾就香港问题向丘吉尔先生提出过一项这类的措施。这也许是一种崇高的行动，它会收到巨大效果而丝毫也不致改变目前的状况，因为中国人很希望白种人帮助他们创建他们还一无所知的生

---

① 法国驻美陆海军代表团团长。

产部门。此外,这样做,还可以把往往怀有敌意的情感自然而然地变成一种对白种人有利的情感。

罗斯福先生补充说:"我认为,荷兰女王十分明智,她完全承认我所提出的一般计划的价值。从实施这个计划的观点来说,在荷属东印度群岛方面,爪哇和新几内亚(西伊里安)的独立期限可能有很大的差距。

"所有这些问题,去年我和戴高乐将军都提过,戴高乐将军对我说,最重要的条件是西方国家采取一致的行动,并且使白种人在亚洲的步调一致,而绝对不可以各行其道。

"是的,关键就在于此。"

谈到这里,总统紧接着提到了远东的军事行动问题。

"我十分了解法国人愿意继续对日作战,我赞成他们这个加速战争胜利的愿望。

"英国也有同样的问题。"

总统说:"我曾向戴高乐将军阐述过这些应该解决的困难。戴高乐将军问我:'难道您不想叫我们回到印度支那吗?'我答复说:'不!绝对不!但是,您应该了解现实!'

"我曾要求参谋长联席会议寻求一个解决办法。

"你们实际上能够派往远东的战舰有哪些呢?你们有作战所必需的一切吗?你们有供应给养所不可缺少的船只吗?你们在法国重建了大批的海军吗?"

我向总统提出了我所掌握的材料。

……

《战争回忆录》第三卷,拯救,第337—339 页

宋子文致戴高乐

重庆,1944 年 12 月 15 日

阁下:

本人一向是法国的朋友,兹乘乔治·皮科先生返回巴黎之便,谨向

阁下为自己祖国作出的一切功绩深致敬意。

此次战争结束以后,如果我们两国不承担其所应负的维护持久和平的责任,持久和平将是很难想象的。

为了完成这项任务,即为了维护我们的共同利益,中国和法国今后必须进一步增进我们两国间在战前建立的真诚友谊。

本人已向贵国大使保证,我们准备以最诚恳的态度解决中国和法国间的一切悬而未决的问题。我确信您必然也有同样的良好愿望,我认为根据这些条件,我们之间任何问题都是可以圆满解决的。

请接受我最崇高的敬意。

《战争回忆录》第三卷,拯救,第397页

戴高乐致宋子文

巴黎,1945年2月17日

阁下:

您在12月15日的来信中所说的活,使我十分感动。我高度欣赏您对法国的友谊。

我和您一样认为,战后中国和法国必须联合努力,以便为维护持久和平作出贡献。

法国代表在贵国所受到的欢迎使我确信:为了我们两国的非常密切的传统友谊和最大利益,我们已把法中关系推进到一个新的阶段。

我特别重视您向法国大使保证的关于处理中法间悬而未决的问题的诚意。在我们方面,您也会看到同样的诚意。

顺此谨向阁下表示我对中国即将取得的胜利的祝贺,中国的胜利也就是所有盟国的胜利。请您接受我最崇高的敬意。

《战争回忆录》第三卷,拯救,第411页

法国政府主席府公报

巴黎,1945 年 3 月 10 日

3 月 9 日白天,日军向驻印度支那的法军开始进攻。正在太平洋、中国和缅甸战场节节败退的敌人,企图消灭印度支那抵抗运动根据政府指示为配合盟军整个行动所准备的力量。

法国政府将尽力与美国、英国和荷兰各国政府密切联系,保证使我国在印度支那的军队的作战行动同印度支那联邦以外的作战行动配合起来。

法兰西民族和与它共命运的各民族,一致支持印度支那联邦的法国人和印度支那联邦各国人民所经受的考验和所进行的战斗,因为这种考验和战斗是法国争取胜利的斗争中不可分割的一部分。

《战争回忆录》第三卷,拯救,第 491—492 页

戴高乐广播演说

1945 年 3 月 14 日

法军在印度支那同日军激战已经六天了。我军在河内、顺化、谅山和山西进行了有力的抵抗,现在正继续在这些城市附近作战。敌人在芒街的一切进攻直到现在屡次都被我军粉碎。在交趾支那和湄公河沿岸的小规模战斗正在继续和发展。

远东的战争从此进入了新阶段。现在,敌人在自己从所有对手方面取得不少次巨大胜利以后已经看到:美国陆、海、空军正在太平洋上逐岛前进,直逼日本本部的心脏;中国经过将近八年的抗战,现在比以往任何时候都更为坚决;一直留在荷属东印度群岛的小部队所进行的游击战给敌人造成了怎样的困难。敌人也已经感觉到英国在缅甸和孟加拉湾集结的强大兵力给它的压力。正因为如此,敌人才企图击破我们那一点点分散各地、人数不多、装备又差的军队在当地人民帮助下英勇无畏地给它制造的障碍。

当法国处在敌人入侵的苦难中时,也从来没有忘掉在具有压倒优

势的日本侵略者面前,陷于孤立的勇敢的法国人和印度支那人。法国知道,他们在 1940 年 6、7、9 月和 1941 年 1、2 月遭受敌人最初的威胁时曾向各大盟国请求援助但毫无结果。法国知道谅山驻军在 1940 年 9 月的流血牺牲,知道 1941 年 1 月在湄公河对日本同盟者泰国人进行的英勇抵抗,也知道 1941 年 1 月 17 日海军的辉煌战绩,在这次海战中,巡洋舰"莫特—皮凯"号和其它几艘法国辅助舰艇彻底摧毁了泰国的舰队。法国也完全了解,维希政权所奉行的放弃政策在那些灾难的日子里给印度支那造成了怎样的苦恼和失望。但是法国同时感觉到,解放的火焰已经在行政机关、著名人士和居民中间渐渐燃烧起来了。

法国在任何时候也没有失去使印度支那恢复自由的愿望和意志。在日本人进攻的最不幸的时刻,在法兰西帝国已解放的土地上,代表法国发言和执政的法兰西民族委员会就把当时在新喀里多尼亚、新赫布里底群岛和法国在大洋洲的属地上的一些设施交给盟国用来作战,这些基地和设施,在当时是极端重要的,是它们,维持了美洲同澳大利亚和新西兰的联系。民族委员会——今天的法国政府从未停止以秘密的和困难的方法鼓动抵抗运动,并且终于使印度支那的抵抗运动和法国本土的抵抗运动同样地组织起来。因为不论在布拉柴维尔、阿尔及尔和河内,或者是在南特、里昂和巴黎,任何力量也不能破坏法国的不可分割的统一。

今天,我国驻印度支那的军队同侵略者展开的战斗是按照政府制定的计划并在政府委任的将领指挥下进行的。我国英勇战士在那里的奋战、牺牲和功绩,过去、现在和将来都是为了法国的利益,正如所有为了光荣而团结在国旗周围的人们在世界各个战场上的无数次奋战、牺牲和功绩,过去、现在和将来都是为了法国利益一样。

我们知道印度支那的英勇战士实际上是多么缺乏武器啊!因为,在这次残酷的战争中,从最初的不幸直到现在,我们的命运始终是在任何地方都只能用破旧不堪的武器或者是靠使用他人的武器重新走上战场的。在印度支那也和在其他地方一样,法国尽力请自己的盟国从他们的武器库里拿出一些武器来。在目前的处境下,法国所以还不能把自己早已准备好的支援印度支那的兵力派去与盟国军队协同作战,这不是法国自己所能决定的。但是,不管印度支那抵抗运动的条件如何,最重要的是必须站起来战斗。因为这种战斗,在某种值得重视的程度上,关系着联合国在远东迅速取得全面的胜利;关系着法国的荣誉;也关系着法属印度支那的前途。

是的,抵抗运动的确关系着法属印度支那的前途,因为法国和印度支那联邦各族人民之间现在已经用他们的苦难和士兵的鲜血写成了庄严的盟约。我们十分清楚,日本敌人会象糊个纸龙一样很容易利用欺骗和奸计来使被压迫人民表面支持它的暴政。但是,我们是相当了解事实的,我们不会为这种表面现象所蒙蔽。事实上,印度支那联邦现在比任何时候都更加反对来自北方的敌人,它比任何时候都更加坚决地要依靠法国的帮助、按照自己伟大前途的要求从自己本身找出它在政治、经济、社会、文化和精神等等方面得到发展的条件。从今以后,黑幕已经揭开了,法国政府将不断给它指出通过什么道路和用什么方法来实现这一切。

在印度支那也同在其他各地一样,这场战争苦难是一次严酷的考验。无疑,可能有人担心我国会在这次战争中削弱下去,但是他们现在可以期望在这次战争中锻炼出我们的新生了。我们的行为决定一切。正在印度支那战斗和进行抵抗的战士们! 全法国和海外领地团结在同一旗帜之下的每一个人,不分男女,都在瞩望和怀念你们! 每一个人,不分男女,都知道你们在现在和将来都能完成你们的任务,但是你们也要知道,命运的大门需要用你们的战斗来打开。

《战争回忆录》第三卷,拯救,第492—494页

法国政府关于印度支那问题的声明

1945 年 3 月 24 日

共和国政府一向认为印度支那应在法兰西共同体组织中占有特殊

的地位,并根据它的发展程度和能力享有相当的自由。这是政府在
1943 年 12 月 8 日的声明中宣布过的诺言。以后不久,在布拉柴维尔
发表的一般性的原则,重申了政府的这个方针。

今天,印度支那战争正在进行。印度支那人民和法国人民联合组
成的军队以及敌人的任何伎俩也欺骗不了的印度支那的卓越人士和人
民,正在为争取整个法兰西共同体的胜利而竭尽全力进行抵抗。因此,
印度支那又获得了恢复它应有地位的权利。

事实使政府更坚持从前的意愿,政府认为必须立即确定印度支那
从侵略者手中解放出来以后的地位。

印度支那联邦将和法国以及法兰西共同体的其他部分组成一个
"法兰西联邦"。法兰西联邦的对外关系,将由法国代表。印度支那在
法兰西联邦内部享有应有的自由。

印度支那联邦的国民是印度支那的公民,也是法兰西联邦的公民。
根据这种权利,每个印度支那联邦的国民,不分种族、信仰或出身,只要
资历相等,就可以在印度支那和法兰西联邦中担任联邦的一切职务。

印度支那联邦参加法兰西联邦各联邦机构的条件,以及法兰西联
邦公民的地位,将由制宪议会规定。

印度支那应有自己的联邦政府,该联邦政府由总督领导,由向总督
负责的部长组成,各部长从印度支那人和居住在印度支那的法国人中
选任。设立参议院协助总督,参议院由联邦的高级人员组成,负责拟定
联邦的法律和法令。根据最适宜联邦国家的选举方式选出议会,这个
议会中也应有人代表法国的利益,议会有权通过联邦的税收和预算,以
及审查法律草案。有关印度支那联邦的商务条约和睦邻条约,都应提
交议会批准。

思想和信仰自由、出版自由、集会结社自由,一般地说,一切民主自
由应为印度支那法律的基础。

组成印度支那联邦、而在文化、种族和传统方面又互不相同的五个
国家,将在联邦内保持本国的特点。

总督府,应为联邦各成员国之间各国利益的仲裁人。各地方政府应进行改革或改组;每个国家的政府职务由各该国国民担任。

印度支那联邦应在宗主国的援助下和在法兰西联邦总防御体系内建立自己的陆、海、空军,在这些军队中,印度支那人只要具有同等资格,将和来自宗主国或法兰西联邦其他部分的人员同样担任各级军官。

社会和文化的进步应与政治和行政管理的进步按同一方向继续推行,并加速其发展。

法兰西联邦应采取必要措施,切实推行有效的初等义务教育,发展中等教育和高等教育。地方语言和地方知识的学习应与法国的文化有紧密的联系。

应不断通过对自由劳动的监督和工会的发展,增进印度支那劳动群众的福利、社会教育和解放。

印度支那联邦在法兰西联邦内应享有经济自治的权利,以便使自己的农业、工业和商业获得全面发展,特别要实现工业化,以便满足人口众多的需要。依靠这种经济自治,印度支那可以不受任何歧视性的限制,同所有国家、主要同中国发展商业来往,印度支那和整个法兰西联邦一样,都愿意同中国保持密切的友好关系。

上述有关印度支那的地位的规定,应在印度支那解放后,同那里的有关机构交换意见,进行修改。

因此,印度支那联邦在法兰西联邦的和平体系中,享有为发展其全部资源所必需的自由和组织。进一步说,它应该在太平洋地区完成自己应负的使命,并在法兰西联邦的整体中发扬其作为优秀成员的品质。

《战争回忆录》第三卷,拯救,第466—468页

赫尔利致贝尔纳斯

重庆,1945 年 8 月 13 日下午 10 点

星期六法国代办达里当①拜访外交部代理部长,要求中国政府利用现在昆明近郊的大约 5000 名法军去占领法属印度支那(这是几个月前从法属印度支那撤到中国的法国避难部队。见我 5 月 3 日下午 2 点第 718 号电报和有关通讯)。

代理外交部长吴博士回答说,这个要求将转达给有关中国军事当局(已发国务院,又发巴黎)。

在法国代办访问外交部之前,他曾拜访作为委员长的参谋长的魏德迈将军,要求由上述法国军队参与重新占领法属印度支那,并用飞机把他们送到法属印度支那。在那以后魏德迈接见了本战区的法军指挥官阿勒桑德利②将军。魏德迈将军说,他乐意在各方面帮忙,但指出运输有困难。他批准一架法国飞机在昆明—蒙自地区和河内之间飞行,运载主要的法国人员,并同意就所要求的其他合作事项和委员长商量。在那以后阿勒桑德利将军批准法国在云南的部队通过陆路从蒙自地区出发经老街去河内。

代办就他到中国外交部访问的事对布里格斯说,他曾告诉吴博士,如果不允许这些法国部队进军印度支那将会引起"非常坏的影响",可能"严重损害"中、法关系。他也预计如果中国军队进入印度支那会有"严重纠纷"。他也提出法国战俘问题,估计有 1 万至 1.2 万名战俘在日本人手里;中国外交部对他解释说,根据所提出的投降条件日本人将负责把他们安全地送到盟军指定的地方。中国外交部也向他指出,法属印度支那处于中国战区,委员长是中国战区的最高统帅。

魏德迈告诉我,靠近法属印度支那边境的南宁附近有两师中国部队。这两个师可能会被派到印度支那去促进遣返、缴械和接受日军投

---

① Jean Daridan.

② Allesandri.

降等项(估计在法属印度支那的日军人数在 5 万至 6 万之间)。

自上述可以明显看出,法国急迫地想尽早完全重新建立它在印度支那的权力,它不赞成让任何中国军队开进印度支那。

《波茨坦公告》中没有条款说明印度支那的日本人可以向中国战区的最高统帅委员长或他任命的代表之外的任何人投降。法国希望他们自己接受日本人投降来挽回面子。魏德迈将军或者本大使馆都没有权力来改变《波茨坦公告》或随后的投降条件。然而,除非你对我做出相反的指示,我考虑向委员长建议中国和法国政府直接做出安排,让法国代表在法属印度支那参加接受日本军队投降。

FRUS,1945,Vol. 7,pp. 498–499

贝尔纳斯致卡弗里[1]

华盛顿,1945 年 8 月 14 日下午 8 点

请通知比多[2],根据命令日本人执行投降的方案,他们在印度支那的北部应向蒋介石投降,在印支南部向蒙巴顿投降。你应该强调这样划分完全是根据那个地区军队分布的情况的纯军事行动,没有任何政治意义。

你应该补充说,我们向英国和中国政府建议,邀请法国代表出席印度支那的接受日本投降仪式。法国人可能希望直接与两国政府商谈此事。

怀南特和赫尔利大使都接到指示,支持他们的法国同僚可能为此提出的建议。

FRUS,1945,Vol. 7,pp. 499–500

---

[1]　Caffrey,美驻法大使。
[2]　George Bidault,法国外交部长。

戴高乐与杜鲁门会谈记录

1945 年 8 月 24 日

杜鲁门总统和戴高乐将军的会谈于五点三十分开始在白宫总统办公室举行……

……

戴高乐将军谈到世界上从前处于殖民地地位的人民的命运。据戴高乐将军的意见,二十世纪应该是殖民地人民独立的时代。但是他们不应该以反对西方国家的方式或者类似的方式来获得独立。在这个问题上,戴高乐将军谈到了地中海东岸国家的事件,和英国干涉的令人遗憾的性质,他对于美国支持英国的干涉表示遗憾。

杜鲁门总统承认,英国人用那种方式提出他们的意见确实使美国的态度受到了影响,但是他说,关于印度支那问题,美国政府对于法国重返印度支那一事决不反对。

戴高乐将军注意到这个意见。他向总统指出,现在还不能确切地决定印度支那联邦的未来制度将是什么样的制度,法国有意同组成印度支那联邦的各国协商解决这一问题,以便满足当地居民的愿望。

……

《战争回忆录》第三卷,拯救,第 560—561 页

戴高乐回忆 1945 年 8 月下旬与杜鲁门的会谈

对亚洲和非洲那些带有"殖民地性质"的国家,我表示了意见,我认为新的时代将使它们走向独立,不过在手续方法上必须是多样的、渐进的。西方应当理解这一点,甚至应当同意这样做。必须把事情安排得让西方能够参与其事,而不是反对西方。要不然,这些还不健全的民族和不够稳定的国家的变化便会引起激烈的排外主义、穷困和无政府状态。不难看出,世界上有谁会从这种情况下得到好处。

我对总统说:"对于我们的属国,我们已决定让它们自由处理自己的事务。有些国家可以快一些,有些国家不能太快,至于哪些国家快,

哪些国家慢,应由法国自己来决定。在这方面,最不幸的莫过于西方国家之间的互相竞争。而在地中海东岸国家发生的事情是最令人痛心的。"谈到美国最近支持英国的讹诈手段时,又激起了我的愤怒,我明确地指出:"我敢断言,在这种错误和不合理的事情上,最后还得由西方付出代价。"

杜鲁门承认华盛顿方面对英国的论断过于轻信。他说:"无论如何,我国政府不反对法国军队和法国当局回到印度支那去。"我回答说:"虽然法国对于纯属自己的事务没有任何要求,但是对您所表示的好意也感到高兴。不久前敌人占据了印度支那。由于胜利了,法国又要回到那里去了。而美国为了赢得这场胜利,所起的作用是无可比拟的。我们是本着在那里建立一个符合当地人民愿望的制度的意愿回去的。但是我们在这方面也很不痛快,因为我们的盟国在那里不征求我们的意见,采取了片面的措施。"

我向杜鲁门先生指出,我们绝对不能同意英国军队在印度支那南部、中国军队在印度支那北部代替日本的地位。可是,将要发生的这一切,都是按照1943年罗斯福、丘吉尔和蒋介石在开罗会议中所签定的协定和最近在波茨坦会议上所确认的协议来进行的。此外,我们也不是不知道,美国驻中国司令部的代表魏德迈将军领导的美国特派员正准备到北部(东京)去和革命政权进行接洽。所有这些都不是帮助我们解决问题。对此总统认为必须再一次向我表示,华盛顿方面保证不给我们的事务制造障碍。

《战争回忆录》第三卷,拯救,第228—229页

贝尔纳斯致赫尔利电

华盛顿,1945年8月31日下午8点

法国大使馆8月28日备忘录提议,印度支那构成一个单独的受降区,英国区,如果这样做不切实际,那么印度支那北部的日本司令官向中国领土的中国人投降,但日本军队则向授权于英国司令官的法国人

投降。

国务院 8 月 30 日答复说，……把印度支那分开纯粹是以该地区可使用的军力为根据的操作上的安排，并补充说，本政府仍然相信军事考虑应占优先地位。答复接着说，"如果法国政府能在这个问题上与英国和中国政府达成谅解，并假定麦克阿瑟将军在军事方面没有反对意见，美国政府将乐于按这样办理，还有时间实施此事"。

请通知中国当局和你的法国、英国同僚，只要麦克阿瑟将军同意，法国与中国政府间能达成协议，我们完全愿意赞同法国的建议。

FRUS,1945,Vol.7,p.513

陈修和①回忆：抗战胜利后国民党军入越受降纪略

1944 年 12 月国民党政府设"中国陆军总司令部"（以下简称陆军总部）于昆明，何应钦从军政部长的职位调来担任这个机构的首脑，越南方面的军事任务也划归陆军总部直接管辖。

1945 年 3 月 9 日，驻越南的日本军队突然以武力解除法殖民军的武装，并将所有法籍军民全部拘禁在集中营内。驻在中越边境的部分法军，纠集越籍士兵三千余人，由原任法属印度支那殖民军参谋长亚力山得里中将率领逃到我国云南境内。陆军总部得到这个消息后就报告了重庆，法军驻重庆的代表极力要求我国收容，准其留驻在云南境内，给以盟军的待遇。重庆政府同意了他们的要求，命令陆军总部就地安顿。但驻防滇南的第一方面军司令卢汉，对于这一批不久以前还是我们敌人的法军不肯收容。何应钦为了处理这个问题，除电卢汉遵照重庆的指示外，命我亲往开远同他商量，并赴建水、石屏等处视察法殖民军的情况。我去视察时，看见这些曾经作威作福、双手染满越南人民鲜血的法国强盗，协同一些越籍士兵十分狼狈地散住在破庙或公共建筑中，他们衣服褴褛，口粮困难，向我们摇尾乞怜。我同卢汉商量的结果，

---

① 时任中国陆军总司令部驻昆明办事处主任。

决定将他们安顿在蒙自附近草坝的营房里，一切给养由陆军总部按盟军待遇予以供应。

　　1945 年 7 月，国民党军在湘西反攻告捷，陆军总部前进到湘西的芷江，另于昆明设立办事处。何应钦派我担任办事处主任，负责处理后方留守工作和与美法军接洽的事宜。8 月 15 日，日本天皇广播投降，我们得到消息后，因为出乎意料之外，对于胜利后的安排，毫无准备，因此反而有些无所措手。盟军总部规定法属印度支那十六度以南由英军受降，十六度以北由我军受降。驻昆法军司令亚力山得里向我洽商，派法国飞机到河内与日本联系。我报告了何应钦，认为他的阴谋是想法机一到河内，就可打出电报，在国际上宣传法军已重回越南，收复河内。我们都主张决不允许他们这样做，立即命令昆明空军司令晏玉琮将停在机场的法国飞机予以扣留，以防其潜飞越南，并严令驻在云南境内的法军在我军接受日军投降之前，应驻原地待命，不得进入越境。法机被扣后，驾驶法机的空军军官向我探询被扣原因，我把这些经过告诉他们。他们认为亚力山得里无权指挥法国空军，他这种不适当的活动使别人无辜受累，并要求允许他们飞回法国，保证不飞往越南。我答复他们说："法国飞机要等待中国军队到达河内以后才能放行，你们个人可以自由行动，也可以上飞机查看，但不准起飞。"亚力山得里也极力向我解释，说他并没有别的意图，完全是出于一种误会，要求把飞机放行。我推说是何总司令的决定，非待中国军队进到河内不能改变这个命令。亚力山得里屡次要求面见何应钦，企图打破我这道难关。我主张接见亚力山得里，当面揭穿他这次的阴谋，杜绝以后的破坏活动，并严厉指出他过去在越南阻挠我们的军运、扣留我们的物资、勾结日军、反对同我们合作等等罪行，声明我们不咎既往，已很宽大，决不允许他捣鬼和干预受降工作。亚力山得里随带一名中国译员（是一个姓王的老留法学生）来见，何应钦同我一起接见他。何听了他的报告和要求后，就将我们预先商定的话用申斥的口吻说了一遍，而他的译员竟不敢照直翻译，只是轻描淡写地译了几句。我听了很生气，立即质问译员为何不照实翻译,何应钦也勃然大怒,要我翻给他们听。我觉得如由我口里说出来,可能使亚力山得里误以为是我的意思,我当即要译员重新翻译,不得丝毫遗漏。亚氏听了,面红耳赤,局促不安,只好道歉认罪,不敢再说下去了。但是,他们并不死心,又向重庆活动,竟取得了国民党外交部同意放行被扣飞机的文件。

事实证明当时重庆内部的混乱,比较外部敌人的威胁还要严重。我要求何应钦直接同外交部长谈妥:关于越南问题,必须遇事协商,步调一致,不得采取片面行动,否则我们以后无法工作下去。何应钦立即挂了一个长途电话给外交部长王世杰,指出外交部未经陆军总部同意,也没有同他商量,径自允许法军的要求,发出书面文件,超出了外部的权力,陆总当然拒绝执行,并警告王世杰以后要特别注意,以免我国内部发生纠纷,被法人利用。

《亲历者讲述:受降内幕》,第 154—156 页

2. 中国主持印度支那北部地区受降

戴高乐在国防委员会关于印度支那问题所作的决定

巴黎,1945 年 8 月 17 日

任命达让吕海军将军为法国驻印度支那高级专员。

任命勒克莱尔将军为最高军事司令官。

高级专员的权力和职责以及他的代表(包括勒克莱尔在内)根据戴高乐将军 8 月 16 日的指示确定。

地面部队准备分三批启程,将在 9 月、10 月和 11 月分别派出。马达加斯加旅应立即作好准备。法国本部的六万人将随后出发。其中第二装甲师和第九殖民师的某些部队将首先出发。调派命令由国防委员会参谋部发出。

法伊上校所指挥的第一批空军包括:

一个运输机队（达科塔式）；

一个驱逐轰炸机队；

一个容克机队（由海路运输）……

海军分为三个舰队：

第一舰队由"黎希留"号和"凯旋"号组成，随后再补充两艘巡洋舰，由奥波诺海军将军指挥；

第二舰队直接由印度支那海军司令指挥，由轻型舰只和服务舰只组成；

第三舰队由"贝恩"号和"苏佛兰"号为主力组成，这一舰队参加运输……

……

《战争回忆录》第三卷，拯救，第545—546页

戴高乐回忆战后向印度支那派兵

应该承认，这种可怕的武器出现以后，使我灵魂深处都受到了震动。当然我早就知道美国正在利用原子分裂来制造威力不可抗拒的炸弹。我看到这种可能毁灭人类的武器的出现，虽然没有觉得突然，却感到十分痛心。但是痛心的预感并不能阻止我利用原子弹的效果所造成的形势。因为日本的投降使日军停止了抵抗，同时也使美国阻止我们到太平洋去的禁令失效了。我们很快就可以回到印度支那了。

我们要一刻不能迟延地回到印度支那去，而且还必须以胜利者的姿态到那儿去。自从东京表示了谈判的意图以后，我们就一再向华盛顿提出：盟国对日本的答复也应有法国的签字；这件事做到了。后来，裕仁天皇决定投降，法国司令当然也要和其他盟军司令同时受降。我任命勒克莱尔将军代表法国在"密苏里"号战舰上签字。在此以前，即8月15日，我已任命达让吕海军将军为印度支那高级专员。

派遣军队是决定一切的条件。必须派遣七万人和很多的物资；这件事相当难办，因为我们还处在复员时期，同时还要在德国留驻一支军

队。但是,法国军队不久前曾经备受凌辱,几乎覆灭,因此它现在有必要重新表现自己的威力和决心。况且由已在海上的"黎希留"号战舰,"光荣"号、"苏佛兰"号、"凯旋"号巡洋舰,"贝恩"号运输舰和几只小舰艇组成的一支舰队,将在奥波诺海军将军的指挥下全部开到印度支那海岸。一百多架飞机将在印度支那半岛的上空飞翔。既然战争已结束,我们借给盟军进行联运的运输舰也就可以抽调回来,虽然我们舰队的吨位很少,但是在三个月内,航行一万四千公里,全部运完远征军的任务还是可以完成的。但是不管怎样快,形势依然十分严重。

在印度支那有十万日军。他们停止了战斗,等待遣送回国。但是,这时他们同后来称为"越盟"的军队相处得很好。越盟军队离开了游击状态,宣布了独立,正在要求"三圻"统一,并且正在进行反对恢复法国政权的宣传。他们的政治领袖胡志明和军事领袖武元甲——都是共产党人——在北部(东京)成立了一个委员会,俨然是一个政府。保大皇帝退位了,当了胡志明的"顾问"。我们驻北部(东京)的代表让·散特尼于 8 月 22 日到达河内,可是越盟的政权已经在日本人同意下在首都建立起来了。见过法军出丑的印度支那居民,对我们的同胞是步步进逼的。尽管地方长官塞第勒在 8 月 23 日空降以后作了和平努力,9 月 2 日,仍有几个法国人在西贡被杀害。除了存在着政治方面的问题以外,那里还闹着饥荒。因为,自从法国负责当局离开以后,粮食的供应便瘫痪了。最后,由于盟军实行他们既定的占领计划:中国军队占领北纬十六度以北,英国军队占领北纬十六度以南,并且到处都有美国代表团,这就严重地影响了法国负责人到任后立即发挥作用,严重地影响了我军解除日军的武装。

我们自然不能容许这三重外国势力的侵入。无疑地,我们对英国人占领南部(交趾支那)并不太感到不安。我们可以设法和他们一起到达那里。而且大英帝国在印度、锡兰、马来亚、缅甸和香港还有很多事情,它正迫切希望在法国人的思想中消除最近因地中海东岸各国的紧张局势所引起的不愉快,可以相信英国人决心不久就撤走军队。事实也是如此。另一方面,正在进行经济调查和政治宣传的美国工作队,当然使我们不痛快,但是总的说来,也没有多大关系。与此相反,卢汉将军率领的中国军队占领着北部(东京)和中部(安南)以及老挝的一部分,却是最令人讨厌的事情。我们的政治和行政活动将长期受到阻碍。中国人进来以后,什么时候才撤走呢? 他们要索取什么代价呢?

不过重庆政府一再向我们作了友好的保证。早在1944年10月,蒋介石元帅在接见我国大使贝契柯夫时就曾对他说过:"我向您保证,我们对印度支那毫无野心。甚至如果我们有机会帮助您们在那里恢复法国政权的话,我们也一定欣然去做。请您转告戴高乐将军,这是我们的政策。并且,希望他也认为这是我个人向他作的保证。"在我八月访问华盛顿期间,我接见了路过那里的宋子文先生。这位中华民国行政院院长兼外交部部长,也向我正式声明了这一点。9月19日,宋子文先生由钱泰大使陪同到巴黎进行访问,我向他提到卢汉将军的军队那种令人不愉快的态度。外交部长答应我说:"我国政府一定要制止这种行动,并要从印度支那撤军。"但是,不管中国中央政府表示怎样的友好或发出什么命令,事实上,卢汉却俨若主人住在北部(东京)。

《战争回忆录》第三卷,拯救,第244—246页

卢汉致土桥勇逸电

1945年9月2日

中国战区中国陆军第一方面军司令部备忘录——汉字第五号。日期,大中华民国三十四年九月二日

致驻越南北纬十六度以北地区日本高级指挥官土桥勇逸将军。

由中国战区中国陆军第一方面军司令部。

事由:依据本司令官致贵官汉字第一号备忘录第四项中所定,特再将关于前进指挥所之先遣参谋组人员指定如下:1.本司令部特派驻河内前进指挥所主任陆军少将参谋长尹维勋未到达河内以前,兹指派本部中校参谋谢崇琦为先遣参谋组组长,率领军官十一员当日乘机陪同

贵官代表先到河内准备前进指挥所驻河内之一切事宜,贵官于奉到此备忘录时,应供给各种利便并应得到相当之安全与保护。

陆军上将衔中国陆军第一方面军司令官卢汉。

本备忘录交土桥勇逸将军之代表酒井干城中佐送达土桥勇逸将军。

《作战经过》第 3 册,第 641—642 页

赫尔利致贝尔纳斯电

重庆,1945 年 9 月 6 日下午 1 点

8 月 31 日下午 8 点,国务院 1379 号来电中概述的提议,目前法国大使馆尚未向中国政府提出。如果提出,中国政府将会声称,中国战区的法属印度支那的受降计划和军队部署完全按第一号总命令执行,从军事观点来看进行到目前的程度再答应法国的要求是不切实际的。

魏德迈将军向我表示他完全同意本电。

FRUS,1945,Vol.7,p.514

占领越南军事及行政设施原则

9 月 15 日,行政院召开越南顾问团会议,指示占领越南军事及行政设施原则十四项。……十四项原则如下:

一、占领越南时期依据事实上需要由盟军最高统帅部规定之。

二、占领区内驻防军及过境军数目随时由占领军总部通知法方。

三、行政院对于占领军总部内设顾问团,由外交、军政、财政、经济、交通、粮食六部及行政院秘书处各派代表一人组成之,由行政院指定其中一人为召集人。

四、凡占领军总部处理行政部分之一切命令,概由顾问团拟定,由占领军总部颁布施行。顾问团召集人得为占领军总部之发言人。

顾问团应将处理情形随时报告行政院查核。

五、为明了实际情况及整齐步骤起见,顾问团得与占领军总部第五

处处长、副处长、美军代表及法国代表团之主要负责人员举行会报,密切连系,以期一切措施妥善适当。

六、请法方派代表参加受降典礼并指定人员若干名组织一代表团协助占领军总部有关资产接收及物资供应事宜。

七、越南境内一切交通工矿事业责成现有人员继续维持及经营,听候占领军总部商洽法方派人接收。但在占领期间内为确保军事安全及部队过境运输便捷计,滇越铁路及一切港口应在占领军总部监督指挥下暂行实施军事管理。

八、日本在越南所设金融机构一律封闭。

九、越南日币流通及占领军使用货币问题由外交、财政两部与法方商妥后另订办法。

十、占领军所需粮食、煤炭及运输工具等,由法国代表团设法责成越南现有机构供应负担,将来由外交部与法方另商清算办法。

十一、政府各部及人民前在越南遗留或被扣留之物资,应由经济、财政两部搜集以前调查所得资料,将来由外交部提出向法方交涉,如现在仍有该项遗留物资(如海防河内及沿铁路线各仓库),经盘明确实者可先行封存,报告行政院,听候处置。

十二、占领区内法方回越行政人员,法国代表团应将全部名单随时通知占领军总部查照,但前对中国政府曾有仇视行为或曾屠杀中国侨民者,占领军总部得拒绝其入境。

十三、除对治安、交通、金融、粮食遭受威胁扰乱或破坏之行为,得随时取适当措置外,对法越间一切关系概严守中立态度,不加干预。

十四、我国将来对滇越铁路之权益问题、越南华侨地位问题,在政府未作最后决定以前,应取保留态度,不必表示意见。

……

《越南受降日记》,第2—4页

戴高乐与宋子文会谈记录

1945 年 9 月 19 日

戴高乐将军在 1945 年 9 月 19 日接见了宋子文先生。陪同宋子文先生的有中国驻巴黎大使钱泰先生。

会谈开始时戴高乐将军对宋子文先生说,中华民国行政院院长来巴黎访问,使他有机会就法国政府在目前情况下认为最重要和迫切的问题进行讨论,他感到非常高兴。

法属印度支那的形势,特别是东京地区的形势,目前显得十分混乱。在这些地区存在着形形色色临时出现的组织,它们都自称为安南政府。特别是这些组织都是由在日本投降前与日本有联系的人和在战争结束后(这一点在这个地区同在其他地方一样)跑到最前列去的共产党人组成。这些组织表现出无能力应付由于当局的疏忽、由于交通组织的破坏,以及在总情况下由于占领和军事行动所造成的非常困难的经济状况。

今天,由于卢汉将军和中国占领军所采取的态度,这种情况变得复杂化了。这种态度与法国政府根据宋子文先生在华盛顿向戴高乐将军所作的保证以及蒋介石元帅在重庆向贝契柯夫将军所作的保证所理解的中国政策是不相符的。

宋子文先生解释说,他完全同意戴高乐将军的看法,中国人是言而有信的,对法国政府所作的保证将会受到尊重。宋子文先生在伦敦从报纸上了解到亚历山德利将军所遇到的一些麻烦。他立即将这件事报告蒋介石元帅。蒋介石已于 9 月 19 日回了一份电报(宋子文先生把给他本人和中国驻巴黎大使的电报拿出来读了一遍),向戴高乐将军重申中国政府的正式保证:中国政府不以任何方式反对法国对印度支那所享有的权利。蒋介石元帅认为卢汉将军推迟法国部队进入印度支那,大概是由于卢汉将军所属部队作战地区的交通受到破坏发生梗塞所致。他已命令参谋长进行调查,从速具报。

在会谈过程中,宋子文先生多次重申这些保证,同时还特别声明中国希望法国仍然是中国在亚洲的邻邦,他认为他回到重庆后就可以看到按法国政府所期望的那样妥善解决的局面,如果出现相反情况,他将亲自出马处理这些问题,以便满足我们的愿望。

戴高乐将军对于宋子文先生的明确声明表示感谢,并问他在国际政治问题方面,是否要特别了解一下法国政府的立场。

……

《战争回忆录》第三卷,拯救,第561—562页

马锁①回忆:第一方面军入越接受日军投降纪实

……

第一方面军入越时的部署

1945年8月15日,日本宣布无条件投降后,卢汉被中国战区最高统帅任命为越南北纬十六度以北地区受降主官。当时第一方面军司令部扩大编组为八个处,所辖的部队也增加到了五个军及三个独立师,还有特务团、宪兵第二营、通信独立第五营,共约十余万人,分五路浩浩荡荡地向越南开进;第九十三师由镇越方面经猛信、蟠龙城,直达义安,行军三十余日,限9月30日到;第六十军由金平、屏边、河口方面经莱州、沙坝、富流直达河内,限9月20日以前到;第五十二军由马关、西畴方面,经河阳、宣光向海防前进,限9月20日以前到;第六十二军由广西龙州经镇南关(现为友谊关)进驻同登、海防一带;第九十三军经滇越铁道及其东侧地区直达河内。第九十三军到河内后,第六十军即向顺化、土仑方面推进,方面军司令部在六十军后方。暂十九师、暂二十三师、第五十三军在九十三军后方,沿滇越铁道跟进。

在各军前进中,因越南人民部队(当时是越盟领导的部队)不明了中国军队入越接受日军投降情况,他们为保卫越南领土主权,不让第一方面军深入越境;又有部分日军不赞成日本投降,纠结阻挠;并因越北

_____

① 时任第一方面军参谋长。

一带大水,村落、道路均被淹没,宿营、给养均感困难,所以行进比较迟缓,没有在预定的日期到达。这就是第一方面军入越时的军事部署和态势。

接受越北日军投降经过

第一方面军在奉命入越接受日军投降时,第一步之处置是电告越北区日军指挥官土桥勇逸派代表携日军在越南北纬十六度以北的人员、马匹、武器、弹药、装具、驻地等表册,前来洽降。当于9月2日在云南开远方面军司令部大礼堂举行初步洽降签字仪式。礼堂布置及洽降仪式悉依芷江陆军总司令部之规定办理。当时,有昆明行营暨驻昆各级机关及当地各级机关代表、各盟国外宾、新闻记者前来参加。先一日(9月1日),日军指挥官土桥勇逸中将派遣其三十八军参谋酒井干诚大佐、二十一师团参谋三好秀男少佐为洽降正、副代表,率领三十八军总部今井一夫译员等一行五人,乘机(日本飞机)抵蒙自,随换便机(美教练机)转到开远。9月2日晨十时,由方面军司令部中将参谋长马锳主持初次洽降签字仪式。洽降代表酒井干诚、三好秀男等肃立阶下,面对马锳签降毕,面呈防区各项图表,当授以汉字第一号备忘录,经译员逐条译述后,携回河内面交日军指挥官土桥勇逸。备忘录内容为:凡驻越南北纬十六度以北地区之日本海、陆、空军及其辅助部队,应遵本部命令,分别照指定地区集结。我军给以命令的要点如下:一、日本在越陆军应逐次向助波、河内以东地区及海防东北地区集中;二、海军应集中于海防;三、空军应集中于河内机场;四、其他应守纪律之规定等。

在土桥勇逸的代表返河内时,方面军曾派出参谋组,以第二处处长谢崇琦兼组长,率领官佐十六人于9月3日与日军代表酒井干诚同机赴河内,商洽本部及所属各军暨中央特派各有关机关代表驻所与警戒事宜。9月7日,又遵照陆军总部规定,以少将副参谋长尹继勋为主任,率领各级参谋四十余人乘机(美机)前往河内,成立前进指挥所,与日军协商洽降事宜。嗣以各军因途中洪水阻碍,行进迟缓,重庆国民党中央政府和陆军总部迭电催促。卢汉和我在9月14日乘中国飞机亲往河内,甫抵嘉林机场,受到越南人民、华侨的热烈欢迎。越南华侨在日军铁蹄蹂躏下不见天日已五年,突见中国人员到临,喜极若狂,立即筹组华侨青年服务团,担任翻译引导工作。军民间情感亲密,各项事务进行亦较顺利。

第六十军先遣之一八四师及第六十二军之九十五师先头部队于9月16日先后抵达河内市区,即行分配警戒区域,并开始负责地方治安的维持。其余各军于9月25日先后到达土仑、顺化、南定、河内及海防、同登等指定地区。重庆派来的各特派员亦先后到达河内。

9月28日上午,卢汉在河内方面军司令部(原总督府)举行接受驻越南北纬十六度以北地区日军投降仪式,礼堂布置及仪式悉依芷江受降签字仪式之规定办理。参加观礼者有越南人民临时政府高级职员,美军总部、英国联络部(代表成文游)职员,各侨领及有关机关负责人,各国新闻记者;第一方面军司令部少校以上军官,各军、师、团长及参谋长等,共一千余人。

九时,卢汉率司令部全体官佐和特务团士兵,举行升旗仪式。十时,日军投降代表、驻越南北纬十六度以北地区指挥官、三十八军司令官土桥勇逸中将,二十一师团师团长三国直福中将,三十一旅团旅团长服部尚志少将,独立三十四旅团旅团长永野修身少将及随从参谋酒井干诚大佐与译员等六人,由本部第三处处长杨家杰引导入礼堂,面对卢汉司令官(中)、马锳参谋长(左)、尹继勋副参谋长(右)肃立,行礼如仪,由卢汉宣读方字第一号训令,并致辞,随由译员相继译述,俟土桥勇逸敬礼签字后交酒井干诚赍呈卢汉核阅,遂告礼成。各摄影记者竞相拍照,以作永久纪念。是日各盟国外宾纷纷莅部致贺,司令部还设宴款待,觥筹交错,共庆中国抗日战争的胜利。

……

《亲历者讲述:受降内幕》,第175—178页

中国陆军第一方面军司令部布告

1945 年 9 月 28 日

本司令官现奉盟军最高统帅命令,统率中国军队,来至越南,接受日本侵略军队之投降,解除其武装,并遣散之。中国军队非为越南之征服者或压迫者,而为越南人民之友人及解放者。

凡越南北纬十六度以北地区之一切行政之监督,军事之管理,均归本司令官负责,各级行政机构均一仍旧贯,互相发挥效能,保证和平,维持秩序,凡现有行政人员,亦应各就岗位,安心服务,努力工作。本司令官将依其权力,督率全体人员,以期完成所负之使命,达到共同之目的。

凡任何聚众骚扰,不论其由何人发动,亦不问其具任何理由,均足危害社会之治安,损害人民之生命财产,而于共同目的之完成,尤多妨碍。越南之敌人,或将暗派奸徒煽惑人心,凡善良人民切勿受其蛊惑,发动扰乱,妨碍行政职权之有效施行,或引起流血惨剧。本司令官对于此种破坏秩序之企图及行为,将执法以绳,予以制裁,对于此种奸徒,不论其种族、宗教,均将一律严惩,毫不宽容。

凡从事正当职业,虔诚信奉宗教,及寻求合法权益之善良人民,不论任何国籍,本司令官一律予以爱护,全体人民应服从本司令官所颁布之规章命令,遵守现行法律,并与中国军队切实合作。在日本侵略者尚未完全遣回,和平秩序尚未获得保障之前,本司令官实握越南北纬十六度以北地区之最高权力,如有必要,决不惜使用此最高权力,以期同盟军目的之能达到,本司令官任务之能完成,凡居住境内之军民人等,其各一体知照! 此布。

中国陆军上将衔

中国陆军第一方面军司令官

卢汉

《在河内接受日本投降内幕》,第 132—133 页

达让吕①致戴高乐
1945 年 10 月 7 日

我获悉,9 月 27 日(编者注:原文如此,应为 28 日)在河内总督府举行的庆祝日本军队投降大会上只悬中、美、英、俄四国国旗,没有挂法国国旗。法国代表几次向中国当局进行交涉都未获结果。卢汉将军的回答是:仅悬挂参加波茨坦公告国家的国旗。

此外,为法国代表亚历山德利将军安排的位置也是令人不能接受的,因此他拒绝参加庆祝仪式……

我当然同意他和被邀请的法国人的态度。我已要求我国驻重庆大使向中国政府提出抗议,指出在一个没有任何大国正式否认法国主权的地方举行盟国间的正式仪式上不悬挂法国国旗和不给法国代表位置的不合理。

《战争回忆录》第三卷,拯救,第 566 页

3. 中法关于善后事宜的磋商

凌其翰②回忆:1945 年 11 月中法重庆谈判

王世杰接着对我说:"我已接见了贝志高大使,他要求早日开始中法谈判,我同意他的要求,并说明将派你与法国大使馆方面交换意见。你可把你在河内同法方交换的意见先与欧洲司司长吴南如、条约司司长王化成共同研究后再与法国大使馆方面会谈。"

于是我按照王世杰的指示,与吴南如、王化成共同商讨后,前往法国驻重庆大使馆,与大使贝志高、参赞戴立堂(Taridan)、秘书雅克·鲁(Jaeque Roux)进行了两次会谈。第二次会谈毕,贝志高大使留我便餐。会谈内容以我在河内与圣德尼、皮农会谈的结果为基础。此外,英

---

① 驻印度支那高级专员。
② 时为赴越顾问团外交部代表。

美两国分别同中国于 1943 年 1 月 11 日签订放弃在华治外法权及其有关特权条约,中法之间早已拟定类似的条约草案,但尚未签订。双方同意趁两国对中越关系作出规定的机会同时签订。

至 1899 年 11 月 16 日中法关于广州湾租界条约规定租期为九十九年,法方摆出友好姿态,表示愿意提前交还,就于 1945 年 8 月 18 日,即日本投降前半个月,由法国驻重庆大使馆参赞戴立堂与重庆外交部政务次长吴国桢签订了关于交收广州湾租借地专约,把交还期提前了五十年。唯独对于越南,法国坚不放手,而这次中法会谈的对象就是指越南。

这次中法会谈的主要问题共分五部分:

第一是关于在越华侨的待遇问题。我国在越南的华侨约五十万人,他们在越南享有历史悠久的、各种传统的权利,有的同越南人相同,有的仅华侨能享有。例如华侨有权设立教学汉文的小学和中学,商业簿记用汉文缮写等,但这些权利过去辄受当地政府的阻挠。中国方面一向认为这些权利是华侨历史性的、传统的权利,不容更变;而在抗日战争前,越南华侨却为此经常与法国殖民政权发生争议,成为悬案。所以在这次谈判时,我首先提出,华侨应继续享有此种历史性的、传统的权利。同时提出,关于旅行、居住及经营工商业、购置动产和不动产等方面华侨应享有不低于最惠国人民所享有的待遇。其次,在税收方面,特别是身分税,俗称"人头税"。在抗日战争前,法国殖民政权采取歧视政策,对华侨横征暴敛,华侨为此怨声载道,纷纷向中国领事馆要求交涉。故在这次会谈中,我特提出,华侨在税收上应享有与越南人民同等的待遇。再次,过去法国殖民政权视华侨若土著人民,给予华侨以当地越民所受的司法待遇。当时越南是法国的殖民地,法国殖民者把越南人民视为土著人民,同法国人享受着不平等的待遇。战后,中国以战胜者自居,要与法国人平起平坐,因此说这与战后华侨的地位是不相称的。因而我方力争在法律手续和司法案件的处理上,应享有与法国人民同样的待遇。

　　法方允予考虑。此外,法方,特别是格拉腊克,曾在河内提到混血儿成年时以选择权确定其国籍的问题,我方认为中国习惯于保持双重国籍,同时国籍问题复杂,因此在这次谈判中,不予讨论。

　　第二是国际交通运输问题。在抗日战争时期,中国沿海各省地区相继沦陷,中国陷于半封锁状态。国民党军队所需军用物资只能从越南海防港输入,经过滇越铁路和桂越公路运入云南、广西两省,然后转运内地。谁料1940年日本南侵,连这条过境运输线也被破坏,中国遭受的物资损失极为浩大。法国方面建议,把中国从滇桂两省输入或输出假道越南的过境贸易,形成类似内陆国和沿海国的关系,使这种过境贸易成为条约规定的制度。并在海防划出一个自由区,作为专供此项过境贸易吞吐的港口,规定特种的海关制度。

　　这一条文是法方首先提出的,我表示同意。

　　第三是中越通商贸易问题。

　　法方建议:中越间的贸易另订商约,以最惠国待遇为依据。

　　我方同意。

　　第四是关于滇越铁路问题。

　　法方提出,把法人投资修建的滇越铁路滇段由中国提前无偿赎回,以赔偿日本南侵期间中国假道越南遭受的物资损失。赎回办法即该铁路公司总经理博登在河内向我提出的,由法国政府发行一项特种国库券,发给股东,作为收回该公司股票的垫款。

　　我方原则上表示同意。但我提出,倘若法国政府为收回滇越铁路公司股票的垫款总额尚不敷抵偿中国方面所受损失时,应如何补救。

　　法方表示,那只有以越南北纬16度以北日本财产清算之所得,作为此项损失之补偿。

　　中国方面同意法国方面的建议,并写成记录,作为协定的附件。

　　两次会谈取得一致意见以后,法国方面终于提出了他们的迫切要求,说此项协定的签订必须以中国同意撤军交防为前提。我答以中国撤军在原则上早已同意。但越南独立运动正在高涨,在法越纠纷未能解决之前,中国不仅有保护侨民的义务;作为接受日本投降的盟国,也有保护法侨,维持管辖区域秩序的义务。因此最后关键仍在法越纠纷的解决。

这时,法国贝志高大使、戴立当参赞、雅克·鲁秘书都异口同声作了答复,其口径与圣德尼、皮农在河内所说几乎相同。尽管越南闹独立运动,法、越两方谈判之门始终没有关闭,法、越之间暗中仍有联系。只要中国方面推动一下,催促越南与法方早日谈判,法越谈判肯定是有可能的。

谈完以后,我把两次会谈结果写成报告,面交王世杰,由他交给吴南如、王化成与法国大使馆根据会谈结果商拟协定条文。王世杰还对我说,他将把这两次会谈纪要签呈蒋介石核批。并嘱我仍回河内继续帮助卢汉工作。王世杰对如何促成法、越谈判颇感兴趣,要我注意法越之间有否斡旋之可能。

《在河内接受日本投降内幕》,第 48—51 页

凌其翰回忆:陈修和建议继续占领

1946 年初,越南选举正在进行,中法谈判交还越南的消息传到河内。陈修和等考虑前途危险,甚为忧虑,遂电告何应钦说:"越南正在举行大选,改组胡志明政府,迫切要求援助,保障独立。法人由中法战争取得越南,日法合作,我国抗战曾受严重损害,万不可以区区经济利益,尽忘前仇,弃友援敌,自拆藩篱。……今若竟让法军重回越土,越人失望之余,必将群情愤激,以怨法者怨我,中越冲突,势难避免,虽欲安然撤军,恐亦不能如愿。务恳俯念国军安危,友邦存亡,准予保留三个军驻越,协助越人防守,以免重蹈历史覆辙,遗子孙后世之患。"这个电报已由何应钦转呈蒋介石。复电仅谓:"电悉,已转呈委座核示矣。"陈的建议表达了卢汉的一贯主张,显然是获得卢汉赞许的……

《在河内接受日本投降内幕》,第 81—82 页

凌其翰回忆：袁子健条呈勿签协定

河内情况已如上述，西贡情况更加不妙。适一方面军司令部参议袁子健被派赴西贡，办理战俘事宜。袁子健是我的震旦大学同学，留法获格勒诺布尔大学法学博士学位，归国后在国民党外交部工作，在我任国际司帮办时任领事科科长，继任驻智利大使馆一秘，日本投降前调往中国陆军总司令部，随何应钦入越，由何推荐，任一方面军参议。他在西贡逗留一月，目睹西贡法军劫杀华侨，情况惨重，特向卢汉报告，主张暂勿与法方签订任何协定。卢汉认为，袁的条呈"颇有见地"。当他获悉重庆正在进行中法谈判之后，特于1946年2月6日，将袁的报告电致重庆外交部部长王世杰，借申本人主张。原电如下：

"重庆外交部部长王：据本部派赴西贡办理战俘事宜之袁参议子健呈称：

"一、西贡法军劫杀华侨案件，据领馆调查，已达两千件以上，现尚继续发生，仍未停止。究其原因由于军纪堕落，长官纵容，不加严厉处分之故。按来越法军大部分为志愿军，系暂时招募之流痞，未经教练，纪律荡然，战斗力亦极薄弱。英美人员均不满法军暴行，且有以中国尚未向法政府正式抗议为异者。即法方负责官员亦不抵赖，直认无法约束，仅以业已采取严厉处置，聊作搪塞，但奸淫劫掠，不少事实仍在继续发生中。

"二、我国在越北驻军维持治安得力，即或以前间有暗杀案件，亦属西贡及老挝法人残杀越民之反响，与一般治安及军风纪无关，较诸南圻法军高出远甚，此层迭为盟军所赞佩。窃按法军暴行既为各方所共弃，法国欲以武力重新征服越南之野心无论大部同情与否，而越南人民则抗力愈坚。即法之实力虽不详，短期征服亦有未及。我国在越南各地侨民五十余万，日受荼毒，正无已时。目前应恳转请充分运用在越已联络之实力及道义优势，向法国政府严重抗议，要求停止一切暴行并惩凶赔偿。

"三、现闻法拟派员在渝商签协定，窃以法军惨杀华侨，虽不认其有意排华,但迄今时已否惩办肇事员兵一点,尚未正式通知我方,实有故意纵容之嫌,至少亦系法方一种不友谊行为。故在惨案未解决之前,敬恳恻念南圻惨死侨胞及顾虑北圻各地华侨之将续遭其祸,似宜严重交涉并暂勿签订任何协定。现在法国对于越局束手无策,我国占举足轻重之势,侨民反受任人宰割之痛,似非事理之平,敬祈鉴核等情。

"查该员留贡月余,目击实情,所陈各节,颇有见地,足供对法交涉参考。谨电请鉴核办理为祷。"

《在河内接受日本投降内幕》,第82—83页

(四)国内受降

说明:战后国内各地区的受降涉及数量庞大的在华日军,其进展不仅关系到中日间战争状态的平稳结束,还关系到国共之间的战后竞争。战争尚未结束之时,国民党政府便已向其地下军队及伪军发出命令,力图抢得先机。战后受降总体顺利,在华日军武装顺利解除。国民党政府基本垄断了受降权。美国对国民党政府垄断受降权给予了大力支持。篇幅所限,这里只收录了南京受降及台湾受降的部分史料。

1. 迅速作出受降部署

蒋介石致何应钦电
1945 年 8 月 10 日

(一)敌已无条件投降。(二)同时令敌驻华最高指挥官转饬所部,即就现态势停止一切军事行动,不得破坏物资、交通,扰乱治安秩序,听候所在地中华民国陆军总司令或战区长官之处置,并限二十四小时内答复。(三)各战区应注意下列各项:(甲)对敌可能之抵抗的阻扰,应有应战准备。(乙)并应警告辖区以内敌军,不得向我已指定之军事长

官以外任何人投降缴械。（丙）对封锁地伪军应策动反正，并迅即确保联络掌握，令其先期包围集中之敌，先期控制敌军撤离后之要点要线，以待国军到达。（丁）对投降之敌军及俘虏，不得危害，并剀切通令所属官兵。（戊）各战区除以主力挺进解除敌军武装外，应酌留必要部队维持当地治安。（己）国军之整编，得由各战区长官斟酌状况暂缓实施。（四）该总司令对敌后各要点、要线之挺进占领，及令敌军分区集结、监视、缴械办法，仰即日拟具详细计划呈核。

《先总统蒋公思想言论总集》第 37 卷，第 306 页

军事委员会委员长令

1945 年 8 月 11 日

委员长于八月十一日对沦陷区地下军及伪军颁布之命令：

日本政府于十日晚八时，已向中美英苏盟国声明投降。我沦陷区各地下军，及各地伪军，应就现驻地点负责维持地方治安，保护人民。各伪军尤应乘机赎罪，努力自新，非本委员长命令，不得擅自移动驻地，并不得受未经本委员长许可之收编。仰各凛遵为要。此令。军事委员会委员长蒋中正。

《第二次世界大战中国战区受降纪实》，第 62 页

蒋介石致冈村宁次电

1945 年 8 月 15 日

急。南京日军驻华最高指挥官冈村宁次将军鉴：

一、日本政府已正式宣布无条件投降。

二、该指挥官应即通令所属日军停止一切军事行动，并速派代表至玉山接受中国陆军总司令何应钦之命令。

三、军事行动停止后，日军可暂保有其武器及装备，保持现有态势，并维持所在地之秩序及交通，听候中国陆军总司令何应钦之命令。

四、所有飞机及船舰应停留现在地，但长江内之船舰，应集中宜昌、

沙市。

五、不得破坏任何设备及物资。

六、以上各项命令之执行,该指挥官及所属官员,均应负个人之责任,并迅速答复为要。

中国战区最高统帅蒋中正

《第二次世界大战中国战区受降纪实》,第 62—63 页

蒋介石致何应钦等电

1945 年 8 月 16 日

限即到。柳州何总司令、昆明龙主任、汉中李主任、西安胡长官、兴集阎长官、草店刘长官、恩施孙长官、兰州朱长官、陕坝傅长官(无线)、东南行辕顾主任、七战区余长官、九战区薛长官、十战区李长官:〇密。查日本政府已于本月寒日接受同盟国所提促降条件,兹特派何总司令全权处理受降事宜,未接何总司令整个措置与指示以前,不得局部各别收缴日军武器,以免纷歧冲突。但各战区为确保安全,仍须有应战准备,并得视状况采取必要之自卫行动,除已电令南京日军最高指挥官冈村宁次通饬所属日军停止军事行动,并派代表至玉山接受何总司令命令外,仰即遵照,并通饬所属一体遵照为要。中正。

《作战经过》第 3 册,第 613—614 页

冈村宁次致蒋介石电

1945 年 8 月 17 日

中国战区最高统帅蒋中正阁下:中华民国卅四年八月十五日赐电敬悉。今派今井总参谋副长、桥岛参谋二人,率同随员三人,准于本月十八日乘飞机至杭州等候尊命再起飞玉山,敝处使用双引擎发动机一架,并无特殊标识,并请咨照玉山飞机场派员接见,仰赖照料为感。驻华日军最高指挥官冈村宁茨。印。

《中国战区受降始末》,第 196 页

蒋介石致冈村宁次电
1945 年 8 月 17 日

南京驻华日军最高指挥官冈村宁次将军：八月十七日电悉，玉山机场目前不能使用，改为湖南芷江机场，何时起飞，另行通知。中国战区最高统帅蒋中正。未筱亥。

《中国战区受降始末》，第 197 页

蒋介石致何应钦电
1945 年 8 月 18 日

（联衔略）。删辰令一元电计达。

甲、兹规定中国军何总司令之任务如下：

一、承本委员长之命，处理在中国战区内之全部敌军投降事宜。

二、指导各战区各方面军分区分期办理一切接受敌军投降之实施事宜。

三、秉承本委员长之意旨，对中国战区内之敌军最高指挥官发布切命令。

四、秉承本委员长之指示，与中国战区美军人员密切合作办理美军占领区，盟军联合占领区，交防、接防敌军投降后之处置。

五、收复区内难民救济，交通通信运输之恢复诸事宜。

六、指导各战区各方面军分区分期办理接收伪军投诚编遣，及剿办不听命令之伪军事宜。

七、负责迅速处置南京伪组织政府，恢复南京及其附近之秩序，敬待国民政府还都。

八、在办理接受敌军投降期间，秉承本委员长之指示，调动部队，占领中国战区内各军事，政治、经济、交通要点及要港，构成处理敌军及恢复全般秩序之有利态势。

九、对于非经政府指定之受降部队，如有擅自接受敌军投降，企图扰乱我受降计划者，得呈请本委员长下令惩罚之。

十、敌军应对本委员长所指定之部队投降,如对非指定之部队而擅自向其投降或让防,或于投降期间不遵我军命令实施者,得由陆军总司令下令以武力制裁之,并对不遵命令之敌部队长或敌军最高指挥官,直接予以处置。

十一、指导监督并得全权处理收复区内一切党政各事务。

十二、指挥各战区所有向收复区挺进及原在收复区各部队,但各战区在后方留守部队,仍归各战区秉承本会之指示指挥之。

乙、陆军总部对各战区下达之重要命令,及各战区遵办情形,陈报陆军总部外,均应分别呈报本军事委员会备查,本会对陆军总部各战区下达之命令,亦视必要同时分令之。

以上各项,仰即遵照为要。中正。未啸。亥令一亨。

《第二次世界大战中国战区受降纪实》,第63—64页

蒋介石致何应钦电

1945年8月18日

委员长未巧辰令一亨电(规定各区受降主官,指挥队部,接收地区,及接收敌军投降部队番号。)

即刻到。芷江何总司令:

一、第十二战区派傅作义为受降官,指挥原辖各部,负责接收热察绥三省地区。该区敌军为驻蒙军。

二、第二战区派阎锡山为受降官,指挥该战区原辖各部,并第一战区之三个军,负责接收山西省。该省内为敌第一军。

三、第十一战区:

(子)甲、派孙连仲为受降官,指挥所属各部(新八军、第三十军、第三十二军、第四十军。)负责接收天津、北平、保定、石家庄地区。该区为敌华北派遣军之直辖部队。

乙、着该战区之第十五军改归第五战区序列。第一战区之第四十军,第六战区之第三十二军,第十战区之第十九集团军辖第十二军、第

九十七军,改归该战区序列。

丙、着第五十四军、第九十四军,空运平津,到达后即归该长官指挥。

(丑)甲、派李副长官延年为受降官,指挥山东挺进军,及第十九集团军辖第十二军、第九十七军,负责接收青岛、济南、德州地区。该区为敌第四十三军之主力。

乙、第八军俟广州海港开放,即船运青岛,尔后亦归李副长官指挥。

四、第一战区:

甲、派胡宗南为受降官,指挥所属各部,负责接受洛阳地区。该区为敌第十二军之一部。

乙、着汉中行营直辖之第八十九军改归该战区序列。该战区之第四十军改归第十一战区序列。

丙、即派三个军向山西挺进,归阎长官指挥。

五、第五战区:

甲、派刘峙为受降官,指挥所属各部,负责接收郑州、开封、新乡、南阳、襄阳、樊城地区。该区为敌军第十二军及第三十四军各一部。

乙、对于伏牛山、桐柏山各地区之治安,仍由该战区派队担任,务须确保根据地。

六、第十战区:

甲、派李品仙为受降官,指挥所属各部队,负责接收徐州、安庆、蚌埠、海州地区。该区为敌第十一军、第四十三军各一部。

乙、着第六战区第三十三集团军辖第五十九军、第七十七军到平汉路后,改归该战区序列。该战区之第十九集团军辖第十二军、第九十七军改归第十一战区序列。并归李副长官延年指挥。

丙、仍须酌留相当部队维持皖北大别山一带之治安,确保根据地。

七、第六战区:

甲、派孙蔚如为受降官,指挥所属各部,负责接收武汉、沙市、宜昌地区。该区为敌第三十四军主力。

乙、着第四方面军之第十八军改归该战区序列。但该军应仍暂受王司令指挥,先向长、衡进出,尔后再开武汉归入指挥。着该战区之三十二军改归第十一战区序列。第三十三集团军辖第五十九军、第七十七军到平汉路后,改归第十战区序列。第九十二军即仍归还该战区指挥。

丙、第六十六军之第十三师,仍任当地治安之维持。

八、第九战区派薛岳为受降官,指挥原管辖各部,及第七十三军,负责接收南昌、九江地区。该区为敌第十一军。

九、第七战区派余汉谋为受降官,指挥原辖各部,负责接收曲江、潮汕地区。该区为敌之第二十三军之一部。

十、第三战区:

甲、派顾祝同为受降官,指挥原辖各部、负责接收嘉兴、金华、杭州、宁波、厦门地区。该区为敌第六军。

乙、第十三军尔后由广州海运杭州、宁波地区,亦归该长官指挥。

十一、第一方面军:

甲、派卢汉为受降官,指挥第五十二军、第六十军、第六十二军、第九十三军、暂十九师、暂二十三师、第九十三师,负责接收越南在北纬十六度以北地区。该区为敌第三十八军。

乙、第五十二军抵海防后,即船运大沽口转赴大同、张家口。

十二、第二方面军派张发奎为受降官,指挥第四十六军、第六十四军,接收雷州半岛,及海南岛地区。该区为敌第二十二独立旅、第二十七独立旅各一部。并指挥新一军、第十三军,负责接收广州、香港地区。该区为敌第二十三军主力。但第十三军抵广州协助接收后,应即船运杭州、宁波。

十三、第三方面军派汤恩伯为受降官,指挥新六军,及第七十四军,自芷江空运,负责接收南京、上海地区。该区为敌第十三军。

十四、第四方面军派王耀武为受降官,指挥第七十一军、第一百军,及原在长衡地区之部队,负责接受长衡地区。该区为敌第二十军。

十五、第二军、第五军、第五十三军,待命开东北。其余部队仍服原任务。以上除分令外、仰即遵照。中正。未巧辰令一亨。

《第二次世界大战中国战区受降纪实》,第64—67页

蒋介石致何应钦电

1945年8月18日

委员长八月十八日电(指示处理敌产伪产公产办法要旨)

限即到。芷江何兼总司令:敌人投降,战斗停止,所有接收区之敌产伪产公产,凡有关军用者,如武器、弹药、器材、服装、粮秣、舰艇、船只、运输工具、营房、营具、军电话、厂库,以及其他一切军需品或材料,希指示军政部所派人员接收保管。并指示各当地省市政府,及警备部队为之协助一切,勿使有隐蔽、侵蚀或毁弃、移转、散失等情。特电查照转饬一体遵照为要。中正。未巧。印。

《第二次世界大战中国战区受降纪实》,第67—68页

2. 美国支持国民党政府垄断受降权

魏德迈致美国陆军部电

1945年7月31日

……

3. 关于在中国沿岸登陆的美军的任务,我们认为应该是:攻占港口和附近的飞机场,以及那些对军需物资和军队的调动至关重要的地区。委员长希望美军维持对所占地区及设施的控制,直到中央政府军接替他们为止。他希望登陆美军尽可能避免与反对中央政府的中国军队合作。委员长(勉强)同意,紧急军情可能会迫使美军指挥官暂时接受此类军队的援助。委员长表示,中国战区参谋部必须立即制定把中央政府军及时调至美军占领的地区以及其他重要地区的计划。

4. 一俟美军在中国驻扎下来,军用和民用物资即可被运至港口地

区。这些美军在占领区内不负责向中国人运送这些物资。在中国作战的美军将被要求帮助那些参加空运物资和人员的行动的中国人。在美军占领的地区,中国人将接受美国指挥官必要的建议和帮助,尽早担负起行政事务方面的责任。当然,军事要员提出的关于军队的要求会得到优先考虑。除军事方面的要求外,军事要员还将给予行政当局实际帮助,以维持秩序,缓解痛苦和灾难。

5.关于给予委员长的军队有效的后勤和空中支持以使他们击败在华日军之事,我们建议美军攻占中国沿海的港口及附近的航空港和其他重要设施以改善供应条件,方便各地区间的调动,使登陆部队迅速控制他们必须在其中作战的地区,使中国战区既能获得军需物资,又能获得生产用品。在这个战区,经济需求和军事需求密切相关,如要避免内战,这两种需求必须同时得到满足。关于日本的投降,我们的援助应主要集中在后勤方面。目前在中国战区的战术空军只能满足有限的战斗需要。然而,中国境内水陆交通线的缺乏,把中国政府军迅速部署到重要地区的迫切需要,使我们不得不制定进行大规模空中运输的行动计划。这需要增加太平洋地区的飞机数量并调用飞越"驼峰"的飞机进行中国境内的空中运输。

6.在今天与委员长的讨论中,我发现中国人显然很关心内部的麻烦,特别是与共产党有关的麻烦。我们应该承认,这对他们分析与日本投降有关的问题产生了很大的影响。在中央政府军队部署就绪,得以控制交通线、港口、经济和食品中心之前,制定在日军缴械、遣散及从亚洲大陆遣返的工作中依赖中国实际援助的计划是不可行的。

RG165,Box243

美国参谋长联席会议致魏德迈电
华盛顿,1945年8月10日

1.a.本命令是对陆军部1944年10月24日51593号命令的补充,在参谋长联席会议通知你日本国政府投降时立即生效。

b. 所有规定仅适用于根据规定采取的行动不损害美国的基本原则,即美国不支持中国中央政府进行内战。

c. 为完成本命令规定的涉及与太平洋战区部队相关的条款,使其得到完全协调的实施,你立即与太平洋陆军总司令和太平洋舰队总司令建立联系。

2. 我们不打算使美国地面部队在中国战区的任何部分卷入较大的地面战役。不过,为了帮助中国战区的军队,美国太平洋战区部队准备控制中国战区内的主要港口和通讯枢纽。按照有关的司令官们一致同意的安排,进入中国战区的美国部队的指挥权或军事行动控制权,归属中国战区美军总司令。中国战区美军总司令负责与蒋介石委员长就中国战区内的计划和一切军事行动进行协调。

3. 如果日本国政府投降后在中国的日本军队仍继续抵抗,你仍继续执行你对委员长和中国战区内归你指挥的美国军队的任务。日本投降后你的行动应以支持中国军事行动的军事援助暂时继续为基础,以便使中央政府军队重新占领中国战区内所有日本控制的地区,并将中国占领军安置在日本本土、台湾和朝鲜。

4. 在中国战区与非中央政府的中国军队和中国机构打交道时,严格限于军情需要。美国军队将把他们在中国解放的地方移交中国中央政府委派的机构和部队,像香港这样悬而未决的地方除外,如有需要将另发指示。

5. 在军事考虑允许的情况下,要求在华日军,无论是全军或零散部队,均应向蒋介石委员长或他的代表投降,你属下的美军指挥官们可由你决定并经委员长批准授权,暂时代委员长接受当地日军的投降。原则是向任何美军指挥官投降的在华日军将移交给中国中央政府,中方将保证给予满意的安排和对待。如果安排零散的或大批的在华日军时要与日本国政府打交道,你的渠道是在政策上通过参谋长联席会议,具体事务通过太平洋战区陆军总司令。

6. 你要帮助中国中央政府迅速地将其军队运送到中国的关键地区

去,美国对这些中国军队给予上述支持,现已属于你履行正常使命的范围。

7. 在占领日本和朝鲜方面至少要尽早有象征性的中国军队参加,在此基础上制订计划并做好准备,重新占领台湾将是中国中央政府的责任,美国只给予极少帮助。

FRUS,1945,Vol.7,pp.527–528

魏德迈致马歇尔电

重庆,1945 年 8 月 11 日

蒋委员长今天会见我时提出了下述非常重要的问题,尽早答复这些问题将大大地有助于我们的受降准备工作和战后计划的制订:

美国军队何时能像陆军部 4083 号电中所说的那样抵达亚洲大陆、尽快占领重要地点? 与此相关,我们正在努力制订适当的计划,做一些准备工作,以预防发生普遍骚乱甚至内战。蒋委员长要求在大沽地区部署两师美军,其中的一个师将向内陆推进至天津和北京;在上海地区部署两个师,其中的一个师推进至南京;在广州部署一个师。他对大沽至北京和上海至南京间的铁路安全表示担心。他说他将尽快派遣适量的部队前往美军占领的地区,使美军尽早脱出身来。他强调说,在中国的敌军约有 200 万,他们的遣散、缴械以及遣返工作存在极大的困难。他说他有把握认为你会同意此点,即美国人在战后的这个困难重重的恢复时期应该继续帮助中国,至少不仅在日本列岛而且在中国全境实践《波茨坦公告》之前是这样。

另一问题:蒋委员长设想立即建立三大占领区,司令部分别设在南京、北京和广州,三个地区的界限还未最后确定。他请求美国派遣高级军官分别充任三个占领区中国司令官的参谋长。

另一问题:在讨论时或在备忘录中,我屡次告诉蒋委员长,随着战争的结束,要获得美国的物资供应,需要就租借法作出新的安排。他在今天的会谈中主动提起,关于租借法问题,罗斯福总统曾承诺装备 90

个中国师。他说,总统在开罗做这项承诺时,哈里·霍普金斯在场。他要我向上峰汇报这个情况,并请求美国提供 90 个师的装备。他暗示,是通过租借法还是通过其他方式提供装备,可在以后商议解决。他指出美国有这些装备,而且在战争结束后这些装备在美国将失去军事价值。他强调说,要使中国的政治和经济保持稳定,这些设备对中国是必不可少的。

我的意见:在过去几个月中,我一直在竭力缩减中国陆军的数量,蒋委员长接受的最低限度的军队人数是 120 个师。他说他坚决要求达到这个数,虽然我不同意,他仍然毫不动摇。自从我来华上任,陆军部授权我装备 39 个师。然而在史迪威任职期间,这里有少数服役的美国军官。他们表示曾听说要把 30 个师装备为 X 和 Y 部队,把 60 个师装备为 Z 部队,总共是 90 个师。他们还说,这个计划是史迪威将军首先提出并经罗斯福总统批准的。但在我司令部保存的档案中找不到与此有关的任何文件。

综上所述,我迫切要求得到:第一,关于美军抵达中国战略要地的有关指示,包括部队人数和抵达的大约日期;第二,美国关于装备中国军队的政策,包括要装备多少个师以及大约需要多少武器装备(以目前美国训练出的中国师为基础计算)。

RG332,China Theatre,Box1

魏德迈致马歇尔电

重庆,1945 年 8 月 12 日

1. 日本投降时中国可能会发生一些爆炸性的异乎寻常的事情。相对而言,华盛顿对这一点可能缺乏了解,对此我极为忧虑。来自华盛顿的指示表明,我未能使人们充分了解中国共产主义运动的意义及其对美国实现其在这个地区的目标的影响。

2. 我经过一再考虑认为,占领计划中拟投入的美国军队必须尽快抵达中国。陆军部 47945 号计划把日本列岛放在第一位,朝鲜次之,中国最后。据我对日本投降以后远东形势的总体观察,日本列岛在控制、遣返战俘、缴械或带有革命性质的骚乱方面不会出现急迫的问题,而在亚洲大陆,我们可能会面临两个严重问题,需要盟国方面立即采取行动。第一,中国共产党可能会使中国陷入内战;第二,滞留在大陆的日军(200万多一点)可能会继续大规模或在某些孤立地区作战,需要继续动用空军和地面部队。中国国土广袤,通讯设备有限,上述两种情况引发的各种问题显然需要及时妥当地部署美、中联军加以应付。显然,应该首先满足中国战区对美国占领军的最低限度的需求。

3. 中共领导人今天向日本军队和中国伪军发表了一篇广播声明,要求他们向离驻地最近的抗日军队缴械投降。赫尔利大使已向国务院提交了声明的文本。中共的主要目的是获得日军的武器装备,进一步加强其战斗力,希望日军在这方面予以合作不是没有道理的。中共在地理方面的目标,一直是要占领美国参谋长联席会议认为重要的那些战略要点和关键地区,其中的大部分都被参谋长联席会议选为美军占领的目标,其中包括上海、南京、大沽、天津、北京、青岛和广州。我们将尽最大努力重新部署和使用大量中国军队预防普遍的暴动和骚乱,限制中共的活动。美国的物资将根据对中国战区的新的指示进行运用。……

4. 在由辛普森转交的我写给你的信中以及在随后的电报中,我都描述了中国出现的问题,尤其是与完全缺乏组织和计划有关的问题。我们美国人的确可以制订出包含好建议的计划,但是在这个混乱、充满阴谋并彷徨不定的国家能否实现这些计划仍然成问题。我敢肯定你了解我的态度,了解我与华盛顿的指示保持一致的强烈愿望。在此地任职期间,我一直在认真而又客观地向你和参谋长联席会议,提供关于结合中国现实条件执行命令的有事实依据的资料和经过深思熟虑的判断。

5. 建议

鉴于上述情况,请优先派遣下列部队:

A. 两个师至上海地区。

B. 两个师至大沽地区。

C. 一个师至广州地区。

D. 如果上述三条无法实现,我们最低限度必须立即派两个师至上海地区,一个师至大沽地区,一个团至广州地区。

E. 如有可能,让麦克阿瑟在受降会议上作出决定,命令在华日军指挥官只向中国中央政府军队指挥官投降。

RG332,China Theatre,Box1

马歇尔致魏德迈电

华盛顿,1945 年 8 月 12 日

陆军部第 48661 号

我想知道你个人对下述情况的看法:

看来,日军投降以后中国会出现非常困难和严峻的形势,因为日军可能会拒绝或不愿意向中国人投降。在这样的形势下,你非正式地向蒋委员长建议:他对日军的要求之一应是,日军撤离某些地区后在某些地区集中,因为在日军集中的港口地区会出现美国军舰。这在某种程度上是向日本人保证,他们不会挨饿,不会受到被他们蹂躏达八年之久的中国人的粗暴对待。这种建议可能会很不适宜。尽快准许美军进驻的集中地区可能是青岛半岛、上海郊区、广州郊区以及南京等内河港口地区。

据估计,如果日军匆忙集中于上述重要港口,中国人可能会缺乏供养他们的能力。可行的办法也许是,沿交通要道渐次集中在可能有日军军需品仓库和食品储备的地方。然后再分期分批集中到主要的港口地区,这样就可以有秩序地把他们遣返回国了。在这些港口地区,也许可以派驻一些美军(主要是海军)以协助或监督最后的投降活动。我们还可以(而且的确应该)立即集中日本船舰,用于把日军从中国运回日本和从印度支那或马来亚运大米到日军集中的中国港口地区。

日军渐次从占领区撤退对中国有利,可使政府军逐渐巩固对撤离地区的控制。

遣返日军的船只问题正在研究之中。据估计,目前可以得到的用于把日本人从日本本土之外地区运回日本的船只约有75万吨。

我在上面提到的实际上是在华的日本军队,必须看到,在中国还有成千上万的日本平民。这些人应该另案处理,或者让其中的许多人(包括妇女和儿童)随军行动。

你在与蒋委员长讨论时,不应就美国能从太平洋上对这件事提供多大程度的支持作出任何承诺。

RG165,Box243

魏德迈致美国陆军部电
重庆,1945年8月14日

关于你在陆军部48661中提出的问题,我建议尽快与蒋委员长商议处理。从总体上讲,我同意你提出的建议:先逐步把日军集中在重要的港口地区,然后再遣返回国。然而,我想指出,形势可能会非常复杂,因为政府军及时接管日军撤离地区的能力十分有限,接管行动可能会遇到寻机控制这些地区的共产党武装的反对,而且许多日军可能会向共产党军队投降。

为使这些复杂性降至最低限度,在与蒋委员长商议此事时,我将建议在政府军有能力占领日军撤离地区之前,不进行日军的集中工作。我将尽快向你汇报蒋委员长和我个人的意见。

关于海军,我认为应在上海、大沽、广州、青岛等可能集中日军的港口地区部署大量海军,此处港口的排列次序即为优先顺序。

RG165,Box243

马歇尔致魏德迈电

华盛顿,1945 年 8 月 14 日

我阅读了你最近的所有电报,包括蒋委员长的计划和你针对日本投降而制订的在中国的行动计划。你建议我们给予中国控制日本和朝鲜的优先权,这是不可接受的。关于美军在中国沿海长期驻扎之事,目前看来你最多只能得到两个师,而且现在还不清楚近期是否有足够的船只运送这么一大批部队。不久,你将收到陆军部关于这些事情的正式声明。……

RG165,Box243

赫尔利致贝尔纳斯电

重庆,1945 年 8 月 12 日

这道命令①是公然蔑视中国国民政府,……并与《波茨坦公告》相抵触,该公告已经指定该向哪些国家政府投降。我们知道美国政府对华政策是反对在内战中向国民政府提供任何帮助,问题是,美国政府和联合国会不会采取行动来防止中国发生内战?……

国务卿深知苏联对于支持国民政府和统一中国军队持赞成态度,但是最终条件仍待莫斯科的谈判(在此关键时刻苏联政府如公开发表一份声明支持国民政府当然是极有帮助的)。

如果美国和联合国家允许有武装的交战的中国政党接受日本投降,获得日本武器,在中国肯定会发生内战。我已经建议,在投降的条件中要求日本把在中国的所有武器,包括日本兵手中的、支持日本的伪军和配合日本行动的地方武装组织手里的武器统统交给中国国民政府。我们也建议,投降的条件应包括对日本武装任何中国国内反对国民政府的交战力量的任何企图予以惩罚。

---

① 延安总部在 8 月 10 日至 11 日接连发布七道命令,对所属部队受降日伪军作出安排。

供国务院参考,委员长在准备一项声明,在受降完毕后立即颁布。这份声明将向共产党武装力量保证,只要他们交出武器,国民政府的军队不向他们进行攻击,不会对他们进行任何报复性行动。国民政府将进一步保证,它立即承认中国共产党是一个政党,给予该党和中国的所有其他政党合法地位。国民政府的目的是统一中国并在国民政府下统一中国的军队。

魏德迈将军给我看了他给参谋长的报告,其中就如果允许日本人向共产党武装力量交出他们的武器会出现怎样的局势阐明了看法。我同意魏德迈将军的报告,建议国务院强调,投降条件规定日本武器不得交给中国共产党武装力量。

FRUS,1945,Vol.7,pp.515—516

朱总司令致美、英、苏三国说帖
1945 年 8 月 15 日

中国解放区抗日军总司令朱德将军,今日以说帖一件分送美驻华大使赫尔利将军,英驻华大使薛穆爵士,苏驻华大使彼特罗夫,请其转达美、英、苏三国政府。说帖原文如下:

说帖

在我们共同敌人——日本政府已接受波茨顿宣言条款宣布投降之际,我代表中国解放区、中国沦陷区一切抗日武装力量及二万六千万人民,谨向美利坚合众国政府、联合王国政府、苏维埃社会主义共和国联盟政府送出下列的说贴。

在抗日战争胜利结束的时候,我们请求你们注意目前中国战场这样的事实,即在敌伪侵占而为国民党政府所放弃的广大沦陷地区中,经过我们八年的苦战,夺回了近百万平方公里的土地,解放了一万万以上的人民,组织了一百万以上的正规部队和二百二十多万的民兵,在辽宁、热河、察哈尔、绥远、河北、山西、陕西、甘肃、宁夏、河南、山东、江苏、安徽、湖北、湖南、江西、浙江、福建、广东十九省建立了十九个大块的解放区,除少数地区外,大部包围了自一九三七年芦沟桥事变以来敌伪所侵占的中国城镇、交通要道及沿海口岸。此外,我们还在中国沦陷区(在这里有一万六千万亿人口)组织了广大的地下军,打击敌人。在作战中,我们至今犹抗击和包围着侵华日军的百分之六十九(东北四省不在内)和伪军的百分之九十五。中国国民党政府对于敌伪主要的是采取袖手旁观、坐待胜利的方针,其军队的大部不打敌伪,退至大后方,保存实力,准备内战。中国国民党政府对于中国解放区及其军队,不仅不予承认,不予接济,且更以九十四万国民党政府的军队包围和进攻中国解放区。我们中国解放区的全体军民,虽然受尽了日顽两方面长期夹击之苦,但丝毫未减弱我们坚持抗战、团结和民主的意志。中国解放区人民、中国共产党曾经多次向中国国民党政府提议召开各党派会议,成立民主的举国一致的联合政府,以便停止内部纠纷,动员和统一全中国人民的抗日力量,领导抗日战争的胜利,保证战后的和平,但均被中国国民党政府所拒绝。

现敌国投降瞬将签字,根据上述情况,我们有理由向贵国政府及贵国人民提出下列的声明和要求:

(一)中国国民党政府及其统帅部,在接受日伪投降与缔结受降后的一切协定和条约时,不能代表中国解放区、中国沦陷区广大人民及一切真正抗日的人民武装力量。如协定及条约中,有涉及中国解放区、中国沦陷区一切真正抗日的人民武装力量之处,而又未事先取得我们的同意时,我们将保留自己的发言权。

(二)中国解放区、中国沦陷区一切抗日的人民武装力量,在延安总部指挥之下,有权根据波茨顿宣言条款及同盟国规定之受降办法,接受被我军所包围之日伪军队的投降,收缴其武器材料,并负责实施同盟国在受降后之一切规定。

(三)中国解放区、中国沦陷区的广大人民及一切抗日的人民武装力量,应有权派遣自己的代表参加同盟国接受敌国的投降和处理敌国投降后的工作。

（四）中国解放区及其一切抗日武装力量应有权选出自己的代表团，参加将来关于处理日本的和平会议及联合国会议。

（五）为减少中国的内战危险，请美利坚合众国政府站在中、美两国人民的共同的利益上，立即停止对于中国国民党政府之租借法案的继续执行。如果国民党政府发动反对中国人民的全国规模的内战（此种内战危险，现已极其严重），请勿予国民党政府以援助。

《解放日报》1945 年 8 月 16 日

美国参谋长联席会议致魏德迈电

华盛顿，1945 年 8 月 24 日

请你在与美国驻华大使协商后把下述电文转交中共军队总司令朱德，电文是由国务院拟定并经参谋长联席会议同意的。

电文是："我已收到你某月某日的说帖。你知道，我不仅是驻华美军总司令，而且是中国军队总司令的参谋长。我迫切希望所有的中国人精诚合作，在日军投降和撤离中国领土的问题上遵从盟国最高统帅部的安排。这些安排业经英国和苏联同意，规定由中国战区盟军最高统帅蒋介石委员长按《波茨坦公告》的有关条文接受在华日军的投降，这些条文是由中、美、英三国联合拟定的，苏联在其对日宣战书中也提到过。我已向本国政府转达了你的说帖，此项复文业经本国政府批准。"

RG218，Leahy Papers，Box3

3. 受降安排

蒋介石致冈村宁次电

1945 年 8 月 18 日

南京驻华日军最高指挥官冈村宁茨将军鉴：未筱亥电计达。今井总参谋副长可于八月廿一日来湖南芷江，希遵照下列事项：

一、代表人数不得超过五员（内须有熟悉南京、上海附近机场情形之飞行员一员），于八月二十一日晨坐日本飞机一架，自汉口附近起飞，远飞湖南常德上空，此时高度须五千英尺，时间为重庆夏季时间上午十时（格林威治标准时间为上午二时），届时在六千英尺上空当有盟军战斗机三机迎接之，如云层过低，该日机应在云层下一千英尺，盟机高度则在云层下五百英尺。

二、日机标志在机翼上下各添带有光芒之日本国旗一面，并于两翼末端各系以四公尺之长红色布条一，以资识别。

三、盟军战斗机三架将护送该日本飞机至芷江机场着陆，着陆顺序第一架为盟机，第二架为日机，第三及第四架为盟机。

四、今井总参谋副长须随带驻中国、台湾及北纬十六度以北安南地区内所有日军之战斗序列，兵力位置，及指挥区分系统等表册。

五、如因气候恶劣不能完成上述之飞行时，须于次日依照上项规定之时间与方式实施。

……

中国战区最高统帅蒋中正。未巧酉。

《中国战区受降始末》，第198—199页

蒋介石致何应钦电

1945 年 8 月 19 日

委员长八月十九日电（指示接收日本空军器材办法要旨）

即到。芷江何总司令：为求补偿我空军损失，凡在我沦陷区，及东北各省，与台湾、香港，及越南北纬十六度以北等我辖区内，所有日本空军之军械、油、弹、装备，及器材，与航空工业，及直接与航空有关工业之一切财产、设备、器材等，应一律交由空军接收。除向盟国提出作为日本投降条件之一外，希转饬该辖地内所有推进部队机关，对于上述敌方设施，听候何总司令之指示，尽先采取有效处置。除分令外，特电遵照迅办具报为要。中正。

《第二次世界大战中国战区受降纪实》，第68页

何应钦致蒋介石电

1945 年 8 月 21 日

限即到。重庆委员长蒋钧鉴：日本军投降代表、驻华日军最高指挥官冈村宁次之总参谋副长、陆军少将今井武夫，率参谋、陆军中佐桥岛芳雄、少佐前川国雄、翻译木村辰男，暨飞行员、少佐杜原喜八，准尉久保善辅、小八重正里，雇员中川正治等八员，遵照我军规定时间，于八月二十一日上午十一时由盟方战斗机群掩护到达芷江。谨闻。中国陆军总司令、职何应钦。未马午。印。

《第二次世界大战中国战区受降纪实》，第 118 页

萧毅肃与今井武夫谈话记录

1945 年 8 月 21 日①

中国陆军总司令部参谋长萧毅肃中将，代表中国陆军总司令何应钦上将，接见驻华日军最高指挥官冈村宁次将军投降代表今井武夫少将谈话记录：

参谋长萧毅肃中将（以后简称萧）：

1. 本人是中国战区中国陆军总司令部参谋长萧毅肃中将，今天代表中国战区中国陆军总司令何应钦上将来接见你。这位是本总司令部的副参谋长冷欣中将。这位是在中国的美军作战司令部参谋长柏德诺将军。他们两位是陪同我来接见你的（今井举目周视）。

2. 请你说明身份，并交出身份证明书。

今井武夫少将（以后简称今）：

鄙人是驻华派遣军总司令官冈村宁次派来晋见中国最高统帅负责代表，任务是在停战协定以前，与贵部准备联络。鄙人是中国派遣军今井总副参谋长，这位（指右）是桥本参谋，这位（指左）是前川参谋，都是

---

① 此件原文无时间，此时间系参考其他文件内容而定——原注。

我的随员。

萧：

请你交出身份证。

今：

鄙人并无特别身份证，只有冈村宁次大将授命鄙人前来接洽之命令，随身带来。

萧：

命令书亦可交出一阅。（今井乃立即呈出。萧参谋长等阅后，即送还之。）

3. 中国战区最高统帅蒋委员长八月十八日下午六时致冈村宁次将军之电令：要你随带驻中国台湾及越南北纬十六度以北地区内，所有日本陆海空军之战斗序列、兵力位置，及指挥区分系统表册。想你业已带来，可即交出。

今：

中国派遣军仅负指挥中国战区之日军，关于台湾、越南因不属本军指挥，故不十分明了。（当即呈出在华兵力配备图。）确实详情，及其他所需表册，须俟回南京后再详为列奉。

萧：

4. 冈村宁次将军还有其他文件交你带来么？

今：

除长官发给令本人前来联络命令之外，无其他文件。

萧：

5. 中国陆军总司令何应钦上将，现有中华民国三十四年八月二十一日中字第一号备忘录一件，是致送冈村宁次将军的，由我交给你转交冈村宁次将军，你可先行阅读，读完后，可在接受备忘录证书上签字，并请负责转交冈村宁次将军。（萧参谋长当即宣读备忘录全文，然后交今井细阅一遍。今井要求对内容有所说明，萧氏允予另行派员洽谈。）

6. 在上项中字第一号备忘录内说明中国陆军总司令部，要先在南京设置一前进指挥所,由冷欣中将作主任。此项措施,可使日军投降事项顺利实施。所有本总司令部前进指挥所之人员,附空军机场设站人员,将乘飞机与你同时飞往南京。请转告冈村宁次将军,妥为保护并妥为招待。

今:

当遵代转达。

萧:

7. 何应钦上将不待冈村宁次将军签订投降书,即于最短期内输送军队前往南京、上海、北平各地接收,请你转告冈村宁次将军知照。

今:

当代转告。

萧:

8. 为使以后接洽方便起见,何应钦上将愿与冈村宁次将军直接通电,兹特规定对方电台呼号波长及通报时间一份交与你,请你于回南京后,并即转告冈村宁次将军实行。(今井接受后,并出示日方之通报时间表一份。)

9. 何应钦上将还另有许多问题,另派中美专家向你问讯。为了你安全起见,中美专家将分别前往你的住所,请你据实详细答复。

今:

本人此来纯系任联络任务,日本天皇已接受波茨坦宣言,现日本代表在马尼剌与盟军最高长官议定最高原则的答复,故未奉到最高命令以前,日军不能随便行动。惟日军深知蒋委员长,故愿先派人来,在道义方面说,亦应速来与中国连络。

萧:

10. 你回南京的时间另行通知。(谈话至此,萧参谋长宣告会谈完毕。)

《第二次世界大战中国战区受降纪实》,第118—121页

何应钦致蒋介石电
1945 年 8 月 21 日

即到。渝。委座蒋:密。驻华日军最高指挥官冈村宁次投降代表金井武夫少将,本日午后三时四十分见职部参谋长萧毅肃,美军作战司令部参谋长柏德诺亦参加,萧参谋长提示要点:(1)贵官说明身份证明书。(2)中国战区最高统帅蒋委员长八月十八日酉时致冈村宁次将军之电令,要贵官随带其中国、台湾及越南北纬十六度以北地区内所有日军之战斗序列、兵力位置及指挥区分系统表册等,请即交出。(3)中国陆军总司令何应钦上将有中字第一号备忘录一件,现由本人交贵官负责转送冈村宁次将军,并请在接受备忘录证书上签字。(4)在上项备忘录内说明,中国陆军总司令部先在南京设置最高指挥所,由冷欣中将作主任,所有人员将乘中国飞机与贵官同时飞往南京,请转告冈村宁次将军妥为保护及招待。(5)何总司令将不待冈村宁次签订投降书,即于最短期内输送军队前往南京、上海、北平各地接收,请转告冈村宁次妥为保护机场,并协助中国美空军设站人员办理一切,以备空运军队随时降落。(6)为便尔后接洽,兹规定对方电台波长呼号及通报时间,请照实行。何应钦上将另有许多问题,派中美专家将分别与贵官接谈,请据实详答等情。金井当分别报告:(1)渠奉冈村宁次命令来此,系负责连络,并非全权投降代表,无签订任何条件之资格。(2)日本天皇圣意已宣告接受波茨坦宣言,刻天皇代表正与联军最高统帅在马尼剌接洽投降,驻华日军在未奉正式投降命令以前,尚不能签正式条约,但驻华日军以蒋委员长为中国战区最高统帅,在道义上应早派员前来连络。(3)关于日军战斗建制,兹携呈兵力概见图及详表,惟台湾及越南北部因非驻华派遣军管辖,故仅知其概要情形。(4)上海、南京机场图表已携来,桥岛参谋可以详细报告。(5)备忘录当遵命转交(金井在中日文接受证书上已签字盖章)等情。现职尚未接见该代表,拟先派中美专门人员询问该代表各项情形后,再行接见。详情另电呈。职何应钦。芷江。木马酉。机印。

中国陆军总司令部致冈村宁次中字第一号备忘录

1945 年 8 月 21 日

一、本人以中国战区中国陆军总司令之地位,奉中国战区最高统帅、特级上将蒋中正之命令,接受在中华民国(辽宁、吉林、黑龙江三省除外)、台湾及越南北纬十六度以北之地区内,日本高级指挥官及全部陆海空军与其补助部队之投降。

二、日本驻华最高指挥官冈村宁次将军,应自接受本备忘录之时起,立即执行本总司令之一切规定,在台湾及越南北纬十六度以北地区内之日军,亦同此规定,并应由冈村宁次将军负责指挥该项日军之投降。

三、冈村宁次将军于接受此备忘录后,关于下列事项,应立即对日本陆海空军下达必要之命令:

1. 对本总司令所辖地区内(即第二条所述地区,以下同)所有之日本陆海空军及补助部队,立即停止一切敌对行为。

2. 对本总司令所辖地区内之日本陆海空军及补助部队,立即各就现在驻地及指定地点静待命令,凡非蒋委员长或本总司令所指定之部队指挥官,日本陆海空军不得向其投降缴械,及接洽交出地区与交出任何物资。

3. 对本总司令所辖地区内所有日本陆海空军及补助部队之武器、弹药、航空器、船舰、商船、车辆,及一切交通通信工具、飞行场、海港码头、工厂、仓库、物资,与一切建筑物暨军事设施,以及文献档案、情报资料等,应立即妥为保管,不得移动,并应绝对保持完好状态,由冈村宁次将军负其全责,听候本总司令派员接收。

4. 对本总司令所辖地区内所有日本陆海空军及其补助部队,应各就现驻地负责维持地方良好秩序,直至蒋委员长或本总司令所指定之部队及负责长官到达接收为止。在此期间内,绝对不得将行政机关移交非蒋委员长或本总司令所指定之行政官吏或代表人员。

5. 对本总司令所辖地区内同盟国被俘人员及被扣官民,应立即恢复自由,并充分供给其衣食住行及医药等,并准备遵照本总司令之命令送到指定地点。

四、为监视日军执行本总司令之一切命令起见,特派本部副参谋长冷欣中将先到南京设立本总司令前进指挥所,凡冷欣中将所要求之事项,应迅速照办。

五、冈村宁次将军亲自向本总司令接受有关日本陆海空军投降实施之正式手续,及蒋委员长之详细命令之时间及地点,俟盟军统帅麦克阿瑟将军接受日本总投降后,另行通知。

中国战区中国陆军总司令一级上将何应钦

附:中国战区各区受降主官分配表壹件。

本备忘录交冈村宁次将军之总参谋副长今井将军,转送冈村宁次将军。

《第二次世界大战中国战区受降纪实》,第78—79页

何应钦致蒋介石电
1945 年 8 月 21 日

限两小时到。渝。委员长蒋:顷据麦克鲁将军电称:奉魏德迈将军电略称:冈村宁次签字地点宜在南京,但日前在渝,决定在芷江,并已准备一切,询职对此项改变意见如何等情。职意以为钧座若指定必须在南京受降,职当遵命前往,惟在未签字前,我新六军尚不能开始空运,若职个人前往,在敌势力之下,诸事进行必感困难,经研究结果,似以仍在芷江较为妥当。如何。乞电示遵。职何应钦。未皓亥。机印。

《作战经过》第 3 册,第 626—627 页

蒋介石致何应钦电
1945 年 8 月 22 日

限二小时到。何总长:未马午电悉。可与日代表在芷江会商各条

款,签字地点决改在南京。中正。未养。侍参。印。

《第二次世界大战中国战区受降纪实》,第 127 页

蒋介石致何应钦电
1945 年 8 月 22 日

何兼总司令:关于我军占领战区挺进部署,业经未灰亥、未巧辰两令一亨等电通令陆军总部,及各战区在案。为期迅速接收占领区,各战区,及各方面军部队,应即迅速行动,以争取时间,兹再规定如下:

一、预定空运部队,应立即向机场所在地集结。其余部队,除残留必要部队维持辖境区内之治安外,一切应尽可能即向指定目标挺进。

二、各挺进部队之番号、目标、路线,由何总司令,及各战区长官指定克日行动,不必反复请示。以上两项,希即遵照。并将办理情形,随时具报为要。中正。未养戌。令一元己。印。

《第二次世界大战中国战区受降纪实》,第 68—69 页

中国陆军总司令部致冈村宁次中字第二号备忘录
1945 年 8 月 22 日

一、本总司令致贵官中字第一号备忘录第四项所载派本部副参谋长冷欣中将先到南京设立前进指挥所一节,兹以同样需要更令各地区受降主官各派前进指挥所进驻左列各地执行同样之职务:

第一方面军司令官派出前进指挥所于河内。

第二方面军司令官派出前进指挥所于广州。

第七战区司令长官派出前进指挥所于汕头。

第四方面军司令官派出前进指挥所于长沙。

第九战区司令长官派出前进指挥所于南昌。

第三方面军司令官派出前进指挥所于上海。

第六战区司令长官派出前进指挥所于武汉。

第十战区司令长官派出前进指挥所于徐州。

第十一战区司令长官派出前进指挥所于北平。

第十一战区副司令长官派出前进指挥所于济南。

第一战区司令长官派出前进指挥所于洛阳。

第五战区司令长官派出前进指挥所于开封。

第二战区司令长官派出前进指挥所于太原。

第十二战区司令长官派出前进指挥所于归绥。

第三战区司令长官派出前进指挥所于杭州。

二、贵官应转饬上述各地区内之日军最高指挥官对各地区前进指挥所主任所要求之事项迅速照办。

《中国战区中国陆军总司令部处理日本投降文件汇编》,第39—40页

中国陆军总司令部致冈村宁次中字第三号备忘录
1945 年 8 月 22 日

本总司令所辖部队,决于最近期内,先以一部利用空运于南京、上海、北平等三处机场降落,以便执行其职务,除另行派遣各机场设站人员先行前往设备外,贵官应本此意图,于本总司令所派遣部队未到达之前,应负责确实保护上列三处机场,以备使用,如有修理之必要时,并希依各处设站人员之要求,妥为修理为要。

《中国战区中国陆军总司令部处理日本投降文件汇编》,第40—41页

中国陆军总司令部致冈村宁次第四号备忘录
1945 年 8 月 22 日

一、依据本总司令致贵官中字第一号备忘录第二条第四项之所定,特再将各地区受降主官姓名、受降地点及日军代表投降部队长姓名,应投降之部队番号详细规定如附表,希先行下令准备实施,但表列日军部队番号主官姓名及驻地,系依据今井将军所呈出之驻华日军态势概见图及口述,如有遗漏或变更,另行修正之。

二、为使日军投降及械弹器材等缴收进行顺利,特规定如下:

1. 在本总司令中字第一号备忘录附表内所指定之各地点,即日军分别向我各地区受降主官之投降地点所有日军应照该表及本备忘录之附表分别集中,凡日军在表列地点以外驻扎者,应先行将其防地分别交与我各地区受降主官所指定之部队,其交接日期,由我各地区受降主官分别决定之。

2. 凡日军依照本总司令中字第一号备忘录附表及本备忘录附表所指定之地点集中后,应仍保持表列各该地点之警备状态维持秩序,听候我各地区受降主官所指定之部队到达后,再依指定之时间逐次交防,并依指定之地点分别集合,立即将所有武器器材自行封存于我各受降主官所指定之各仓库内,呈出详细表册,再立将所有徒手官兵率赴我各地区受降主官所指定之集中营,至各该封存仓库,则由我各地区受降主官立即派兵看守并派员照册点收。

3. 在冈村宁次将军尚未正式投降以前,凡中国军队有奉命调往日军现驻地区内者,沿途各地日军,应一律让其通过,不得妨碍,但以本总司令中字第一号备忘录附表内所指定之各地区受降主官所命令并通知之部队为限,其未奉各该受降主官之命令及通知部队,日军应拒绝其通过,并防止其强迫占领城市,否则各该地日军指挥官应负其责。

4. 在中国领海及内河内之舰艇及船舶,应立即集中于沙市、宜昌,听候接收,但吃水过深者可集中汉口,并应先行造具各舰艇船舶之种类、吨位、装备、弹药数目、性能、所用燃料(含存储数量)及员工人数之详细清册呈送本总司令。

5. 在本总司令所辖地区内所有日本航空部队,凡可能飞行及可能修理之航空机,应立即修整完备,并作飞往湖北省恩施机场或其他指定机场之准备,至修理费时之航空机及所有基地存储之弹药武器油类,应一律封存,并连同上述一切航空机造具详细清册,呈送本总司令,听候派员点收,又所有机场及飞机修理各种设备,应保存完好状态,仍造具详细清册呈送本总司令,听候派员接受,至空军地面部队及降落伞部队,则由我各地区受降主官分别按陆军部队投降办法接收之。

6. 凡日军现驻地区内所有交通通信各路线及其管理机关，应不待冈村宁次将军正式投降，尽速开放，重庆南京间及芷江南京间，并应立即直接通报，其芷江南京间之电台通报时间周率呼号，已由萧参谋长面交今井将军，其重庆南京间之电台通报时间周率呼号如附纸，又所有海河水道原布水雷及一切障碍物，应立即撤底扫除，以利交通，并希将布雷及阻碍位置与扫除情形绘图列表，尽速送呈本总司令。

7. 在日军现驻地区内，如有匪徒企图破坏交通通信及扰乱治安者，应特别防范并制止之。

三、希冈村宁次将军将上述各项规定之办理情形随时电告。

中国战区中国陆军总司令一级上将何应钦

附中国陆军各地区受降主官姓名受降地点及日军代表投降部队长姓名与投降部队集中地点番号表一份（略）。

附重庆南京间电台通报时间周率呼号表一份（略）。

《中国战区中国陆军总司令部处理日本投降文件汇编》，第41—44 页

中国陆军总司令部致冈村宁次第五号备忘录
1945 年 8 月 22 日

一、顷阅合众社马尼剌 20 日电称：日本今日电麦克阿瑟元帅曰：中国战场自停战以来，现情势如下列：中国当局之军队，毫无纪律，擅自开入日军占领地区，并分别要求解除武装，日军尽其最大努力，但不能阻止彼等之愈形猖獗，使当地局面趋于混乱等语。

二、查我中国战区最高统帅蒋委员长曾于 8 月 26 日致贵官一电，明白指示关于驻华日军之投降，应接受本总司令之命令，贵官已于 8 月 17 日电复遵派今井总参谋副长至本总司令部洽降，照此则所有驻华日军，应向蒋委员长及本总司令所指定之受降主官投降，不得接受其他任何部队之要求，而贵官及所属部队，亦不应向任何其他部队接洽投降，贵官应已充分了解，今所传马尼剌 20 日电如果属实，本总司令认此举乃日本有意侮蔑我军，甚至借辞逃避停战责任及义务之行动，贵官应负

其责,本人以中国战区中国陆军总司令之地位,特提出严重警告,日军不得作此恶意毁伤我军誉之宣传,并希切实答复为要。

《中国战区中国陆军总司令部处理日本投降文件汇编》,第 45—46 页

何应钦致蒋介石电

1945 年 8 月 23 日

限即到。重庆委员长蒋:本日今井报告要点如下:(一)日军系统,台湾、越南各有其最高指挥官。又,海军更不受陆军之指挥。现冈村仅代表驻华陆军,对海军及台湾、越南陆军,实施上不无困难,但并非完全不可能。(二)平素与中共勾结之日人中,亦有"日军将来之出路是否与中共妥协较善"之意见,但我等秉承天皇一贯之意旨,不予赞同。(三)日军官之军刀,为其传家之宝,请求不要视同普通武器而解除之。等情。谨闻。职应钦。未漾子。机。

《第二次世界大战中国战区受降纪实》,第 122—123 页

蒋介石关于空运部队至南京等地致何应钦电

1945 年 8 月 23 日

芷江何总司令勋鉴:

一、美军总部接麦克阿瑟将军来电:谓日政府正式投降,于 8 月 31 日始能签字,中国战区接受冈村之正式投降,须待东京总投降签字,及大军空运南京、上海已开始后,始可在南京签字,预计受降日期,约在 9 月 4 日或 5 日。

二、航委会所派之先遣队到达南京后,如报告南京机场可安全使用时,美方之工程通信及技术人员与我方突击队一队,即准备空运南京,担任南京及上海机场之修复警卫,但空运仍须候美机总部司令始开始实施,因正式受降之日期已延缓,故该项人员之任务,为从事大军空运之准备工作。

三、美空军以为现即以华军二团空运南京,将妨碍其预定计划,及

阻滞尔后大军运输所需燃料之供应,因此,中美双方决定 9 月 1 日左右,开始大规模空运以前,尽可在南京布置联络,及交通人员与专门技术顾问,但仍愿尽一切可能提先实施运输。

四、美军总部飞送麦克鲁将军之日军投降书草案,及第一号总命令,均系经联合参谋处批准,(兹附记该项原稿及美方提出应修正之点,希照修正,另附寄美方 8 月 22 日第七一〇——七号备忘录及其附件)。然在日本与同盟国未经签字以前,此草案尽可视为暂时性质,或尚须修改亦未可知。

五、该总司令应遵未巧辰令一亨电,饬各战区,各方面军,即向指定接收地区前进,并在冈村未履行投降条款之前,不必设法使日军局部投降,如日军有愿意局部无条件投降者,则必须令将武器交与指定之国军,希在不违背全部条款之原则下,斟酌状况办理。又我方拟提之全部条款,在冈村及其他主要日军司令未正式签署以前,以勿预先交给日方为宜。

以上各项,除另由美军总部转知麦克鲁将军外,仰即将遵办情形,随时具报为要。中正。未更申令一亨。

《中国战区受降始末》,第 206—207 页

何应钦电

1945 年 8 月 24 日

(衔略)。各战区各方面军对于其作战地域内之伪军,应负接受投降及处理之责任,兹拟定伪军处理暂行办法:

1. 如各地投诚伪军已由军委会委派新职者,暂由各战区指挥。

2. 各地伪军曾由我策反人员接洽投诚,或现在接洽尚未经军委会委派者,由各战区先行准其投诚,以待日后处理编遣。

3. 凡各地伪军抗不投诚者,由各战区分别切实剿办。

4. 在中央未颁布伪军处理办法前,暂依本法实施。

以上除呈报外,希遵照。芷江。何应钦。未回。训琰。

《第二次世界大战中国战区受降纪实》,第 69 页

中国陆军总司令部致冈村宁次中字第六号备忘录
1945 年 8 月 25 日①

一、凡日军现驻地区内,一切行政组织及日军扶植之伪组织,应立即将各该组织原有人名、财产簿册、档案、票据、土地房屋、器具、印信等,一律造具清册,并指定人员,负责保管,听候点收,不得有迁移毁坏转让隐匿等事。

前项所称之行政组织,包括各项机关,银行,学校,医院,以及各该组织所经办或占有之各项工厂、矿场、商号、仓库、公共事业等。

二、凡财务及金融机关,不得再发公债、库券、钞票,及类似纸币之票券,其已印未发之票券,及券版,连同财产现款票据帐册,暨保管之公债,库券基金,发行钞票之准备金等,一切保管财产物,均应封存,并派员连同原经管人员负责保管,听候接收。

三、日军总部及所属各部队暨各级粮食管理组织,在各地所控制之粮食、运输工具、包装材料、仓库设备、粮食工厂,以及其他各种有关粮食器材,应立即分区造册,列明种类、数量、存在地点,尽速造报听候接收。在接受以前.凡存在仓库之粮食,及一切工具器材、设备,均由日军派员负责保管,其在海陆运输途中之粮食,原经办人,应即运交就近港埠仓库,存储保管,至军用粮食工厂及日人投资或合办之粮食工厂,各该原经办人或经理人,均应负责保持完整。

四、有关经济生产事业之组织,及所占有或存储之物资,例如液体燃料、煤焦、棉花、纱布、丝、糖、茶、豆、羊毛、皮革、纸张、油类、五金器材,及矿品等,均应由日军派员连同原经管人负责保管,听候接收,其各项组织所经办或占有之有关需要各事业,如电力、自来水、煤气、煤矿等,在接收以前,仍应继续供应。

五、公用事业中,铁路、公路、水运、空运、邮政、电信,各项交通通信事业之业务,在接收以前,均应一律照常维持,并应照本总司令中字第

---

① 日期疑有误,不应晚于 8 月 24 日。

四号备忘录第二条第六款尽速开放。

六、有关教育文化之公私文物，如图书、仪器、古书、古物、书版、字画、建筑、雕刻、美术品，及一切文献，在接收以前，均应由原经管人，负责保管，不得毁损。

《中国战区中国陆军总司令部处理日本投降文件汇编》，第46—47页

冈村宁次致何应钦电
1945年8月24日

芷江。中国战区中国陆军总司令何敬之阁下钧鉴：

一、今井总参谋副长一行，以及贵军将校三名，于八月二十三日午后八时抵宁。

二、交付今井总参谋副长之中国战区中国陆军总司令部备忘录中字自第一号至第四号各件，确实领到。

三、贵总司令部南京前进指挥所，希在可能范围内迅速前进，其他飞行规定线路、高度、时间，希即示知。本官以负责对冷欣中将阁下一行之保护，期无遗憾，并将予以有力援助。驻华派遣军总司令官冈村宁次。敬。叩。

《第二次世界大战中国战区受降纪实》，第124—125页

中国陆军总司令部致冈村宁次中字第七号备忘录
1945年8月24日

本总司令已令第三战区顾长官祝同上将即派有力之部队向南京上海挺进，接收各该地机场车站。同时已命令本总司令中字第一号备忘录附表所列各地区受降主官派遣部队向就近各重要城市挺进，以便接收。希转饬所属日本军队知照。

中国战区中国陆军总司令陆军一级上将何应钦

《中国战区中国陆军总司令部处理日本投降文件汇编》，第48页

中国陆军总司令部致冈村宁次中字第八号备忘录

1945 年 8 月 24 日

本部副参谋长冷欣中将到达南京二十四小时之后,续有中国伞兵两队,及在中国之美军作战司令部前进指挥所人员,连同中国伞兵共约二百八十人,由芷江飞南京大校场机场降落。该项人员驻地,由冷欣中将指定,希妥为保护为盼。

中国战区中国陆军总司令陆军一级上将何应钦

《中国战区中国陆军总司令部处理日本投降文件汇编》,第 48—49 页

中国陆军总司令部致冈村宁次中字第九号备忘录

1945 年 8 月 25 日

据中国战区第三战区司令长官顾祝同上将未养子电报告称:余姚、慈溪、绍兴、宁波日军与附近土匪连络,企图解决各该地之税警团而发生冲突。税警损失甚重,刻仍在对战行动中。请通知冈村宁次将军速令制止等语。希贵官速令所属全部日军,除本总司令备忘录中字第一号所指定各地区受降主官所派之中国正规军外,不得向任何土匪接洽,或向其投降。

《中国战区中国陆军总司令部处理日本投降文件汇编》,第 49—50 页

中国陆军总司令部致冈村宁次中字第十号备忘录

1945 年 8 月 25 日

关于第二战区受降事宜,中国战区最高统帅蒋委员长已于本(八)月十五日,及八月十八日电令阎长官锡山遵照办理。其要旨如次:

一、太原附近日军武器装备以及交通线各场站,希即就地指定人员收缴接收,并迅速进驻太原为要。

二、速向太原日军司令官,接洽受降事宜。

以上各项,希转饬贵军驻太原第一军军司令官澄田徕四郎将军迅

速妥为办理。

《中国战区中国陆军总司令部处理日本投降文件汇编》，第50页

中国陆军总司令部致冈村宁次中字第十一号备忘录
1945 年 8 月 25 日

据报青岛市附近发现股匪，企图破坏青岛工厂，现仅距城八里，青岛治安堪虞等情，根据本部致贵官中字第四号备忘录附表所指定之受降指挥官所辖之部队未进入青岛前，如有任何破坏工厂之土匪，希饬当地日军尽力防卫，以维护工厂之安全。

《中国战区中国陆军总司令部处理日本投降文件汇编》，第50—51页

何应钦致蒋介石电
1945 年 8 月 25 日

渝。委员长蒋：密。（甲）兹规定各地区受降主官，派前进指挥所进驻之地点如后：（1）第一方面军河内。（2）第二方面军广州。（3）第三方面军上海。（4）第四方面军长沙。（5）第一战区洛阳。（6）第二战区太原。（7）第三战区杭州。（8）第五战区开封。（9）第六战区武昌。（10）第七战区汕头。（11）第九战区南昌。（12）第十战区徐州。（13）第十一战区北平。（14）第十一战区副长官部济南。（15）第十二战区归绥。（乙）各前进指挥所之任务：（1）传达各地区受降主官之命令，并催促日军应行办理之一切事宜。（2）关于各该地区伪组织、及伪军之调查及处置，随时报告并建议。（3）准备各该方面军司令部，及长官部进驻各地之一切事宜。（4）为办事上之关系，得随时要求日军给与各种便利。（丙）以上除于八月廿二日以中字第二号备忘录由驻华日军最高指挥官冈村宁次之代表总参谋副长今井武夫转冈村宁次将军，着转饬各地区日军最高指挥官，并对各地区前进指挥所要求之事项，迅速照办外，谨电核备。

《作战经过》第3册，第631页

中国陆军总司令部致冈村宁次中字第十三号备忘录
1945 年 8 月 26 日

据第四方面军突击队报称,衡阳日军,日来已焚毁仓库数处,并将重武器、火炮等任意抛入湘江等语,似此情形,为殊有违本总司令中字第一号备忘录第三项(3)款之规定,希贵官严予查究并速转饬所属不得再有上项事情发生为要。

《中国战区中国陆军总司令部处理日本投降文件汇编》,第52—53页

中国陆军总司令部致冈村宁次中字第十四号备忘录
1945 年 8 月 28 日

一、本总司令部中字第四号备忘录暨附表计达。

二、为求受降便捷起见,对于前项附表之第一、第五两战区之受降内容改定如后。

三、本总司令中字第四号备忘录附表,除本备忘录第(二)项所改定者外,其余各战区之受降内容仍旧不变。

四、本备忘录更改之事项除由本总司令分电第一,第五战区胡、刘两长官知照外,希转饬日军知照。

《中国战区中国陆军总司令部处理日本投降文件汇编》,第53—54页

冈村宁次致何应钦复文
1945 年 8 月 29 日

支总涉第一号

对于中国战区中国陆军总司令部备忘录中字第一号至第五号之答复。

关于备忘录中字第一号事项

一、八月十六日奉停战大命之后,对全军命令停止敌对行为。

二、关于中字第一号第二条,因本官仅统率在华陆军,其他部队不属于本官之统率,现向中央请示,使之在华海军,并在台湾及越南北纬

十六度以北地区内陆海军诸部队，亦受本官之统一调整。

三、1. 中字第一号第三条各项现已指示所属各方面期以彻底实行。

2. 本项虽非本官之主管，但希明示行政机关之接收主任者，再本项之接收，似有与日军之接收同时实施之必要，请速派关系人员。

四、鉴于日军统帅组织，为期接收之圆满起见，希望分别任命统制中字第一号附表中所列受降主官孙蔚如、王耀武、薛岳三员之受降主管者，并孙连仲、李延年、胡宗南、刘峙、阎锡山、傅作义六员之受降主管者。

关于备忘录中字第二号事项

本案已对所属各军通报矣。

关于备忘录中字第三号事项

南京、上海、北平三处机场已准备贵军随时使用，且留意现况之确保并保全。鉴于华北治安之现况，希望向北平、济南等要地竟可迅速进驻兵力，并赐示其预想时间。

关于备忘录中字第四号事项

一、关于中字第四号第一条之准备，业已着手。但日本方面责任者，以及兵团番号，希照另表改正。并希示知附表所列各该地交涉之开始时间。

二、关于中字第四号第二条全般事项现已准备中，但其具体的要领再与贵方密接连络，以期圆滑整齐之实行。第二条第四、第五项中关于舰艇、船舶及飞机之集中并其移交地点，因有各种情形，双方主任者之间希另行协议。第二条第六项中关于机雷及障碍物之撤去，现因扫海舰艇丧失，需要相当时间。并在长江本流原有联合军敷设之机雷多量，故其撤去事宜应双方主任者之间另行协议。

关于备忘录中字第五号事项

遵办。

但日本军不但毫无故作恶意宣传之意志，进而有期停战以及撤兵之圆满且迅速者也,在此确实声明。

《中国战区中国陆军总司令部处理日本投降文件汇编》,第 63—65 页

冈村宁次致何应钦复文

1945 年 8 月 30 日

支总涉第二号

对于中国战区中国总司令部备忘录中字第六号,乃至第十三号之答复。

关于备忘录中字第六号事项:

一、关于中字第六号第一条第二条事项,在日本方面,因大部分归于大东亚省管辖,定与大东亚省职员,在南京设置涉外部,以使政治、经济关系事项圆满处理,现在进行筹备中。至细部实情,希在主任者间随时连络。

二、关于中字第六号第三条事项,军直接管理者,由日军进行筹备。惟因日军粮食问题与日军完成撤兵之期间有紧密关系,日军对撤兵未完成以前之给养,有重大关心。关于确保粮食,希望万全为之。

关于撤兵用之船舶与滞留期间等之粮食,本官有预先要知之意向,即请谅解为荷。

再,关于本问题另行连络。

三、关于中字第六号第四条之物资,除本军直接保有者外,因本军向未关与之故,有不能按照贵意处理之情形,希予谅解之。

但关于电力、水道、瓦斯、煤矿等之供给,现正百般努力,以期防止绝断。

四、关于中字第六号第五条,已如贵意处理。

五、关于中字第六号第六条,按照贵意现正努力。对于博物馆等重要者,在直接警备中。

关于备忘录中字第七号事项:

关于本案已令所属知照。

但关于南京上海线铁道管理之接收，认为应另行办理者。再，南京上海地区受降主官汤恩伯上将，与进驻南京上海地区之军指挥官顾祝同上将关系如何，请示知为荷。

关于备忘录中字第八号事项：

已如贵意处理。

关于备忘录中第九号事项：

关于本案因基于贵方中字第一号业已下令，确信日军决无如投降土匪等之事实。

关于有无中字第九号之事实业经调查，认为或以确保要地之目的集中分散驻地之一部，结果发生之误解者。

关于备忘录中字第十号事项：

关于本案已在实施中。

关于备忘录中字第十一号事项：

青岛当予绝对确保，敬乞放念。

再，一部兵力现正向该地增强中。

关于备忘录中字第十二号事项：

已如贵意处理。

再，台湾、澎湖岛，及越南北纬十六度以北地区内日军已定归于本官之统制，希即知照。

关于备忘录中字第十三号事项：

关于本案虽已严予查禁在案，但兹已按照贵意再发严重之注意。

《中国战区中国陆军总司令部处理日本投降文件汇编》，第 65—68 页

中国陆军总司令部致冈村宁次中字第十六号备忘录
1945 年 8 月 31 日

一、关于中国战区各地区之受降主官暨受降地点与投降日军集中地区等，以及有关日军投降一切办法，本总司令曾有明白规定，并曾以第一号及第四号备忘录通知贵官在卷，并经先后一再声明：

1.凡非蒋委员长或本总司令所指定之部队主官,日本陆海空军不得向其投降缴械及接洽交出地区与交出任何物资。

2.中国战区内所有日本陆海空军及辅助部队,应各就现驻地,负责维持地方良好秩序,直至蒋委员长或本总司令所指定之部队及负责长官到达接收为止,贵官当已完全了解。

二、据报我察哈尔省会张家口于八月廿五日晨被不明番号之军队一说系股匪占领,本总司令殊为遗憾。查察绥热三省地区,本部备忘录第一号及第四号明白规定,应由第十二战区司令长官傅作义上将负责接收。在傅长官及其所指定之中国正规军未到达前,该地区日军,应负责维持该地秩序。

三、希贵官立即查明张家口究被何项部队占领。如果属实,贵官及当地日军长官应负其责。

《中国战区中国陆军总司令部处理日本投降文件汇编》,第55—56页

中国陆军总司令部致冈村宁次中字第十七号备忘录

1945 年 9 月 2 日

根据盟军最高统帅麦克阿瑟将军规定:

一、日军缴械时不举行收缴副武器之仪式。

二、日军代表于正式投降时不得佩带军刀。

三、凡日军所有军刀,均应与其他武器一律收缴,一俟正式投降后,日军即不得再行佩带军刀。

以上规定,在中国战区一律适用,希贵官知照并转饬所属日军遵照。

《中国战区中国陆军总司令部处理日本投降文件汇编》,第56—57页

何应钦致蒋介石电

1945 年 9 月 2 日

限一小时到。渝。委员长蒋。顷据本部南京前进指挥所冷主任未

俭未汉电称:密(表)。本日上午八时,与冈村宁次谈话记录摘呈如下:
(1)问第一号至第五号备忘录收到否? 答:均收到。实在情形俟当提
出书面报告。(2)问上海、南京、北平、天津、青岛、武汉、广州、香港八
大都市交通治安,仍暂维持,答照办。(3)问非委座及何总司令及指定
之各受降主官命令,不准接收任何人或任何部队之要求。答:绝对服从
蒋委员长阁下之命令。等情。谨闻。芷。职。(何应钦)

《作战经过》第 3 册,第 641 页

冈村宁次致何应钦复文

1945 年 9 月 4 日

支总涉第七号

关于大同方面接收问题纠纷之文件。

　　兹因大同方面接收问题发生纠纷,特为联络,至希至急善处,无任
盼祷。其详情述之如下:

　　照贵部备忘录中字第一号所载山西省全部,系由第二战区长官阎
将军接收,明白规定,毫无疑义。前经以口头向贵部联络者,即现在到
达大同之第十二战区傅将军全权代表孙兰峰会谈结果,虽经本军说明
备忘录之指定事项,而仍极力主张大同地区之接收权。并谓日本军如
与第三者交涉,则在蒙之日本军,及日本居留民之生命财产均难保证等
语。同时阎将军对于傅军之接收,则处于绝对反对立场。现在傅、阎双
方在晋北地区,因接收问题,各自坚持,互相对立,使日本方面之当地军
至于不知所措。现据与前述之傅将军代表交涉归来之当地参谋报称,
接收大同,傅军之态度至为强硬,要求除自卫携带用品外,一切武器弹
药军需品,及铁路交通机关(包括大同站),即时接收,绝不通融。

　　因此,当地日军对于事态之收拾至为焦虑。

　　鉴于以上情势,日方当地军在傅、阎双方接收区分再度确认之前,
坚持拒绝即时接收之态度,然情势之急遽恶化,亦堪忧虑也。

　　是以敢请贵部迅予机宜处置(如命派联络员等),同时并希将收拾

要领见示为祷。

《中国战区中国陆军总司令部处理日本投降文件汇编》,第70—71页

冈村宁次致何应钦复文

1945年9月5日

支总涉第八号

关于中国战区中国陆军总司令部备忘录中字第十六号(张家口问题)之答复。

一、敬悉备忘录中字第十六号第一条主旨,对于所属彻底明了。

二、关于备忘录中字第十六号第二条之张家口,已于八月廿一日被苏、蒙军强行进驻而占领,其详细情形如别纸第一。日军八月二十三日接到备忘录第一号乃至第四号以后固属当然,在其以前即是八月十六日奉停战之大命后,极力顾念保持原占据态势,以便贵方之接收也。在派遣今井总参谋副长在芷江期间中,即八月二十一日及二十二日,再经由上海徐采丞通报苏、蒙军有向张家口进驻之企图,一面希望贵方政府以外交方式迅速善处,一面我方如别纸所述,百方设法拒止。又苏、蒙军对于热河省古北口、山海关方面之续行进驻,如别纸第二,极力阻止其非违,并随时电报,或以口头连络贵方。在此期间我方武器引渡之实施,皆以贵方为对象,贵方对于此种苦衷及真意,必有十二分之谅解也。

关于苏、蒙军进驻后之张家口情况,我方亦不甚熟悉。但关于具体资料之收集,目下对华北方面军及驻蒙军照会中,俟其报告再行连络。

如上所述,关于本案在本官实有未能负责情形者,不胜遗憾之至,即希见谅。并乞贵方对于此间情形,就现地以及联合国方面查明实状,妥为措置。

故此次贵方之原状态复归要求,基于本回答再接收贵方之回答时,因为我方难于现地处理,故有必要时,作为贵方之要求事项,请中央作为联合国全般之问题,向苏联国方面接洽处理。

另纸第一:

关于张家口方面苏、蒙军之进驻状况：

一、在八月十七日我方停战后，苏、蒙军依然继续南进。八月十八日前后，进出于张家口北方地区日军阵地前面。至翌十九日，对我阵地开始攻击。

二、日军即派军使欲将制止彼之攻击，而苏、蒙军却有射击军使以致创伤，不得开始接洽。

三、翌八月二十日十一时半，方能派遣军使请求战斗行动之停止。但苏、蒙军强硬要求同日十七时前，在张家口全日军之武装解除，而续行攻击不止。

四、日军当时虽未接到贵方备忘录中字第一号乃至第四号，该地日军在二十一日与傅将军代表会见后，按照其要求拒止苏、蒙军对长城线内之侵入。然彼方仍作强硬主张，对张家口之侵入，日军倘若制止之，除行使实力外无他方法。当时我方关于张家口之确保，对于贵方之道义的立场上，欲尽百方设法将此苏、蒙军之不法行为，向贵方一再连络，请求善处，后我方亦努力到底。但因通信阻滞，未得贵方回答。一面因在张家口方面苏、蒙军有不下一师之兵力，再为阻止其进出，日军亦须集中相当兵力于该方面。万一再开战斗，一则其影响所及，实为难测。二则已在停战后，不得行使实力。因此，大局上万不得已，日军为使事态和平解决，终于二十一日由该地开始撤退。

以上之事实如上所述，未接到中字第一号乃至第四号以前，并不明了中、苏之接收担任区域。关于此事，请原谅是盼。

五、日本军撤退后，苏、蒙军即时侵入张家口。随该苏、蒙军一部匪军，亦有侵入之模样。日军接洽停战而不能不撤退之对象，系为苏军及外蒙军。

另纸第二：

关于热河省、山海关，及古北口方面苏、蒙军之进出状况：

第一，要旨：

苏、蒙于停战后，对于热河省续行进出，概为占领该省并开始侵入河北。八月二十二日由古北口达石匣（古北口西南二十二粁）。八月三十一日由绥中进出山海关。在此时期，尤其在接到中字第一号乃至第四号日军尊重对贵方之责任，百方设法以和平方式努力阻止其进出，而屡次交涉之结果，对于进出石匣方面之苏、蒙军，得以撤退至古北口。

然山海关方面之苏、蒙军，顽固不容我方之要求，终于三十一日不但侵入市内，继续有向秦皇岛西进之气象，故在日军实行中字第一号乃至第四号已成为困难之状态。而苏、蒙军已在接收备忘录第一号乃至第四号以前，不但占领热河之大半，在目下似无遵守联合军所订接收地区之现象。受有停战严命之日军，殆无施策，实感困难。

第二，关于山海关方面进出状况：

一、进出绥中之苏、蒙军，因有山海关方面进出之虞，山海关日军守备队严加警戒。其后迨至八月三十一日十一时左右，进出山海关前面开始强硬侵入。

二、日军一面防止不测之战斗，一再向苏、蒙军交涉。但彼方强硬要求武装解除，而出于无视中国方面接收地域之态度。因此，我方不得已将部队后退于秦皇岛，防止战斗之勃发，并派遣参谋于现地努力防止事态之扩大。

第三，关于古北口、石匣方面进出状况：

一、八月二十一日晨，随带战车之一部苏、蒙军出现于古北口日军阵地前面，逐次增加兵力，要求该地之占领，及武装之解除。

当时日军虽未知悉关于接收，及武装解除之担任。但我方守备队隐忍，与彼交涉，拒止其进出，终于日军之一部，不得已解除武装矣。

二、然而苏军更有续行华北侵入之企图，同日进出石匣附近，与该方面之我守备队相对峙，要求解除武装。日军对彼方之解除武装要求，严加战备，隐忍继续折冲之中。依马尼剌会谈，及中字第一号乃至第四号明了知悉：河北系中华民国之接收范围，并非苏、蒙之接收范围也。

于是我方要求其撤退，但彼称为上司之命令，而不肯撤退。华北方面军司令官派遣参谋与苏、蒙军指挥官杜莫底诺夫会见，提出关于华北方面军司令官之撤退要求文,彼方如不肯,我方为自卫,并确保京津要地,拟将断然发动武力使之撤退,苏、蒙军始向古北口后退。

三、然而尔后苏、蒙军并无向古北口以北撤退之模样,仍在该地附近驻扎,并有渐次增加兵力中。

《中国战区中国陆军总司令部处理日本投降文件汇编》,第71—76页

冈村宁次致何应钦复文

1945 年 9 月 8 日

支总涉第十二号

关于备忘录中字第二十号之答复。

敬悉。

现在调动中之部队,实为适合本附表而调动,希即知照。

关于中字第四号之答复,以支总涉第一号送致之附表中,因印刷及调查之不周,而有错误,希即改正如左:

一、第一方面军中越南北部之1/3 22D,希改正为34Bs.

二、第二方面军中广州已有129D 集中中。第七战区汕头该师不存在。但广州129D 投降第七战区长官决无任何障碍。

三、开封13Ks,希改正为4Ks。郾城4Ks,希改正为13Ks。

四、驻台湾部队即改正为:

10HA、9D、12D、50D、66D、71D、75Bs、76Bs、100Bs、102Bs、103Bs、112Bs、8FD 部。

《中国战区中国陆军总司令部处理日本投降文件汇编》,第78—79页

冈村宁次致何应钦复文

1945 年 9 月 8 日

支总涉第十三号

关于支那派遣军总司令官权限之件。

支那派遣军总司令官依别纸代表在中国(除满洲)、台湾、香港及

北纬十六度以北越南之一切日本陆海空军(包括航空)部队,实施一般命令(九月二日政府大本营布告)中关系事项。

关于支那派遣军总司令官权限事项拔萃:

一、支那派遣军总司令官除已实施者外,实施其一般命令中关系事项。

其所管辖地域为中国(除满洲)、台湾、香港及北纬十六度以北之越南,其所辖部队为上述地域之一切陆军全部队(包含不成为部队之人员,在香港包含非军人之日本臣民)。

关系联合国指挥官即在中国(除满洲)、台湾、北纬十六度以北越南,为蒋介石委员长(包含其指定代表者)。在香港为英海军巴格特少将(九年二日大陆命特第一号)。

二、第十方面军受支那派遣军总司令官之指挥(八月二十二日大陆命第一三九二号)

三、支那派遣军总司令官,关于实施第一项应指挥第三十八军司令官(九月二日大陆命特第一号)。

四、关于中国方面终战事宜之处理,应包含海军,关系规定支那派遣军总司令官与蒋介石委员长之间实行之(大海指特第一号)。

《中国战区中国陆军总司令部处理日本投降文件汇编》,第 80—81 页

中国陆军总司令部致冈村宁次中字第二十一号备忘录
1945 年 9 月 8 日

据报日本同盟社曾于八月二十九日发表伪国民政府代理主席陈逆公博自杀毙命,但据我方在南京所得之确实报告:陈逆公博、林逆柏生、何逆炳贤、陈逆君慧、岑逆德广、周逆隆庠,及女秘书莫国康等七人,及日本军官雄川于八月二十五日晨,由日本派飞机秘密送往日本九州之未子等情。查陈逆公博等皆为中华民国之叛国罪犯,希贵官负责转致日本政府速予逮捕,并解交南京本总司令部为要。

《中国战区中国陆军总司令部处理日本投降文件汇编》,第 60 页

中国陆军总司令部致冈村宁次中字第二十三号备忘录
1945 年 9 月 8 日

一、据空军接收代表张司令廷孟称：日方为维持在中国战区交接期间之连络方便而利交接起见，日方请求在该期间内，使用非武装之运输机三十架一节。兹核定准以无武装大小运输连络机共五架，暂供该项目的之使用，如贵方确有不敷，可将使用计划详细拟定呈凭核示。至该已准使用之五机型式，着即呈报备查。

二、凡在本总司令部所辖之地区内［中国本部（东三省在外）及台湾（含澎湖列岛），越南北纬十六度以北地区］之航空［陆海（舰上机除外），民航均含］，一切力量及设施（含所属配备配置），统归张司令廷孟代表分别接收。

《中国战区中国陆军总司令部处理日本投降文件汇编》，第 61—62 页

中国陆军总司令部致冈村宁次中字第二十四号备忘录
1945 年 9 月 8 日

贵官支总涉字第十二号复文已悉，除一二九师仍须集中汕头向第七战区余长官投降外，余均可行。并已令第二方面军卢司令官、第一战区胡长官、第五战区刘长官、台湾区陈行政长官知照。

《中国战区中国陆军总司令部处理日本投降文件汇编》，第 62 页

3. 南京受降

何应钦致蒋介石电
1945 年 9 月 2 日

限二小时到。渝。委员长蒋：五一七九密。面奉钧座电令指示日军受降签字地点在南京，日期约在 9 月 4 日或 5 日，并须在空运军队大量到达后举行，新六军及九十四军空运，预定 9 月 1 日开始等因。查全军已于卅日准备完妥，但截至本冬日，空军尚未开始。因以上原因，签

字日期,拟请确定为九月九日,可否? 乞核示,并请钧座转饬对新六军及九十四军之空运,从速开始,军有在京沪略事部署之馀裕时间。职何应钦。申冬戌。机印。

《作战经过》第 3 册,第 643—644 页

何应钦致蒋介石电

1945 年 9 月 4 日

限二小时到。渝。委员长蒋:七九〇八密。(表)。各受降地区接受敌人投降时,拟令各地区依其交通状况,由受降主官于敌人集中投降地点,授训令(或命令)由敌军投降代表部队长签字于受领证,其训令方式如下:日本驻华派遣军总司令官冈村宁次大将,已遵日本帝国政府,及日本帝国大本营之命,率领在中国(东三省除外)、越南北纬十六度以北、台湾澎湖列岛之日本陆海空军,于中华民国卅四年九月九日,在南京签具降书,向中国战区最高统帅特级上将蒋中正,特派代表中国陆军总司令一级上将何应钦无条件投降。(遵照何总司令命令,及何总司令致冈村宁次大将中字各号备忘录指定本官,及本官所指定之各部队接收某某地区,日本某某部队,及其辅助部队之投降。)上第二项之日本军队,应于中华民国卅四年九月某日,照下列规定切实施行:"关于日军行动之规定"、"关于武器弹药器具器材收缴之规定"、"关于日俘处置之规定"、"关于城市接收之规定"、"关于车辆及一切军用物资接收之规定"、"关于军事控制下民用财产接收之规定"、"关于区内海空军及其他场站设备接收之规定"。其他一切细部规定,由各区各依状况规定之。受领证格式如下:今谨收到中国战区第某战区司令长官,或司令官第一号训令一份,当遵照执行,并立即转饬所属及所代表各部队之各级官长士兵遵照。对于本训令及以后之一切训令或指示,本官及所属与所代表之各部队之全体官兵,均负有完全执行之责任,日军番号、指挥官级职、姓名、签字年月日及地点。以上除分令各受降主官参照此方式办理外,谨呈鉴核。何应钦。支

亥。谋印。

《作战经过》第 3 册,第 646 页

中国陆军总司令部致冈村宁次中字第十九号备忘录
1945 年 9 月 5 日

一、兹规定本总司令接受日军投降之地点、日期时间,及日军投降代表签字人与日军投降代表出席人如下:

1. 地点:中华民国首都南京。

2. 时间:中华民国三十四年九月九日上午九时。

3. 日军投降代表签字人:日本陆军大将冈村宁次。

4. 日军投降代表出席人:冈村宁次大将之总参谋长。

越南北纬十六度以北之日军最高指挥官或其全权代表。

台湾澎湖列岛之日军最高指挥官或其全权代表。

中华民国(东三省除外),越南北纬十六度以北,台湾澎湖列岛之日军海军最高指挥官或其全权代表。

二、前条各项,希照办。

《中国战区中国陆军总司令部处理日本投降文件汇编》,第 58—59 页

冈村宁次致何应钦复文
1945 年 9 月 6 日

支总涉第十号

关于备忘录国字第十一号事项回答:

一、关于本案曩于领受备忘录中字第一号第二条,及中字第十二号后,随时与大本营联络,将结果曾以支总涉第二号"关于中国战区中国陆军总司令部备忘录中字第六号乃至第十三号事项"中,如所答复贵总司令。此次负责受降之全地域内日本陆海空军,关于一切投降之指挥权(又统制权)已付与本官,因此向贵总司令投降之事宜,应该本官负其一切责任,在停战协定时,拟本官单独签字。而对陆海空军各地域

高级指挥官,基于本官统帅系统,分别命令投降之实施。

惟台湾总督原非军之机关,本官不能直接指挥,即希见谅。

再本官领受本备忘录中字第十二号后,即为交付停战协定时之本官命令计召集幕僚其一部业已集合待机中。

二、停战协定签字典礼时之本官随员预定如下:

记

随员:支那派遣军总参谋副长陆军少将今井武夫

同:参谋陆军中佐小笠原清

　　支那方面舰队参谋副长海军少将小川贯尔

　　台湾军参谋长陆军中将谏山春树

　　第三十八军参谋(越南)陆军大佐三泽昌雄

　　陆军嘱托本村辰男

《中国战区中国陆军总司令部处理日本投降文件汇编》,第 76—77 页

冈村宁次致何应钦复文

1945 年 9 月 8 日

支总涉总第十一号

关于备忘录中字第十九号之答复:

一、敬悉贵意。

二、第一项第四之出席人如左:

支那方面舰队司令长官海军中将福田良三

支那派遣军总参谋长陆军中将小林浅三郎

台湾军参谋长陆军中将谏山春树

第三十八军参谋(越南)陆军大佐三泽昌雄

支那派遣军总参谋副长陆军少将今井武夫

支那派遣军参谋陆军中佐小笠原清

《中国战区中国陆军总司令部处理日本投降文件汇编》,第 78 页

中国陆军总司令部致冈村宁次中字第二十二号备忘录
1945 年 9 月 8 日

本总司令部原派在南京之前进指挥所已于九月八日撤消,另设中国战区中国陆军总司令部前方司令部于南京中央军校旧址,由本总司令亲自主持,希知照。

《中国战区中国陆军总司令部处理日本投降文件汇编》,第60—61 页

中国政府关于接受日本投降之签字仪式程序
1945 年 9 月 9 日

中国战区中国陆军总司令何应钦上将受降仪式程序。

日期:中华民国三十四年九月九日。

会场:中国陆军总司令部(即南京中央陆军军官学校旧址)大礼堂。

程序:

一、上午八时三十分以前,各中外来宾均在规定之休息室休息。

二、上午八时三十五分,中国参观人员入会场,各依席次坐定。

三、上午八时四十分,同盟国参观人员入会场,各依席次坐定。

四、上午八时四十三分。中外新闻(撮)〔摄〕影记者准备会场外之照像。(即日军投降代表下车时之照像,限定一分钟,并不得追入日军投降代表之休息室。)

五、上午八时四十五分,日军投降代表乘车由中国王武上校引导,到中国陆军总司令部广场下车,同时由王上校引入日军投降代表休息室。

六、上午八时五十分,中外新闻记者及(撮)〔摄〕影记者入会场,各依席次坐定。

七、上午八时五十一分,何总司令率参加受降官入场,各依席次坐定。

八、上午八时五十二分,中国王俊中将引导日军投降代表入会场,

先到规定地位立定,向何总司令一鞠躬,何总司令命坐后,各依规定之席次坐下,王俊中将即退入参观席。

九、上午八时五十三分,何总司令宣布照像五分钟。

十、上午八时五十八分,何总司令请冈村宁次大将呈出证明文件,何总司令检视后将该文件留下。

十一、上午九时正,何总司令将日军降书(中文本两份)交付冈村宁次大将阅读并签字盖章[此时各中外(撮)〔摄〕影记者一律准予照像],冈村宁次大将于签字盖章后,送呈何总司令。

十二、何总司令在日军降书上签字盖章后,以一份交付冈村宁次大将。

十三、何总司令将中国战区最高统帅蒋委员长之第一号命令连同命令受领证交付冈村宁次大将,由冈村宁次大将在受领证上签字盖章后,将该受领证送呈何总司令。

十四、何总司令宣布日本代表退席,仍由王俊中将引导该代表等退至规定位置,向何总司令一鞠躬后,再导出会场。[此时中外(撮)〔摄〕影记者一律准予照像,照像后仍速回会场坐定,听何总司令广播。]

十五、何总司令广播。(以下时间准予照像)。

十六、何总司令率参加受降人员退席。

十七、同盟国参观人员退席。

十八、中国参观人员退席。

十九、中外记者退席。

《第二次世界大战中国战区受降纪实》,第131—133页

日本政府向中国政府的降书
1945年9月9日

一、日本帝国政府及日本帝国大本营已向联合国最高统帅无条件投降。

二、联合国最高统帅第一号命令规定"在中华民国(东三省除外),

台湾与越南北纬十六度以北地区内之日本全部陆海空军与辅助部队应向蒋委员长投降"。

三、吾等在上述区域内之全部日本陆海空军及辅助部队之将领,愿率领所属部队向蒋委员长无条件投降。

四、本官当立即命令所有上第二款所述区域内之全部日本陆海空军各级指挥官及其所属部队与所控制之部队,向蒋委员长特派受降代表中国战区中国陆军总司令何应钦上将及何应钦上将指定之各地区受降主官投降。

五、投降之全部日本陆海空军立即停止敌对行为,暂留原地待命,所有武器弹药装具器材补给品、情报资料、地图、文献档案,及其他一切资产等当暂时保管。所有航空器及飞行场一切设备、舰艇、旧船舶、车辆、码头、工厂、仓库及一切建筑物,以及现在上第二款所述地区内日本陆海空军,或其控制之部队,所有或所控制之军用或民用财产,亦均保持完整,全部待缴于蒋委员长及其代表何应钦上将所指定之部队长及政府机关代表接收。

六、上第二款所述区域内日本陆海空军所俘联合国战俘及拘留之人民立予释放,并保护送至指定地点。

七、自此以后,所有上第二款所述区域内之日本陆海空军,当即服从蒋委员长之节制,并接受蒋委员长及其代表何应钦上将所颁发之命令。

八、本官对本降书所列各款及蒋委员长与其代表何应钦上将,以后对投降日军所颁发之命令,当立即对各级军官及士兵转达遵照。上第二款所述地区之所有日本军官佐士兵均须负有完全履行此类命令之责。

九、投降之日本陆海空军中任何人员,对于本降书所列各款及蒋委员长与其代表何应钦上将嗣后所授之命令,倘有未能履行或迟延情事,各级负责官长及违犯命令者愿受惩罚。

奉日本帝国政府及日本帝国大本营命,签字人中国派遣军总司令

官陆军大将冈村宁次　印

昭和二十年（公历一九四五年）九月九日午前九时　分签字于中华民国南京

　　代表中华民国、美利坚合众国、大不列颠联合王国、苏维埃社会主义共和国联邦，并为对日本作战之其他联合国之利益，接受本降书于中华民国三十四年（公历一九四五年）九月九日午前九时　分在中华民国南京

　　中国战区最高统帅特级上将蒋中正特派代表中国陆军总司令陆军一级上将何应钦　印

《中国战区受降始末》，第 218—219 页

中国战区最高统帅命令（第一号）
1945 年 9 月 9 日

　　一、根据日本帝国政府，日本帝国大本营，向联合国最高统帅之降书，及联合国最高统帅对日本帝国所下之第一号命令，兹对中国战区内中华民国（辽宁、吉林、黑龙江三省除外）、台湾，以及越南北纬十六度以北地区之日本陆海空军，颁布本命令。

　　二、贵官应对上述区域内投降之日本陆海空军各地区司令官，及其所属部队发布下列命令，并保证其完全遵行：

　　甲、日本帝国政府及日本帝国大本营，已令日本陆海空军全部向联合国作无条件之投降。

　　乙、在中国境内（辽宁、吉林、黑龙江三省除外）、台湾，以及越南北纬十六度以北地区，所有一切日本陆海空军，及辅助部队，向本委员长无条件投降。凡此投降之日本部队，悉受本委员长之节制，其行动须受本委员长，或中国陆军总司令、陆军一级上将何应钦之指挥，且只能服从本委员长，或何应钦上将所直接颁发，或核准之命令，及告谕，或日本军官遵照本委员长，或何应钦上将训令而发之命令。

　　丙、投降之日本陆海空军，即停止一切敌对行为，暂留原地静待一

命令。以所有一切武器弹药、装具器材、物资、交通通信，及其他作战有关之工具、案卷，及一切属于日本陆海空军之资产等，予以暂时保管，不加损坏，待命缴纳于本委员长，或何应钦上将所指定之部队长官，或政府机关之代表。

丁、凡在上述区域，所有日军之航空器、舰艇及船舶，除本委员长于第一号告谕中所宣示者外，其他一律恢复非动员状态，停留现地，不得加以损坏。船舰上、飞机上有爆炸物品者，须立刻将爆炸物品移入安全仓库。

戊、日本部队及附属部队之军官，须保证所属严守纪律，及秩序，且须负责严密监视其部下，不得有伤害，及骚扰人民，并劫掠，或毁损有关文化之公私文物，及一切公私资产。

己、关于日方，或日方控制区所拘禁之联合国战俘，及人民，应如下之处置：

1.联合国战俘，及被拘人民，在本委员长，或本委员长之代表何应钦上将接收以前，必须妥慎照护，并充分供给其衣食住，及医药等。

2.按照本委员长，或本委员长之代表何应钦上将之命令，将战俘及被拘禁之平民送至安全地区，听候接收。

3.凡拘禁联合国战俘，及平民之集中营，或其他建筑，连同其中所有器材仓库案卷武器，及弹药，须听候本委员长之代表何应钦上将，与其指定之代表派员接收，在所派接收人员到达前，各集中营之战俘，或被拘平民，应由其中资深官长，或彼等自选之代表自行管理之。

4.凡向本委员长投降之日本陆海空军各级司令部，在接到命令所限定之时间内，须将有关战俘，及被拘平民之详情，及地点，列具完备之报告。

庚、除另有命令外，凡向本委员长投降之日军，应继续供给其所属军民衣食，及医药物品。

辛、日军及日军控制区之军政当局，须保证下列各事：

1.按照本委员长，或本委员长之代表何应钦上将之命令，扫除一切日方所敷设之地雷、水雷、及其他陆海空交通之障碍物。在此项工作进行中,其安全通道应予标明。

2. 对于航行方面之一切辅助工作,须立刻恢复。

3. 一切陆海空交通,及运输方面之器材与设备,须保持完好。

4. 一切军事设备,及建筑,包括陆海军航空基地、防空基地、海港、军港、军火库及各种仓库。永久及临时陆上,及海岸防御工事要塞,及其他设防区域。连同上述各种建筑,及设备之计划与图样,须保持完好。并须将一切工厂工场研究所、试验所、实验室、试验站、技术资料专利品、计划图样,以及一切制造或发明,直接间接便利作战所用之其他物品,或与作战有关之军事组织所用,或意欲运用之物品,保持完好。

壬、凡一切武器军火作战器材之制造,及分配,立即停止。

三、凡向本委员长投降而在中国、台湾(含澎湖列岛),及越南之日军司令部,在接到此项命令后,须即将各该区有关下列各项之资料,向中国陆军总司令何应钦上将提出报告:

甲,一切陆海空,及防空部队图表册籍,须表明其所在地,及官兵之实力(含人马、械弹、装具、器材等)。

乙、一切陆海军用,及民用飞机图表册籍,须完全报告其数量、型式、性能、驻地、及状况。

丙、日军,及日军控制下之一切海军船只,包括水面水中,及其他辅助船只,不论现役、退役,及在建造中者,均须以图表册籍报告其位置及情况。

丁、日军控制下之商轮,在一百吨以上,不论现役、退役,及正在建造之中,或过去属于任何联合国,而目前在日方手中者,均须列具图表册籍说明其位置及情形。

戊、拟具详细,及完备之报告,连同地图,标明布有地雷,或水雷,及其他海陆空交通障碍物之地点。同时须指定安全通道之所在。

己、凡一切日本方面所管理,或直接间接利用之工厂、修理厂、研究机关、实验室、试验站、技术资料、专利设计图样，及一切军用，或间接欲为军用之一切发明设计图样、生产品，及为此项生产而行之设施其地点，及其详情，皆须报告。

庚、凡一切军事设施，及建筑，包括飞机场、海军航空基地、海港及军港、军火库，永久，及临时之陆上，及海岸防御工事要塞，及其他设防区之地位及详情，亦须报告。

辛、并须按照第二款己项之规定，报告一切拘禁联合国战俘，及平民集中营，或此类建筑之地点，及其他有关情况。

四、向本委员长投降之各地日军司令部，须遵照各区受降主官之命，报告各该区日侨之姓名、住址，并收缴日侨所有之一切武器，通知全体日侨，在本委员长之代表何应钦上将所指定之官吏未发布处置该项日侨命令以前，须留在其现住地，或指定之地点，不得离开。

五、日军及日军控制下之一切军政官员，须协助本委员长之代表何应钦上将所指定之军队收复台湾（含澎湖列岛）、越南北纬十六度以北地区，及中华民国境内各日本军占领区。

六、本命令所规定之各项，及本委员长之代表何应钦上将嗣后所发布之命令，日军及日军控制之下一切文武官员，及人民，须立即敬谨服从，对于本命令，或此后之命令所规定之各项，倘有迟延，或不能施行，或经本委员长，或何应钦上将认为有妨碍盟军情事，将立刻严惩违犯者，及其负责之军官。

右令

驻华日军最高指挥官陆军大将冈村宁次

中国战区最高统帅特级上将蒋中正

传达法：由中国战区中国陆军总司令、陆军一级上将何应钦，面交驻华日军最高指挥官陆军大将冈村宁次。

《第二次世界大战中国战区受降纪实》，第 140—144 页

中国陆军总司令部对日本投降后第一号命令（军字第一号）

1945 年 9 月 9 日

一、自本（九）日上午九时起，以后本总司令对于贵官之一切行文，用命令或训令。

二、在本（九）日上午九时以前，本总司令送达贵官之中字第一号至第二十三号备忘录，除以后别有命令变更者外，一律视同命令。

三、本（九）日上午九时，贵官所签定之降书及所领受蒋委员长之第一号命令，贵官应以最快方法转达于在中国本部（东三省在外）、台湾（含澎湖列岛）、越南北纬十六度以北地区之日本陆海空军。

四、贵官及所属在中国本部（东三省在外）、台湾（含澎湖列岛）、越南北纬十六度以北地区之日本陆海空军，应自本（九）日上午九时起完全受本总司令之节制指挥，不受日本政府之任何牵制。

五、贵官应于本（九）日将"支那派遣军总司令官"名义取消，并自明（十）日起，改称中国战区日本官兵善后总联络部长官。

六、贵官之总司令部，应自明（十）日起，改称中国战区日本官兵善后总联络部。

七、中国战区日本官兵善后总联络部之任务，为传达及执行本总司令之命令，办理日军投降后之一切善后事项，不得主动发布任何命令。

八、依据本部中字第二十号备忘录所区分之各地区日本代表投降部队长之原有司令部，着均改为地区日本官兵善后联络部，其投降代表长官原有名义，着一律取消，改称地区联络部长。兹分别规定如附表（略）。

九、表所列日本官兵地区善后联络部长，对中国各地区受降主官之职务，在传达及执行各受降主官之一切命令，办理该地区内日军投降后之一切善后事项，但不得主动发布任何命令。

十、香港地区日本官兵之善后处理，由英国海军少将哈考脱（Harcoert）规定之。

右令

日本官兵善后总联络部长冈村宁次大将

中国陆军总司令陆军一级上将何应钦

《中国战区受降始末》，第 220—221 页

何应钦召见冈村宁次谈话记录

1945 年 9 月 10 日

总司令何召见冈村宁次将军谈话记录：

一、时间：三十四年九月十日上午八时三十分至九时三十五分。

二、地点、中国陆军总司令部。

三、出席人员：

总司令、萧参谋长、麦克鲁将军（美军作战司令）、钮处长先铭、王科长武、陈科长昭凯、陈参谋桂华，冈村宁次大将、今井武夫少将、小笠原清中佐、木村辰男翻员。

四、谈话内容：

总司令：

一、我知道你的责任非常重大，因为日本在中国战区内，一百数十万官兵，及数十万侨民，其生命之保障，及一切善后问题之解决，责任均在你肩上。所以希望你今后善能自处，只要你能切实服从我的命令，遵照我方各种规定，相信完成你一切善后任务甚为容易。

二、你为完成本身任务所顾虑到的几件事，我决定依照下面所说的原则办理：

1. 关于自卫武器：我认为在安全地区，可以不必留自卫武器。在有借用自卫武器必要地方，可以借给极少数之步枪。

2. 关于粮食：你们现存的粮食，准许你们自用。但我方要派员检查监视，以免浪费。你们存粮用完后，我方届时当另筹拨补给。

3. 关于运输：闻你们国内尚有廿七万吨船只，但须作日本国内运输之用，不能调来。所以将来你们一百数十万人回国时所需船只，我可负责向我盟邦美国要求拨用，使你们早日返日。

4. 关于日本在华技术人员：拟斟酌情形，予以征用。

三、现在及今后东亚局势，必须中国统一强大，世界永久和平，始有希望。故日军一切武器、器材，必须完整缴交我所指定之部队长官。切勿损坏散失，及落于匪手，致扰乱地方。

四、我所规定缴械办法，是先集中在一个地区，然后缴存于指定仓库，这都是为日军实施上的便利而定的。

五、我军空运到各地的部队，抵达目的地后，需用车辆较多。你们所有车辆，必须全部先行交出。至你们担任连络之高级军官所用少数乘车，我可酌予暂准借用。

六、在中国内地各处日本飞机，应先完全交出。日方所需通信联络用飞机，我已批准留给五架。

七、所有日方交通通信，均由我方接管。尔后你们通信，不能再用密码。

八、据报：现在你们尚使用一部分中国人代做苦工，此项工人，应即释放。

九、此后规定命令系统，我各战区长官、各方面军司令官，可下令于日军各方面司令官，及军长。至于我各战区长官，及方面军司令官以下之指挥官，当以我高一级的军官下令于日军低一级的军官。

十、关于你所提出之舰艇船舶的资料太不够，应迅速提出详细报告。

十一、关于以后日本官兵，希望严守我之命令，不应发生受惩罚事情。万一发生时，处置办法分左列三种：

1. 凡犯中国陆军惩罚令者，交你们自行处罚。

2. 犯情轻者，令你们交出，由我方处罚。

3. 犯情重者，由我径行惩罚。即凡属刑法范围者，应完全由我方办理。因为你们自九月九日起已无军法权。

十二、本人有军字第一号命令给你，此命令本来是昨夜已办好的。因知你今晨来见，故留待你来交给你。

冈村宁次：

一、刚才总司令所示各项，都已完全了解。

二、关于第三点日军武器移交问题，事实上须要向总司令说明。前（八）月十八日我已规定办法，通令各部队实施。即在中国大陆之日军武器，完全缴交中国中央政府，决不交与其他任何地方部队。此系在今井总参谋副长去芷江之前，即已规定。当时并未奉蒋委员长命令，我方已下令实施。

三、关于解除武器问题，我已完全了解。所谓地域安全，及非安全，谅无问题。但实际为维持日军纪律，若无少许武器，则必有一部日军指挥官不能维持良好纪律，敝人意见，将武器全部缴交贵方，但日军在未归国之前，借用一小部分轻兵器，以为保持日军之军纪，及秩序。此点，可否按照香港英军对日军接收办法处理之。（总司令答复：饬将香港方面英军对日军接收办法抄送本部参考，再行决定通知。）

四、关于日军粮食，及运输问题，备承总司令关照，非常感激。以后一切当遵从总司令指示实行。

五、关于技术人员征用问题，如有规定，当遵命办理。

六、关于汽车，及连络用飞机，蒙准使用，十分感激。

七、关于传达命令问题，为求避免日军官兵因受精神刺激而致逃散，成为土匪游民计，各区连络部拟请仍由卑人担任连系，使彻底奉行总司令之命令，俾在返国之前，不致有不幸事件发生。

八、关于通信使用各种密码本，当遵命呈送贵总部。

《第二次世界大战中国战区受降纪实》，第 145—148 页

中国陆军总司令部命令（军字第二号）

南京，1945 年 9 月 10 日

（一）日本驻华舰队及越南北纬十六度以北地区（香港除外），暨台湾、澎湖列岛日本舰队之舰船、兵器、器材，一切基地设备及基地守备队、陆战队暨一切其他附属设备等，兹派定中国海军总司令部参谋长、

海军中将曾以鼎负责统一接收。

（二）各海岸及岛〔屿〕之基地，仍由中国各受降主官派兵接替守备。

上二项希转饬福田良三海军中将遵照。

右令

中国战区日本官兵善后总连络部长官冈村宁次大将

　中国陆军总司令陆军一级上将何应钦

《第二次世界大战中国战区受降纪实》，第 153 页

中国陆军总司令部命令（军字第八号）

南京，1945 年 9 月 12 日

本部已令海军总司令部参谋长曾以鼎中将接收京沪汉长江区域内之伪海军，希即知照。

右令

中国战区日本官兵善后总连络部长官冈村宁次大将

　中国陆军总司令陆军一级上将何应钦

《第二次世界大战中国战区受降纪实》，第 157 页

中国陆军总司令部命令（军字第九号）

南京，1945 年 9 月（？）日

兹规定各地区日军投降时应注意事项如左：

（一）各受降地区对日军投降不举行仪式，除台湾（含澎湖列岛）及越南北部外可由本部中字第二十号备忘录所指定之各受降主官以命令，或训令，径会各该地区日军代表投降部队长签具受领证。（二）关于日军撤退及收缴武器步骤：一、各地区接收部队到达后，日军应先将防区交由各受降主官所指定之部队接收，并即向本部中字第二十一号备忘录所指定之集结地区分别集中，但在各防区内原有日军被服、武器、燃料等仓库不得移动，应予封存并呈出表册，暂由各该区受降主官

派员会同军政部所派特派员接收保管。二、日军到达指定地点后,由各受降主官指定仓库,饬令日军将所有武器、器材分别自行封存于指定之仓库,并由受降主官派员会同军政部所派特派员接收保管。三、缴械后日本徒手官兵由受降主官饬令分别集中于水陆交通要点,待命开往沿海各港口,以便遣送回国(开拔时间及集中海港地点另令规定)。四、日军缴械时,可准每步兵中队暂借步枪十支,其他特种部队,准每中队暂借步枪六支,每步枪一支,准配带步弹五十发,待集中海港后,或上船时,悉数缴还。其余所有武器、器材,均应一律收缴。军官及下士官之军刀属私人所购者,另行指示暂不收缴。五、日本官兵回国确期,因所需船舶数量过大,暂难决定,应作渡过冬季之准备,准予留用冬季被服。六、在日本官兵集中地区内之粮食仓库,准暂缓接收,但须由各受降主官派员监视,按国军给养定量每人每日二十五市两,照实有人数查考登记。缴械后日本官兵之给养,即由各受降主官指定兵站予以补给副食,与我方当地官兵同。

　　以上各项除电各地受降主官遵照外,希即遵照,并转饬遵照为要。此令。

　　右令

中国战区日本官兵善后总连络部长官冈村宁次大将

　　中国陆军总司令陆军一级上将何应钦

《第二次世界大战中国战区受降纪实》,第157—158页

4. 台湾受降

中国陆军总司令部致冈村宁次备忘录

1945 年 8 月 26 日

中国战区中国陆军总司令部备忘录中字十二号

日期:中华民国三十四年八月廿六日。

致驻华日军最高指挥官冈村宁次将军。

由中国战区中国陆军总司令部。

一、本总司令中字第一号备忘录第二项规定；台湾及越南北纬十六度以北地区内之日本陆海空军，及其辅助部队，应由贵官负责指挥向本总司令投降。

二、刻本总司令又奉命接收澎湖列岛之日本陆海空军，及其辅助部队之投降，此地区内之日军，亦应由贵官负责指挥向本总司令投降。

三、希贵官立即召集越南北纬十六度以北，及台湾澎湖之日军最高指挥，或其全权代表，暨驻在上述地区与驻在中国之海军最高指挥，或其全权代表，于九月二日以前齐集南京，准备与贵官同时参加签字，并接受本总司令之命令。

中国战区中国陆军总司令陆军一级上将何应钦

本备忘录交本部副参谋长冷欣中将，带交冈村宁次将军。

《第二次世界大战中国战区受降纪实》，第 91 页

徐永昌致蒋介石电

1945 年 8 月 28 日

奉总长何未漾天松电节开："据派员访晤今井谈称：日军系统台湾、越南各有其最高指挥官，又海军各不受陆军指挥，现冈村仅代表驻华陆军，对海军及台越陆军之投降，实施上不无困难。"等因，除承办电令何总司令通知冈村速报日政府转饬海军及台越陆军方面派员向何总司令办理投降事宜外，关于我方应派遣接收敌海军及台湾、越南受降之人员，拟请钧座予指定发表，俾资派往南京参加签字，而便分别进行受降接收事宜。上拟是否有当？恭请鉴核示遵。谨呈委员长蒋。

拟办：接收越南代表拟饬洽商何总司令核派；接收台湾代表拟饬洽商陈长官仪；接收海军代表拟饬洽商军政部与陈厚甫核派。

蒋委员长批示：如拟。中正。8 月 30 日。

《光复台湾之筹划与受降接受》，第 184 页

中国陆军总司令部致冈村宁次备忘录
1945 年 9 月 3 日

中国战区中国陆军总司令部备忘录中字第十八号

日期：中华民国三十四年九月三日。

致驻华日军最高指挥官冈村宁次将军。

由中国战区中国陆军总司令部。

事由：

一、本总司令部中字第十二号备忘录计达。

二、奉中国战区最高统帅蒋委员长命令，派陈仪将军为台湾及澎湖列岛受降主官。

三、关于受降日期及详细规定另行电知，希贵官查照，并转台湾及澎湖列岛日军最高指挥官知照。

中国战区中国陆军总司令陆军一级上将何应钦

本备忘录由便机带南京交本部派驻南京前进指挥所主任冷欣中将，转致冈村宁次将军。

《第二次世界大战中国战区受降纪实》，第 97 页

冈村宁次致何应钦复文
1945 年 9 月 8 日

支总涉第九号　昭和二十年九月八日

关于备忘录中字第十八号之答复：

一、敬悉。贵意已向台湾传达去讫。

二、鉴于台湾本在特殊之状况，故希速派陈仪将军前进台湾，切实处理，俾能适应实情为盼。

《第二次世界大战中国战区受降纪实》，第 112 页

中国陆军总司令部命令（军补字第3号）

南京，1945年9月13日

在中国战区（东三省除外）、越南北纬十六度以北地区及台湾、澎湖列岛地区之日本航空、陆军航空、海军航空（除艇上机）、民航（即商航）各部门及一切配属设施，已令空军第一路司令张廷孟负责接收，凡接收人员已经到达者，着自即日起开始交接，但地面警卫任务在中国警卫部队未充分到达前，仍由原部队负责警务，尔后依中国地面警卫部队到达之后受当地中国空军地区司令之指示，再依次交接该项地面警卫任务，除分令张司令遵照外，仰即转饬遵办为要。

右令

中国战区日本官兵善后总连络部长官冈村宁次大将

中国陆军总司令陆军一级上将何应钦

《光复台湾之筹划与受降接受》，第190页

中国陆军总司令部命令（军字第16号）

南京，1945年9月16日

兹派空军中校张柏爵为台湾南部第二十二地区空军司令，空军中校林文奎为台湾北部二十三地区空军司令，希即知照并转台湾地区日本官兵善后连络部长及当地空军负责人知照。

右令

中国战区日本官兵善后总连络部长官冈村宁次大将

中国陆军总司令陆军一级上将何应钦

《光复台湾之筹划与受降接受》，第191页

中国陆军总司令部命令（军字第38号）

南京，1945年10月4日

台湾行政长官公署前进指挥所主任葛敬恩中将、副主任范诵尧少

将,率职员、士兵共约六十员名,定于 10 月 5 日至 8 日径飞台北,希立即转饬安藤利吉大将知照。

右令

中国战区日本官兵善后连络部长官冈村宁次大将

中国陆军总司令陆军一级上将何应钦

《光复台湾之筹划与受降接受》,第 193 页

陈仪呈请发给特支费报告
1945 年 10 月 5 日

本部即将前往接收台湾,特殊支出相当浩繁,拟悉准予按月发给特支费若干,事后检据实报实销可否?乞核示。

拟办:此案曾奉钧批"究需几何"等因,兹经饬据后称,拟请一次发给特支费一百万元事后实报实销等语。拟准照发。

蒋委员长:照准。中正。

《光复台湾之筹划与受降接受》,第 194 页

中国陆军总司令部命令(军字第 39 号)
南京,1945 年 10 月 5 日

驻福州总兵第四团第五连连长何承先率该连官兵一百零六员名,于 10 月 8 日出福州乘帆船赴台北,希转饬台湾连络部长安藤利吉大将知照,并予协助为要。

右令

中国战区日本官兵善后总连络部长官冈村宁次大将

中国陆军总司令陆军一级上将何应钦

《光复台湾之筹划与受降接受》,第 194 页

葛敬恩①告台湾同胞书

1945 年 10 月 7 日

　　葛敬恩于 10 月 5 日率领幕僚人员八十余人飞抵台北,于连日接洽要公之外,为向台胞宣扬中央德意起见,于 7 日下午 8 时半发表告台湾同胞书。

　　台湾同胞:本人奉命前来台湾,成立前进指挥所,以备忘录递交台湾总督,所负主要任务是注意日方实施情形,调查一般状况,并准备接收工作,以待国军及行政长官陈仪上将前来履新。本人本月 5 日率领第一批文武人员自陪都出发,当天便安然到达这别离祖国怀抱 50 年来的台湾首府——台北,受到同胞们的热烈欢迎,使本人感到非常荣幸,非常愉快。尤其可慰的是目睹此间同胞那种亲爱融洽的精神,与祖国各地毫无差别,益使本人深信同胞之间纵然经过长时间的别离,但是那种天然的手足之爱,是绝对无法磨减的。我们在祖国的时候,对于台湾同胞的生活状况,时时刻刻在怀念着,不但我们同人在怀念着,即我们的最高领袖蒋主席、我们的政府以及我们全国的同胞,也都是在怀念着各位过去所受的痛苦,尤其在战争期间所受的一切牺牲。我们同情各位过去之遭遇,更关心各位的生活,我们怀念各位如同怀念自己的兄弟姊妹一样。本人今天愿意代表全体国人向各位致最诚挚的慰问之意。

　　现在我们指挥所同人初到此地,一切情形皆不熟习,在处置上难免有挂一漏万之地方,务请各位父老免除客气,随时随地告诉我们,使我们同人能终真正达到为民众谋一福利,为国家立基业的使命。因为我们少数同人,事实上耳目难周,惟有希望台胞们起来共同努力,才能迅速完成我们的任务。此外本人还要奉告各位同胞,我们的军队就是久经战事而又征调频烦的忠勇将士,不久就要开到台湾了,这些部队都是辗转备战经过数千里而来的,外表上虽不免感到辛苦,但精神上却异常健旺,他们开到之后,本人相信必能做到军民合作,融洽无间的地步,并

---

　　① 台湾行政长官公署秘书长兼台湾警备总司令部前进指挥所主任。

且一俟军队开到，我们的行政长官陈仪上将也将随时莅临，与各位相见，届时一切政务以及接收事宜，便可全面展开，这是我们乐于告慰各位的。

至于现在台湾的 60 万日本军民，本人也有一点感想，回顾过去彼此处于敌对状态之下，双方当然抱有仇视心理，今天日本既已幡然觉悟，放下武器，我们站在君子爱人以德的立场上，惟有真诚的希望他们彻底民主化，日本的军人都来自民间，他们必然也能感到实施民主的必要。就台湾现时现地而论，我们一方面愿望日本军人深明大义，遵照命令办事，一方面更望台湾同胞保持大国民风度，避免轻举妄动，我们千万要记住，抗战虽已成功，建国尚待努力，今后必须急起直追，须知我们的一切力量，不能再有一份浪费，我们所有的一切时间，不能再有一丝虚掷，本人愿率领指挥所同人，与全体同胞共向此项目标努力迈进。

《光复台湾之筹划与受降接受》，第 196—197 页

陈仪正式宣布日本投降广播词

1945 年 10 月 25 日

本人奉中国陆军总司令何转奉中国战区最高统帅蒋之命令，为台湾受降主管。此次受降典礼，经于中华民国 1945 年 10 月 25 日上午 10 时，在台北市中山堂举行，均已顺利完成。从今天起，台湾及澎湖列岛，已正式重入中国版图，所有一切土地、人民、政事皆已置于中华民国国民政府主权之下，这种具有历史意义的事实，本人特报告给中国全体同胞，及全世界周知。现在台湾业已光复，我们应该感谢历来为光复台湾而牺牲的革命先烈，及此次抗战的将士，并应感谢协助我们光复台湾的同盟国家，而尤应该教我们衷心铭感不忘的，是创导中国国民革命运动的国父孙先生，及继承国父遗志完成革命大业的蒋主席。

《光复台湾之筹划与受降接受》，第 201—202 页

陈仪致安藤利吉第一号命令

1945 年 10 月 25 日

一、日本驻华派遣军总司令官冈村宁次大将,已遵日本帝国政府及日本帝国大本营之命令,率领在中国(东三省除外)、越南北纬十六度以北,及台湾、澎湖列岛之日本陆海空军于中华民国三十四年九月九日,在南京签具降书,向中国战区最高统帅特级上将蒋中正特派代表中国陆军总司令一级上将何应钦无条件投降。

二、遵照中国战区最高统帅兼中华民国国民政府主席蒋及何总司令命令,及何总司令致冈村宁次大将中字各项备忘录,指定本官及本官所指定之部队及行政人员,接受台湾、澎湖列岛地区日本陆海空军,及其辅助部队之投降,并接收台湾、澎湖列岛之领土、人民、治权、军政设施及资产。

三、贵官自接奉本命令之后,所有台湾总督及第十方面军司令官等职衔一律取消,即改称台湾地区日本官兵善后连络部长,受本官之指挥,对所属行政军事等一切机关部队人员,除传达本官之命令、训令、规定、指示外,不得发布任何命令。贵属对本官所指定之部队长官及接收官员,亦仅能执行传达其命令、规定、指示,不得擅自处理一切。

四、自受令之日起,贵官本身,并通饬所属一切行政、军事等机关部队人员,立即开始迅速准备随时候令交代。倘发现有报告不实及盗卖、隐匿、损毁、沉灭移交之物质和文件者,决于究办治罪。

五、以前发致贵官之各号备忘录及前进指挥所葛敬恩主任所发之文件,统作为本官之命令,须确实遵行,并饬属一体确实遵行。

《光复台湾之筹划与受降接受》,第 202—203 页

安藤利吉签具之受领证

1945 年 10 月 25 日

今收到中国战区台湾省行政长官兼警备总司令署部第一号命令一份,当遵照执行,并立即转达所属及代表各政治、军事机关及部队之各

级官长士兵遵照,对于本命令及以后之一切命令、规定或指示,本官及所属与所代表之各机关部队之全体官兵,均负有完全执行之责任。

日本台湾总督兼第十方面军司令官陆军大将安藤利吉

中华民国三十四年十月二十五日,即日本昭和二十年同月同日于台北公会堂。

《光复台湾之筹划与受降接受》,第 203 页

陈仪在庆祝光复大会上的致词

1945 年 10 月 25 日

今天是本人到台第二日,能以参加此一盛会,真是十分高兴。此一庆祝大会,在中华民国历史上实具有重大之意义,与一般庆祝会完全不同,所以不但是本人,就是在场的诸位,对这个庆祝大会,应该都有特别的感想,今天因限于时间,我不想多讲话,我觉得大家要注意的是台湾的光复,并不是偶然的,所以在庆祝台湾光复的今天,大家要明白台湾的光复,是曾经付出过巨大的代价,曾经有过重大的牺牲,我们必须要记念,并感谢为光复台湾而曾经付出代价,而已经牺牲的无数人们。因为没有他们,台湾是不会有今天的,如果没有国父领导许多同志提倡三民主义,实行革命,如果没有蒋主席的领导全国八年抗战,如果没有盟国,特别是美国与我们共同作战,如果没有台湾同胞在五十年中,不断对日人的压迫予以反抗,而且牺牲身家性命,诸位想想,台湾会光复?会有今天? 台湾今天是光复了,从今天起,所有驻扎台湾的日本陆、海、空军都要遵照我国政府的命令,彻底解除武装,所有日本在台湾的行政产业等机关,以及其它财产,都要很完整的移交我们中国政府,以待分别处理。在这个期间,日本官兵自然应该遵照中国最高统帅蒋委员长,及本长官之命令,忠实的完成其未了之任务,不得阳奉阴违。一般日本平民亦应自肃自戒,不得有违法之行为,否则,本长官当即依法处办。

至于我们一般官民军人,对于日本人,对于日本战争罪犯,及不法奸徒,除静候我政府依法严办外,大家应该仰体蒋委员长"不以怨报

怨,而乐与为善"之大方针,拿中华民族固有的大国民风度,促其悔悟反省,不得有非法滋扰,或无理报复之越轨行为。否则,本长官查有实据,亦要予以法办。这一点,在这个过渡时期,是要大家特别注意遵守的。其次本人现在要特别提出的,是到台的文武官员士兵不得使用法币,因台湾另有一种币制,与国内不同,在台湾新币制尚未确定,及台币与法币的兑换率尚未规定以前,本人业已请准中央,台湾暂时还是使用台币,而不使用法币。现在到台的人已渐渐多了,也许有些人尚不知道这种办法,所以我今天特别加以说明。我们到台的一切文武官员士兵决不许使用法币,如有强迫使用情事,不但希望人民不予收受,同时希望人民随时报告行政长官公署,本人必定予以法办。这一点,希望到台的文武官员士兵切实遵守。今天台湾是光复了,每个为求达成无数为光复台湾而付出代价,而牺牲生命的人们之期望,为能使全体台胞解除五十年受压迫之痛苦,而能享受相当之福利,为使台湾能成为三民主义之新台湾,对内足以告慰全国人民,对外足以对得起盟国之协助与愿望,我们需要继续不断的努力。我们此后的工作是很艰巨的,我希望全台同胞必须重视这光复台湾的价值,一心一意,为三民主义努力,为建设新台湾努力。

《光复台湾之筹划与受降接受》,第304—305页

二、遣返日侨、日俘

说明:1943 年虽是第二次世界大战的转折之年,但 1944 年在中国战场上日军仍发动了豫湘桂战役,打通了从北平至广西的大陆交通线,因此在 1945 年 8 月 15 日日本宣布接受无条件投降时,日本分散在中国各地仍有 128 万军队和一百六七十万开拓团民、工商业者、间谍特务等所谓侨民。与之同时,无论是国民党军队还是中共军队在抗战胜利前夕仍主要在大后方和根据地,如何尽快接受日军的投降和集中管理日侨、日俘是一个非常重要的问题。国民政府制定了要求国民党军队加速推进受降和指示中共军队"原地待命"的受降计划,但中共军队已经开始主动要求并接受各根据地周边日军的受降工作。因此,无论是国民政府陆军总司令部制定《中国境内日本侨民集中营管理办法》,还是成立的战俘管理委员会,都不得不面对如何集中和遣返中共根据地内的日侨、日俘问题。在国共和谈的背景和国际社会的调处下,国共双方分别就各个根据地的集中、遣返日侨、日俘工作达成了协议,迅速将分散各地的日侨、日俘集中于几个地区的大城市和港口。如东北地区的日侨、日俘主要集中于沈阳、长春两地,山西、华北各地的日侨、日俘向北平、天津、秦皇岛集结,河南苏北地区的日侨、日俘集中于徐州、连云港,长沙、衡阳、安庆等地的日军先集中于武汉,后顺江而下集中于上海,华南地区的日军向广州集结。在日侨、日俘集中的过程中,以及在集中营内的生活供给主要依靠国民政府的救济和资助,国民政府为此付出了大量的资金和物资,故而也欲尽快将这些日侨、日俘遣返回国。在集中管理和遣返之际,一方面加强对日侨、日俘的再教育,努力根除其军国主义思想,加强民主化教育;另一方面,加强对遣返日侨、日俘的检查、监督,并在美国运兵船的帮助下分批次从葫芦岛、青岛、连云港、上海、广州等地陆续遣返。但是，由于当时交通运输能力有限，以及解放战争爆发，国民政府一方面分批次遣返日侨、日俘，另一方面征用日籍专业技术人员服务于国民政府的经济建设和反共战争。尤其是一些地方实力派借助受降的机会，迎合部分日本帝国主义顽固分子的残留愿望和要求，改编和接收了一部分日侨、日俘为己所用。这部分残留的日侨、日俘，在解放战争时期被人民解放军消灭或俘虏，战争胜利后或被遣返回国，或因侵略战争罪行受到中华人民共和国军事法庭的审判，并在被新中国改造后遣返日本。

本章主要资料来源：

中国第二历史档案馆藏外交部档案、行政院档案

北京市档案馆藏遣返日侨、日俘的档案

天津市档案馆、辽宁省档案馆、吉林省档案馆、南京市档案馆等藏各地日侨遣返档案

《人民日报》1946 年、1947 年、1949 年

张志坤、关亚新关于遣返日侨、日俘的调查、采访记录

中国国民党中央委员会党史委员会编，秦孝仪主编：《中华民国重要史料初编——对日抗战时期》第七编《战后中国》第 4 册，台北"中央"文物供应社，1981 年

中国第二历史档案馆编：《第二次世界大战中国战区受降纪实》，中共党史资料出版社，1989 年

山西省档案馆编著：《二战后侵华日军"山西残留"——历史真实与档案征引》（全三卷），山西人民出版社，2007 年

朱汇森、简笙簧、何凤娇编：《政府接收台湾史料汇编》，台北："国史馆"，1990 年。

注：

1. 关于东北地区遣返日侨、日俘的资料，除中国第二历史档案馆的资料外，主要来自于张志坤、关亚新的调查、采访和论著。

2. 北平市遣返日侨、日俘的资料，主要是北京市档案馆的档案，这

部分资料由河南理工大学的米卫娜提供。

　3.关于通过天津市遣返日侨、日俘的资料,主要是天津市档案馆的档案,这部分资料由天津大学的渠占辉教授提供。

　4.关于山西残留日侨、日俘的档案资料,主要来自于山西省档案馆编著《二战后侵华日军"山西残留"——历史真实与档案征引》(全三卷)。该书主编孔繁芝研究员向笔者提供了帮助,在此一并致谢。

(一)遣返日侨、日俘方针

　说明:1945 年 8 月 15 日,蒋介石在日本宣布接受盟国的无条件投降要求后,发表了著名的以德报怨讲话,提出只以日本黩武的军阀为敌,不以日本人民为敌,本着"不念旧恶"和"与人为善"的传统民族美德,重新建立被日本军阀破坏的中日关系。正是在此基础上,国民政府对于抗战胜利后滞留中国的大批日侨、日俘进行集中管理、妥善安置生活和陆续遣返日本。日本宣布无条件投降之际,在中国大陆的日军、日侨近 300 万人,主要分布在东北地区、平津山西地区、济南青岛山东地区、河南苏北地区、长沙武汉华中地区、华南地区等地。1945 年 9 月 30 日,中国陆军总司令部颁布了《中国境内日本侨民集中营管理办法》,设置了中国陆军总司令部战俘管理委员会,负责中国境内各战区日侨、日俘的集中、管理、审查、教育、遣返等具体工作。1946 年 1 月 12 日,蒋介石亲自发出杜绝日侨、日俘逃匿和扰民的电令,加强日侨、日俘的集中管理和遣返工作。美国大使馆也为此照会中国政府,希望加快遣返日侨、日俘的工作,但由于在华日侨、日俘数量庞大而当时的交通运输能力相对有限,加之国民政府和各地实力派征用部分日籍技术人员,从而使遣返日侨、日俘工作一直延续至国民政府败退台湾。

蒋介石以德报怨讲话

1945 年 8 月 15 日

1945 年 8 月 15 日上午 10 时,中国国民政府在重庆迅速地对国内外发表"以德报怨"的广播讲话:

……我们对于显现在我们面前的世界和平,要感谢我们全国抗战以来忠勇牺牲的军民先烈,要感谢我们为正义和平而共同作战的盟友,尤其感谢我们国父辛苦艰难领导我们革命的正确途径,使我们得有今日胜利的一天。而全世界的基督徒更要一致感谢公正而仁慈的上帝。……我中国同胞们须知"不念旧恶"及"与人为善"为我民族传统至高至贵的德性。我们一贯声言,只认日本黩武的军阀为敌,不以日本的人民为敌。今天,敌军已被我们联盟共同打倒了,我们当然要严密责成他忠实执行所有的投降条款,但是我们并不要企图报复,更不可对敌国无辜人民加以侮辱,我们只有对他们为他们的纳粹军阀所愚弄所压迫而表示怜悯,使他们能自拔于错误与罪恶,要知道,如果以暴行答复敌人从前的暴行,以奴辱来答复他们从前错误的优越感,则冤冤相报,永无终止,决不是我们仁义之师的目的。这是我们每一个军民同胞今天所应该特别注意的。……

《大公报》1945 年 8 月 16 日

中国境内日侨集中管理办法(节录)

1945 年 9 月 30 日

中国陆军总司令部

……

第一条:凡散处于中国境内(东三省在外)之各地日侨,应均由各该地区中国陆军受降主官指定区域集中,交由当地省市政府管理。

第二条:日侨之集中,由各地区中国陆军受降主官,命令各该地区日本官兵善后联络部长造具名册,并分别通知遵照集中。

第三条:奉命集中之日侨,其日常生活必需之物品,如衣履、寝具、炊具、盆洗具及其原有之粮食,准予携带。其私有物品,如手表、笔墨、图书(与作战行为无关者),准予携带。其私有款项,每人准带中国法币五千元(如系伪币照中国政府所定比率折算)。其不准携带或不能携带之物品,一律点交当地省市政府暂予封存。其不准携带之款项(包含中国、日本及其国家之各种钱币与金银、金饰、宝石等)与有价值之货品一律自行存入中国政府银行,作为将来赔款之一部,但纪念用饰物除外。

第八条:每一日本侨民集中居住区域,设一日本侨民集中管理所,如一地有数所集中居住区域者,即以数字区别之。

第九条:日本侨民集中管理所设所长一人,其下视日本侨民集中人数之多寡、事务之繁简,设办事员若干人,以由省市政府派出为原则。

第十条:日本侨民集中管理所之劳役、杂役,均由管理所长分配并指挥日侨担任之。

第十二条:(日侨)其对外通信应受检查,其行动亦受监视,但准许日侨家属聚居一起,并准许日侨内部自行成立一种自治组织,藉使管理臻于便利。

第十五条:集中管理所应对日侨施以民主政治,消除帝国主义之教育。

……

《中国战区中国陆军总司令部处理日本投降文件汇编》下卷,第177—179页

战俘管理计划纲要草案

1. 为负责管理训导战俘起见,特于军事委员会之下设置战俘管理委员会,由军政部、政治部、军令部共同组织之,专负设计之责(以下简称管委会)。

2. 于中国陆军总司令部,设中国陆军总司令部战俘管理委员会,由中国陆军总部代表二人,总部政治部代表二人,总部后勤司令部代表二人组成之,受军事委员会战俘管理委员会之指导员督导实施之责。

3.（1）如战区司令长官部（方面军司令部），设置战俘管理处，受中国陆军总司令部战俘管理委员会之指导员实施管理之责。

（2）各战俘管理处，得依战俘集中情形设置若干管理所。

（3）不属于战区（方面军）之地区，如不能并入附近战区（方面军）时，得另行成立管理处。

4.各管理处之服务人员，由负责首长尽先选派明了日本情形，而通日本语文之优秀军官，及优秀政工人员担任之。

5.为使战俘均能表现其降服诚意起见，各管理处之服务人员，应达到下列所期之目的：

（1）日俘各种军事记载之供给与获得。

（2）日方重要文献之呈缴与搜集。

（3）专业人才之调查与登记。

（4）逮捕藏匿之战争罪犯，及必要予以分别拘留之人员。

（5）调查研究日本各种秘密组织，及其他各种问题。

6.参加此项服务之人员，应具备高尚之人格修养，及管理技术。其应注意之事项如下：

（1）与战俘之接触，必为公事，并须态度端庄，言行客气。在任何情形之下，绝对不容有私人间之好友行为。

（2）与战俘接触之宪兵，必要人员，应予以特别训练，使之不卑不亢，既不粗鲁傲慢对人，亦不任人表现粗鲁傲慢行为。

（3）凡给拟卫生操，及一切生活，应力求合理，并可选择投降日军之优秀份子自行办理管理之。

7.为使战俘均能觉悟起见，各管理处除原有管教人员随时施教外，应聘请中文学者名流讲演，使其明了：

（1）日本军阀穷兵黩武之错误，及战败之原因。

（2）日本军阀对此次战争应负之责任。

（3）盟国为正义和平作战之意义。

（4）三民主义与领袖之伟大。

（5）联合国宪章及民主政治思想。

（6）揭破日本神权伪造历史观念，（受）〔授〕以实在历史。

各管理处应设置各种书报杂志，以供阅览，使其了解同盟国之一般政策。教育计划另定之。

8. 各管理处服务人员之薪给，均依照国军官兵待遇。

9. 战俘之食物，照当地国军士兵现行给予，发给主副食品。其冬季服装，如就所存之原有数量不敷利用时，得酌量补充之。

10. 各管理处之经费，由军政部编列"预算呈请政府支付，在未核定前，先由军政部垫付"。

11. 战俘管理委员会，及管理处组织规程，另定之。

12. 本纲要于战俘扫数遣送返国前适用之。

《第二次世界大战中国战区受降纪实》，第 468 页

论日俘日侨之再教育

在华日侨，正如郑振铎先生所说的，他们"每一个国民，乃至每一个小学生，无不灌满了军国主义式的教育。每一个日本人都是军人，每一个日本商人，都是特务人员，甚至每一个日本妓女，也都是女间谍"（见《日本国民之再教育》）。所以，日侨和日俘在性质上虽似乎是两种人物，而从他们本质地看来，实在都是军国主义的工具。也因为这，所以当我们注意日俘问题的时候，同时也不能放弃了日侨问题。

这四五百万的日本侵略主义的急先锋，停留在中国当须经过一个很长的时期，或则一年二年，至少也得六七个月。即使他们非常驯良的生活着，不再发生什么乱子，可是我们却非得考虑一个重大的问题：让他们单纯地过度着一种俘虏的生活呢？还是我们在这有限的时期中，尽可能地使他们的头脑来一点改造？我们现在既不欲实行报复主义来清算八年来的血账，那么我们就应得想到一个以后的问题，我们至少要和盟国统制日本所采取的同样步骤，即我们应得根绝他们的侵略思想，使他们以后不致再为东亚之患和人类之患。所以，关于这般日俘日侨

再教育,实是一种利人利己的事情,为他们也是为我们自己的事情。

问题是在教育的手段和方法。中国对于改造头脑所采取的手段,原来也以及存在过的,那就是近十数年来各处所设的反省院。

那么,我们究竟如何着手,才能收得再教育的效果呢?

第一,我们要设法清楚他们过去种种错误的成见。比如说,关于军事力量的优越感;关于日本文化的自大性。自傲如此,可以给他们知道许多事实,让他们从事理上获得认识,产生新观念出来。

第二,揭发他们一意奉行的军国主义所造成的罪行。关于这些,除了由他们亲手制造的这一部分人之外,其余的人是一向受蒙蔽的,现在我们特意要暴露给他们看,使他们知道许多闻所未闻惊心动魄的故事。

第三,再从生活方面入手,使他们参加种种民主的集体生活,解放他们的奴隶性,要他们自动地来矫正种种旧习惯,产生新观念。尽可能地让他们过着新的组织生活,使他们发生互相教育互相监督的作用。

方曦:《论日俘日侨之再教育》,《民众周刊》第一卷第八期,1945 年 11 月

中国战区日本官兵总连络部关于遣送日兵日侨的叙谈资料
1945 年 12 月 9 日

叙谈资料　中华民国三十四年十二月九日　中国战区日本官兵总连络部

1. 关于迁回运输日本官兵日侨,辱蒙贵方恳切竭力格外照料,谨表深甚谢意。

2. 关于迅速实施迁回输送最易成为问题者,既如各位认识,即因石太路、陇海路、粤汉路以及扬子江之输送力量微弱仍系如何着刻在内地之官兵及日侨分别从速推进各乘船口岸之一事。

3. 先至于石太路方面,若按每日输送平均约 500 人,(按每二日开一列车)则将刻在山西地区之约 90,000 人,运抵天津方面尚需要六月,此种多数人员若纯配给塘沽(秦皇岛)LST 船则始能运完。

注:若以 LST 船 30 艘,按每日实施两次航运,则输送山西及平津保

地区共计 400,000 人,需要六月余。

因此,曩蒙钧部俯允,开始山西地区日侨约 35,000 人,患者及后方部队约 10,000 人,虽将其一部分业已运抵丰台,但顷奉孙长官连仲命令缓办输送仍刻进退维谷,甚感困惑。

又若如上揭由山西地区按每日着平均约 500 人,推进则除讲究加向山西地区运回空车辆等极端发挥石太路输送力量之措置外,并鉴于土匪实际情形,亦不予在平汉路北段之日本官兵过早缴械实属紧要事。然而孙长官连仲不但不肯允准运回空车辆并且命令平汉路北段沿路日本官兵即时缴械,仍我方复甚感困惑。

因此敬请照料,分别指令孙长官连仲、阎长官锡山、交通部以及其特派员如左列:

1. 应取消其阻止由山西地区输送之命令,仍以日侨患者、后方部队、其他官兵之序。次于石太路输送力量之可能范围克日尽速着其推进塘沽(秦皇岛)附近。

2. 应除由平津保地区从速向山西地区运回空车辆外,并努力极端加强石太路输送力量。

3. 至于平汉沿路北段及石太沿路东段,日本官兵之缴械及接收,应截至或国军加强或由山西地区之输送告竣为止缓办。

4. 陇海路方面,若按每日输送平均约 500 人,则着徐州迤西之约110,000 人推进连云港仓尚需要约七月之符,故若纯配给连云 LST 船 5 艘,则始能运完,且可能预料 LST 将近进港,但目前情形在连云港附近待机乘船之人员甚少。

注:若配 LST 船 5 艘,按每月 3 次航运,则输送河南徐海地区共计10,000 人,需要 7 月之符。

然而,敝方当将开始由河南地区运来时宿营给养问题,奉命缓办输送,但在连云附近既有准备可能供应约 10,000 人之宿营设施,若压缩则可能收容 15,000 人……。

鉴于土匪实际情形,亦河南地区需要比徐州地区较先推进连云港

附近,仍敬请照料,分别指令各第一、第五、第十战区长官、交通部以及其特派员如左列:

1.应着河南地区官兵及日侨于连云附近宿营能力可能范围从速推进连云附近。

2.应将目前使用于津浦路等之机车以及空车辆从速运回陇海路,以便极端加强陇海路输送力量。

……

5.于粤汉路方面从按每日输送平均约250人,(按每四日开一列车)尚输送长衡地区之约90,000人抵武昌,确需要满一年,实属输送上最大隘路。又冬季行军随伴种种困难问题,仍应避免之。

因此,敬请照料,分别指令第四方面军司令官第六战区长官、铁道及船舶输送有关机关如左列:

1.应极端利用粤汉路及小船舶从速输送长衡地区官兵抵武昌附近。

……

6.于扬子江方面可能判断中国船舶输送力量按每日可能输送平均约500人之符,仍若输送安庆地区迤西之约340,000人,则略需要二年,因此,敬请照料努力着。美军LST船等溯航抵汉口、长沙等口岸,但因扬子江水位关系,LST船迄三月上旬可能航抵芜湖,迄三月中旬可能航抵安庆,迄三月下旬可能航抵汉口。自四月上旬以还,可能航抵长沙,故敬请照料,一面努力着LST以外之美军小舟艇溯航,一面分别指令各第六、第九、第三、第十战区长官第三方面军司令官以及扬子江内船舶输送有关机关从速利用中国方面各种船舶开始输送,将九江及武汉地区官兵日侨抵上海,并将安庆地区官兵日侨运抵南京。再敝方截至还都以前为止,拟将可能多数南京日侨运回本土,仍敬请照料,一面努力尽速着LST船溯航抵南京,一面指令有关机关利用京沪路从速运抵上海。

……

情形既如上揭,故由衣粮问题观察,亦其一面促进由内地方面输送,一面从速集积所需最少量粮秣均属必需事宜,以下详细述及各地区如左列:

(1)山西津保地区　甲、山西地区已于十月底略销罄仍目前尽量敷衍能自足,但鉴于该地区粮食情形仍困难实施现地补给,故必须从速将官兵日侨运往平津保地区,以便减轻该地区负担。乙、平津保地区亦于十月月底略销罄,但自十一月以 LST 船逐渐开始复员输送,故发生若干余裕,虽可能临时收纳由山西地区运来之人员,但若顾及将开始正式运输此种山西地区部队,则必须集积粮食按每月 4000 公吨(六月共计 24,000 公吨)。

(2)济南青岛地区　甲、济南地区于十月上旬略销罄,目前正敷衍自足。乙、青岛地区亦目前能自足,但该地区货物厂既由美军接收,不但被拒绝使用,并且其在库数量仅少,故不能不请须必将曾呈请之芜湖米 1,000 公吨由水路尽速追送。

(3)河南徐海地区　甲、河南地区于十月底销罄,目前尽量敷衍,以克支持。但鉴于铁路现况,必须尽速由徐海地区运来粮食。乙、徐海地区目前其存粮较多,故按其兵员额计,可能自供迄明年二月同时连云海州地区可能补给二万人二个月之符,仍开始自河南地区之输送亦无碍。

(4)长江地区　甲、南京、汉口、衡阳地区虽有若干参差,但其存粮既于十月底略销罄,目前敷衍而自足仍必须尽力促进由长江沿江内地之全面迁回输送(若可能则直放日本本土)。再汉口地区刻其冬季被服及毛布类未充足,虽已蒙允由上海、南京追送,但因输送力量不敷利用,未便送到,仍其本年越冬刻在可忧虑之情形下,兹敬请领导除促进输送,曾奉呈请份外,并饬令现地中国军勿行接收。乙、上海地区将于十二月底略销罄,嗣后应尽力敷衍,而讲究自活办法。但若开始 LST 船正式输送,则自发生若干余裕然而必须顾虑长江沿江内地兵员将滞留上海仍从速集积粮食约 20,000 公吨,但鉴于该地区特殊性可能收购此种数量。

(5)华南越北地区　华南越北地区因无内地运来之兵员仍不必需要集积粮食,但预料其现有粮食略于本年年底销罄,仍必须自明年起从速配船。

中国第二历史档案馆藏外交部档案

关于杜绝日侨日俘逃匿和扰民的电令
1946 年 1 月 12 日

蒋介石电令

……

(一)除负有特殊任务之日军人员由行营战区方面军指定办公地点,给予身份证明书并派宪警监视外,所有日俘日侨应一律拘禁敌伪集中营,不得在任何地区自由活动;

(二)日俘日侨应分别集中,并分别给予不同之臂章号码以资鉴别;

(三)凡未持有身份证明书或臂章号码之日俘日侨一律拘捕;

(四)从事秘密图谋之日方人员均予逮捕查照;

(五)准许日侨告发日本官兵之不法行为,并随时逮捕之;

……

(八)对日俘官兵应严加看管,勿使逃远以免滋扰平民;

……

《为奉委座电令规定日俘日侨管理办法》,天津市档案馆,J2—450

美国大使馆照会
——遣送日侨俘及留用日技术人员事
1946 年 7 月 6 日

中华民国外交部长王世杰阁下:

径启者,兹奉本国政府训令,饬将下列照会转达阁下。

查中国政府应负责自中国战区将日本缴械之日本官兵及其侨民遣

送回国一事,业经于 1945 年 10 月 25 日至 27 日在东京举行之遣送日人之联席会议通过在案。中国代表当时亦参预该项会议。为达成遣送之目的,以清除中国境内日人之势力,美国政府始终协助并将继续协助中国政府。盖此举乃符合《波茨坦宣言》之规定,且与贵我两国间始终无间之合作相贯彻。美国政府深以此项遣送大体上能完满进行(之)〔为〕欣慰。

中国政府当能同意,设若允许大多数日籍侨民留居中国,纵非全体,彼等可能秘密企图在当地规复日本之权势。尤其在日人占有优势之台湾、东北及华北若干地区,此项危险益为深巨。欲免是项危险,最安莫如将中国境内之日人遣送回国。然而,在另一方面,若干地区之中国主管当局,曾表示有继续征用若干日籍技术人员之必要。此等中国主管当局指称,由于日籍技术人员保有职务上及技术上之才能,而熟练之中国人员为数不敷以接替彼等之位置,彼辈日籍技术人员遂成为中国若干地区之经济生活及大众生计所必不可少。

美国政府始终认为,为遵守《波茨坦宣言》及免除中国境内日本恶势力可能复起之危险,所有在中国之日籍国民,均宜于最近遣送回国。姑不论中国政府可能有充分理由,主张暂时留用若干性质特殊之日侨。美国政府仍然认为有将大多数日侨包括所有自愿遣送者在内,尽速遣送回国之必要。美国政府并认为,准许留用者应仅限于若干赋有职务上或技术上之专长而中国一时无适当人才接充之日侨,且过去记录能证明彼等并不危害中国之和平与安全者。尤其是此等允许居留之专家,应能确切证明彼等并无所有主或重要之管理人地位,彼等在中国并无实际财产利益,亦未代表是项利益。同时,彼等并非极端军国主义会社之社员。

美国政府为使遣送日侨事从速完成,已经动用为数可观之美国船只及人员,此项供应势将自该项任务中撤离,因其已逾预计之需要也。当兹机构与设施当可利用之际,允宜尽力遣送最大多数之日人。美国政府深信中国政府对上述意见亦具同感。并趁此机会重申,保证愿以适当方法,协助中国政府执行遣送居住于中国之日侨回国之政策,并自亚洲大陆消灭危险的日本势力之残迹。

本代办顺向贵部长重表敬意。

此致

史麦斯

《二战后侵华日军"山西残留"——历史真实与档案征引》第一卷,第 556—558 页

(二)中国各地的日侨、日俘遣返进程

说明:根据蒋介石以德报怨的讲话精神,中国政府在战后日侨、日俘的集中管理、感化教育、遣返回国等方面做了大量工作。首先是日侨日俘的集中管理。当时,在东北地区的日侨、日俘主要向沈阳、长春等地集中,沿途所需费用和生活供应主要依靠国民政府的供给,尤其是在解放战争比较紧张的 1948 年,国民政府通过轮船和航空等方式加速遣返日侨、日俘和东北地区留用日籍技术人员的步伐。山西境内及平津地区的日侨、日俘逐渐向北平、天津等大城市集中,河南苏北的日侨、日俘逐渐向徐州、连云港等地集中,长沙、衡阳、华中地区的日侨、日俘主要向武汉集中,华南地区的日侨、日俘重点集中广州。集中管理只是遣返日侨、日俘的起步工作。其次是加强集中后的日侨、日俘的民主化教育。当时,南京、武汉、沈阳、长春等地的日侨、日俘集中营中,通过中国战区日本官兵善后联络机构聘请中方人员,讲解国际形势、日本军国主义的思想基础,举办宣传中日友好的讲座或中方管理人员的训话。最后是各地的分别遣返。如,东北地区主要通过葫芦岛遣返,而济南青岛地区的日侨、日俘主要是通过青岛港遣返,河南徐州地区的日侨、日俘通过连云港遣返回国,华中地区的日侨、日俘通过长江航运至上海港遣返,广州港则是华南地区日侨、日俘遣返的集结地。遣返开始前,国民政府规定了详细的遣返工作计划,编制了遣返的批次和人数,规定了遣

返日侨、日俘随身携带物品和禁带物品。需要指出的是,抗战胜利后的中共解放区内也有一定数量的日侨、日俘,故而在遣返日侨、日俘工作中,国民政府与中国共产党解放区政权进行协商,订立合作遣返日侨、日俘协议,虽然两者在遣返日侨、日俘工作中也有冲突和矛盾,但总体上保证了日侨、日俘遣返工作相对顺利地进行。

1. 东北地区日侨、日俘遣返

东北遣返日侨、日俘的几则报道

　　被日本军阀所遗弃的日本侨民,缺衣无食者,已经辽宁省政府收容,十二日,省府朱副主席,外事厅李厅长等,特前往慰问救济,先后经过五个收容所,每到一处,朱副主席、李厅长都寄以极大同情,并恳切的告诉他们:过去我们和日本打仗,为的是打倒日本军阀,而不是要打倒日本无辜的人民。我们知道,日本人民和下级士兵,和我们一样□受□他们——军阀们的残酷压迫。因此,对于你们,中国人民和人民的政府,不但不仇视,而且表示无限同情。应当记住,你们一切灾难,都是日本军阀所发动的侵略战争给你们的。中日人民要携起手来,彻底消灭日本法西斯残馀。我们的政府特设外事厅,你们的困难我们当尽量设法解决,现已经决定拨出五十万石救济粮。除讲话介绍外,并当场散发十万元救济金及被服等应用物品。日本侨民对这种伟大的同情和友谊,感动得痛哭流涕,他们今天才知道谁是真朋友谁是真敌人。当朱副主席、李厅长等告别时,听到一阵敬谢的掌声,无数的眼睛欢送他们。

　　　　　　　　　　　　　　　　　　《东北日报》1945 年 11 月 17 日

　　本市日侨俘遣送工作甚形紧张,昨日(15 日)约有 3000 日人集中北市场车站"昭和工厂"。

　　院内,下午 6 点,有 1500 人赴锦县转葫芦岛,上车前均经最严密检查,其余 1500 人则定明日出发,后日则有 3000 人离沈,每人准带 30 公斤衣物,及现钞5000元,贵重金属扣留。

《新报》1946年5月16日

18日难民A的余部和难民B的遣送第一阵,包括市内散住的日俘116名,被编成第5、第6两个大队,共3000余名,直到正午在沈阳总站前的收容所(原昭和工厂)集合,遣返者接受检查官的恳切检查后,编成大队在收容所院内广场集合,日侨总处(根本)副主任发表热诚的送别之辞,并"祝诸位健康地回国"。第5大队长发表了告别辞后,各自在被编成的站台乘上火车。午后7点半在沈阳站出发,迈出返回怀念的祖国的第一步。这天,日管李、刘正副处长,在繁忙的公务中,前往车站视察督促指导遣送工作,特别指出,天气热,饮用水困难,必须注意站台上的饮用水,给予温情的关爱。

《东北导报》(沈阳)1946年5月20日

(6月)9日午后6时集结,10日午前出发:第47大队(北陵东部第2队1061),第48大队(北陵东部第5队898),第49大队(北陵东部第1队1013)。10日午前10时集结,同日午后出发:第50大队(北陵东部第4队993),第51大队(北陵东部第3队1044),第52大队(北陵东部第6队706)。10日午后6时集结,11日午前出发:第53大队(铁西第5队1065准难民),第54大队(铁西第4队1107准难民),第55大队(铁西第1队1317准难民)。11日午前10时集结,同日午后出发:第56大队(铁西第2队1157准难民),第57大队(铁西第3队1157准难民),第58大队(砂山1307)。

《东北导报》(沈阳)1946年6月9日

南京国民政府行政院为贯彻对待日侨之宽大政策,业经批准由美军联络组转达日本政府之请求,借拨东北日侨给养费一万万元,并发给管理费四百万元。实由东北行营日侨俘管理处,按各地情形集中遣送日侨人数核实发给。并规定:1.给养费一万万元专户存入沈阳中央银行,随时按照实需数目,由各地日侨连络处代表具领,出具领据,并会同各地日侨管理处派员逐一点发。2. 每人每日给养费三十五元,由集中遣送上开始发给,至到达日本境内为止。3. 业已遣送完毕之日侨给养费不再补发。4. 日侨代表之身份,经地方政府及党团负责证明。5. 各地日侨管理所造具名册呈报行营核备。闻该项借拨之款项,由盟军统帅部批准,责令日本政府以黄金白银外币及艺术品偿还云。

《新报》1946 年 7 月 28 日

除了积极的遣送以外,我们更根据了以下的几点来施行感化的教育:

第一我们以三民主义伟大精深的哲理去教育他们,用我们伟大善良的民族性及我们领袖宽大为怀仁爱的精神去感化他们,使他们一改过去的错觉,使中日之间不致再埋下一颗仇恨的种子,为世界未来的和平奠定下一座基石。对于这一点,我们认为相当成功,不过这里我们应该特别指出的,我们对于日侨俘中的战犯,绝不放松,战犯们也难逃我们的法网,我们把战犯集中在沈阳,已经由最高当局组织了军事法庭在侦察中,不久即可正式审判,给予他们应得的惩罚。

第二我们要使他们深深地体认到,他们过去在东北过分优厚的生活享受,是侥幸的,也是不义的;今天的败亡生活自是他们穷兵黩武的军阀所赐,也是他们盲目拥护军阀的结果。使他们深知他们国家的侵略行为,不仅残害了中国人民,而且残害了他们自己,并扰乱了世界的和平,人类安宁。这个历史的教训,是值得他们珍视的;如果他们不痛悔前非,仍然包藏祸心,蕴存侵略他国的观念,德意是他们难兄难弟的前车之鉴,终必走向毁灭之一途。

第三我们要使他们切实认清楚中国是一个具有几千年悠久历史的文明古国,也是未来东亚和平的维护者,以中国民族性的伟大善良,对于任何弱小国家或民族都是一股强大的安定力,因为中国的强大,永久只是在自己的国土内建设和发展,决不妨碍任何国家的独立自由,所以日本要有前途,唯有依赖中国的扶助,始能在他们的三岛上改造他们自己理想的国家,否则,侵略之念再萌,未来的世界史上恐难找日本的名词了!

《新报》1946 年 10 月 10 日

国民党军狡黠无耻　密征日俘残杀同胞
1946 年 5 月 14 日

(新华社四平街十四日电)国民党军征用大批日俘,从民主联军所缴获之文件中,发现有国民党军对征用日俘之可耻的代电,原文如下:陆军第八十七师司令部代电第九八九号,民国三十五年四月十五日,二十一团鉴:查征用日军官兵一案,曾奉上命,只能以征用敌俘服劳役名义办理,详情业于十二月十七日代电转知在案。本师此次征用敌俘一二六名,当不能补入本师花名册内,兹将制定名册格式一份,随电附发,仰即速造五份,以便转请备案,请领粮饷,除分电外,特电遵照整理。师长黄炎、副师长彭却房宥电。附征用敌俘花名册格式一份。

于此可见,国民党军征用日俘作为其内战工具残杀同胞,真是煞费苦心,而中央社对民主联军征用日人之造谣污蔑,其目的在于转移视听,但结果是自露丑相。

《人民日报》1946 年 5 月 17 日

原港口统一检查所检查官陶甄的遣返日侨、日俘回忆

我是当年东北地区百万日侨大遣返的亲身经历者。当时我在东北日侨俘管理处港口检查所工作。那时中国人怎样善待日本侨俘,庇护安全,救济危难,妥善安排,使他们如期顺利回国的事至今历历在目。

1946 年 6 月下旬,国民党东北行辕为加快遣返日侨俘的进度,从沈阳的党、政、军等单位临时抽调一批青年工作人员到遣返日本侨俘港口统一检查所工作。我当时在辽宁省政府任职,与其他十几名青年职员被抽调到港口统一检查所,于 1946 年 6 月末抵锦州待命。东北行辕

日侨俘管理处港口统一检查所设在锦州火车站前二三百米的一座日式二层小楼里。所长由彭克负副处长兼任,所内领导成员以督察处的校、尉两级军官为主,配备207师(青年军)学生兵、省政府职员和三青团团员,共四五十人。检查所下设两个分所,一个在锦州市东郊的北大营南侧约200米的一处简陋的机场破营房,成员30多人,我就在其中。另一个在锦西张蒋屯临时搭建的简易木板房内,成员10多人。当时两处检查所工作条件极其艰苦,因此也有人托词请假离开锦州返回沈阳。……实行港口统一检查的决定,是中国政府纠正沿途重复检查而采取的简化为一的做法。

　　输送日侨俘都是从出发地登专列直达锦州、锦西两大集中营地,极大地缩短了全程运行时间,从而使日侨俘在旅途中感到轻松,减轻疲劳。中国检查官在对离港回国的日侨俘检查时态度平和,从不搜身。检查过程由联络总处负责集合日侨,以大队为单位到指定检查地一字排开,携带物品自行打开接受检查,氛围十分宽松。对收缴的违章物如数登记造册,统一上缴检查所。这是中国人善待日侨俘的人道主义品德的真实写照。

　　待遣的日本侨俘在待命期间的生活是很安静平和的。锦州北大营内,日侨以户为单元,许多户共同生活在一间长筒营房,有统一的作息时间,户与户间隔仅有30厘米,虽拥挤但不杂乱,物品摆放有序,环境清洁,无喧闹,相互团结自律,生活安然。待遣集中营地还有各种生活设施,如临时医院设有内科、外科、妇产科、儿科,基本能满足日侨俘就医需求。主副食供应商店也都迎合日侨的生活习惯。待遣侨民购物、餐饮、学生上学读书、阅报、托管幼儿等服务项目齐全,日侨俘还组织不定期的文体活动以活跃生活,熙来熙往不受约束。为庇护待遣侨民的安全,规定北大营内不准外人随意进入,由当地驻军站岗守卫。北大营待遣侨民的进出流动性很大,有登船回国的,又有大批进入营地的。中国当局非常重视卫生防疫,每当遣侨列车进入北大营的专用线时,卫生防疫人员就持喷洒DDT粉器具灭虱,以杜绝由虱子传染的疾病,经灭虱之后侨民方可进入指定营区。

张志坤、关亚新在大连市采访陶甄的记录,2006 年 5 月 2 日

关于中共区内日侨俘遣送之计划
1946 年 7 月

国民党东北行辕日侨俘管理处

一、宗旨　为贯彻政府饬令,加紧日侨俘遣送,俾使早返国,各安生计,特拟具体计划。

二、组织　共军控制区内日侨俘遣送事宜,统由东北行营日侨俘管理处(以下简称本处)办理,共方以全力协助之。

三、地区　凡在共军控制区所有滞留之日侨俘均应遣送。

四、联络　国军与共方关于遣送联络事宜,由美方遣送官主持办理。

五、集中　长春以北哈尔滨、牡丹江、齐齐哈尔、佳木斯等处,以长春为集中地,作为第一批遣送;旅顺、大连以北熊岳、瓦房店、普兰店、金州等处,以鞍山为集中地,续行遣送;其他如安东、通化等处之集中地,随时商定,陆续遣送。

六、遣送　各地日侨俘人数由共方造送详表以备核定,前项人数及集中地并分批遣送数目等表,应由双方会同或分别造具,尽速由本处呈报东北行营核准实行。

七、交通　共军区内之交通整修、车辆集中由共军办理,自长春以北运至长春附近;旅顺、大连运至大石桥附近,再由本处接运。至于国军区内之交通车辆,则由本处办理之。

八、通讯　中共方面以哈尔滨为中心,指定电台与本处联络(呼号、波长及时间另定)。衔接冲突地带双方不得用兵并军需武器及其他有关军事用品。

九、补给　日侨俘遣送期间之给养按每日三十五元发给共军区,遣送期由各地日侨联络处办理,到达集中地则由本处办理。

十、检查　日侨俘之检查应遵照规定统由葫芦岛统一检查所办理,

各起运地及沿途各站不得检查。

十一、附则本计划所定事项,双方应恪切遵守、实施,以期早日遣送完毕。

辽宁省档案馆,0004961/24

遣送东北中共管制区日人之协定书

一、保障遣送日人之安全与福利,政府方面与中共方面同意下列各项:

A. 在遣送期间及当日人行经中共及政府方面之前线时,所有军事冲突均应停止。

B. 双方同意任何一方面不得利用遣送过程向对方进兵,并不得在以遣送为目的之地区及其附近,新构筑障碍物、阻路工事及碉堡,更不得利用为履行遣送条约所需之设备(如车辆、船只等),作为军事之用。

C. 保证日人自所在地出发,至葫芦岛登船,沿途不受到强奸、掠夺、侵犯、抢劫、勒索、恐吓或其它任何不法举动,其生命财产不受到侵犯。凡日人行经处之当地指挥官应负保护之责,凡有违犯上列条款者,需从严处罚之。

二、争执之解决。双方同意无论发生任何争执,都不得妨碍或迟误遣送日人事宜。如关于遣送事务之争执发生时,第三十二执行小组将为拉法地区之调处机构,第三十四小组为松花江北岸桥头堡地区之调处机构,并应驻沈美联络官之要求,随时协助促进松花江上之摆渡事宜。如于该桥头堡以北发生遣送上之争执时,概由三十五小组处理之但于必要时,第三十四与第三十五两小组得会同处理之。

三、A. 日人之运送:每日由哈尔滨及其附近运送 7500 人至松花江,因松花江北岸不能设置营舍,政府方面应保证供给(第三十二、三十四、三十五小组负责监督第一条 B 项之执行)充分之船只,使每日运到松花江之日人当日渡过。

B. 为保证东北所有日人于 9 月 30 日以前遣送完毕起见,中共与政府双方应协力将现在松花江以北之日人于9月20日或9月20日以前完全遣送之江南。

四、中共方面应负之责任：

A. 于陶赖昭及拉法设立办事处，督查遣送事宜。

B. 按下列日期表，由铁路自哈尔滨及其附近区域至松花江北岸遣送日人：

八月二十日，二千五百名；

八月二十一日，五千名；

由八月二十二日起，至运送完毕，每日七千五百名。

又由八月二十一日起，自哈尔滨至拉法，每日运送二千五百名。

C. 运送车辆，可用敞车及闷子车（货车），如用平车，必须钉高三尺之木板，每车厢内不得装载超过七十人。

D. 自下火车至江岸上船之道路应加改善，使老幼及携带重量之日人便于行走。

E. 保证准备充分之配给，使日人得以购采，于离哈时每人携带一天干粮，渡江后由政府补给，日人自备者不受限制。

F.（1）负责选择自中共至长春之路线；

（2）决定采取路线如下：所有齐齐哈尔、北安、佳木斯、牡丹江、松江之日人经过哈尔滨运送；

在延吉之日人运至拉法；

在通化之日人运至梅河口；

在安东之日人运至本溪湖。

G. 将需乘病院船之日人总数、其居住地及分类（即需人抬或辅行）通知驻哈之美方联络官。

H. 将每日自中共区运出之日人数字及其区域通知美方驻哈联络官。

I. 在未得葫芦岛港口病院船入港之消息以前，且勿遣送病人（参阅第六条A项）。

J.凡病人所乘之车辆必须闷子车及比较合理之车位,每个病人只可随带侍护人一名,一切病人包括轻病者均必须乘用病人遣送车。

五、政府方面应负之责任:

A.于松花江及拉法设立办事处,督查遣送事宜。

B.自铁道至江边登船处,筑一至少六尺宽之行人道,以利步行而免迟误。

C.每日至少供给船只一百艘或相当数量及船夫,以便每日运送带行李之七千五百人渡过松花江,每船至少载十人及船夫二人,并随时将运输数量经三十四小组通知驻哈美联络官。

D.于松花江北岸铁桥附近建筑登船点,每次摆渡至少容船三十只,于江南岸铁桥之西建筑下船点,使三十只船所载之日人便于下船。

E.派相当数量有经验之人员管理渡江,以臻完善而免迟误(注:每船装载十人,每小时往返一次,于每三小时内渡二千五百人,这需船八十四艘)。

F.自松花江南岸下船处接运办送及协助日人登车。

G.按照第四条C项所开,供给每列车能运二千五百人之车辆,自松花江南运时间如下:上午十二时;下午三时;下午六时。八月二十日开一列车至下午三时到达。

H.为尽量利用渡船渡人起见,凡去锦州港区所需之燃薪,由政府方面在松花江以南或长春预备之。

I.由松花江南岸迄锦州应设置饮水点,以供饮水或作煮开水之设备。

J.保证中共区内遣送之日人获得与政府区内之日人同样之待遇、补给及津贴。

K.政府方面经驻哈美联络官供给中共方面遣送经费如下:

(1)日人运输费:东北流通券五千万元;

(2)遣送行政费:东北流通券一千万元。

六、A.葫港美方遣送官设法于8月29日前后备妥病院船两艘,到达港口并依照哈市中共遣送当局之通告,随时供给所需病院船。

B.该遣送官并由驻日美军最高司令部运来充(分)〔足〕注射血清,由驻沈美联络官及驻哈美联络官分发日侨善后联络处,以便为遣送中之日人注射。

军事代表军事调处美方代表遣送官　Bell(贝尔)

东北民主联军总司令部遣送日人办事处处长　李敏然

关于遣送日侨日俘之联合命令

甲:关于遣送日侨日俘具体办法

一、日侨日俘之遣送工作,在可能范围内,应尽量按照协定中之规定做,力避在形式上被美国或国民党方面有所藉口。遣送日期各地接命令后,立即分批开始遣送,保证于九月八日前全部送至蛟河或新站。

二、在图们设一转运站,由图们市长及当地党政军及群众团体组成之。转运由珲春、汪清县送来之日侨俘。汪清之日侨俘应于九月二日前全部集中完毕,珲春、图们之日侨俘应于九月四日前全部集中完毕。由图们转运站联络铁路局负责转运。

三、和龙、延吉之日侨俘应于九月二日前集中完毕,由延吉遣送日侨日俘办事处负责遣送。

四、敦化设一转运站,负责遣送由安图送来之日侨俘。安图之日侨俘应于九月四日前送至敦化,并联络负责转运自敦化以东运来之日侨俘。转运站之组成,由敦化县长及二旅负责干部派出(二人)及其他工作人员(二十人)组成之。

五、蛟河设一收容所,收容各地送来之日侨,组成列车转运至新站。收容所人员由蛟河县长及当地驻军负责组成之额穆之日侨送至蛟河收容所。

六、新站设一联络处。负责联络引送日侨俘之事宜。

七、各转运站、收容所,每一列车应派出一武装班押车,防止中途不良事故发生及维持秩序。遣送日人办事处或转运站之工作人员、警卫人员必需在胸前佩带一布条,盖上×县遣送日人办事处或转运站之印,以示区别。从图们转运站派出之押车人员押送至敦化,由敦化派出之押送人员押送至蛟河,由蛟河派出之押送人员押送至新站,从汪清、珲春至图们之押车人员由汪清、珲春负责,和龙至敦化之押车人员由和龙负责。

八、各县成立县遣送日人办事处,按附件中之实施办法进行工作,并将各地应被遣送之日人,集中或分批送至各转运站。各办事处之工作人员应派出得力可靠干部充任。

九、吉南、吉北专署各成立一办事处,具体工作根据当地实际情形自行定之,但以不超过九月八日以前将日侨俘送至蛟河或新站之日程为限!

十、凡被遣送之日人除免费乘车外,其一切费用皆自备。各转运站、收容所应在车站预备食粮,以便过往日侨俘购买。但特别困难无粮无钱之日人应由当地民会动员日人互相调剂,如无办法调剂,可按施程日数发给每人每天一斤半粮、十五元菜金,在日侨俘遣送完毕后,在十月上旬以前来省财政厅报销。

十一、各转运站、收容所,应预备用水,供过往日侨俘喝。

十二、各地政府、驻军有负责保护日人生命财产安全之义务,由各地遣送日人之列车在各地或转运站停留时,严格禁止百姓及非警备之军警人员接近,如有不良事件发生,应由当地政府、驻军负完全责任。

十三、各县办事处派出检查日人行装之检查员应编成二三人一组,挑选思想较纯洁、品行较好之青年男女学生或其他群众团体人员充任,态度要好些。

乙:其他事项(略)

丙:关于遣送日侨俘之列车配备决定如下

所有客运全部停止,其担负遣送日侨车辆之车头集中朝阳川,车皮集中延吉。

八月二十八日至九月二日,从延吉到蛟河,每天二列车押车人员由延吉负责。

九月三日一列车到和龙,和龙押车人员负责押送至敦化。

九月四日一列车到汪清,汪清押车人员负责押送至图们。

九月五日一列车到图们、珲春(珲春遣送问题因国境线仍未获得协议,仍未能作最后决定之)。

由蛟河至新站,每天一列车,每天来回三次,安图日侨俘由县府设法送往敦化,额穆之日侨俘由县府设法送至蛟河。

吉林省档案馆藏吉林省民政厅档案

东北行营日侨俘管理处编制表
1946 年 8 月

东北行营日侨俘管理处编制表

职别	官佐阶级	员额	士兵阶级	名额	备考
处长	少将	1			
副处长	少(上校)将	3			
视导	上(中校)校	7			巡回至各办事处及管理所视察督导。
主任秘书	军阶三级	1			
秘书	军阶三级 军荐一(二)级	1 2			
处员	中校 少校	2 2			
副官	少校 上(中)尉	1 4			
书记	军委一阶	2			
司书	军委三(四)阶	9			
军医	二、三等军医正 一等军医佐	1 1			
司药	二等司药佐	1			
译员	军荐一(二)级 军委一阶	2 4			
小计		44			

职别		官佐阶级	员额	士兵阶级	名额	备考
总务组	组长	上校	1			主管各管理所及办事处之组织考核,日侨俘之集中管理统计及其他各项事宜。
	组员	中校 少校 上中尉	2 3 7			
小计			13			
宣导组	组长	上(少将)校				分宣传调查编辑三股,主管教育督导及编辑宣传等事宜。
	股长	中(上)校	3			
	组员	中校 少校	6 6			或军荐一(二)阶。
	组员	上尉 少中尉	12 9			或军委一阶。
小计			36			
经理组	组长	一等军需正	1			
	组员	二等军需正 三等军需正 一等军需佐	2 4 4			主管经理被服给养事宜。
小计			11			
运输组	组长	上校	1			主管押运联络及统计事项。
	组员	中校 少校 中(上少)尉	2 12 34			

续表

职别		官佐阶级	员额	士兵阶级	名额	备考
小计			49			
联络组	组长	中校	1			主管本处与日侨善后联络总处之联络及监督事宜。
	组员	少校 上尉 中少尉	1 2 4			
小计			8			
文书军士				上士	5	
军需军士				上士 中士	1 2	
传达军士				上士	2	
传达兵				上等兵 一等兵 二等兵	5 5 8	
公役				一等兵 二等兵	5 8	
炊事兵				上等兵 一等兵 二等兵	1 2 3	
小计					47	
合计			161		47	

表列官兵均以有关单位调为原则。

中国第二历史档案馆藏外交部档案

东北行营日侨俘管理处港口统一检查所编制表
1946 年 8 月

东北行营日侨俘管理处港口统一检查所编制表

职别	官佐		士兵		备考
区分	阶级	员额	阶级	员额	
所长	上(少将)校	1			
副所长	中(少校)校	1			
总务股股长	少(上尉)校	1			
股员	上尉 中尉 少尉	1 2 2			
经理股股长	上尉	1			
股员	中尉 少尉	2 2			
检查股股长	上尉	1			
股员	中尉 少尉	2 3			
检查员				36	
保管股股长	上尉	1			
股长	中尉 少尉	2 2			
保管员				16	
巡查股股长	上尉	1			
股员	中尉 少尉	1 2			
巡查员				18	
警戒员				一连	
传达兵			上士 下士 一等兵	2 1 3	
合计		28		76 一连	

中国第二历史档案馆藏外交部档案

东北行营日侨俘管理处辖日侨俘管理所一览表

1946 年 8 月

本处辖日侨俘管理所一览表三十五年八月日总务组制

种类	已设各市县日侨俘管理所名称	各管理所及所长姓名	
甲	沈阳市日侨俘管理所	所长	董文崎
甲	长春市日侨俘管理所	所长	赵君迈
甲	锦州市日侨俘管理所	所长	韩德身
甲	吉林市日侨俘管理所	所长	张庆泗
甲	抚顺市日侨俘管理所	所长	罗永年
甲	鞍山市日侨俘管理所	所长	盛世馨
乙	本溪湖市日侨俘管理所	所长	关大成
乙	阜新市日侨俘管理所	所长	韩梅村
丙	四平市日侨俘管理所	所长	杨祝孙
丙	（西安县）	副所长	高语禾
丙	（西安县）	副所长	徐鹰飞
丙	铁岭市日侨俘管理所	所长	李桂庭
丙	营口市日侨俘管理所	所长	方引之
丙	辽阳市日侨俘管理所	所长	罗楚书
丙	开原县日侨俘管理所	所长	曾也石
丙	（昌图县）	副所长	吴化民
丙	朝阳县北票镇日侨俘管理所	所长	王杰成
丙	（北票镇）	副所长	梁圣琄
丙	海城县日侨俘管理所	所长	董芝生
丙	锦西县日侨俘管理所	所长	鲁宗光
丙	兴城县日侨俘管理所	所长	王梅影
丙	（绥中县）	副所长	周英
丙	盘山县日侨俘管理所	所长	金伯起
丙	公主岭日侨俘管理所	所长	董汉英

种类	拟设各市县日侨俘管理所名称	各管理所及所长姓名	
甲	哈尔滨市日侨俘管理所		
甲	安东日侨俘管理所		
甲	大连市日侨俘管理所		
乙	通化日侨俘管理所		
乙	牡丹江日侨俘管理所		
乙	佳木斯日侨俘管理所		
乙	旅顺日侨俘管理所		
丙	齐齐哈尔日侨俘管理所		
丙	延吉日侨俘管理所		
丙	瓦房店日侨俘管理所		
丙	熊岳城日侨俘管理所		
丙	金州日侨俘管理所		
丙	普兰店日侨俘管理所		

中国第二历史档案馆藏外交部档案

遣送日侨（第一批日侨遣返情况）

记者黄耘

　　两排整齐的大仓库中间，是一带狭长的广场。遣送日人检查大队和日本人会的办事处所，分布在仓库走廊的适中地点。各个检查区域，用木牌划分得很有条理。检查工作就在这狭长的广场进行，列车在靠右边的仓库后面静候着。日人每七十人为一队，由队长带领入场。检查队每十人一小队，每小队两组，每组五人，三男二女，由组长、小队长带领，按次检查。男队员检查男的，女队员检查女的。

　　到场的日人，都带有两个特点，一个是所有到场日人，特别的是女人，差不多都穿上半新的或全新的皮鞋；另一特点是有许多日人都穿着两三件外衣，甚至有穿到五件的。为什么这样热天气他们要穿这样多？为什么他们不习惯于穿鞋而在今天却都穿上皮鞋呢？显然的，这是因为他们不愿按照政府的规定执行,他们想用这些方法来多带走一些东西。检查队员们委婉的跟他们解释,请他们按照政府的规定行事,把多带的东西留下来。因为政府的规定不仅是照顾到他们旅途中的用费,而且还照顾到他们在到达日本时的生活必要条件。

由于他们的东西带的过多和一下穿上新皮鞋不习惯的缘故,特别是老人和女人,走路非常吃力。检查队员们不断教育他们:"你明白吗?中日两国的人民并没有仇恨的,我们的共同仇人是日本法西斯军阀,你们回去要找他们算帐!"当检查队员跟他们解释这些问题时,他们都含笑回答,表示感激和惭愧。

检查始终在紧张的气氛中进行。二千五百人从下午三点开始,到七点完毕。日人全部上车以后,检查各小队长把检查出的东西交到保管处去,保管处一一点收,并按所交东西数目给他们三沓票单的收据,贵重的东西特别鉴定后交库,手续是清白而严格的。一个保管员因为吃了检查出来的两杯糖糕而受到大家严格的批评。有人问我们为什么能做得这样好,我们的答覆很简单,这是因为我们每个检查员都是以高度的青年热忱和为人民服务的精神来从事工作的……

《东北日报》1946年9月5日

对日侨赠言

近日沈市日侨,经大批遣送经由葫芦岛返国,据闻东北全部日侨俘,即可于今年底遣送完毕。这些行将归国的日侨俘,自然有无限的感慨,但我们中国人民的感慨之深,也正同样的潜在每个人的心坎,今当临别之际,愿以片言相赠,而又感一部二十四史不知从何说起!

首先可以说,这次对日侨俘的遣送,实在把中国以德报怨的民族道德,发挥到家,把蒋主席对日宽大的政策,发扬到顶点了。试想我们到东北来的接收人员,尚有多少眷属留在后方,欲归不得,更有多少东北同乡沦落内地,不得回家,而中国却在这样交通困难的情况下,竟不顾一切的先把你们送回国去,以赏故国的樱花,这真是历史上对战败国人民旷古未有的恩典！日本人民如仍未全被军阀毒化而失去良知，则对中国政府的这一举措，该如何感激涕零，而谋父以教子、师以教弟，来报中国的大恩大德！

不过中国人民向讲施惠不望报，我们今日既不是施惠，更不望报。我们对你们的态度，完全是本于人道的立场，出于纯朴的自然，决没有任何企图收获的目的。诸君大都久居中国，当知中华民族的伟大处，在这样一切举措出于无目的的纯朴自然上，惟有这样的不歧视异民族，才使我们过去能合汉满蒙回藏五大宗族为一家，而在将来能与全球各民族浑然共处臻世界于大同。我想诸君回国去，不必给你们亲友带什么礼物，单把这种中华民族的伟大精神带回去，便够你们民族万世不移的享用了。

在八一五刚刚光复后，民族仇恨的烈焰尚未熄灭，日本人确有许多在当时遭受中国人侮辱嘲弄，甚至被打伤杀害。当时在北平的日本人，确有一些被中国人儿童（望）〔往〕身上扬沙子，在南京的日本人，确有被中国民众（望）〔往〕身上倒冷水的。这当然在你们记忆中留下多少不快之感。但你们或许不知道，或许忘记了，单只南京一城，在你们军阀的兽蹄踏入的时候，就把中国人民杀了二十万，杀人竞赛表演了五日夜不绝。近的地方如抚顺的平顶山，在九一八事变后，竟因出了几个义勇军，而被你们的警察特务，把全村几千男女老幼悉用机关枪扫射毙命，无一幸存。类此种种，屈指难数。请记取，这便是你们军阀所欠我们的血债，你或许不是这一刽子手，但你也正站在刽子手的一群内，没有发一点慈悲劝阻你们的刽子手住手，而或许还替你们的刽子手呐喊助威。就请你们清夜扪心自问，对这样的血债，竟以沙子和冷水来索还，是否是旷古未有的而亘世无双的报复？那你们被沙子迷了眼，被冷水浇湿了外衣，还要叨念不休吗？即使你们的亲友有于光复后被打伤杀害的，那比之于你们军阀的惨绝人寰的暴行，也只是等于被沙子迷了眼和被水浇湿了外衣而已，难道你还不知足吗？

民族之怨可解而不可结，过去的让它过去罢！提到中日两民族此后的相与之道，则真说来话长。所有你们过去所说的"中日亲善、共存共荣"的话，都是对的，只可惜你们实际上不照这样话来做。你们过去硬要把中国人践踏在脚底下而"亲善"，必要骑在中国人的脖子上而说"共存共荣"。天理不泯，你们这样的作风注定了失败。我们当不能蹈你们的覆辙。此后中国既做老大哥，日本该做小兄弟，则中华民族，以其海量的气度，必要尽到老大哥的义务，来教导扶养小弟弟成人，我们不说亲善而自亲善，不说共存而自共存。和平共处，是今后中日两国的正常关系。

但在达到这一正常关系上，尚有一前提，即诸君必须痛下昨是今非的觉悟，彻底根绝一脑瓜子毒化观念，排除亘古不拔的侵略思想，立志做一个新世界中的新国民。不(容)〔庸〕讳言，诸君尚有许多位口服而心未服，若照你们统治东北的办法，你们之中要有多少应列为"思想犯"而死硬不化，应投入狼狗圈喂狗的。我们自然不能以牙还牙，而依同法蹈你们失败的覆辙。但我们宽大为怀下的最低要求，则是完全为你们好而让你们洗刷一番头脑。须知你们打败仗的，不是因为你们没有原子弹，乃是因为你们失仁忘义，你们今后如想立国于世界，非整个民族走上仁义道路上不可。往原子弹上下工夫，仍是自掘坟墓的……

行矣，诸君！白山黑水，不是你们的久恋之乡，富士内海，才是你们的最后归宿。金石赠言，尚请记取，子子孙孙，永矢弗忘。

《前进报》(沈阳)1946 年 5 月 17 日

遣送日侨的另一镜头

《前进报》记者启厚

一大批患着病的日本侨俘，满载着忏悔被遣送回国，愿他们平安抵达，早复健康，真诚的为中日亲善世界和平而努力——在交通工具困难之环境下，遣送大批日侨俘返国，确是相当艰巨的工作，然而街头的日人，确形日趋稀少，少得几乎令人感到寂寞起来，这足证被遣送的数目已相当的大起来了。

记者于前天早晨，又遇到一队被遣送的日侨俘，由一列大车和马车，载着他们缓缓的进向北站，车中的大人、孩子和什物，偎在一起，任车身的簸颠，很少动一动原来位置，每人的面上，没有一点快意，也没有任何的表情，他们的内心，也许转平静下去，因为任何人在这种情况之下，也无法整理其思潮了。

不过这一队确与以前所见者不同，看车上所插的旗子，上有红十字，而且写着"病"第××队，于是我们知道这一队尽属病人，再看他们的臂章，也是如此。

中国人到底具有天赋的慈悲的心肠，许多人都用着同情的眼光，目送他一程。记者更不自主的尾随下去，其实我们并不主张他们长期留在中国，可是在临去之际，又总不免有些依依之意。这是人情，也有自然所赋予人类的恻隐之心，人类要求永久和平，也不必以此种心情为基础。

记者一直把他们送到车站。当他们下马车的时候，一幕一幕的景色，却看得清清楚楚，原来他们都是病号，患着种类不同、轻重不同的各种疾病，有的围着被，有的架着拐，有的由人扶着，有的由人抬着，有的由人背着，其轻一点的自己蹒跚走去，也很显得步履维艰，其幼童所提、携、捧、抱，使人看着也觉不大松快，再加上随携的什物、包裹、水壶之类，累累赘赘，活画出一副灾民流亡图。我感念到人类切当和平相处，不可蒙侵略之心，一种暴戾的侵略行为，终要自食其果的。

他们依次的到了检查场，各寻规定的位置，或躺或卧，作暂时的憩息。瘦弱到不堪支持的人，在群蝇起落之下，不断发出呻吟之声，好〔像〕幽灵在咀咒着军阀的失败，好像魂魄在萦绕着云海的故乡，使人看来，潸然欲泪，日本不肖的军阀们，纵死在九泉，也无以对这些无辜的良民，居心侵略者当何以痛加警惕呢？

他们静静地聚在一起，没有一点声响，围观的人也都默默地看着。一向人声嘈杂的车站，反呈寂静之象，不久日侨俘管理处刘〔副〕处长，带翻译到场巡视，并集合训话，先阐明中日两民族，应相互诚意亲善之旨，继对沿途保重之法，多所指示，言短意长，词态诚恳，侨俘悉心承聆，频频点头,一时融洽之空气,令人反觉酸心欲泪,人类本有相亲之天性,为什么日本军阀一时蒙昧,造此惨绝人寰的浩劫呢?

刘副处长训话毕,由第二大队队长萩田恭一以华语致答词,并告记者称:"日本绝彻底改悔其过去行为",其实是否能改悔,我们尚不敢尽信,不过目前的情景,足资为将来殷鉴的。

此次疾病侨俘返国,乃分两部,一部为疾病者本身,一部为其家属,相伴而行,沿途照应,颇属合理,且随行医务人员甚多,据云:所携药品,亦足敷用。我们希望他们平安抵达,且希望他们早复健康,洗心革面,诚意的为东亚和平,为世界和平而尽其最大之努力。

《前进报》(沈阳)1946 年 7 月 26 日

哈尔滨市府对日侨管理方针
1946 年 7 月 20 日

(新华社哈尔滨二十日电)……(哈尔滨)市府对日侨管理方针,是澈底肃清法西斯思想,逮捕战争罪犯,并逐渐将其集中市郊,不久即当遣送回国,其剩下房屋,让与市民居住。

《人民日报》1946 年 7 月 23 日

东北民主联军决定　遣送日俘日侨回国
1946 年 8 月 19 日

(新华社哈尔滨十九日电)民主联军总司令部已决定于最短期内将全部日侨日俘遣送回国,遣送日侨俘办事处,于本月九日假日侨管理委员会召集日侨代表及各界有关人士,正式宣布遣送决定。该办事处处长李敏然表示,为顺利遣送日侨回国,日侨自己解决困难时予以自由和帮助,日侨对此表示谢意。继由日侨管委会主任马英施先生解释办法条例,按区和街为单位编队,每六十人一队,队下分若干组。除患病剧烈者暂时留哈外,全部送走。

《人民日报》1946 年 8 月 24 日

东北蒋军阻碍遣俘　竟向我军送出之日侨扫射

1946 年 8 月 29 日

（新华社哈尔滨二十九日电）蒋军违约扫射民主联军所遣送回国之日侨,破坏遣俘工作。当第一批日侨于二十五日由拉法经北道送往国民党区时,蒋军当时不但拒绝接受,反向民主联军送出之日侨开枪扫射。国民党宣传机关曾污蔑民主联军不愿遣俘,而今日蒋军又阻碍遣送日俘工作之进行。

《人民日报》1946 年 9 月 1 日

违反遣俘协定　沈阳武装日侨

1946 年 8 月 20 日

（新华社哈尔滨二十日电）确息:国民党当局顷收编东北解放区遣送之日侨驱作内战炮灰。由北满、东满各解放区遣送之日侨到达沈阳后,国民党当局突宣布将十八岁到四十五岁之日侨青壮全部留下,现已在沈成立五千余人之日人武装。此种违反遣送日侨协定,破坏东北和平,利用日人进行内战之罪恶行动亟应警惕!

《人民日报》1946 年 9 月 6 日

东北我方排除困难　廿万日侨遣送完毕

1946 年 9 月 18 日

（新华社哈尔滨十八日电）东北解放区遣送日侨工作除安东外,已于十四日提前完成。共遣送二十余万人。据东北民主联军总部遣送日侨办事处负责人告记者称:"东北解放区遣送日侨工作自八月十九日开始,原定九月二十日完成。在遣送期间,虽由于蒋方屡次破坏协定,最初在松花江边拒不接收,后又不收病人,致稽延时日。但在本处全体人员一致努力下,终于在十四日提前遣毕。计松哈区九五、〇六三人,齐齐哈尔七〇、四五六人,北安区一、四六三人,牡丹江区四、八〇五人,延吉区四万余人,通化一万七千余人。(且)〔目〕前尚在哈市者,仅日本人会(日人管理自己事务之组织)的工作人员及其眷属等约二千人,已定于十九日全部遣走。"关于南满地区遣送日侨问题,该负责人驳斥中央社之造谣称:"我方曾经美方告蒋方由三十执行小组与我方规定时间地点俾遣送安东之日侨,但蒋方延至九月五日下午始由美方突然通知我方定于十七日在桥头开始接收,我方因时间过于仓促,经与三十执行小组商妥自十二日开始。但十六日我方将日侨送至桥头时,蒋方又拒不接收,其居心阻挠,已昭然若揭。至于中央社所谓'通化有五万五千日人仅送走一万七千余名'云云,则完全凭空捏造,不值一驳。"

《人民日报》1946 年 9 月 21 日

日侨遣送完毕后　哈市分配日人住所
1946 年 9 月 20 日

(新华社哈尔滨二十日电)北满地区日侨全部遣送完毕后,民主联军遣送日侨俘办事处与哈市市政府,已将日人房屋四千三百五十六所,二万零二间分配与无房贫民。连日各地贫苦群众纷纷组织评议委员会,自行评议。分得房屋之贫民,正忙着搬入新居,许多人马上开始建筑。哈市没收日人物资,则经由商工公会组织估贩委员会专卖,拍卖所得,悉充市政建设经费。

《人民日报》1946 年 9 月 26 日

抚顺日本人充斥　备受蒋政府优待
1946 年 12 月 12 日

(新华社延安十二日电)据天津益世报五日透露,抚顺日侨充斥,享受优待,蒋政府对他们极尽"友善"之能事。据该报称:"现抚顺尚有日侨一、四五四户,男子二、九九七口,女子三、一三四口,其中有一千九百馀名系所谓'留用技术人员',这些人中并有一种特殊阶级,手中甚为富足,结交达官贵人。因政府接收大员只能劫收,不善经营,故不得不待之如上宾。彼等出入乘坐汽车每赴宴会一掷千金,生活极尽奢侈。

又抚顺煤矿及附属事业大部仍被日人窃据上位,当局现正为日侨员工子弟筹设中学校,校址已觅妥,教师已聘定者闻均为日人。我矿工闻讯后群情愤激,舆论哗然。矿工某君向记者称:'我工人子弟多因困于生活而失学,唯待日人特殊。视我国工人如草芥。'现渠等正酝酿工潮,向主持建立日人中学校者抗议。抚顺煤矿医院规模宏大,医生看护什九仍为日人。彼等多盛气凌人,以致自己人多裹足不前。"正由于蒋介石推行"要爱敌人"之政策,使日寇法西斯残馀得以继续其秘密活动。据该报称:"数日前即有日人在抚顺组织黑龙会,持有武器及短波无线电。"

《人民日报》1946 年 12 月 16 日

新站连络处长任中浩在致吉东遣送日侨日俘办事处一封信

……关于遣送日人问题,总部成立办事处于哈尔滨,并在陶赖昭与新站设立两个连络处。东满的全部日人及哈尔滨的一部共计约十万人由新站连络处转交国民党区,因此你处日人应全部送新站。每日可来贰仟伍百名(东满地区),最好能在早晨五点钟到达新站,以便即刻转送。此外,关于携带物品现款食粮等,总部都有规定,兹寄去一份,请你处按照规定严格执行,否则此处不好转交,请注意。这一工作要在九月十五日以前全部结束请抓紧时间进行为盼。

吉林省档案馆藏吉林省民政厅档案

董玉昆①呈送延边专署关于遣返日侨日俘报告

兹于八月三十日接到钧署命令,定于九月四日将珲春境内日侨日俘全部送至图们,以便送归本土一案,当经审核,由于时间之短促,兼因自珲到图又须步行,故于当日上午即派员急送信件于各区,即距县二百余里之远方乡区,亦限其于三十一日将信送到。于是日又行组织了遣

---

① 珲春县长。

送日人办事处,分编队、检查、技术人员登记、护送等各小组,由政府以及保安团各机关负责人担当其职。工作概况如下:(1)九月一日,由于临时组织的遣送日人办事处之各小组的努力,已将珲春市内居住之全部日侨优先集中,以七十人为一小队,施以编队,并发给腕章及胸章后,加以检查及讲话。最后将其中残病懦弱不堪步行者使其乘车,年壮者徒步而行登程,并由保安团沿途护送,以免意外。继续数日之间,伴随各区日侨日俘到珲之先后,分为数批,照例遣送。迨至九月四日,除稍有部分技术人材以及因其他理由,未曾离珲者略有数名外,其他业已全部离珲登程,共计遣送了五十二个小队,总计人员为三六一三名。(2)此次珲春遣送之日侨日俘,因皆系光复当时避难离珲,其后分拨来此者,以至无衣无食者俱多,故虽经严加检查,但亦无任何浮多及危险物品存在,并于检查当时,虽偶有带一新衣及一新毯者,我们亦因他衣服无多,允其携取。他们见到如此宽大以及听到我们负责诸位的启蒙讲话,故此莫不表示着感激的面孔,欢欣的就其归途……

吉林省档案馆藏吉林省民政厅档案

外交部驻东北特派员公署移交报告
1948 年 11 月

前外交部驻东北特派员公署移交报告

一、成立经过

公署于民国卅四年十月奉外交部令成立,在长春开始办公,蒋经国为特派员。十一月长春战局影响,大部职员移往北平,设临时办事处。十二月复迁返长春。卅五年四月又奉命迁回北平。同年七月移至沈阳办公。十月张剑非接任特派员以迄于今。

……

5. 第三科

第三科掌管日、韩事务。

日、韩二国迄未与国民政府建立外交关系,故本科并无正式交涉对象。有关日侨事务,由日侨俘管理处(先隶长官部,后隶行辕)负责。韩侨事务统由韩侨事务处负责(先隶公署,后隶行辕政委会),处长由公署特派员兼任,本科仅负协助及监督责任。

本科首任科长为张令澳。卅五年十一月由专员王绍杰兼理科务。卅六年一月改派张希良为科长。卅七年一月第二科科长王绍杰调长本科。

中国第二历史档案馆藏外交部档案

东北行政委员会公安部公布沈阳破获美间谍案
1949 年 6 月 18 日

(新华社沈阳十八日电)东北行政委员会公安部顷公布在沈阳破获美国间谍案。主要人犯佐佐木弘经(日本人)、伯彦苍(蒙古人)、吴人杰(中美混种,中国籍)等全部落网,并缴获 RD 式美造交流直流两用的十五瓦特收发报机六部,发电机三台,美国间谍密码十六本,美间谍经费金元宝十个,工作计划三件,指示信四封,美国 TS 间谍组织情况及人员履历书十三件,情报存底二十八份,军用地图及各种图表四十份。

主犯佐佐木等在东北全部解放前,即在美国间谍机关"陆军联络团"及美国前驻沈领事馆的直接指挥下进行间谍活动,搜集我东北解放区和内蒙的军事、政治、经济等各方面的情报。于一九四八年十月间沈阳解放前,该犯佐佐木、曹成德等又接受美国领事馆及陆军联络团命令,潜伏"地下",设立秘密电台,继续活动。经我公安机关周密侦察后,全案破获,证据确凿,主犯佐佐木等对其间谍破坏活动均供认不讳。兹将全案主要事实披露于后:

全案主要事实

所谓美国陆军联络团(Army Liaison Group 简称 A·L·G·)是美帝国主义在华的间谍机关"美国陆军部上海四十四海外观察组"(External Survey Detachment 44 简称 E·S·D·44)的对外公开名义,总部设上海。日本投降以后,即以 A·L·G· 的名义随蒋匪进犯军来东北,先后在沈阳、长春等地设立分团,大量收罗日本特务人员、蒙汉奸细等从事反对中国人民的间谍工作。佐佐木弘经(中国化名张执中,日本化名佐久间健祐,代号 S・S・K・)即为 A・L・G・沈阳分团所吸收的日本特务之一,该犯系伪满关东军兴安军官学校俄蒙科(特务训练班)出身,伪满时在兴安岭一带即进行破坏东北人民抗日战争的特务工作。"八一五"后,逃到沈阳,曾充当蒋匪国防部第二厅情报员。后又被介绍至沈阳美领事馆和 A・L・G・沈阳分团做美国间谍,直接与该分团团长沈乐甫(Singlaub,美籍德人)的助手美籍日人西田 Nishda 联系,奉命吸收日伪特务残余,搜集东北解放区和内蒙等地的各种情报。该犯前后总共交给西田重要情报七八十份,并指挥一代号为 T・S・的美国间谍组织。据佐佐木一九四八年四月间向美国间谍西田报告其组织分布情况的底稿所记载,特务本部三十七年二月迁北平,支部有沈阳、北平两处,沈阳支部所属情报据点有长春、哈尔滨、齐齐哈尔、牡丹江、图们、海拉尔、满洲里、珲春等十一处。A・L・G・的长春分团则吸收了蒙奸伯彦苍(编号为 T・O・A・S・4),令其在内蒙设情报站,搜集情报,并做"策反"破坏工作。该犯曾在一九四七年二月到辽源县郑家屯向蒙古反动分子宣传"只有美蒋帮助才能解决内蒙问题",以破坏中国的民族的团结。以后又在白城子设立了情报站,向美国情报机关提供了我内蒙人民自治政府的组织状况和主要负责人姓名、简历及生活规律,内蒙人民的政治生活照片等详细情报材料。

另犯吴人杰,则为沈阳美国情报员巴兰森(Barandson,华名白英生)介绍到"海军联络分团"与威尔斯(Walsh)联系,担任沈阳、天津间情报传递工作。吴犯最初以蒋匪东北伪政务委员会英文秘书职为掩护,后又以商人面目出现,与威尔斯在沈阳伪国立医学院留用的日籍教授封田文次郎家中接头,领取情报信件后,即乘机飞天津交旧英租界白俄考索夫太太(Mrs. Kossov),以后吴犯与威尔斯失掉关系,又由沈乐甫介绍,归美国特务人员亨特(Hunt)领导。

前美国驻沈领事馆实际是美间谍机关

去年十月底，即东北全部解放前夕，该团沈阳分团公开部分准备撤退上海，佐佐木、曹成德等奉命拟定潜伏计划。佐佐木计划之主要内容为利用第三种势力。所谓第三种势力乃是日满特务残余潜伏人员，有坂下喜一、竹内始、萧耀庭、王芳信、郭成禄、柳井友一、山村嘉昭、曹成德等人。竹内始、萧耀庭二人兼做北平、沈阳间的交通工作，沈阳联络点为亚利餐厅。佐佐木由联络团领到美制小型电台两部，小型发电机一部及密码本一套，九个金元宝及白面、砂糖、大米等物资作间谍经费。西田并命令该犯注意搜集东北、内蒙等地的警备部队材料，及关于旅行方面的各种规定和身份证明书等的情报材料。曹成德所拟定之"东蒙本部所属各站工作计划书"，计划在沈阳设情报总站，王爷庙、长春、四平、锦州、郑家屯、通辽各地设联络站，情报员十六名，以行商面目为掩护，进行间谍活动。其经费预算：工作费每月一万二千元（金圆券，下同），旅费每月二千一百元，情报费按每站每月两份情报计算，每份平均百元，共一千四百元。与此同时，该团上海总部又派美国间谍密亚当（Myadan）前来布置伯彦苍的潜伏工作，并交与伯犯二个能携带的美制小型电台、密码本及间谍经费三百元美金，十六袋面粉。亨特也同样交给吴人杰小型美制电台两部、小型发电机一台，密码一套，金元宝、金块共十个，作为间谍经费，并告诉他以后与天津改用电台联络。沈阳解放后，该犯等仍继续布置潜伏组织，进行间谍活动。

一九四六年十二月，吴犯人杰随美国政府特务人员巴兰森，以联合国善后救济总署视察员名义，赴通辽一带以调查救济情况为名，搜集我军事情报，供给前驻沈美国领事馆。另一以联络名义出现的美国间谍伯尔，后亦授命吴人杰搜集我解放区及苏联的情报，供给前驻沈美国领事馆。一九四七年遣送日侨回国时，美国领事馆将日本特务佐佐木留下，为其做间谍工作，并通过蒋匪伪政务委员会发给美领事馆留用的政侨字一七七号日侨身份证一件。一九四八年一月，继威尔斯领导吴人杰的亨特，即住在沈阳美国领事馆的二楼。吴犯曾去找过四次，亨特嘱咐他必须在晚上天黑以后才去。一九四八年十月二十七日,亨特又令吴犯次晨八点到美国领事馆找他,吴按时去见,亨特即用吉普车把电台、发电机、密码等由领馆送到吴犯家中。

全案事实及缴获的各种文件证据都说明美国政府在沈阳的所谓领事馆、"陆军联络团",实际上是美国的间谍机关,其目的即在利用日本特务及汉奸、蒙奸进行反对中国人民的阴谋活动,以破坏中国人民的革命事业与世界和平。我人民政府对该案人犯将依法予以制裁。

《人民日报》1949年6月19日

2. 平、津等华北地区的日侨、日俘遣返

从日人手中接管邮政主权汇报函

1945年10月

重庆交通部邮政总局钧鉴邮密:河山光复,举国腾欢,北方邮政全体员工得沐胜利之光荣,谨对蒋委员长各级长官及全国将士恭致感激及祝贺之意。查八载以还,邮政事业困难无间,南北、尤以北方各区员工处沦陷地域鹑衣垢食,遵令维持弥感苦痛,中间因日军严厉检查文报中断,孤立支撑以至于今。三十二年九月,巴立地、克立德克、法里络均以政治关系被当地政委会免职,日方藉口外籍人员遗缺,遂有派各管理局日人升充之意,经华北邮政总局吴局长迭与日方交涉,乃于去年春季委派黄家德、黎其康、周盛声及吴焘等分别接管北平、河北、山西及河南等邮区局务,邮政主权本未旁落,家德等为保邮政命脉及员工福益计,忝属资深、责无旁贷,遵令就任现职负责维持现状,静候最后裁夺。本年三月,纳自敦依章被迫令退休,山东邮区局长又复出缺,业由此间总局遴选资深之郑维聪,前往署理以专责成,本月十日得日军降伏消息,十一日早,吴总局长通令各管区作紧急措置,所有账目钱款由各管理局长慎重保管。人员各安本位,用品勿再购买。十六、十七日又电令各局处点物封库,各处科股均派我方高级人员分别负责,直至现在,无丝毫

意外事件,各方认为在华北现有机关中乃最早最妥之应急措置者,对公对私,可告无愧。惟邮政经济管理权自事变起,即大部被日人攫取,将来账目票款暨资金局之正式移交,应今由经手日人负责办理。数年以来,物价高涨,员工薪给极感不足,幸上下员工尚识大体,所有工作效率及纪律,未甚减退,吴总局长对于应有章则、人事、系统亦能不畏强御,坚决保持,使邮政事业完整,差足奉慰。所有过去维持现状,暨最近应急措置各实情,理合撮要陈报,鉴。此后,更当益竭忠诚,继续努力,现在平津治安,尚称安谧,华北邮政总局,仍照常办公,倘蒙早示机宜。俾有遵循,尤为感祷,专电奉陈,敬待复命,职黄家德、黎其康、周盛声、吴焘、张威廉、郑维聪、韩伯良、张恩荣、魏文侯、林怡果、佟敦朴、陈然诚、张汉山及全体干部同叩。

三十四年十月

北京市档案馆,J10—1—1560

警察保护日侨公司煤炭函令

1945 年 10 月 18 日

事由:为呈报管界松竹胡同西城第二日本国民小学校存放华北石炭公司煤末被附近住民撮取制止经过由

内二区警察分局

本月 16 日前夜十时余,据管界李阁老胡同 20 号西城第二日本国民小学校车夫王升报称:华北石炭公司日人山中,与本校校长饭野借得松竹胡同 4 号,本校操场存放煤末;本日前夜十时余,有附近一带住民将门开启,撮取煤末,为制止等情报请核办等情前来,当即派员带警前往现场,撮煤之人业已散去无踪,询据看守人声称约计损失煤末二三千斤。除饬属查缉务获,并派警在该场妥为看守外,理合据情报告。

北平市警察局局长陈

三十四年十月十八日

北京市档案馆,J181—24—551

平津区日本官兵联络部请求制止风船船夫取闹函

1945 年 10 月 20 日

事由:按平津区日本官兵联络部称,风船船夫近来时有向帆船公司取闹,请制止并协助办理由

第一战区司令长官司令部代电三十四年十月二十日

北平市熊市长哲民兄勋鉴:据平津地区日本官兵善后联络部部长根本博呈称,在停战前日军为向本土输送战力物资,曾于华北地区新制风船,由山下特殊帆船公司担任输送实施。船夫系招募华北有经验之船夫充当,停战后,逐次返里,为对其表示慰劳,拟定给予退职津贴,该船夫共 3500 名,近来时有不逞之徒向该公司藉词取闹,请予制止,等情,特电查照希予协助办理为荷。

北京市档案馆,J1—1—404

工务局奉令接收日本铺道株式会社等处仰协助函

1945 年 10 月 24 日

本局顷奉市政府令:着负责接收:1. 日本铺道株式会社内四区西直门内北沟沿 142 号及宝禅寺 18 号,2. 北支建材社内四区西直门内南小街 55 号等处器材房产,等因。兹派本局办事员王玉魁,技佐傅宗正、白福祥等前往接收,烦请贵分局转饬该管警察段予以协助,并严禁闲杂人等占用房屋以利进行,相应函达即希查照为荷。

此致

内四区警察分局

局长:谭炳训

三十四年十月二十四日

北京市档案馆,J183—2—20936

伪华北电力公司总裁井上乙彦暂时留用而请保护其住居安全函

1945 年 10 月 27 日

　　市长赐鉴　本处接收伪华北电力公司,现在办理结束,所有日员均暂令继续工作。该伪公司总裁井上乙彦为重要负责者,尤应令其个人生活安全,俾可效力。查该日员住宅,在内二区前京畿道门牌 34 号。兹闻贵府警察局派员警前往查封,情形迫切用特,仰恳我公俯察特殊情形,予以保护。至该员住宅产权,倘有纠葛,自应听候照章清理。惟暂时拟请准予照常居住,一切均由本处负责看管。即祈转饬主管查照办理,不胜感祷之至。谨此。

　　交通部平汉电信交通接收委员聂传儒上

　　三十四年十月二十七日

北京市档案馆,J1—1—444

军事委员会更改日俘名称电

1945 年 10 月 28 日

　　民国三十四年十月二十八日军事委员会委员长北平行营代电

　　北平市政府熊市长鉴:据孙长官代电转何总司令申元电开:1. 日本投降后,其驻华派遣军名义业已撤销,此后应不再称为敌军或日军,可称日本官兵;2. 对已收编伪军,除在行文上应按已委名义外,口实不称伪军,可称自新军等……

北京市档案馆,J1—1—229

中央信托局接收的几家日人公司及其职员情况

一、名称及地址:中华出光兴产株式会社北平分店

北平崇文门大街 53 号

该社总社设于日本东京,下分中国、朝鲜及伪满洲国三本社

二、组织中国本社设于上海,综理华北、华中、华南三支店

北平支店为该本社在华北各分支机构之主体,并设有华北监督 1

人,华北董事兼华北监督村越隼人

支店长:立川兼雄

职员 29 人,男 17 人,女 12 人,全部为日本人

工役 4 人,中国人

民国三十四年十一月三日接收

中央信托局

一、名称及地址:安宅产业株式会社北平支店

北平王府井大街 107 号

二、组织

该社总社设于日本大阪

北平支店内部分机工、金属、工业、物资、棉花、经理、总务六部

支店长:本田一男

支店长代理:马渊邦茂

职员 11 人,男 9 人,女 2 人,全部为日本人。

工役 4 人,中国人

民国三十四年十月二十二日接收

中央信托局

一、名称及地址:住友株式会社北平事务所

北平市东四牌楼二条胡同 5 号

二、组织

该社总社设于日本大阪

北平事务所直属于总社,内部附设华北机械工业株式会社

主席:鲛岛龙雄

次席:川鹤新一

职员 3 人,全部为日本人

工役 1 人,中国人

民国三十四年十月二十三日接收

中央信托局

岩井产业株式会社(岩井产业股份有限公司)为日本商人岩井氏所手创,1871 年成立于日本大阪市,七七事变前夕始在上海、汉口等地设立支店,旋又增设天津、北平、青岛、张家口四支店,并陆续设置出张所于石家庄、保定、济南、归德、新乡等地。

北平支店直属于天津岩井支店,其营业方针、资金运用,均由天津支店统筹,业务不振、设备简陋、仓库不敷应用,所有顾客寄存物资,大半露天放置。接收时,该支店除存有麻袋 300 条外,别无长物。

一、名称及地址:岩井产业株式会社北平支店

北平内六区南池子大街甲 48 号

二、组织

该社总社设于日本大阪

直属于大阪总社

支店长:和气亨

支店长代理:水津林三

职员 11 人,男 7 人,女 4 人全部为日本人

工役 1 人,中国人

民国三十四年十月二十三日接收

中央信托局

大仓产业株式会社(大仓产业股份有限公司)系于 1863 年 10 月成立于日本东京,迄今已有七十余年之历史,初名大仓组商会,资本金 15 万日元,1876 年改设内外用达会社,资本增至 50 万日元,以经营海外贸易为主,1889 年于华北天津设立支店,业务范围仍限于普通对外贸易,同时另于北平设立驻在员办事处,除业务外负有与各军政机关联络任务,1938 年 4 月升格为北平支店,经营杂谷、机械、车辆、食品等业务。北平虽设支店,仍为天津所管辖,每月经费均由天津支店拨给,故该店内容详情,以及营业概况,可参照天津支店报告书。大仓组喜爱原有保险部门,因营业欠佳早已停办,其残留资产亦已并入大仓产业会社矣。

一、名称及地址:大仓产业株式会社北平支店

北平内六区北池子大街 66 号

二、组织

该支店隶属于大仓产业株式会社天津支店,内分会计、庶务、机械及材料三系

支店长:龟田吾一

职员 18 人,日 15 人,中 3 人

工役 4 人,中国人

民国三十四年十月二十二日接收

中央信托局

一、名称及地址:大仓土木株式会社北平支店

北平内六区北池子大街 66 号

二、组织

该会社为股份有限公司,总社设于东京

该支店土木建筑及经理三课,并于天津、青岛、太原等地各设出张所。

支店长:西田真一郎

职员 90 人,日人

工役 6 人,中国人

民国三十四年十月二十二日接收

中央信托局

河北裕民公司系由前东三省官银号改组之大兴公司,于民国二十五年投资组织初设于唐山,名裕民股份有限公司,资本额定一百万元,然实收资本仅得半数。该公司成立后,即分设营业处于冀东各地,经营典当及代理火险等业务。至民国二十九年,始由河北银行、伪联合准备银行、冀东银行三行合资,将大兴公司股本收买,正式改组为河北裕民股份有限公司,实收资本 200 万元,并将总公司移设于北平,扩大营业区域,先后在河北各地设立分支机构 17 处。此外,该公司并于三十三

年十二月联同郑州商会、伪联合准备银行,共同投资另组同一性质之河南裕民股份有限公司于郑州。

一、名称及地址:河北裕民股份有限公司

北平内四区什锦坊街武定侯 8 号

二、组织

该公司股份有限公司总公司设于北平,内分总务、稽核两部

常务董事:久原克弥

董事兼总经理:李树维

职员 15 人,日 1 人,中国 14 人

工役 9 人,中国人

民国三十四年十月二十日接收

中央信托局

北京市档案馆,J38—1—4

北平市警察局关于日侨、日俘的几份训令

北平市警察局训令

案奉北平市政府秘字第 22 号训令内开:为训令事,案准军事委员会委员长北平行营参谋处 10 月 11 日通报内开,据报日军 1420 特种部队自奉何总司令命令集中南京后,仍有一部残留于华北各地区从事特务工作,企图扰乱华北治安。该部队人员残留若干尚未确悉,每日化妆中国人,手持照相机出入公共场所活动,闻已有多人加入华北开发及华北交通等公司内为其工作之掩护,故近日该公司之日系职员变动甚大,颇堪注意。等因。准此合敕令,仰该局迅即通饬所属,切实注意勿忽为要,此令等因,奉此,除分令外,合行令仰该分局长迅即转饬所属,切实注意为要。

三十四年十月二十七日

北平市警察局训令

按奉侍中手谕:"据日方报告,日侨从本日起陆续集中,西郊所空

出房屋应如何处理请示办法前来,当经指示,1. 由日侨租住之房屋如与房东无纠纷者,可邀请房东同赴所辖警局报明,即由房东收回;2. 如系强占民房或房东不在平者,应报由所辖警局接收看管,希速电饬各分局遵照办理"等因,奉此,除先行电传外,合行令仰该分局遵照办理。

民国三十四年十月二十六日

北平市警察局训令

案奉北平市政府秘字第 300 号训令开:案奉第十一战区司令长官司令部代电内开,据报根本博报称日军缴械完竣后,尚预存留本城之日军部队并其人员额数如另表,理合具文呈请鉴核,等情。兹为办理事务便利,除复准予留置外,兹抄送原表特电查照等因。附原表一纸……

民国三十四年十一月二十四日

局长陈焯

存留日军部队并其数额

1. 华北方面军司令部 800 名;

2. 驻蒙军司令部之一部分 150 名;

3. 华北派遣宪兵司令部及北平宪兵队之一部分 60 名;

4. 第二野战铁路队司令部 50 名;

5. 华北方面军司令部通信队之一部分 80 名;

6. 第一百五十一兵站医院计本分院各一处(南小街分院)2250 名(内包含患病者),420 名(内包含患病者);

7. 华北野战修车厂之一部分 200 名;

8. 华北野战货物厂之一部分 300 名;

9. 百五教育飞行团司令部 30 名;

10. 第十五野战航空修理厂 470 名;

11. 第四气象联队之一部分 180 名;

12. 第十四航空通信联队之一部分 300 名;

13. 上列所需自卫部队约 350 名(全部武装)

注:自第十至十二项所列部队乃基于中国方面之指令要求存留者,

第九项所列部队为统辖此等部队之需要存留者。

北平市警察局训令

顷奉北平市政府秘字第 128 号训令内开:案据公用局局长凌勉之签呈称:"案奉钧府秘字第十八号训令内开:本市城郊日人经营之工厂、会社,不属于中央接收范围内者,着由北平市政府公用局调查,分别派员接收具报,此令。等因奉此,业由本局组织本市城郊日营工厂、会社接收办事处,开始调查并研讨接收步骤,俾便实施,除派员分组前往接收,一俟蒇事,再行具报外,拟请钧府令行警察局转饬各分局所,对于本局接收人员,遇事切实协助,并对于已经切实保护,以杜意外,理合具由签请鉴核,迅赐施行。"等情,据此,合敕令仰遵照,对于接收人员切实协助,已接收工厂商店房屋设备资财等项派警驻守,负责保护为要。等因奉此,自应遵办,合行令仰该分局遵照,切实协助并派员保护为要。

此令

民国三十四年十一月八日

局长:陈焯

北京市档案馆,J185—2—466

严查日侨、日俘入籍中国或潜入中国军队工作电

1945 年 11 月 10 日

第十一战区长官司令部代电

三十四年十一月十日

奉委座 1060 训令开,据报日本在华军民投降后,潜伏内地。有化装及改名入中国籍者,更有潜入我军队工作等情,仰饬属彻查严禁,以杜阴谋等因,仰遵照办。

北京市档案馆,J1—1—358

遵照盟国最高统帅部规定限制日官兵侨民携带通货银券

1945 年 11 月 20 日

何应钦来电三十四年十一月二十日

第十一战区孙长官、北平市政府熊市长勋鉴：密兹规定日官兵侨民于港口乘船归国时，携带款额应遵照盟国最高统帅部规定……此外，各项通货银券以登船后不能再用，无庸携带，应交由中国国家银行收存，除分行外希请查照……

北京市档案馆，J1—1—304

四局联合办公第一次会议记录

1945 年 11 月 28 日

一、日期：11 月 28 日上午十时

二、地点：公用局局长会客室

三、出席人：凌勉之局长、警察局代表高飞、社会局代表胡介峰、地政局代表徐书华、日营工厂接收办事处副处长张雨晨、接收办事处秘书王葆华、接收办事处管理课长韩赓庐、接收办事处庶务股股长钱寿岩

四、主席：凌勉之

五、记录：钱寿岩

六、整理

会议事项

主席：关于接收日营商店已经奉令由社会局、警察、地政、公用四局办理，为求进行顺利，接收手续应特别周密，以防流弊，惟本市日营商店过多，一一接收殊非易事，且日本投降已将三月，各店货物所存恐已无多，警局当面闻已着手办理，不知采如何方式接收，并已接收若干。

警察局代表：敝局现查封之日人商店为普遍之查封保管，自十一月初即着手办理。近日统计已接百分之七十以上，即日可告完竣。惟各商店货物存者固有，而大部分已无存货，敝局接受所取方法、原则，除查

封外,并令其将财产造册,由承交人继续负责保管。

主席:警局因分局及派出所关系办理自较便宜,今各局应共拟一接收原则。

接收原则

(一)关于日营商店之房地产及其设备,由警察局分区查封,报房地产清理委员会交由地政局审查清理。

(二)关于帐簿(包含现金帐、货物及其他必要之账目)现金、银行存折,于接收时必须由承交人交出,如不能交出时,须由承交人立具切结。

(三)属于货物,依其财产目录,由社会局、警察局查点集中保管处理之。但因特殊情形者,得斟酌情形办理。

(四)属于家具生财,如该商店房屋系租用或抢占者任存原地,由原负责人保管,报请党政接收委员会核办。

(五)关于房地产属于日商者,其家具一律不动,由原负责人保管,随同房屋处理。

(六)关于货物,由警察局点交社会局,评价出售与市民及公务员。

以上原则由四局局长签呈市长核准施行

决议事项

在公用局三楼会议室作为四局联合办公之用,此共同机构由四局各派二人在此联系办公。总务方面、文书档案等内勤工作,由公用局办理;接收、警备、保管、外勤工作,由警察局办理;房地产由地政局办理,会计帐目由社会局办理。

北京市档案馆,J185—2—10224

调查日侨、日俘战争犯罪标准

日本战犯罪证调查小组搜集战罪证据标准

一、战罪种类:

1.破坏和平罪:凡计划准备发动或从事侵略战争计划,准备发动或从事于反国际条约协定或国际安全之战争或为完成上列行为而参加共同计划或同谋者。

2. 违反战争法规及习惯罪

谋害与屠杀——有系统之恐怖行为

将人质处死

对平民施以酷刑

故意饿毙平民

强奸

拐劫妇女强迫为娼

流放平民

拘留人民予以不人道之待遇

强迫人民从事有关敌人军事行动之工作

军事占领期间有僭主权之行为

对占领区居民强迫征募兵役

企图奴化占领区居民或剥夺其公民特权

抢劫

没收财产

勒索非法或过度之捐款与征发

贬抑货币与发行伪钞

施行集体刑罚

肆意破坏财产

故意轰炸不设防地区

毁坏宗教、慈善、教育、历史建筑物及纪念物

未发警告且不顾乘客与水手之安全而击毁商船与客船

击毁渔船与救济船

故意轰炸医院

攻击与击毁病院船

破坏其他有关红十字之规则

使用毒气

使用爆裂弹及其他非人道之武器

发布尽杀无赦之命令

虐待俘虏及病伤人员

征用俘虏从事不合规定之工作

滥用休战旗

井中置毒

集体逮捕

二、战罪期间：自九一八前后至日军缴械为止

三、战罪证据：

1. 物证——应予搜集

计划、准备发动罪行之计划书、命令或其他公文

足以证明罪行之日记、函件及其他私人文书

足以证明罪犯思想、主张或行为记录之著作

足以证明罪行之画报及照片

敌人使用酷刑所用之刑具

被审者之遗骸、集体坟冢或受伤者之伤痕照片

医师或有关方面之调查书、报告书或证明书

战俘或战犯之口供书、自首书或报告书

非人道武器之破片或战利品

见证人之见证书或陈述书

2. 人物——应予登记

被害人

被害人之亲属

罪行目击者

参加罪行者或参与罪行计划者

3. 凡属有证据价值者皆应搜集之

远东国防军事法庭调查罪证纲要

（一）抗战前日本对华阴谋侵略之计划、准备与挑衅行为

（二）抗战发端之战争责任

1937 年 7 月 7 日卢沟桥战争

1937 年 8 月 13 日上海战争

1937 年南京战争

1943 年 11 月间上海暨其他城市之事件

（三）德日于发动或进行侵略战争之诸种合作行为

德于未参加对华战争前予日本之诸帮助

德国在华活动与其驻日外交使节间之联络关系

德日合作中斯坦墨之作为：于其来华任伪大使前；战争期内彼曾任中国伪大使时之作为；战争期内彼任德国驻日大使之作为

（四）违反战争法规国际条约与协定之战罪行为

毒气之使用

细菌战——散播细菌

（五）对人民之暴行

（1）南京之强奸与大屠杀

（2）日军在其他城市之类似行为

应付责任之指挥官

罪行之性质与范围

罪行之期间

受高级指挥官指使赞同或允许暴行之证据

（六）对战俘之虐待

（1）非人道虐待战俘之确证

（2）虐待之程度与范围

（3）高级指挥官所颁布待遇战俘方法之命令

（七）日本侵华机构

兴亚院

华北开发公司

大东亚省:组织效能及控制情形

日本控制在华诸侵略机构执行程度与日本政府控制方法

(八)鸦片麻醉毒品

(1)受日势力影响后之贸易增加情形

(2)日本统治下中国伪政府实施毒化之情形

增加之情形

实施之情形

此种毒品贸易与日政府之联络关系

蒙疆土浆组合(鸦片):组织情形,日政府对于此种组合之管制

(九)其他藉以形成日本侵略战争之诸事实,及其他打击人道良心之罪行,而应归咎于高级指挥官者

　　附记:凡证人所叙述之详细事实须加签字与具结,如可能希望能缮写三份。

北京市档案馆,J181—24—1160

北平地区日侨、日俘集中之训令
1945 年 11 月 7 日

北平市警察局训令

案奉北平市政府十一月一日训令开,案奉第十一战区司令长官司令部代电内开:1.北平区日侨已饬自即日起,分别向西苑、新市区、城内一三五区日本学校及日人私有公司、住宅、商店集中;2.天津区日侨已由美军指定集中区域;3.遵照总司令之规定,集中后之日侨,在北平区应由北平市政府,天津区应由天津市政府,分别指定所要人员负责监督管理;4.担任警备之部队,由本部另令指定。以上四项,请查照办理等因。

三十四年十一月七日

局长陈

北平地区日俘集中地点表

地点	收容量	收容日俘种类	备考
北平城内一三五区日本学校及日人私有公司、商店、住宅	15000—20000	1. 平津地区日本官兵善后连络部官佐军属 2. 日本涉外部 3. 交通部电气及特殊技术人员	细部由本部另定规则。
北苑	5500	缴械后之日军	
西苑	26000—31000	缴械后至日军5000；日侨21000—26000	
新市区	40000—50000	日侨	应尽可能增大收容量。
通县城内营房及公产	30000	缴械后之日军	92军担任通州警备部队驻4营及潞河中学北侧7个小楼。
光明殿2号日本第二高小支校	200—300	台民	
东方旅社新世界	400—500	韩侨	细部另令规定。

北京市档案馆, J183—2—20913

北平行营关于输送日侨徒手官兵回国空余吨位时准许日侨搭乘返国的代电

1945年12月4日至15日

本件拟分令日侨集中管理处及警察局遵照,并电复谨具稿呈核。

北平孙长官熊市长鉴准何总司令戌俭性英电开,关于美船 L. S. T 输送日侨徒手官兵回国时,如余有空余吨位准许日侨自塘沽及青岛搭乘返日。业经麦克阿瑟将军同意,惟仍须尽量将该项人数限于日海陆军徒手官兵及有反抗性或扰乱性之日侨,其余日侨之输送应尽量使用麦克阿瑟将军所指定之日本海军运输船,计大艘外线七艘。希即遵照办理。平李宗仁亥支参三游印。

代电第463号,军事委员会委员长北平行营主任李钧鉴,亥支参三游印代电敬悉,承示输送日侨徒手官兵时,如有空余吨位准许日侨自塘沽及青岛搭乘返国等因,奉此遵经分饬日侨集中管理处及警察局遵照办理在卷,谨电复请鉴核。北平市市长熊叩。

更正战俘管理处暨各管理所名称

1945 年 12 月 6 日

事由:为遵令更正本处暨各管理所名称请查照并希饬属知照由

三十四年十二月六日第十一战区司令长官部克复日本徒手官兵管理处公函

径启者,案奉第十一战区司令长官司令部代电开奉部长陈戍务参二电开:兹修正战俘管理机构名称如次:1. 某战区司令长官部(方面军司令部)战俘管理处更正为某战区司令长官部(方面军司令部)克复日本徒手官兵管理处;2. 某战区司令长官部(方面军司令部)战俘管理处某战俘管理所更正为某战区司令长官部(方面军司令部)克复日本徒手官兵管理处某某地方集中营,编制不变等因,希即遵照办埋为要,等因。查本处由战俘管理处名称遵令更正为日本徒手官兵集中营管理处,各经过情形曾经分函各关系机关查照在案,奉电前因遵将名称亦更正为第十一战区司令长官部克复日本徒手官兵管理处,暨各管理所之名称亦更正为第十一战区司令长官部克复日本徒手官兵管理处北平地区西苑、通县、丰台集中营管理所,除以换用新印鉴并呈报及分令外,相应函请查照,并希转饬所属一体知照为荷。

此致
北平市政府
处长马友文

不得擅自动用收缴日军之军需物资的训令

1945 年 12 月

北平市警察局训令

案奉市政府训令内开：案奉军第十一战区司令长官司令部抄送中国陆军总司令何代电开，密奉委座电开：查收复区日军交出之武器弹药、粮秣服装、运输工具及卫生器材等一切军用物资收来，均须抵付赔偿。希饬接收机关务按日军造册表，随时分报何总司令及军政部备案，不得隐匿不报及擅自动用。至于如有迫切需要必须移用者，应先报经何及军政部办理。其接收之军用物资，须择地妥为集中保管，军马亦须妥为饲养……

三十四年十二月七日

局长陈

北平市警察局训令

案奉北平市政府训令内开，奉中国陆军总司令部代电内开：据报中央派驻各地接收人员，对于中央及地方互有关系之机构往往自行接收，任意启闭，甚有召集杂军成立监护队，接收步调恐将紊乱等。兹规定：1. 中央所派全国性事业之接收人员，应以所定接收事业之范围为限，并应与地方省市党政接收委员会所得联系，其有涉及地方关系者，并应与该省市接收委员会洽同办理；2. 自行招收杂军监护之事应严禁，除分电外，希查照办理等因奉此……

三十四年十二月一日

局长陈

北京市档案馆，J183—2—38129

日本徒手官兵集中营管理处各管理所所长姓名呈报函

1945 年 12 月 12 日

北平市警察局训令

案奉北平市政府府秘二字第 602 号训令内开，案奉第十一战区司令长官司令部代电内开:据本战区日本徒手官兵集中营管理处处长马友文呈谨将本处各所长姓名呈报如次:1. 第一集中营管理所(西苑)所长李六启,2. 第二集中营管理所(北苑)所长刘清芝,3. 第三集中营管理所所长(丰台)张述先,祈转有关机关部队知照,等因奉此除分令外合行令仰知照,等因奉此除……

民国三十四年十二月十二日

局长:陈焯

北京市档案馆,J183—2—20909

日共领导冈野进返日途经北平

1945 年 12 月 20 日

事由:饬查并防制日人投奸由

国民政府军事委员会委员长北平行营代电三十四年十二月二十日参字第 1362 号

本市熊市长密,据报日共产党首领冈野进,前由延安抵张家口时,即选派日系工作人员数十名,在平西山一带秘设日人招待所,罗致不愿回国之日侨及日官兵,并常派员潜入西郊收容所,煽动日人,现西郊所属之日人因食粮缺乏甚为动摇等情,希详查防制具报。并饬改善日侨待遇为盼。

平李宗仁参森亥贺二印

北京市档案馆,J1—1—270

参加接收日营商店研讨会议的报告

1946 年 1 月 12 日

报告 1 月 12 日

窃职奉派出公用局 11 日下午 2 时召开之接收日营商店研讨会议,遵既准时前往于该局会议室等候至 4 时,始陆续到齐,开始会议。计出席公用局凌局长、萧鲁源、钱寿岩、市营工厂临时管理处总务科长邓汝和、地政局代表李存甲、社会局视导室主任薛品源及职等,兹将议决事项列后:1. 关于日营商店之房屋、资产,以及设备,由公用局印就表纸,送警察局分发各警段调查,并由警察局汇订成册分送公用、地政、社会各局备用;2. 关于不动产之清理,由地政局审核办理,分别运营发还;3. 关于货物交由合作社,以平价售给公教人员,少有不能使用者,如机器等标卖之;4. 家具均放置原处不动,视作房产之□(原字不清),有活租用,分别租卖;5. 所有债权一律由原有日本人,自行负责清理;6. 现金一律充公;7. 一切房产物资于处理时,均由警、公、地、社四局指派专人会同办理。

　　谨呈,科长:茅

北京市档案馆,J185—2—10221

李(宗仁)主任召集谈话会时指示接收意见

　　甲:敌伪机关除军事部门应由战区军事接收委员会负责接收外,余应按性质分别由中央特派员及省市接收委员会接收,即某事业属于全国性者,由中央各部特派员依其性质接收;属于地方性者,由地方党政接收委员会接收。

　　乙:各敌伪机关人事财产接收后之处置办法如左:

　　A 应结束者,即速结束(如禁烟总局合作事业总会等)。

　　B 不能结束者,暂时维现状,但其生产或须继续清理之机关职工、兵夫应裁减至不可少之限度,以节经费。

　　C 生产机关之日籍技术人员,可择优留用,但须册报本行营,以便通知战区暂缓稽之。

　　D 留用旧有之职工、兵夫,其待遇应由接收机关按原级给与核发,主食仍亦照旧配发,致杂费各按实际须要核实酌支,但须每月分两期发放。

　　E 各部门接收财产物资,除由各部门负责保管册报其直属部会处外,应同时册报本行营一份备案。

丙:接收后之财产物资之分配使用,如发生争执时,由本营妥适裁定,呈候中央。

北京市档案馆,J13—1—1404

限期接收日本在华各地同仁会及遣返相关日籍人员令

1946 年 1 月 30 日

北平市警察局训令

案奉市政府秘二字第 1173 号训令内开:案奉中国陆军总司令代电内开,以前奉委员长电令,饬与社会部妥筹接收日本在我国各地所设之同仁会,停止其一切活动,并将从事该项活动之日籍人员遣送回国,并限三个月内接收完毕;经本部饬据日总联络部冈村宁次,查报该同仁会组织要书配置画及调查概略(加附件),并准社会部各部长拟定接收同仁会办法要点;兹请社会部即行派员,分赴各地主持接收其有关事宜,并邀同地方政府协助办理,除分电……外奉此,除函达北平党政接收委员会并分令外,合行抄同附件,令仰该局遵照办理具保……

民国三十五年一月三十日

局长:陈焯

同仁会机关配置要画

北平:诊疗所、地区防疫处、地区卫生研究所

天津:

张家口:诊疗所、防疫处、地区卫生研究所

保定:诊疗防疫班

石门:诊疗防疫班

太原:诊疗防疫班

临汾:诊疗防疫班

运城:诊疗防疫班

新乡:诊疗防疫班

开封:诊疗防疫班

济南:诊疗防疫班、防疫处

青岛:青岛医学专门学校、诊疗防疫班、防疫处

芝罘:诊疗防疫班

同仁会:东京本部

一、蒙疆支部:诊疗班1,地区防疫处1,地区卫生研究所1

二、华北支部:诊疗班4,诊疗防疫班8,地区防疫处1,防疫处3,地区卫生研究所1,青岛医学专门学校1

三、华中支部:诊疗班5,诊疗防疫班7,地区防疫处1,防疫处3,地区卫生研究所1

四、海南岛支部:诊疗班1,诊疗防疫班1,地区防疫处1,防疫处3,地区卫生研究所1

接收日本在中国境内各地同仁会办法要点:

一、在中国境内所有日本同仁会支部,由社会部指定人员或责由当地社政机关接收之,其所隶属之医药卫生文化事业,由各目的事业主管官署分别接收。

二、前条所举各项事业或其财产部分,涉及同盟国权益者由接收机关清理后分别发还。

三、各支部及其事业人员除技术人员合于征用条例者得留用外,其余一律遣送回日本。

四、各支部及其事业所用我国人员,除支部人员遣散外,事业部分人员得分别甄用,并予以适当训练。

五、各地同仁会友部及其事业统限于三十五年一月底接收完毕。

北京市档案馆,J183—2—23492

切实减少留用日人担任情报调查工作令

1946 年 2 月 25 日

事由:北平行营代电各机关应切实减少日人担任情报调查等工作仰遵照

民国三十五年二月二十五日

北平市警察局训令

令司法科长程远

案奉北平市政府……训令内开:案奉北平行营代电内开,据平津地区日联络部根本博甲涉第 1256 号,呈中国方面各机关夏季人员偕同手下日人强勒鄙方财务恳请禁止;再者为中国所利用之日人多属不良分子,用作情报工作殆有失坠中国机关之名誉与权威等语。查日人狡黠利用不当反为厉偕,希转饬所属,并通告有关机关对于担任情报调查工作之日人,应切实减少留用数额,以免敲诈作恶影响声誉。如非经负责机关之核准,更不可擅自私行留用躲避集中为要,等因奉此,除电复并分令外,合行令仰该局遵照。对于留用日员,务须特别慎重,尽量减缩,以防流弊为要。此令。

中华民国三十五年二月二十五日

北京市档案馆,J181—24—1033

查处容留日人中村万寿男匿居化名张万春呈报户口案

1946 年 2 月 16 日

案由:内六区分局解张助清容留日人中村万寿男匿居化名张万春呈报户口等情

犯罪事实及处分理由:

缘张助清居孀,曾经友人梁姓介绍与日人中村万寿男姘度已十余年,前年 6 月间,在天津开设万孚牙粉工厂,于日本投降后停业来平。住居火神庙 13 号,容留中村万寿男寄居家中。中村因病避免集中,由张助清将中村万寿男化为中国姓名张万春,向本管警所呈报户口,被警查出带至分局提讯,供认前情属实,惟称并无别情;分局认为蓄意不良,涉有背景,将张助清等解案,讯问前情,并据张助清称,万孚牙粉工厂是我呈准营业,领有执照,调验营业执照等件均属相符,并无隐匿日人财产情事,亦无若何背景,查张助清容留日人匿居化名呈报户口,(实属违犯行政执行法第四条第二款,拟按同法第五条处以罚锾20元,依战时罚金罚锾提高标准20倍,处罚400元示儆)违犯警罚法第七十五条第一款处7日之拘留。日本人中村万寿男,本拟即时送往集中,惟因病饬其取保候传,拟检同保结函请本市日侨集中管理处。

查照合办其该管段户籍警长警士,对于接受张助清所报增丁不加调查,殊属玩忽职务,拟指令该分局查取职名呈候核办,当否? 敬祈钧示。

呈复查取警长户籍警士等职名请鉴核由

内六区分局呈　民国三十五年三月三日

案于三月一日接奉钧局警司事第937号指令略开:为报张助清呈报增人该管户籍警长警士等不加调查,玩忽职务,仰查去职名呈候核办,等因奉此遵查该段二等警长张景元,户籍三等警士马丽生、高永福等已由分局处罚,警长申诫。户籍警马丽生禁闭六日,高永福禁闭四日,均撤去户籍职务,并交该管巡官监视,以观后效等情,理合开具名单呈复鉴核。

内六区警察分局分局长韩新周

北京市档案馆,J181—25—628

北平日本同人佛学研究会为廉价配售清酒呈北平市政府公用局函
1946年3月5日

北平日本同人佛学研究会呈北平市政府公用局

三十五年三月五日

事由:呈请将白雪清酒廉价配售本会会员饮用由

签注:查佛教人士不应饮酒,该会请廉配白雪清酒一节,似不甚相宜;且该厂出品亦应顾及成本,不应廉售,拟即批示不准,当否

三月六日

为呈请事,窃敝国自战后,所有在北平经营之工商业均由贵国机关查封接收。窃查日本清酒一项,贵国人士素不喜饮用,且此种清酒放置日久,即变味毁坏。为此,可否将白雪清酒6万瓶,廉价配售于敝会会

员饮用,以免损失。以上所陈,是否有当,敬祈鉴核恩准,不胜……

　　谨呈北平市公用局局长凌

　　北平日本同人佛学研究会

　　北平新街口头条 5 号

　　负责人:新德丰

北京市档案馆,J13—1—304

国民政府通令北平配合日本罪证调查小组工作

1946 年 4 月 9 日

　　国民政府军事委员会、行政院通令北平市政府:民国三十五年四月九日

　　查日本侵华十五年荼毒罪孽,不可胜计。凡破坏和平、执行战争之祸首元凶,及在中国战区,悖逆公约,违反人道之战犯,自应依法严惩,以申正义。兹就远东国际军事法庭检察官来华之机,特派日本罪证调查小组柴子尚等五员,会同该处美籍调查官克劳莱登,前往南京、上海、徐州、北平、郑州、南昌、武汉、长沙、衡阳、桂林、广州、福州、台湾各地,搜集战犯罪证及指导处理战犯事宜,合行检发远东国际军事法庭调查罪证纲要暨日本战犯罪证调查小组搜集战罪证标准各一份,以资依据。除分令外,仰即遵照,并商同暨转饬有关单位充分准备,于该小组到达时,适切提供并予以工作便利为要。

　　此令

　　蒋中正　宋子文

北京市档案馆,J1—1—542

北平市日侨集中管理处讨论韩侨遣送问题会议记录

1946 年 4 月 10 日

　　日期:民国三十五年四月十日星期三下午三时

　　地点:北平市警察局会议厅

　　出席人员：韩侨管理所所长何瑞彰、副处长李济安（未出席）、谭邦杰、秘书主任徐贯一、秘书单守全、总务科科长李天民、组训科科长张绍华、警察局外事科科长孟昭楹、户政科科长茅庆山。

　　开会如仪

　　兼处长训示

　　今日召集各位讨论关于遣送韩侨事项，最近接盟军总司令部电称，盟军现准备有登陆艇输送韩侨，须于4月7日至15日将平市韩侨全部集结于天津，过去办理韩侨集中，韩侨多不肯从命，始终未集中预定数字，已集中者不足四千名，由救济总署主办遣送，归国者二千名。今后遣送未集中者，因皆散居城内，更于短期内遣送完竣，故稍感困难。最近，据确实统计共有3166户17993名，除已集中遣送或可留居本市者尚有约一万二千余人，均须克日遣送天津，今日讨论重点即在如何于短期内遣送完竣，如何使其不愿离开者动身，及如何填造名篇（需中文者四部，英文者十六部），须今日讨论。

　　1.谭副处长报告

　　关于遣送韩侨，8日奉长官部代电，于15日前集中于天津，又于9日接北平市政府训令内容亦同，故视为紧急工作。此项工作本为本处任务，但过去因种种关系仅集中十分之一二，其十分之八九皆散居于城内。侨管处对于韩侨户口调查工作不确实，当前命令紧急，无准备时间，韩侨更有种种藉口，且与日侨不同，不似日侨具有系统之组织，本处力量薄弱，故须请各分局协助。今日研究于此种情形下，如何于短期内送至天津，今日已送走二千名，系已集中者，但明日即成问题，应研究一有效办法，以不起纠纷、不流血之方法，最切实迅速为则，即于15日前实现长官部之命令，实为切要。

　　2.孟秘书报告

　　韩侨遣送事于1月前即有消息，但无命令。日前长官部召集遣送韩侨紧急会议，出席者有军运管理处、河北省日侨管理处、日俘管理处、北平市日侨管理处及党政处参谋决议案，计于4月10日以后，每日均有输送韩侨列车之准备。天津集中营房舍问题,据天津张市长复电称,已准备屠宰场及北洋大学二处,足可容北平市内之韩侨,最大原则即须于 15 日前遣送完毕,此不仅系总司令部之命令,亦系联合国方面共同之主张。七日在党政处开会以后,韩国宣抚团秘书闻讯,即以卑劣之手段,阻碍我方遣送工作,更直接与美方捏造不能遣送原因,要求美方向孙长官请求缓期,今日应加讨论,如何对付其手段,此为本人之意见,供大家参考。

3. 何所长报告本日遣送情形

本日前所原定系十三分队,故无准备,侨民会即鼓励侨民抵抗阻挠工作,至今晨九时侨民尚未整理行李,宣抚团并称如不缓期,此后即不负任何责任而要挟之。

不时,光复军带美兵二人前来询奉何处命令遣送,时舍会长带数人亦到,谓本日不能出发。同时,又接电话称仍旧遣送,当即继续办理于十一时许,有二三十名侨民复返,据称被侨民会青年拦回者,现仍集中于所中,嗣后恐似此同样事件更多,须加防范,现在伊等之藉口,即抵津后之食粮问题,请加讨论。

4. 李科长报告

仅述数要点以供参考

留用韩侨之有无

是否有本处不能办到者

物品之处分

如何编队造册

对蔡秘书等之阻碍如何防止

5. 张科长报告

此次紧急遣送韩侨处方,与警局合作方能达成目的,要紧密联系,以向长官部及宣抚团联络为佳,集合方式尽量以和平手段,如宣抚团不能负责时,由处方直接处置。无论如何 15 日前须遣送完毕,于遣送前一日,以集中为佳,韩侨方面可了结其私人事务,处方更可于此时检举战犯。

讨论事项

1. 对留居平市者

议决:留居者之名籍限 13 日前造竣呈处

对有房产而又正当营业者暂缓遣送(依据以前令文须有 3 家华商同等铺保)

2. 集中遣送之命令下达,由各分局转令各段按户传知,并告明第三、四、六及办理第四议决案。

3. 编队

编为六大队,按分局之区分而编成之,每大队以二千名上下为准。

议决

第一大队:内一、外一

第二大队:外二

第三大队:外二之一部及外三

第四大队:外四、外五

第五大队:内二、内三、内七

第六大队:内四、内五、内六

4. 名簿

议决按左列式由分局填选

号码姓名年龄职业

5. 集合地点

选择空房、或空地

6. 物品

议决尽量准其携带,不能携带者于集合前由其自行处分

7. 遣返顺序

十三日第一、二大队

十四日第三、四大队

十五日第五、六大队

于遣送之前 1 日,集合于临时集中地

8. 食粮

途中食粮自备,至天津待船期间由处方发给,十三日之粮由宣抚团书据统领

9. 违禁品之处置:没收

10. 其他

有临时逃避者,查处后仍予集中

各个大队由分局制定大、中、小队长须统率联络之责

考虑发生意外情事多派警戒备,对火灾等严加防范

临时集中地只警戒,由处向督察处洽商派 2 总队员警加以戒备;必要处所,仍以加派消防队为宜。

北京市档案馆,J184—2—36622

北平市日侨集中管理处关于西郊新市街区
驻兵保护日侨居住壕舍等情形的呈报

1946 年 4 月 13 日—30 日

为呈报西郊新市街区驻兵保护日侨居住壕舍及有官兵拉运所遗草垫什物各情形请鉴核备查由

案据第一日侨管理所所长陈嘉善报称:“于本月四日有后勤总部第五补给区司令部副官王学敏,来所声称'奉令率领监护士兵一排来新市街区担任保护日侨居住之壕舍,现分驻永定路及万寿路请予协助'等语。经查验护照属实,报请鉴核”等情,正拟呈报间复据该所报称“于壕舍日侨遣送前后,即有官兵设岗警戒禁止闲人进入,惟舍内所遗草垫什物等均经搜集分别拉运来所,以未经验同检点故详细数目不明,谨将概况续报鉴核”等情,据此,理合据情报请,鉴核备查,谨呈市长熊副市长张。

北平市警察局局长兼日侨集中管理处处长陈焯

为准电以据侨管处呈报西郊新市街已驻军保护日侨居住壕舍情形

准予备查希即饬知由(三十五年五月)

北平市政府府秘二字四九九七号卯加可代电,以据日侨集中管理处呈报西郊新市街已驻兵保护日侨居住壕舍等由,准此应与备查。希即转饬知照。第十一战区司令长官司令部,卯艳波三平。

北京市档案馆,J1—1—457

平津区日本团体限制办法

北平市警察局训令

案奉北平市政府4月19日交下,北平行营代电开,奉委座代电开,兹制定平津区日本团体限制办法,希即遵照实施等因。附办法一份……

民国三十五年五月三日

局长:陈

平津区日本团体限制办法

(1)日本军民未经集中之地区,应利用日本投降洽案之原有机构,如领事馆、居留民团等,详加调查登记,以便管理。

(2)日本军民并无私持武器之理由,除静待缴械之少数部队及经陆军总部特准借给之枪支外,一律应予缴收,以防意外。嗣后,再发现私藏武器者,应依法治罪。

(3)日本军民在我境内现无公民身份,即无结社、集会之自由,除呈请我政府特准者外,应予勒令解散。其有罪行嫌疑者,应予侦察拘押,依法论处。

(4)未经集中地区之日籍户口,应随时抽查以杜奸佞。

(5)必要时得另设特别日本居民集中管理所,专门收管嫌疑而无犯罪确证之日本人民,未经集中者,宜采连环保制。

(6)日本军民之行动范围应有限制,由城赴郊,或两地间之旅行,应事先获得治安机关许可。

北京市档案馆,J181—24—884

关于警惕冈野进在北平演讲、煽动日侨滞留华北的训令
1946 年 4 月 20 日

北平市警察局训令　民国三十五年四月二十日

案奉北平行营电开,据报日本解放联盟委员长冈野进曾于上年由延安返日时,途经北平对日侨有力分子发表激烈讲演,煽惑日侨继续留住华北一带,以图发展等情。兹抄附冈野进演讲词及日共在华活动近况一份,希转饬管理俘侨机关严加管理、注意防范为要。等因附件奉此,除电复并分令外,合行抄发原附件密令,仰该局遵照严加管理、妥为防范勿忽为要。

局长:陈焯

附件复印

北京市档案馆,J185—2—5004

第十一战区司令长官部克复日本徒手官兵
管理处关于变更名称的公函
1946 年 5 月 18 日

事由:为本处仍遵照部颁定称为战俘管理处函请查照

第十一战区司令长官部克复日本徒手官兵管理处公函　民国三十五年五月十八日

第十一战区司令长官司令部代电开,兹经陆军部长电,查战俘管理机构名称经奉何总司令统一规定,仍照本部颁发战俘管理计划草案规定称为战俘管理处等因,特电遵照等因。奉此,嗣后发文其克复徒手官兵字样自应取消,改用战俘两字……

北平市政府

北京市档案馆,J1—1—544

查缉郑州集中营之日俘奥田修等 5 人潜逃通报函
1946 年 5 月 28 日

事由:查缉郑州逃亡日人见状由

北平警备司令部代电　警天字第 2032 号

中华民国三十五年五月二十八日

北平市警察局公鉴,奉主任李……代电开,奉何总司令代电开,拘押于第一战区郑州集中营之日俘奥田修等 5 人于丑铣潜逃无踪,查日人逃亡多潜入民间,或加入异党,为害甚大,希饬属查缉,并见复,等因。附日俘逃亡册五份,奉此,兹将原名册随电抄送。希查缉具报,等因……

郑州逃亡日人表册

阶级姓名年龄籍贯现住所

下士班长　奥田修　32　岐阜县岐阜市玉宫町 1 丁目十八番地天津南市安大街 16 号

上等兵　西山实　32　佐贺县佐贺郡春日村大字尼寺 363 番地北平市内一区康家胡同 2 号

上等兵　片山政敏　35　福冈县守像郡南乡村大字曲 345 番地河北省通县北门后宫 3 号

二等兵　细川清吉　28　新潟县西蒲原郡四之合村大字印八郎十九番地　北平市内一区王府井大街甲 83 号

二等兵　大江秀夫　36　兵库县票郡城下村中比地 53 番地　北平市内一区大方家胡同芳嘉

北京市档案馆,J181—24—2944

部分单位留用日人技术员及其眷属人数清单

经济部接收华北电业公司办事处留用日人技术员清单

共 25 人,眷属 6+2+2+1+1+1+2+2+4＝21 人,

经济部接收华北电业公司办事处临时录用日人技术员清单

2 人,眷属 2 人。

西郊石景山居住之日籍职员名单

计 18 人,眷属 2、3、2、2、3、5、7、2、2、3、6、1、2、6、1、4、3、3

石景山居住之日籍职员

计 30 人,眷属 4、2、4、3、5、1、4、3、4、1、2、2、2、6、2、1、3、2、6、1、3、
6、5、3、3、3、3、3

北京市档案馆,J84—2—30

缉查隐匿之日人及留用日籍人员出入证样式

北平市警察局训令

案准北平市日侨集中管理处管处总已字第 560 号公函内开:案查本市集中日韩侨除各机关留用日籍技术人员另案办理外,业经遣送竣事。惟市内难免有隐匿或化名混居国人家中,企图逃避等情事,自应清查,以免遗漏。曾拟登报公告奖励国人告密,并函请宪警机关及行营督察处、警备司令部稽查处协助侦查。兹以本处于 6 月底结束上项事务,拟移请贵局外事科办理,以完手续而资防杜,至纫公谊。

此令

民国三十五年八月十六日

局长:汤

北平市警察局训令

案准交通部平津区特派员办公处人字第 670 号函开:查本处留用日籍职员自本年 2 月 1 日起,均持有上盖留用字戳记,并贴有本人相片,加盖本处关防之出入证。相应检附,该证样式等:准此除分令外……

民国三十五年二月九日

局长:陈

日籍员司出入证

左侧字样为:服务组室

职称

姓名

年龄

右侧为红字：留用

下附相片

颁发年月日

交通部平津区特派员办公处日籍员司出入证号

北京市档案馆,J184—2—34029

北平市通信局前管理课长藤井久四郎的事业状况报告书

前管理课长藤井久四郎

一、北平市通信局组织

通信局长：管理课（庶务、人事、厚生、会计、材料、营缮）、通信课（电话、电信、业务管理及企划）、工作队（四个,其中第四在保定,线路建设及维持）

二、管辖范围

办理北平市内外之建设及范围内通信的大致维持

（北平市中央电报局、北平中央电话局、北平中继所、大兴送信所、黄村受信所除外）

……

八、报务人员

参事4人　　　　华1日3

副参事9人　　　日9

上职员44　　　　日37 华7

职员168　　　　日121 华47

准职员448　　　日141 华307

役员402　　　　日10 华382（？）人10

其他90　　　　　华90

总计 1165　　　华 834 日 321(？)人 10

北平日本连络班班长提出候输返国日侨管理之指望文件
1946 年 8 月 22 日

三十五年八月二十二日一件北平日本连络班函向孙长官提交文件

为呈请关于候输返国日侨管理由

呈为呈请事,窃查今后等候遣送船只日侨必达相当数目,为此备文检同指望书,呈请

北平日本连络班班长栗井重夫

附件:关于候输返国日侨管理之指望

一、平津地区日俘侨遣回输送,以八月十日自塘沽所开遣送平津地区日本官兵善后连络部船只略告结束,惟因如左理由,应遣回日俘侨亦逐渐加增,预想将来必达相当数目。

1. 因非留用而拘留经警察局等贵国机关检举交由职班接收者(现已在职班收容共 8 名)。

2. 经地方法院看守所等释放交由职班接收者(现已收容 1 名)。

3. 为返国目的由山西省等撤退者(虽详情不明,似在太原集中候车若干名)。

4. 解除留用者。

二、职联络班任务前以……呈报在案,即其任务对于战犯嫌疑者与其他被押者送入物品与救恤,并被释放者之收容。乃职班收容力约仅 15 名,倘由警察局等交下多数人员则无法收容。再者,职联络班编成人员仅在 15 名,乃本来之任务非常忙碌,看管多数人员亦属困难。

三、对于管理候轮日侨之指望。

应遣回之日侨请由贵国当局制定地点集中候轮遣回(其集中地点由此项日侨现住所内,择定相宜房屋为盼)。

北平市警察局第六分局管内留用日人调查报告

三十五年八月三十一日拟　九月十一日发

钧局警外字第01792号密令略开:案奉第十一战区司令长官司令部代电,以为防范留用日人从事政治活动、查隐匿之日人计,饬于本月20日起至31日止,举行普遍户口清查,并将办理情形具报,等因,附表清查户口办法及处理隐匿日人办法表格各一份。奉此,遵即召集所属各分驻所局员遵照,及注意事项各条实施调查后,业经本月30日调查竣事。

谨呈局长汤

北平市警察局第六分局管内留用日人调查表

留用机关	姓名	数号	家属数	家属号数	住址	备注
农林部中央农事试验场	大枝益贤	本字531	5			
	稻塚权次郎		1			
	近藤铁马					
	杉山库之		4			
	太田更一		3			
	中川秀雄		2			
燕京大学	鸟居龙藏		6			
第三十四军独立工兵第三团第四营	西村宇之助		4			

北京市档案馆,J185—2—5500

北平市警察局关于日侨集中管理、日韩人入籍、日方机关从事秘密活动制止办法的训令

北平市警察局训令　警外字第548号令内五分局分局长张英年

案准北平市日侨管理处管组第一六八号公函开

案奉第十一战区司令长官部波秘平代一六六号电开,顷奉委员长

蒋子齐二宫电开,据报日本海陆军军官利用日方现有机关从事各种秘密活动,并自由穿着服装参杂民间挑拨中美感情,干涉日本民主份子之自由,少数潜逃日军士兵亦到处滋扰等情。查所报各节亟应设法制止,以防意外。兹将规定办法如次:

(一)除负有特殊任务之日军人员由行营战区方面军指定办公地点给与身份证明书并派宪警监视外,所有日俘日侨应一律拘禁敌伪集中营,不得在任何地区自由活动。

(二)日俘日侨应分别集中,并分别给与不同之臂章号码以资鉴别。

(三)凡未持有身份证明书或臂章号码之日俘日侨一律拘捕。

(四)从事秘密图谋之日方人员均予逮捕查办。

(五)各行营战区方面军征用日籍人员应将征调工作人数列报,未经核准不得调用。

(六)日方之外事处既为不必要之机关,应饬撤销。

(七)准许日侨告发日军官兵之不法行为,并随时逮捕。

(八)对日俘官兵应严加看管,毋使逃逸,以免滋扰平民。

除分电各行营战区方面军外,仰即遵办,并将办理情形具报,等因。除分电外,特电遵照,仰即迅速办理并将遵办情形克期具报,以凭转报为要,等因,奉此,除分令外,相应函请查照办理,并将办理情形见复为荷等由,准此,除分令外,合行令仰该分局长遵照为要。

此令　中华民国三十五年二月六日

局长　陈焯

处理日人入籍办法(1946年10月内政部公布)

第一条　处理日人入籍,依本办法之规定办理,本办法未规定者,依其他有关法令办理。

第二条　日人于日军在华占领区域内入中华民国国籍者非经内政部核准一律无效。

第三条　日本女子已为中国人妻者应依照中国国籍法之规定为取

得中华民国国籍之声请。

　　第四条 国籍法关于外国人声请归化中国之规定对于日本人暂时停止适用。

北京市档案馆,J183—2—34085

关于请准成立留用日人自治会令

1946 年 11 月 19 日

　　北平市警察局训令　民国三十五年十一月十九日

　　为奉长官部电为日本联络班呈请成立留用日人自治会仰知照由

　　案奉第十一战区司令长官司令部代电开:案查本部,前据日本联络部呈称河北平津区留用日人及其家属数逾两千,自日侨自治会撤消后,即无自治机构。为便于上传中国政府之德意,下扶日侨自治之精神起见,拟请准予在平成立日籍技术人员自治会,并于津石设立分会,任用专职人员办理厚生福利文化教育诸事宜,请赐核准等情,当经电奉北平行辕核准成立在案,兹遂电附送河北平津区留用日籍技术人员自治会章程一份希即查照为荷。等因奉此,除章程一份留局存查并分令外合行……

　　局长:汤永咸

北京市档案馆,J181—24—941

涉及战后日籍员工的工作报告(三个部分)

1946 年 12 月

　　戊、医院(总务室工作报告)

　　本院接收始于民国三十四年十一月间,原设内科、外科、牙科、电疗科、药局、事务六项,医师六名。护士六名,药剂士四名,事务员贰名,起初一切工作仍照旧例,自三十五年一月份,奉命遣送日人回国,遂将日籍外科医师一名,牙科医师贰名,事务员一名,遣送回国。同时,中国方面,护士停职三名,辞职一人,药剂士辞职一人,除牙科停办外,其他医疗保健防疫工作照旧进行,二月间开始整理全院资材,分类编号,责成原保管人分类保管,并依本厂职工眷属之需要于四月十三日增设妇产科,办理助产及妇婴保健事宜。

丙、运输课(工务室工作报告)

一、机构之调整

在日人占据本厂时,运输课原有构内、荷役、输送、机务四系,隶属于总务部,掌理运搬及装卸事宜,接收伊始先就原有机构点收整理,次就事实需要,改设机务、车务、汽车三股,并拟定办理细则,以期职权分明而收事半功倍之效果。

……

戊、土木课(工务室工作报告)

土木课职掌全厂水道、给水、排水、铁路、道路等土木建设及养护工程,所辖范围远及厂外。日人经营时期,全课职员,共计三十余人。自去年胜利后,厂内停工,日籍人员入于怠工状态。建设工程,即全部停顿,而维护事宜,亦几无人管理,是以冬季水管冻裂甚多。及至三十五年二月五日,本课始一方点收管辖之构造物资材料等,一方拟定工作计划。点收工作,因数量繁多,面积辽远,至四月三十一日,厂内部分始告完竣,并编就资产,点收清册。至于三家店军庄间之铁路,及三家店取水工程,须待治安平靖后,再往接收,厂内各种土木构造,多系包工承造,施工不坚,且又多维护失宜,所需修补工作,在在皆是,而接收之水道系统图……

北京市档案馆,J61—2—27

关于征用日人技术人员与其本国通讯办法训令

1947 年 5 月 2 日

北平市警察局训令   民国三十六年五月二日

为奉令抄发关于准许征用日人技术人员与日本通讯一案盟军总部致日本备忘录饬参照办理等因令仰遵照由

　　案奉北平市政府秘2字第3697号训令开:案奉北平行辕代电内开,准行政院代电开,查日本已奉盟军总部核准在规定条款之下与他国通邮,我国亦包括在内,自三十五年九月十日起施行,关于我国征用日人与其本国通讯办法使用邮局分布表分行在案,除分行外兹抄同盟军总部致日本备忘录特电参照办理等因,附备忘录一份。奉此。查前奉北平行辕代电转发征用日籍技术人员与日本通讯办法,并准许日人使用邮局分别表业经转令遵照在卷。兹奉前因除分令外,合行抄同备忘录一份。奉此。查日人使用邮局分别表,业经本局以警外字第0178号训令转饬遵照在卷,兹奉因除分令外,合行抄同备忘录令,仰该分局遵照。

　　此令

　　局长汤永咸

北京市档案馆,J185—2—503

挑选日侨日俘进行清洁工作电

1946年1月16日

国民政府军事委员会代电　　民国三十五年一月十六日

　　各省市居民集中市区多属污秽纷乱,每次清洁运动对于偏僻地方小巷之内,亦多未予以注意,查日本人尚有清洁习惯,希在当地俘虏之中挑选其具有卫生道路之能力者,多则一二千,少则数百,编组若干小队,分区布置,将最污秽纷乱、最偏僻腐败之地区以及公共场所,如公共之运动场与主要道路及其路口指定勤务,明确其责任,拟定其工作标准,责成清除污秽、整洁道路、搬垃圾、出污桶等项,尤其穷坏偏巷、难民穷人所居最污浊之地区,特别指定其修治污沟,整洁环境,并以协助居民养成户内外之清洁习惯。此项俘虏应给予相当工资;如其工作不合标准,则应予处罚;如此项俘虏愿留中国服务至三年以上而未犯过时,则另予优待。希照此意从速详加规划,限2月1日起开始实施。

北京市档案馆,J181—16—2549

日人返国检查办法
1946 年 2 月 8 日

北平市警察局训令　民国三十五年二月八日

……遣送归国日俘侨港口、内地之检查由各受降主官监督,令俘侨管理处所负责,当地军宪警及运输机关实施之;

由内地向各港口输送之日俘侨,携带行李物品与金钱可斟酌实地情形与行程,由受降主官规定以每人能携行者为原则;

扣留超出规定之物品、金钱、饰物悉予充公,军品交当地军政部机关接收,其余物品由负责检查机关呈报各受降主官核定后拍卖变款,并金钱、饰物存入国家银行,取据报本部备查……

北京市档案馆,J181—24—1167

日侨自治会呈请北平市日侨集中管理处放宽检查函
1946 年 2 月 8 日

北平市警察局训令　民国三十五年二月八日

……第二次日侨回国时,被检查没收物品有毯子、西服、手提包、皮鞋、铺盖,另有备到津时的御寒之具,各件统共约计数百余件之多,概行没收。尚有预备到津时所有之炊具亦复不少。本会查日侨遣送回国临时动身时,应受相当之检查,当然不能抗拒,惟携带许可之物品自不能亦受检验。设有违禁之品,自应没收,仍应盼以相当之罪;如系平常之物,经军警当局所允许者自当放行,未便没收,以利行人而示宽大。为此特请嗣后对于遣送回国日侨临行之检查予以便利,该侨民所携之物品,如确无违禁之件,免于拘留,随时放行……

北京市档案馆,J181—24—1167

处理日侨婚姻办法

北平市警察局训令

1.中国女子为日本人之妻者,如已依法脱离中国国籍,一律遣送还

日,其未经内政部许可丧失中国国籍者,准其自行选择随夫赴日或留华;

2. 华男日女无论战前战后结婚者,均准其自择去留,华男为日女赘夫者亦同;

3. 日本男子娶外人为妻,本国法取得日本国籍者,一律遣返;

4. 日女外男者,如有国籍证明或结婚证书均准留华。

北京市档案馆,J183—2—33090

关于留用日籍技术人员的居住及其生活物资保留的规定
1946 年 1 月 22 日

北平市政府训令　民国三十五年一月二十二日

1. 依据《征用通则》第三条内载,和平条约未成立前仅发给生活费之规定,当以维持留居现地家属生活为准,其家属留居日本者既在发给生活费标准以外,则该征用员工何有余裕资金接济,且日侨汇款出国现所严禁,薪金外汇自难准行;

2. 依据《日本在中国私人产业暂行处理办法》第七条规定,征用日籍员工家属应准随同留居,惟其住所须由征用机关指定;

3. 依据上项办法同条规定,该项员工及其家属所有之私有物品应准其保留自用,惟应以日常应有物品为限,如系重要物资,仍须依据《日侨集中管理办法》第三条规定办理。

北京市档案馆,J181—10—417

美军日俘侨遣送组奥士木少校函送北平市
日侨管理处《日人再教育方针》
1946 年 2 月 10 日

北平市日侨管理处工作概况　民国三十五年二月十日

1. 对于日本历史尤其是最近世界大战之原因事实以及日本之战败理应有真确之描述;

2. 应针对日本战时所鼓吹之种族及国家主义思想；

3. 应指示何为民主生活尤其关于四大自由及联合国组织；

4. 应使现留华日人获知日本经济政治社会情况；

5. 为日人回国参加政治活动做准备。

北京市档案馆, J181—10—412

补充日籍人员征用规定

1946 年 2 月 23 日

北平警察局训令　民国三十五年二月二十三日

1. 征服劳役之日俘应尽量遣送回国；

2. 各机关工作如因一时无人接替准继续征用日籍技术人员，受征用而不愿意留华者应于最后一批遣送，愿留华者可随我之需要以定其征用时间；

3. 征用日人前颁征用规定不给工资，如工作努力，成绩优良，可由征用机关酌给奖金；

4. 征用人员眷属理应遣送回国，如因生活问题影响工作效力时，可由征用机关斟酌实际暂准其眷属留华，但给养住宿由征用机关负责。

北京市档案馆, J183—2—34086

中国陆军总司令部关于征用日籍人员之电令

1946 年 4 月 13 日

天津市政府公函　民国三十五年四月十三日

所有中国境内各机关、部队、学校、工厂征用之日籍人员，不论其志愿与否，除台湾可准留用 28000 名至明年（1947 年）1 月 1 日，并应详缮名册呈报陆总核备外，其余各地区所征用之日籍技术人员统限于 4 月底以前送至各该辖区港口集中，于 5 月底或 6 月中旬分别予以遣送返日。

天津市档案馆, J9—2—2747

经天津市集中遣送日侨数(1945 年 10 月 20 日—1946 年 8 月 10 日)

区别	在津集中人数	已遣送人数	留用人数
总计	237305	236883	422
天津区	96307	95885	422
北平张家口区	96631	96631	—
山西河北区	44185	44185	—
其它地区	182	182	—

说明:天津区日侨包括唐山、塘沽等处日侨在内。天津本地日侨原有 94055 人。

天津市政府统计室编:《天津市政统计月报》第 1 卷第 3 期,1946 年 8 月

经天津市集中遣送日侨职业统计表

职业别	合计	男	女
总计	236883	124561	112322
政治	9794	8536	1258
教育	1120	963	157
交通:业务员	23760	21501	2259
技术员	249	241	8
工业:业务员	15670	13972	1698
技术员	1458	1428	30
医师:医业务员	1416	557	859
医师	434	412	22
农业:经营农业者	1134	1079	55
技术员	245	235	10
畜产技术员	86	86	—
金融	884	664	220
商业	27007	24865	2142
学生	2435	1408	1027
其他	3436	2597	839
无业	147755	46019	101736

天津市政府统计室编:《天津市政统计月报》第 1 卷第 3 期,1946 年 8 月

河北平津区留用日人及其眷属数（截止 1946 年 6 月 20 日）

留用机关	合计	留用日籍人员数	眷属数
总计	422	177	245
军政部	66	36	30
经济部	63	31	32
交通部	51	18	33
资委会	83	35	48
天津市政府卫生局	18	6	12
华北盐业公司	34	12	22
塘沽新港工程局	62	27	35
国营招商局大沽修船厂	4	1	3
大夏化学工业公司	1	1	—
北方水产开拓公司	2	1	1
北方山座开拓公司	1	1	—
美军联络部	14	4	10
日侨归国准备会	23	4	19

天津市政府统计室编:《天津市政统计月报》第 1 卷第 3 期,1946 年 8 月

天津市政府关于监管留用日籍技术人员之训令

……兹为防范本市各机关征用日籍技术人员私自离职潜逃起见,应由各留用机关注意严密监视该日人等之行动,并不准其着用中国衣服;如不需要之日技术人员,应即解除征用,立即送交日侨管理处予以集中遣送归国……

《限令留用日人缴销待命状》,天津市档案馆,J13—4

天津市各机关留用日籍技术人员及其眷属统计表（1946年8月后）

	工业	电机制造	机械修理	交通	工程	医药师	食品	其他	总计
技术员	91	14	5	28	7	18	5	9	177
眷属	127	12	4	26	17	30	1	28	245
合计	218	26	9	54	24	48	6	37	422

《天津市各机关留用日籍技术人员及其眷属统计表》，天津市档案馆，J13—123

晋冀察军区已完成遣送日俘侨民工作

1946年5月25日

（新华社张家口廿五日电）晋察冀军区遣送日侨日俘工作，已于本月十三日全部完成。此次被遣送者共八三二人，内有一部份是八路军在抗战及自卫战争中所获者，一部份系在抗战期间，与八路军并肩作战的日本人民解放联盟盟员。

《人民日报》1946年5月29日

美方所称中国遣俘完毕不确　华北仍有大批日人
被蒋方驱使充当内战工具

1946年7月28日

（新华社延安二十八日电）驻华美军总部曾于本月十五日宣布：在华北、华中、华南之全部日俘日侨及韩人，均已于本月十四日遣送完毕。但据最近所获不完全材料，仅华北阎锡山、傅作义统治下的地区，及保定、石家庄、济南等地，即尚留用日俘日侨两万二千余人，韩人四千一百名，彼辈被授以各种任务，充当内战工具。

（一）阎锡山将山西日军编为八个保安团（对外名义为工程队），共九千人，分任作战与警备任务，由赵承绶、梁延武任正副总团长，此外各主官及团长均为日人，每团下并分步、炮、重机枪三个中队，驻防地区为太原市内三千名，太原城郊一千五百名，太原县五百名，忻县一千名，大同三千名。这些日军均直接参加战斗，阎锡山在进攻开栅镇（文水交城间）及由大同出犯时,均有日人充当坦克手及炮手,八路军并在自卫战中俘获多名。在太原、临汾、榆次、大同各地,工厂留用日人两千名,眷属六千名,共八千名。阎锡山所经营之经济部门内,留用日人一千名,眷属两千名,共三千名。罪恶昭彰之战犯,原日军第十四独立旅团长元泉馨,被阎锡山委为二战区长官部之高级参谋,统辖山西所有留用之日俘。日俘尚参加阎锡山本月中召开之军事会议,并与赵承绶共同拟定进攻晋北方面中共军之作战计划。

（二）济南国民党军之铁甲车一百四十辆,司机全为日人。均受上尉官阶待遇。

（三）傅作义长官部直属之战车队,内有坦克八辆均由日人驾驶。留用韩人方面:一、阎锡山留用二千五百五十名,组成护路队,计太原两千名,娘子关至阳泉间五百名,忻县五十名。二、石家庄国民党当局留用技术员一千名,技术兵五百名,共一千五百名。三、保定国民党当局留用韩人五十名,在铁甲车队及警务段任职。阎锡山、傅作义等使用日军进行内战,均得蒋介石的支持,此种反民族的行为恰恰发生在东京审判战犯之际,造成了全世界未有的怪现象。

《人民日报》1946 年 7 月 31 日

战犯的朋友　解放日报七日时评

日本战犯是中国人民不共戴天的仇敌,但是蒋介石却把日本战犯当作好朋友,这一事实已被蒋介石对日本法西斯侵华第一等战犯冈村宁次的优待所证明。而五日蒋介石的宣传部长彭学沛在记者招待会上的谈话更赤裸裸地暴露这一事实。当记者质问"冈村宁次现在何处"时,彭氏答称:"冈村宁次现仍以联络官资格协助遣送未遣完之日侨日俘。"

冈村宁次是对华北人民实行杀光烧光抢光三光政策的刽子手,正因为他屠杀中国人民最有办法,冈村宁次才被擢升为日寇的中国派遣军总司令,成为直接侵略中国的第一号战犯。对于这样一个罪大恶极的罪犯,蒋介石竟聘请他做遣送俘虏的"联络官",这种做法还有什么丝毫民族天良可言! 这种无耻的行径也是古今中外所稀有的! 照这种做法,同盟各国也应聘请戈林、季德尔等人做"联络官",而不应该对这些法西斯凶手施以绞刑了。

为了掩饰这种行为,蒋介石丧尽天良的诬称:"中共留用日人日俘。"这真是,白昼见鬼的梦呓,是不值得一驳的。谁都知道,解放区内所有日俘从未借助于冈村的"协助",而早就遣送完毕。在解放区里面,日本战犯不仅没有当"联络官"的权利,而且一个也逃不了人民的正义的严惩。

蒋介石利用日本法西斯残馀屠杀中国人民的罪行是无法掩盖的。彭学沛说:"目前中国境内尚有一部分日侨及留用日本技术人员未曾遣完。"这些所谓"未曾遣完"的日人,就是蒋军(如阎锡山军里面所用之日本军人和技术人员)。蒋介石使用日本法西斯残馀作为内战工具之计划,是得到他的主子——美帝国主义的批准和支援的。据可靠消息,蒋已经商定以日本军人为蒋军的教练官。因此日本法西斯军官的一个头子——冈村宁次的"留用"和充当"联络官"决不是偶然的。冈村宁次屠杀中国人民的"丰富经验"当然为蒋介石和美帝国主义所十分珍视。

蒋介石在中国人民的强大民主运动前面,除了依靠美帝国主义的援助以外,还不得不乞怜于日本法西斯残馀。这说明蒋介石的统治基础是如何脆弱! 冈村宁次等日本战犯是中国抗日军民特别是华北解放区军民手中败军之将,蒋介石企图"留用"这些家伙来对付比较抗日战争时更为强大的人民解放军,决然是无济于事的。而这种毫无民族意识破坏世界和平之措施,必然遭到全中国同胞与全世界正义舆论的一致坚决反对。

日本法西斯军阀屠杀中国人民的血债必须清偿,著名战犯如冈村宁次之流必须像戈林等一样明正典刑,而甘与这些战犯队伍之卖国贼和帝国主义份子,亦必定会有遭到人民裁判之一日。

《人民日报》1946 年 12 月 10 日

晋察冀遣送日俘纪行（转载《晋察冀日报》）

卖国贼蒋介石阎锡山，为屠杀同胞，在日本投降后，留用大批日寇，组成山西野战军（又叫保安军），共辖十个大队。分别驻守山西各重要城市、矿区、交通线，并屡向我解放区进犯。今年五月，晋察冀人民解放军在正太路上阳泉狮瑙山要塞，一举俘获了它的第五大队。该大队是原来日本第四独立混成旅团改编成的，晋察冀解放军已在十月三日将该大队全部及其家属遣送天津，转道返国。

当人民解放军宣布遣送他们回国以后，在日俘中引起了出乎意料之外的震动，日本投降已达两年之久，多数日人官兵早就热望回国，像少校机炮中队长北野清走，在阳泉时就曾经请愿达三次之多，可是每次都被卖国贼阎锡山强留不放，并且还把他们摆在中国内战的前线送死。他们做梦也没有想到，被人民解放军解放了短短的三个月，竟然实现了回国的宿愿，当听到回国的消息的时候，所有日人男女老少，都鼓掌欢呼，眉开眼笑，有的还穿起新衣裳，连病号的病，也顿时轻了一半。虽然有的人，想到日本正在被麦克阿瑟弄得乌烟瘴气，粮价高涨，生活困难，回国以后，恐怕讨饭吃也不得饱，因而有点发愁；但经过人民解放军的慰藉，也都转忧为喜，忙于整顿行装。在临别的当儿，二百五十八个人亲自签名盖章，虔诚地作了以下的誓言："我是被中国共产党及中国人民解放军从反动阵营中拯救出来的，被解放后，在中国人民解放军的指导与帮助下，才认清了我应该走的正确道路，看出了光明的前途。我正义的作为自觉的一员，当离开中国解放区时，坚决作如下的誓言：一、坚决不再参加屠杀中国人民的蒋介石的罪恶内战。二、无论在中国任何地区，决不危害中国人民。三、为了日本人民的自由幸福，决不反对日本的民主运动。四、为了达到回国目的，坚持团结，努力奋斗。"几个月以前，他们还在阎匪区里耀武扬威，现在却驯顺地走在中国解放区庄严的土地上。在这儿，他们看到了中国人民崇高的民族自尊心，和对外国侵略者的深切仇恨，也看到了中国人民不可战胜的伟大力量。过去在阎匪区他们可以随意糟蹋中国老百姓，现在却须严格遵守人民解放军的群众纪律,每天出发以前,要把宿营的民房院落,打扫干净;借了东西要原物归还,如果损坏照价赔偿。有一次,过大城王良村,原五大队兵器室少尉三原盛之,误进女厕所,主妇持棍,将他赶出,三原赶紧报告领队人,向主妇认错赔罪。另一次,在大城范良村,清木在驻院内裸体洗澡,经房东抗议,马上道歉。一路上,许多群众以惊奇的眼光,和仇视的心情,围观这一群被遣送回国的日本人。过高阳和任邱城时,围观的群众中有不少人说:"注意看看,有在咱这里糟害过的坏家伙把他拉出来!"群众仇恨他们,因为他们不但在八年岁月里荼害中国;而且,在日本投降以后,仍然帮助蒋介石、阎锡山匪帮进攻人民。但群众又宽大他们,因为他们已经放下武器,又被遣送回国。在高阳姚家佐,遣送队已出发,病号等大车,来不及作饭,该村妇联会帮他们作稀粥,他们异常感激,非常后悔以前在中国烧杀抢掠的行为。在任邱某村,日俘群中一个小孩哭着喊饿,偶然为人民解放军的干部看见,立刻给他作面条吃,小孩的父母和其他日人男女,都深受感动,觉得过去大大的对不起中国人民。几天的行军,特别使日俘看到了许多新鲜的事情。原五大队少校工程队长北桥定等十一个人,因为掉队,只拿着一张路条,向交通站要求拨大车,拉家属和行李,交通站把路条仔细查看了一下,就允许了他们的要求。这件小事,使北桥定十分惊异。过去,不管是当日本法西斯的走卒,或中国军阀的先锋,从来都是用枪杆子逼老百姓要东西,却总是遭到反抗。现在,居然一张小小的路条就可以要到大车,他不能不佩服解放区人民的伟大组织力量;并且感到这种力量,是任何外国侵略者,和中国军阀所不可能战胜的。一九四七年十月三日下午三点钟,在冀中解放区大城县子牙河畔,有两只民用大帆船,准备载运他们到天津。就要离开解放区的日俘们,拉住遣送他们的工作人员的手不忍分别,原五大队少校工程队长西川正雄,本来是受反动宣传最深的人,这时也说:"在解放区,给你们添了许多麻烦,临别了,我说一句话:以前我对中国共产党完全是瞎子,现在我算是认清了。"北野涩谷说:"解放军帮助我们归国,我死也感谢,但是阎军中还有不少日本人,希望你们赶快解放他们回国,因为他们也不愿意战争。"各队代表上船后又下来,都说:"我们愿意你们人民解放军快点胜利,愿意多听见你们胜利的消息。"

《人民日报》1947 年 12 月 10 日

3. 南京、台湾等其他地区的日侨、日俘遣返

南京市日侨集中管理办法

1. 本办法依据中国陆军司令部日侨集中管理办法之规定,并参照本市日侨集中实际情况订立之。

2. 日侨集中管理由市政府设置管理所委派所长秉承市长之命处理,全所事务其规则另定之。

3. 指定中山门外日军自建营房之区域为日侨集中地点。

4. 日侨在集中区域内应就原有房屋分配居住,并得经管理所之许可,依照规定自行添建。

5. 日侨在集中区域内应分区办理户口登记,编组保甲,成立自治会,订立自治公约,受管理所所长之监督与指挥,办理自治事务。

6. 日侨集中区域,非经许可,禁止外人入内。

7. 日侨应一律佩戴符号,非经许可,不得擅自离开集中区域,其外出应申请登记,经许可后发给外出证,方能外出,外出日侨于指定时间归返时,将外出证缴还登记。

8. 日侨之私有物品,除必需物品(如衣履寝具盥洗具外),其粮食、金银、钞券、贵重物品等均须向管理所申请登记集中保管,其金银钞券及贵重物品得指定银行储存,依管理所之规定处理。

9. 管理所在办理日侨携带物品及粮食、金银、钞券等登记时,得举行总检查。

10. 凡未遵守第八条规定申请登记之私藏财产及物资,经查出后,管理所得没收之。前二项没收之财产及物资不得计入将来赔款之内。

11. 日侨所需之主副食品、燃料及日用必需品,应先就登记之物品

统筹供应,不敷时由市政府报请行政院处理。

12. 日侨在集中区域,应按保甲分组,伙食按管理所之规定计口定粮。

13. 日侨集中区域,得依照规定设置浴室、发室、公共食堂、学校等,受管理所之监督指导办理业务。

14. 日侨集中区域得依照规定分区设立卫生所,受管理所之监督指导,办理医药及环境卫生事宜。

15. 管理所对日侨之训导,固须消除其黩武侵略心理,并启发民主思想,得设置扩音器,编印刊物,放映电影,并定期举行演讲比赛及思想测验。

16. 管理所所需公用设备器材,得就登记之物品征用之。

17. 管理所得依照规定,征调集中之日侨劳役。

18. 日侨对外通讯应受检查。

19. 管理所应举办日侨专门技能之登记,以备派遣办理集中区域公共福利,暨市区建设事业。

20. 日侨在集中区域,得依照规定利用集中区域内空地种植菜,养猪、鸡及举办手工生产等事业。

21. 日侨有违犯规约及不法行为,由管理所予以劳役或拘禁,其情节较重者依中国法律制裁之。

22. 集中区域之警卫,由中国陆军总司令部指派部队会同宪警担任,受管理所长之指挥。

23. 本办法由南京市政府核定施行,并分呈行政院及中国陆军总司令部备案。

南京市档案馆,1003—15—1

南京市日侨管理所组织规则

第一条 本规则遵照中国陆军总司令部颁布之日侨集中管理办法第七条,及南京市日侨集中办法第二条之规定订立之。

第二条 本所设下列各组

（1）总务组

（2）管训组

（3）经济组

第三条 总务组掌握下列事项

（1）关于本所进退暨文书处理事项

（2）关于本所出纳暨庶务事项

（3）关于本所清洁卫生暨医疗事项

（4）关于本所警卫指挥调遣事项

（5）不属于其他各组事项

第四条 管训组掌理下列事项

（1）关于日侨组织及监督自治事项

（2）关于日侨户口检查登记暨核发符号凭证事项

（3）关于日侨技能艺术调查事项

（4）关于日侨思想纠正暨训育检查事项

（5）关于日侨劳役征调事项

第五条 经济组掌理下列事项

（1）关于日侨财产物资登记保管给养供应统筹事项

（2）关于日侨消费合作指导事项

（3）关于日侨手工生产事业指导事项

（4）关于日侨食物及日常用品支配事项

第六条 本所设所长一人，副所长一人，组长三人，由市政府遴选之，训育员四人至六人，组员六人至八人，办事员六人，由所长遴请市政府派充掌理所管事务，于必要时，并得征调日侨服务。

第七条 本所之清洁卫生及各种劳役杂役，均支配侨民担任，不另雇用工役。

第八条 本所之警卫呈请中国陆军总司令部指派部队，会同宪警担任，受所长之监督指挥调遣。

第九条 本所各组办事细则另订之。

第十条 本规则由市政府核定施行并分呈行政院、中国陆军总司令部备案。

南京市档案馆,1003—15—5

南京市日侨集中营管理所警卫规则

1. 本规则依据南京市日侨集中管理办法第二十二条,及日侨集中营管理所组织规程第三条第四项订立之。

2. 总务组警卫股承所长及组长之命指挥派在本所之部队、宪警担任全所警卫事宜。

3. 本所职员工役进出均须佩带符号,以资识别无符号者,一经警卫查验后放行。

4. 来宾到所访客,应先到本所传达室,填写访客单位传达,引导会客室接见。

5. 来宾来所参观,须按规定经本所派员(佩带引导参观臂章)引导参观,非经许可,不得对日侨集体训话或个别谈话。

6. 商人或小贩送来日侨食物或日用必需品,须先通知本所传达,引导至总务组配给股,转交日侨自治会经管人验收领用。

7. 来宾访问日侨,应先取出身份证明,向传达室填写访问单,经指定地点接见,本所并得参酌实际情形规定接见日期。

8. 日侨外出应有身份证明,及本所制发之外出证得放行。

9. 日侨携物外出,须取得本所管训组发给之携物外出证,交由警卫验明放行,该证应逐日归交总务组警卫股存查。

10. 携物进所须经警卫检查,无违禁品者始准放入。

11. 本市各机关调用日籍贯员工,原机关无法住宿,必须回营者由原调用机关商准本所发给调用出入证。

12. 经调用后携物进出,均照在营日侨携物进出之规定办理。

13. 日侨有重病必须送外医治者,应由管训组卫生股派员发给出外就医证,方可准放行。

14. 规则呈奉所长核准施行。

南京市档案馆,1003—15—1

南京市日侨集中营管理所 1946 年 1 月遣送日侨概况表

日期	人数	备注
1 月 2 日	50 人	输送至上海
1 月 9 日	53 人	输送至上海
1 月 11 日	52 人	输送至上海
1 月 14 日	950 人	经上海回日本
1 月 21 日	474 人	经上海回日本
1 月 23 日	1744 人	经上海回日本

南京市档案馆,1003—1—955

南京市日侨集中营管理所人数统计表
(1946 年 1 月 31 日—3 月 12 日)

日期	人数	日期	人数	日期	人数	日期	人数
1 月 31 日	7998 人	2 月 1 日	8005 人	2 月 2 日	8005 人	2 月 3 日	8006 人
2 月 4 日	8008 人	2 月 5 日	8012 人	2 月 6 日	8028 人	2 月 7 日	7952 人
2 月 8 日	7942 人	2 月 9 日	7944 人	2 月 10 日	7941 人	2 月 11 日	7942 人
2 月 12 日	7939 人	2 月 13 日	7938 人	2 月 14 日	7103 人	2 月 15 日	7103 人
2 月 16 日	6095 人	2 月 17 日	6074 人	2 月 18 日	5781 人	2 月 19 日	4877 人
2 月 20 日	4815 人	2 月 21 日	4821 人	2 月 22 日	4842 人	2 月 23 日	4853 人
2 月 24 日	4517 人	2 月 25 日	3087 人	2 月 26 日	3087 人	2 月 27 日	2748 人
2 月 28 日	2748 人	3 月 1 日	2462 人	3 月 2 日	2466 人	3 月 3 日	449 人
3 月 4 日	449 人	3 月 5 日	459 人	3 月 6 日	459 人	3 月 7 日	466 人
3 月 8 日	466 人	3 月 9 日	466 人	3 月 10 日	472 人	3 月 11 日	472 人
3 月 12 日	462 人						

南京市档案馆,1003—15—120

征用日侨专门技术人才数额统计表

类别	人数
医师	16
工业技师	5
铁道管理及技术人才	73
船舶管理及技术人才	27
电气管理及技术人才	23
汽车驾驶或修理人才	11
自来水管理	2
饲养军马	63
水产技师	1
共计	221

《中华民国重要史料初编——对日抗战时期》第七编《战后中国》第4册，第585页

汤恩伯的《告归国日本侨民书》(上海日侨)

……这次日本的侵华战争结束以后，在华的日本军民从战败投降之时起虽然不得不在集中营生活，但中国方面根据一贯的传统的立国精神，丝毫没有对诸位加以侮辱和危害。诸位回想中国人民因持续八年遭受日本的侵略战争，沦陷于水深火热中而救亡的凄惨情况，必须进行痛切的反省和彻底的觉悟。蒋主席在日本投降之初，就向我国军民恳切地昭示："不念旧恶及与人为善"，"为我民族传统至高至贵的德性"。"就上海地区而言，日本侨民的人口虽然颇多混杂居住，但中国人民均以和平的态度对之，这是在上海居留的侨民诸位目击的事实，诸位必须对此进行深刻的洞察。""同时，不是要诸位感谢中国的恩惠，而是有必要承认过去的误谬，彻底反省。世界不允许恣意杀人的人间存在，同样，也不会让专事专横跋扈、强夺并吞的国家存在。今日遣送诸位回家，期望诸位进一步认识真理和正义，向着建设世界和平、发扬民

主精神的大道方向迈进……"

［日］汤恩伯纪念会编：《日本的友人汤恩伯将军》，昭和29年（1954年），
第231—232页

上海的三种人（转载济南《华北新闻报》三二二三期）

上海虽是中国的土地，但老早被人称为国际的都市了。在战前中外的大人物及他们的财富大都集中在租界里，于是租界便成了一切精华荟萃之所，因此也形成了世界上独一无二的特殊的地区。胜利后租界总算收回了，但特殊的现象并没有消失，你如果从那些被租借过的街道走过去，那里仍旧是拥满了外国人，耳闻目睹很少有中国气味。这些外国人里最多最活跃的要算美国人了。

（一）美国兵：美国兵这是我们最要好的盟友，在八年的抗战里帮了我们很多的忙，对这有功于我们的朋友，理应报酬从丰，于是大人先生们的太太小姐们，为了优待盟军，也不妨破例来一次社交公开，借以敦睦"邦交"，美国在这些场合下，也就显得分外"活泼"。但我们毕竟是"落后"国家的人民，对于朋友们的"活泼"，有时实在看不惯。盟军的活泼，在中国各地到处表演，在上海当然不能例外。上海是中国最大的都市，有数不清的街道，上海每一条街道上都可以看见黄呢黑呢衣成群成伙的盟友，和盟友一辆接一辆的吉普车。这些车行驶起来横冲直撞，常常有被撞或辗死人的新闻，虽然后来开行速度有了限制，但撞人的记录并不减少，甚至闻名的作家夏衍、戈宝权两位先生都被撞伤。盟友除吉普车之外，又是三轮车与黄包车的经常主顾，他们坐在车子上，一路开心地"惯响炮"，高声"呵呵唧"，尤其是少人的地方，表演的更见精彩，每到黄昏以后，上海市各娱乐场、酒场，霓光照耀的如同天堂。盟友嘻嘻哈哈地进去，醉醺醺地出来，东碰西撞，遇见男人餐以拳头，如系女子先以抹揩，继以强上弓式的接吻。懂得盟军心理的人们，说他是"活泼"，但大部份人都认为是瞧不起中国人。大公报三月二十一日登载一个女孩子来函说："有五六个美国水兵正在前面行走，我坐的车子

由他们身边擦过,引起他们的注意,忽然我的车子被一个美兵抓住了,同时他像猛兽一般向我车上跳来,把我身子一把抓住欲行无礼。这种行为,简直是一种莫大的侮辱和歧视,是对于我们中国人民的一种侮辱,人家看不起我们的国家,才对我们人民公然无礼。"事后,魏特梅耶将军为维持美军名誉,说是要"一经查明,决予严惩不贷",并派员到受侮的女子家里道歉。可是就在这"严惩不贷"表示不久以后,紧接着是四川路又发生美兵行劫和美沙利药房被美兵殴伤等事件,这对盟军当局实在不大光荣。美第七舰队司令柯克将军,接获报告,证实海军人员在本市确有不规行动。从三月二十一日起命令将八艘美舰限期取消,不准上岸,同时美海军宪兵与中国官方充分合作,保证美海军人员不再有非法行为。但是海军人员仍然和从前一样,到处可见,而且继续又有水兵抢劫钻石戒指的事情发生。

(二)日本人:日本人本是敌国留在上海的人。日本人成了我们的俘虏。作为俘虏的日本人,和横行直撞的美国水兵相较,当然"相形见绌"。可是和我们中国人相比,单就衣服看,要比我们阔绰数倍。据说集中营的俘虏很受优待,这证诸街头,军车上所接触到的日本人,常常表现出一种骄傲的样子。日本人形式上是我们的俘虏,而心理上仍然是我们的主人。我们的宽大为怀是永远感化不了日本俘虏的心,这些俘虏们都在期待着一个翻身的机会。果然机会来了,为了东北问题国外国内起了反苏的浪潮,日本集中营居然欢呼第三次大战起源。日侨自治会并召开紧急会议,宣布:(一)美苏已开火。(二)麦帅已下令重新武装日本。(三)前日军司令松井在日俘集中营下令,日俘停止输送回国。虽然结果是一个空幻,是一种失望,但却给我们一个可贵的暗示:中国如不能团结,如不能走民主道路,日本人的死灰必定要复燃,日本的俘虏就在等待一个卷土重来的机会。本月初,上海日侨管理处,曾举行一次日侨民意测验,结果三五一三〇日侨男女都想保留天皇。从这些地方可以看出,我们没有将日本人征服了,我们的宽大无异是"养虎"遗祸,将来要自食其果。

（三）中国丘八：中国军人称为"丘八"，不知始自何时，按一般人的解释，"丘八"就是代表蛮不讲理。这件事实到处皆是，无需举例。不过血战八年中，中国军人的英勇作战，吃苦受难，已经改变了从前"丘八"的印象。可是在上海的一部份军人，给人的印象比从前的"丘八"要坏的多。大半暂由伪军蛹变而来，这从他们的服装上也可找出一些线索，他们从日本人那里承继过来的呢服、马靴，穿戴起来，确乎比正牌军人神气，而他们在上海也比正牌军人吃得开，他们对于欺压老百姓，当然比正牌军人在行，在饭馆里吃饭，不付钱，他们打三轮车、黄包车，捣乱电影剧院。还有他们坐电车不掏钱，当然是奉命的，但是还要不断截电车，打机师。只要领章上有一道金线、一个花的小尉官，一上电车就威风八面，开口骂人，出手打人，成了司空见惯。别的人侧目而视，缄口不言。因为上海人是从日本人手中解放出来的，对于这种作风已领教够了，谁还敢再来多事。于是这些军人不仅是国家的新贵，而且成了上海的宠儿，那些苦战八年的正牌军人，反而衣服破烂，面黄肌瘦，无怪很多抗战军人，说起抗战成绩，而痛心落泪了。

《人民日报》1946 年 6 月 2 日

日本船驶入黄浦江　　上海各界纷起抗议　　日船共九只内有炮舰一艘
1946 年 11 月 16 日

（新华社延安十六日电）沪讯：高悬血红太阳旗的日本船只，驶入黄浦江，侵犯中国主权事件发生后，各界纷起抗议，而国民党当局初则诿称不知，继又为敌狡辩，否认悬有太阳旗。但终因事实俱在，无法掩饰，被迫于十三日由中央社发表消息，公开承认该船系由日人驾驶之日人"商船"，经麦克阿瑟总部许可由日来沪，并得"海军指挥部"准予进口云云。但另据九日天津益世报上海通讯称，记者四日走访有关方面，据海军总司令部舰队指挥部悉，上月二十一日午后六时，有第三十七号日本炮舰一艘护送六艘日船驶沪，数面血红太阳旗浩浩荡荡扬威于黄浦江上；现该七艘日舰仍停泊于高昌庙附近。该报并称，四日报载虹江码头两艘日轮护送中国侨民来华,载日俘转赴广州,系在此七艘日船以前来沪者,与今日所载并不冲突。

《人民日报》1946 年 11 月 20 日

日战犯及纳粹匪徒竟为蒋介石所庇护

1947 年 7 月 26 日

　　(新华社陕北廿六日电)蒋政府庇护日本战犯及纳粹匪徒之事实引起中外舆论之注意与谴责。据合众社十三日消息,上海中国报纸曾揭露上海虹口区的日侨受到蒋家当局的优待,他们像在他们本国一样如意地过生活,并欺压其中国邻人,"表现出一种不能令人忍受的傲慢"。日侨中有许多乃系从事特务工作者,但蒋家官方却称他们为"技师"与"顾问"。又据美联社南京二十四日电称:国民党当局允许许多最凶暴的纳粹"逃避"遣送回国,并在某些场合从中国财阀那里得到好的工作,此事实受到上海英文报纸之谴责。蒋记政院新闻局长董显光二十四日在南京记者招待会上受到有关此事的许多质询,董氏未敢正面答复。

《人民日报》1947 年 7 月 29 日

在上海匪军俘虏中　我查获日俘二名

1949 年 6 月 17 日

　　(新华社上海十七日电)人民解放军在上海被歼的蒋匪五十一军俘虏群中查出为国民党匪帮留用继续屠杀中国人民的日本战俘两名。一为藤本高夫,改名滕孝先,日本小利县人,三十一岁,民国三十一年随日寇侵入我国,曾在济南等地奸淫烧杀,无恶不作,民国三十四年日寇投降后,为国民党第二十集团军留用,于当年七月在山东兖州为我俘获,经教育后释放,令其回国,但到上海后,又为国民党匪军五十一军留用,任三三八团步兵干训班副官,此次在上海白龙港战斗中二次被俘。另一名为岛崎薰,改名唐明光,日本大坂市人,三十岁,日本仙台士官学校毕业,民国三十年侵入我国,曾先后在太原、石家庄等地屠杀中国人民。日寇投降后,为国民党匪军留用,任匪军十二军军事训练大队步兵科教官、该军战术研究班教官、一一五团训练班教官等职,去年六月在兖州被我俘获,后又潜逃至上海,任匪军五十一军军事大队教官、干训班步兵科教官、运输团教育副官等职,白龙港战斗中重又被我俘虏。

《人民日报》1949 年 6 月 18 日

重庆日俘集中营参观记

吴鼎臣

1945 年上半年,我由第一飞机制造厂试飞员的职务调去重庆航空委员会(抗日胜利后改为空军总司令部)参谋处情报科任少校参谋。有一天,科里的一位译电员郑子房(上海人)对我说,今天科里要了一部车子,他要去防空情报所押送一名日本俘虏去集中营,并问我愿不愿一同去看看。他的建议立即引起我很大的兴趣。

我们俩人同上了一辆可坐约 30 人的大客车,车上只有他和我两个人,车子一面开,我们也就一路谈,我问他,为什么我们的防空情报所里会有日本俘虏?为什么今天又要将他押送去集中营。郑子房告诉我说,早在 1940 年重庆市遭受敌人飞机大轰炸的时候,敌人的轰炸机通常每天都来 3~4 批(每批为一个大队,有轰炸机 27 架),为了能及时准确地掌握每一批敌人轰炸机的情况,我们防空情报所就在敌机飞来重庆必须经过的航线上,布置很多防空情报哨。如果发现有敌机活动,他们就立即用脚踩的小型发电机发来电报,供我们情报所处理,至于重庆市附近的各县就用普通的有线电话报告。但是由于敌机是多批的,普通电话线有时被第一批敌机投掷的炸弹炸断,而后面的三批敌机在什么地方?投了炸弹没有?我们都全不知道。我们防空指挥人员无法获得情报就不敢解除警报,躲在防空洞里面的市民就不敢回家,我们战斗机也不敢降落。为解决这个难题,我们防空情报所就利用一些有无线电通讯技术的日本俘虏来为我们服务。1940 年敌人多批(每批 27

架)轰炸机对重庆进行疲劳轰炸(敌人叫一〇一号作战),所有几批轰炸机都由侦察机指挥,侦察机才是轰炸重庆的罪魁祸首。由于侦察机上除无线电之外,不带任何武器,因而能飞得很高很高,我们的战斗机飞不了那么高也就无法把它击落或赶走。轰炸机在进入投弹之前要听从侦察机命令,丢了炸弹之后回去时也要向侦察机报告。它们之间密切联络,我们防空情报所利用日俘收听他们飞机与飞机之间的联系,当听到最后一批轰炸机向其侦察机报告他们那批已投了炸弹开始回航的电讯时,我们防空部门就立即解除警报。对于那些愿意为我们服务的日俘我们给予生活上的优待,一旦他们不再愿意为我们工作的时候,我们也不强迫,就把他送回集中营里去,那次我们押送的日俘就是为此。

　　一会儿车子开到防空情报所,所长请我们去他所里参观,在他们一个工作室里坐着五六个人(其中也有日本人),都在听无线电耳机,我也不便多看打搅他们。这时一个日本俘房带着他个人的衣物走出来,所长把他交给郑子房,然后我们3个人就上了汽车开往集中营。

　　日俘集中营在重庆郊外,什么地名我记不清了,只记得它在三面环山一面临河的一个大平坝子里,坝子里都种了水稻,有几寸高。集中营是一幢孤单单的黑瓦大院,房屋不少。大门上写的是"和平村"三个大字,大门口没有全副武装的警卫,院内一些房屋的门口虽有警卫,却未见到带枪,看起来警卫并不森严,还时有俘房进进出出。郑子房继续向我讲述俘房营的情况。他说,集中营里大约有近200名俘房,由于战争形势的改变,大部分俘房都能认识到日本帝国主义侵华战争的错误,思想改造有很大进步。为此,我们管理人员给那些没有敌意的俘房头上戴一顶帽子,表现得差一点的则是光着头,而对那些少数顽固不化在营内仍在喊天皇万岁者就给他带上镣铐,以免发生意外。俘房们的生活,粗劣质的大米是保证无虞,但副食品就难以供应了。由于战争的影响,我们中国人的生活都一再降低,哪还能顾得上俘房?于是那些头上有帽子的俘房就可以到外面来摸鱼、摸虾、摸蚌、捕蛇、捕蛙、采摘野菜来改善他们的伙食。他们进出大院只在门卫人员面前停一下并点头示意,门卫人员也点点头,表示许可,外出回来也是如此。

我们走进院子里,那个被送回的俘虏很高兴地与他的亲人握手言笑,似乎回到他的家一样。院子里的俘虏很有些人认识郑子房,纷纷同他点头打招呼,郑也报之以微笑或点头。在院子里我还看到一位日本女人,怀里抱着不满周岁的婴儿,不知是女俘虏还是家属。院子里有一大间供俘虏学习的屋子,墙上贴有他们学习的墙报,还有不少书和报纸。郑子房又对我说,现在这些俘虏已看不见日本飞机,相反看到的都是中国的或美国的,由这一点他们就知道日本帝国主义的侵略战争已接近失败,他们不敢外出,怕被中国老百姓捉到了就是死路一条,因而乐于在营内好好学习,等待日本战败后好回老家。

《武汉文史资料》1995 年第 4 期

关于台湾留用日籍技术人员经济部长翁文灏致电资源委员会

据台湾区特派员包可永三十五年三月删电称:本省留用日籍技术人员遵照陈长官电,仅交留 1000 人分配工矿部门速派,余人按暂接收工矿企业及整理方案,除规定吸收台籍人员外,至少须留 5000 日人方可勉强维持,在 5 个月后始能陆续减少。台籍技术人员以教育关系,识见不足,不能填补日人缺额,若遵来电办理,则原方案之基础完全推翻,势必将范围缩小至约十分之一,例如糖业人力仅可办理两厂;电力关于治标,势须牺牲他业人力以支持之(以下 9 字电码不明)恐难顾及,其余各业大部份势必陷于停顿,设备将多被盗窃及蚀损,生产下降、失业骤增、交通阻滞、治安解体,或可引起暴动,从政治上考虑,此举是否过于危险,尚请钧长慎重权衡测量。除分电陈长官外,特呈并恳示覆等情。据此合行令仰迅予研拟回复为要。

《经济部训令》,《资源委员会档案史料汇编:光复初期台湾经济建设》

(上),台北:"国史馆",1993 年,第 2 页

台湾省行政长官公署关于遣送不宜留用之
日籍技术人员及其家属电令

　　……为兼顾本省实际情形,减少各部门工作困难起见,凡系不宜及不必留用之日侨及其家属(例如工作上无需要或已有人接替者、工作成绩不佳而技术不甚精良者、移交已清者、懈怠工作者、有挑拨离间或行为越轨者、身体孱弱不能工作者、不愿留台或其家属急愿返日者、非技术人员者、冒充征用人员家属者、其他有遣送之必要者)应予尽先遣送……其有因业务上确属必要留用之日籍技术人员及其家属,应严行考核……

《台湾省行政长官公署电》,《政府接收台湾史料汇编》,第 781—782 页

台湾省日侨管理委员会关于遣送日侨日俘的通报

　　……旧侨遣送应彻底办理,除台湾大学各研究所、各医院及气象局可酌予留用外,其余应尽量遣送,尤其银行绝对不准留用,各机关确必须留用者,应自 8 月 30 日起,于 10 天内造送名册,过期不管任何理由,一律予以遣送……

《台湾省日侨管理委员会通报》,《政府接收台湾史料汇编》,第 523 页

(三)残留日侨日俘的一个缩影
——以山西省的残留日军为例

　　说明:抗战胜利后,根据盟国对日委员会和远东委员会关于遣返日本侨俘和追究日本战犯的协议,国民政府一方面分区集中、遣返滞留中国各地的日侨、日俘,另一方面在使用现代机器设备上则征用部分日籍专业技术人员,并参照其专业技术技能给予中国同类人员甚至是优于中国同类人员的待遇。1946 年 6 月,蒋介石撕毁停战协定,此后中国大陆进入三年解放战争时期。因此,遣返日侨、日俘工作是在解放战争

的隆隆炮火中进行的,故不仅有一部分日籍技术人员分别为国共双方服务,而且国民政府尤其是地方实力派则留用一批日本官兵参与战争。如国民政府聘请冈村宁次为顾问在当时已是众所周知,晋系首领阎锡山将一批日俘直接编入自己部队的事实也被当时的《人民日报》所披露。其实,日本战败投降后,不惟国民政府及各地实力派欲借日俘壮大自己的势力,而且滞留中国各地的日侨、日俘中也有人鉴于战后日本国内艰难的经济情况不愿回国,甚至有人妄图勾结中国地方实力派潜伏下来,以借机保存日本在东亚大陆的实力,伺机东山再起,恢复大日本帝国的"光荣"与"梦想"。在大批遣返日侨、日俘的过程中,一部分日侨、日俘或通过与中国人结婚、隐姓埋名,或加入中国地方实力派军队,或以充当美国在华特务等方式藏匿于中国各地。随着解放战争的胜利,歼灭或再次俘虏残留的日侨、日俘最终被送上中华人民共和国军事法庭。经过改造,这部分残留的日侨、日俘大都在 1956 年前后返回了日本,并为中日友好而奔走活动。

阎锡山留用日军情况
1946 年 7 月 28 日

（新华社兴县二十八日电）日兵石川、滨松藏两人,不甘充当阎锡山内战炮灰,近由太原逃向吕梁八路军投诚,他们确凿的证明了阎锡山留用日军的情形。去年九月,阎锡山将日兵两千余人编为护路总队(原名为山西修复铁路公路工程队),其下辖四、五、六三个大队,每大队四百余人,内有山炮、重机枪各一中队。本年六月中旬,阎锡山又将其与阳泉、五台、大同、晋泉、白家庄等五个工程大队合编成"保安团",赵承绶充任团长,由日军原来部队之元泉馨旅团长负总责,下辖七个团,并有通讯工程各一营,配备有装甲车、无线电台,分驻忻县、太原、阳泉、大同等地。阎锡山对日军生活极为优待,士兵按准尉发饷,每日配给充分大米、白面。但他们都对战争极为厌恶,切望归国。按石川是本州神户人,现年三十一岁,大学生,"七七"事变后,曾在东北、华北经商,去年六月被召入伍,曾驻文水等地。滨松藏是本州青森人,现年二十五岁,一九四二年被征入伍,曾在潞城、临汾驻防五月,被阎锡山编入护路第四大队。

《人民日报》1946年7月31日

国民党用高官厚禄　收留日寇屠杀同胞

1946年9月18日

（新华社延安十八日电）各地八路军在几个月来的自卫反击战中,在国民党军中俘获大批日军,这些日军大部均被蒋方按原级提升并给予丰厚待遇,并改名换姓娶中国妇女为妻,预备长期屠杀中国人民。在山西,阎锡山曾将日军收编为八个特务团及纵队,分驻山西各地。据由太原逃来解放区之日兵川滨、松藏两人称:阎锡山将两千日人编为护路纵队,其下辖四、五、六三个大队,每大队四百人,内有山炮重机枪各一个中队,六月间与驻五台等五个工程大队合编为"保卫团",由日军元泉馨旅团长负总责,配备有装甲车。他们穿的是旧日保存下来的日本陆军短式的军衣和皮鞋,头上戴的却是中国陆军军帽,绣有青天白日的帽徽。阎锡山为利诱日俘参加内战,除提升三级、提高薪饷（少尉每月四万五千元,少校九万元,少将十二万元）、予以优良的生活外,并为日本士兵娶中国妻子。日兵茂田今年娶了代县城内十七岁的解翠花为妻。在阎军十九军四师二团通讯连担任上士之日军左藤之男,曾娶代县实里村之金莲为妻。在晋绥傅作义的战车队每辆坦克有一日人驾驶,更与日人合组特务机关,并派遣大批特务到解放区进行暗杀抢劫阴谋。在山东章邱南之埠村文祖自卫战中,俘虏蒋军九十六军暂十五师一团官兵多名,发现其中有日军十三名,大部均按原级提升,并奉命改用华名担任坦克手和轻重炮手等。在东北民主联军与国民党当局协定遣俘遣侨,民主联军即按照协定积极遣送工作,先后遣送日侨日俘约八万人,讵料国民党当局竟将解放区送到沈阳之日侨日俘自十八岁至四十八岁者全部留下,在沈长编成五千人武装供其进攻解放区之用。另外国民党反动派竟纠合北满日军一藤、吉岗、上村等部与胡匪、伪军及哈市日军官佐佐木义三、山内美雄等及日军一千八百馀人阴谋暴动,此案已为哈尔滨政府当局破获,并获得不少证件。

《人民日报》1946 年 9 月 22 日

阎匪勾结日寇真相

日寇投降已二年半了,但在晋中狭小地区,还有一支全副武装的日本"皇军"与阎匪共同统治着这块中国土地,继续屠杀迫害中国人民。

自一九四五年八月阎匪公开与日寇合作后,山西日寇曾有三度"改编",初时日军仅由部份地区收缩至太原、大同正太沿线,仍然公开保持"皇军"面目,直至一九四六年一月始开始伪装加以整编。据解放军缴获之阎匪长官部四六年一月十二日致日本"善后联络部"的"特编字第二号"代电中,即公然称:"整编日军为示范部队紧急时使用于机动决战方面。……编为八个特务团,作为二战区司令长官部直属警卫部队。"特务团的编成,据缴获之山西日军三月十七日"乙集参甲密第六号"命令内称:"每团配属一日本营,全为日兵官兵。另两营为中国人,由日人任教官,一团由第一旅团改编,二团由第五独立警备队改编,……七团由独立第二旅团改编,八团由独立第四警备队改编。"同时又有"铁道护路队"的成立。因当时日军官兵及日侨归国心切,阎匪与山西日主要战犯,乃依当时阎日联合特务组织合谋社在日军与日侨中活动以较高的待遇笼络,并造谣"八路军破坏交通,要想归国只有参加护路队,协助山西剿匪"。当时共成立五个护路大队,一个土木工程队,一个通讯抢修队,一个山炮中队,统一为一总队,由赵逆承绶兼司令,日人藤本(改华名董秀峰)少将任参谋长,据去年三月解放军俘虏之日军柿田勤等供称:各大队长由佐级以上军官、县顾问、矿山警务队长等充任,中队长由前警务段之副段长充任,小队长为分遣所长等充任,护路队员有原华北交通公司警务系的人员及一般地方人员,土木工程队员及通讯抢修队员有华北交通公司工务系人员,及该公司电气股人员等。中队长的官阶都是上校或中校,小队长分队长是少校或上尉,队员是中尉或少尉。

去年,阎匪又进一步将留晋日寇特务团中之日本营与铁道护路队,统一整编为"山西保安队"九个大队,由赵逆承绶兼司令,原日军第十四旅团长元泉馨任副司令,协同阎军担负守备要点之责。一、三、四、六大队驻阳曲一带,二大队驻忻州,五大队驻阳泉,七、八、九大队驻大同。今年五月正太战役,阳泉之第五大队四百馀人,曾全部被解放军缴械。

今年正太、汾孝两战役后,阎匪深感其机动兵力缺乏,七月乃将日军"保安队"又改编为野战部队,建制为一个师,称"四一七三部队",直接受太原绥署指挥。指挥官为上野少将,辖保一、二、三、四、六,五个大队,改称一、二、三、四、六团。据日前向我投诚之日军军医露木清作供称:该师师部现驻太原小东门外,政治部情报主任为小川;一团亦驻小东门外,团长为小田;二团驻忻县,团长为井上(原五台县顾问);三团团部及三营驻榆次北关纺纱厂,一营驻王村,二营驻源涡发电厂,团长为长富;四团驻太原西山,团长为古屋(原石门市顾问);六团驻太原西山酸素工厂,团长为布川。在大同的七、八、九大队则改编为"山西省野战军大同总队",总队长为日人林丰大佐(改华名陈半山),副总队长为五味牛之助(改华名武威,原日寇归绥警备队长),下辖七、八、九、十四个步兵大队与一个机械化大队。步兵大队下辖三个步兵中队及一个机炮中队,七大队长佐野,八大队长山内,九大队长吉井,十大队长尾壕。共日兵七百外,补充中国兵亦甚多,全总队共约三千人。

除日军外,阎匪军及军事训练机关中更有大批日本教官,据今年向解放军投诚之日军获坪义幸称:在太原之阎匪省防军集训团中,即有日人五百四十九人。内日本教官队二百四十人,特训队二百五十人。其馀太原之西山训练团机甲队等,亦有大批日本教官,并由元泉中将及赤星少将等负责。阎军中则不只有日本教官,且有日人任指挥官。如阎军第十九团副团长为日人冈田,机枪队附为日人高重(已改华名郭步青),获坪即曾任省防军之中尉副连长,并携有"集字第七十号"任命状一纸。又据露木清作称:阎匪四十九师则有日军六人,其中富田于师部任中校参谋。

　　阎匪对日寇的供奉无微不至,处处表现着日寇依然是君临中国人民头上的奴隶主。据星野秀敏说:除日军按其原阶级提升两三级外,日兵皆为中尉、少尉,至少是准尉。阎军家属不发给养,而日军家属则可领得津贴。日军保安五大队之民国三十六年三月份粮食规定表上,中国兵每月为苞米二十二斤半,小米十五斤,日人则为大米二十二斤半,白面十三斤二两。日人每月尚有特殊配给,包括每人盐一斤、酱二斤、酱油三斤、干鱼二斤、海带二斤、糖半斤、烟卷三十盒、啤酒一瓶、日本酒十两,日人住宅有水电供给,日人可免费看电影。阎匪为使日军不怀念祖国,为大批日兵与日军官找中国老婆,战死尚有特别抚恤与"慰灵祭"。当然,日寇这一切优越的奴隶主生活,已在解放军对阎日打击下日趋破灭(按:据被我晋绥解放军俘获的日寇吉田晃供称,现在日寇已每日不得不吃高粱,必须自己步行出外掠夺,搬运煤炭)。

　　除了阎日共同作战外,大批日寇同样分布在阎匪的各种政治、经济、文化以及特务机构中,且均高踞要职。这一切事实,完全证明过去美蒋一再宣传中国日俘、日侨业已全数撤尽一点,乃系漫天大谎。中国人民全都深知,自日寇投降之日起,在美帝国主义授意下,蒋阎匪帮即勾结一切中国人民的死敌,包括敌寇汉奸,组成反共反人民的同盟军,以维持其卖国独裁统治,奴役中国人民。显然,中国人民最后必将一起清算这批蒋阎日战犯。他们偿付这一大笔血债的日期已是不远了。

(新华社)

《人民日报》1947 年 12 月 1 日

日军第一军参谋长就日本军人、侨民残留山西致属下电
1945 年 9 月 5 日

属下、指挥下所有单位:

　　近来,山西当局似对皇军撤退回国后仍希望留在山西地区的人进

行个别说服动员工作。但是,日侨(包括军人、军内雇员及一般侨民)残留中国,会成为将来国策上重大问题。我军根据将来形势的发展,并从中、日顺利复交着想,慎重研究,正在同中方就工作单位、人选、待遇以及将来的保障等问题进行协商。请设法做好工作,避免个人签订合同为要。

此致

第一军参谋长

昭和20年9月5日

《二战后侵华日军"山西残留"——历史真实与档案征引》第一卷,第57—58页

日军第一军参谋长关于乙集参甲电第106号征用同蒲线、东潞线铁路(公路)修复部队致总军、方面军及属下电

1946年2月2日

总军、方面军,下属各兵团、部队:

关于征用铁路(公路)修复部队一事,现接第二战区1月25日下发的命令。内称:根据铁道部队办法(编者注:原文如此),征用铁路(公路)修复部队。允许携带武器,并在施工现场进行自卫。特此通知。

命令要点:

一、被征用人员,负责南同蒲线2500名,负责东潞线2500名,负责北同蒲线3000名,共计8000名。

二、征用日期,大致到昭和21年3月底止。

三、对征用人员,按规定增发3/10的口粮。

第一军参谋长

昭和21年2月2日

《二战后侵华日军"山西残留"——历史真实与档案征引》第一卷,第61—62页

日军第一军参谋长关于乙集参甲电第 107 号征用铁路(公路) 修复部队重要事项致总军、方面军及属下电

1946 年 2 月 2 日

总军、方面军,所隶属及指挥的各部队:

关于征用铁路(公路)修复部队一事,现规定如下:

一、征用人员分配如下:

第一一四师团　　　　　2500 名;

独立步兵第十四旅团　　2500 名;

独立混成第三旅团　　　1500 名;

第四独立警备队　　　　1500 名。

二、上项人员首先以同意留用人员充当,不足时可由其他人员补充。

三、铁路(公路)修复部队的任务是,打通和修复铁路和公路,许可携带武器。但铁路(公路)修复部队的战斗,只限于在工作场所进行的自卫战斗。为抢修铁道、公路需要攻击时,由第二战区部队担任。

四、对铁路(公路)修复部队下达的命令,经由日本军司令官转发。

五、第一一四师团长、独立步兵第十四旅团长、独立混成第三旅团长、第四独立警备队司令官,可在分配征用名额范围内,根据需要组成铁路(公路)修复部队。此部队的部队名,在铁路(公路)修复部队之上冠以兵团番号。

六、根据上项规定组建的部队,在组建完成的同时配属于担任组建的兵团。

七、担任组建任务的兵团长,根据上列各项规定组成铁路(公路)修复部队后,应将详细情况报告军司令官。

第一军参谋长

昭和 21 年 2 月 2 日

《二战后侵华日军"山西残留"——历史真实与档案征引》第一卷,第 63—64 页

日军第一军关于"援助"组建特务团工作队的命令

1946 年 2 月 19 日

第五独立警备队、军部各部(参谋、经理、军医、兽医):

一、我军根据第二战区长官命令,决定援助组建特务团工作队。

二、第五独立警备队速派宫崎少尉赶来太原,协助第二战区主管人员办理组建工作。

具体细节着由主任参谋指示。

三、军经理部长、军医部长及兽医部长对上项组建工作应给予必要的援助。援助细节着由主任参谋进行联系。

下达方法:电话通知要点,然后印刷下发。

抄送单位:第一一四师团、第三旅团、第十旅团、第十四旅团、第四独立警备队。

昭和 21 年 2 月 19 日

《二战后侵华日军"山西残留"——历史真实与档案征引》第一卷,第78—79 页

日管教字第 288 号代电

山西地区日本官兵善后联络部澄田中将阁下:

据留用人员征用组编所所长梁綖武报称:卑职已着手征用日军组建〔铁路(公路)〕修复部队,须从速备齐修复工作所需物资。现拟定如下办法:

1. 工程总队部根据留用人员征用组编所提出的计划,审核确定修复部队各单位(团部,在特务部队为营或连)需要总数,呈报第二战区长官司令部。

2. 第二战区长官司令部着令日本徒手官兵管理处(房屋由房屋管理处)将现由日军实际保管、管理的物资发给山西地区日本徒手官兵善后联络部。

准如所请。此令。

第二战区司令长官　阎锡山

民国三十五年二月二十六日

《二战后侵华日军"山西残留"——历史真实与档案征引》第一卷,第89页

日军独立步兵第十四旅团关于第六特务团集结等致第一军参谋长电
1946 年 3 月 25 日

参谋长:

一、按照乙集参甲电第 274 号令第三项指示,兵团主力应开赴太谷东观镇附近,特务团则令其于南团柏附近集结。鉴于下述特殊情况,务请安排我兵团复员人员到榆次或太原集结,特务团到太谷集结。

二、太谷已被指定为第六特务团集结地,目前正积极布置营房。报名参加特务团的人当中,很多是为了能驻扎在太谷等平原地区才决心报名参加的。如今若骤然改为在南团柏集结,精神上将产生很大波动,估计原来决心入团人员将有不少放弃入团。

三、目前我兵团复员人员和特务团之间处于微妙的对立状态,二者互不希望在邻近驻扎。希将其驻地隔开。

四、我兵团如移住榆次或太原,会给其他兵团造成麻烦,对此已有充分认识。但我兵团自组建以来长期驻防枯燥山区,特别在停战以后仍然处于饥饿与战火的漩涡之中,身心俱已疲惫,调防乃全旅团官兵唯一的热切希望。务请给予同情和特别关怀。

附带指出,我兵团驻榆次联络处足可以容纳两个大队,如再利用附近村庄部分民房,估计不会给其他兵团添加麻烦。

旅团长

昭和 21 年 3 月 25 日

《二战后侵华日军"山西残留"——历史真实与档案征引》第一卷,第94—95 页

日军第一军参谋长就撤回加入特务团致总军、方面军参谋长电
1946 年 4 月 6 日

总军参谋长、方面军参谋长:

现接到如下撤销编入特务团的正式命令。电令如下：

"日管教字第642号代电（4月5日）：

我部于1月12日以午务特代电下发命令，征集参加我部直属特务团志愿人员，组建示范部队，并教练军官，着立即予以撤销。"

我军据此下令全部撤回加入特务团人员，并遵令遣送回国。

考虑到在执行过程中单靠电报传达，往往可能发生种种误解，一旦接收、移交手续办理不当，还有发生摩擦之虞，特于10日召集兵团长会议，连同复员运送问题一并加以说明，然后着令返回原属部队。实施情况将随时电报。

第一军参谋长

4月6日

《二战后侵华日军"山西残留"——历史真实与档案征引》第一卷,第96—97页

日军第一军参谋长关于执行中国总司令部诚字
第307号训令致一一四师团参谋长等电
1946年4月16日

一一四师团参谋长,第四独立警备队、第五独立警备队、第三独立混成旅团、独立步兵第十旅团、独立步兵第十四旅团参谋长：

（一）现接中国总司令部诚字第307号训令如下：

中国境内各机关、学校、工厂征用的日本人,不论其是否自愿残留,台湾可残留2.8万人（连同家属）,至明年1月1日止,着将其详细花名册报送本部。除该地区外,其他各地区均于4月底前报请各受降主官,一俟各地区运送工作结束,即令其在港口集中,于5月底或6月中旬分别遣送回国。

（二）根据上述训令,征用（劳务）人员,不管本人是否自愿残留,均将于4月底以前全部解除征用关系,随之中国境内的日本人必须一律回国。因此,如有违反,被中方当作违反中国训令的犯罪分子处理,亦为不得已。

希各兵团部队将上述训令精神向全体军民(包括特务团)传达贯彻为要。

(三)关于遣送运输问题,美国军方强烈要求自 4 月 20 日起,每日发车 3 列,运送 3000 人出境,4 月底以前将全体军民运出山西。目前正在与第二战区方面进行交涉之中。考虑到今后将按照上述要求行动,希各兵团做好一切准备,以便一旦接到命令即可随时出发不误。

(四)据此,原同意特务团留用人员,应着其从速返回原所属单位。但各兵团部队可根据情况需要,将其按照军队运输编制编成一个队,并将人员数目火速上报军司令部。这一军队编制抵达天津后将不能拆散重组,对此要预做考虑。

第一军参谋长

昭和 21 年 4 月 16 日

《二战后侵华日军"山西残留"——历史真实与档案征引》第一卷,第 99—100 页

太原市日侨自治会关于留用日籍技术人员暂缓回国的通知
1946 年 4 月 29 日

各有关单位代表:

现接管理处长 4 月 28 日通知称,"阎长官报请中央留用的日籍技术人员和医师,虽尚未接到中央指示,但在接到指示前该项人员不得集中回国",并附有暂缓回国人员名单(编者注:原件未附)。请向有关人员转达。特此通知。

太原市日侨自治会会长　河本大作

昭和 21 年 4 月 29 日

《二战后侵华日军"山西残留"——历史真实与档案征引》第一卷,第 101 页

日军第一军参谋长就被扣留战犯嫌疑人名单电报总军参谋长

1946 年 5 月 1 日

总军参谋长：

（对总参电第 214 号复电）

一、被以战犯嫌疑人扣留的人员如下：

澄田睐四郎（中将）：第一军司令官；

三浦三郎（中将）：第一一四师团师团长；

白岩定夫（大尉）：第四独立警备队第二十三大队；

大竹善夫（伍长）：独立混成第三旅团独立步兵第十大队；

佐藤彦七（曹长）：第一一四师团独立步兵第一九九大队；

佐藤义雄（卫生上等兵）：第一一四师团炮兵队；

恩田忠录（大佐）：第一军司令部部附；

东本：原霍县宪兵队队附；

结城初：正在接受调查；

后藤好雄：原霍县宪兵队队附；

冢越大三郎：原宪兵；

中村秀夫：原大同警务指导官；

鬼头茂：原平遥宪兵队；

山崎茂市：原宪兵。

（澄田中将尚未被扣留，但在司令部遣返出发前要扣留下来。白岩、大竹、佐藤等三名已调至军司令部。）

以上为太原被扣留人员。

林丰（大佐）：第四独立警备队司令部部附；

五味丑之助（少佐）：同上；

矢岛哲夫（大尉）：同上；

冈田源吾（主计，中尉）：同上。

以上为大同被扣留人员。

二、以战犯嫌疑人证人被扣留人员：

杉野俊三郎(大佐):电信第六联队队长;

今村方策(大佐):独立混成第三旅团参谋;

赤星久行(少佐):独立步兵第三旅团团附(编者注:原文如此)。

抄送:方面军参谋长

军参谋长

《二战后侵华日军"山西残留"——历史真实与档案征引》第一卷,第103—104页

日军第一军参谋长就部队遣返与军民残留等对总参电第 18 号的复电

1946 年 5 月 3 日

总(总军)、甲(方面军):

我军定于 5 月 5 日将军司令部(第48大队)运送出境后,除因事暂留人员(军)及留用技术人员(侨民)外,即结束运送工作。

一、战犯(嫌疑人)的人数及姓名见前乙集参甲电第460号。

二、有无尚未解除留用的军民及对其被遣返的估计:

军:无。

民:太原 1788 名,榆次 321 名,阳泉 131 名,大同 505 名,共计 2745 名。

三、有无尚未运送完毕的重病病人、传染病人:无。

四、未了事务处理小组及其他暂留人员:山冈参谋长等军官 23 名,军士 9 名,士兵 13 名,军内雇工 13 名,共计 58 名。

详细人员姓名见前乙集复员电第 324 号。

五、有无其他尚未运送完毕的军民以及其运送的时期:大同残留军民中,除被扣留人员及留用技术人员外,已被批准回国,近期将集中太原运送离境。其人数不详。

六、其他需要特别说明事项:

从山西省留用的技术人员看,大部分残留侨民是本身希望留下,加之阎长官积极劝说,军方实无力扭转。〔三人〕小组美方代表也对此□谅□,并且已就日本技术人员短期留用问题同阎长官之间达成一致。

我军虽着令山冈参谋长等部分人员（世话部）暂时留下,努力促成残留日人的遣返,但从目前情况看,并无任何效果。相反,目前似以采取默认态度为好。（详情将由尾司参谋报告）

此外,随着战犯向北京集中,请从速设法使世话部人员迁往北京。

军参谋长

《二战后侵华日军"山西残留"——历史真实与档案征引》第一卷,第105—106页

教导总队副官处关于日籍官兵从速办理外侨居留证的通知
1948年8月

一、外侨居留证已按下列规定开始受理申请,希个人尽可能从速办理请领手续。

1. 日期:8月30日前,每日上午8时至12时,下午3时半至7时。星期日上午办公。

2. 地点:省会警察局（第四科）。

3. 申请人:12岁以上的男女日侨。

4. 请领手续:前去申请时,为了慎重起见,须携带侨居户籍登记簿（警察局发给的户口簿）、原来的居住证明书（凭此证换领）和印章（日名）。

据悉,原来的证明书、户口簿遗失或尚未领取者,本次申请亦可领到。

过期不再补办,希从速申请勿误。

《二战后侵华日军"山西残留"——历史真实与档案征引》第一卷,第118页

暂编独立第十总队政治部实施业务大纲
1947年

一、目的:

目的在于使总队官兵贯彻部队存在的理念,掌握日、华协力的真正意义,促成巩固的团结。与此同时,建立同外部的合作体制,阐明世界形势,以期在整体方向的把握上万无遗憾。

二、实施事项：

1. 在整个亚洲，特别是在中国同日本的关联上，阐明目标理念的时期性和阶段性。

2. 确立恢弘天业的世界普遍性。

3. 使队员经常自觉地把部队同祖国直接联系起来。

4. 使华籍队员认识同日籍队员合作的真正意义。

5. 使日籍队员明确对待华籍队员应采取的态度、观点、相处方法等，以掌握圆满的方策。

6. 研究分析混乱的形势，阐明吾人所处的环境。

7. 阐明部队的现况，提供丰富正确的与其根本方向有关的情况判断的资料。

8. 努力培养下一阶段的干部。

9. 设法同留晋日侨融合一起，确立合作体制。

10. 推动建立同中方机关及民众的相互援助体制，以巩固部队存在的基础。

11. 同省外尚未回国的日本人及日本国内建立联系，在各地之间相互迅速通报成果，以使采取共同行动成为可能。并实行交换信息，为将来物资、人员相互进行援助成为可能做好准备。

《二战后侵华日军"山西残留"——历史真实与档案征引》第一卷，第 132—133 页

教导总队司令部关于速发日籍参战人员冬夏季津贴服装的呈请
1948 年 10 月 9 日

查职队聘任之日籍甲级参战人员，除遵照规定按季发给应领服装外，每人每年各津贴夏季军衣裤一套、长衬衣裤两套，冬季军衣裤一套、长衬衣裤两套，业准自 9 月份起实行在案。按职队现有日籍甲级参战人员（连长以下者）为 344 员，计共应领津贴服装夏季军衣裤 344 套、长衬衣裤 688 套，冬季军衣裤 344 套、长衬衣裤 688 套。请速予发给，俾备战穿用为祷。谨呈

主任阁

　　职晋树德呈

　　　　《二战后侵华日军"山西残留"——历史真实与档案征引》第一卷,第536页

教导总队关于为日籍参战人员拨发防寒作业衣的呈请

1948 年 11 月 1 日

　　查职部聘任之日籍参战人员,自并垣保卫战开始迄今,无时不在前方周转指挥与匪搏斗,并获得辉煌战果。现时值冬令,气候严寒。该员等虽身着棉服,但在彻夜应战时实难以御寒。且该员等喜好着用防寒作业衣,既轻便又敏捷。兹为提高该等锐气,再接再厉,痛歼共匪计,恳请拨发防寒作业衣200件以利作战为祷。谨呈

主任阁

　　职晋树德呈

　　　　《二战后侵华日军"山西残留"——历史真实与档案征引》第一卷,第537页

教导总队关于发给日籍眷属冬季眷布的呈请

1948 年 11 月 25 日

太原绥靖公署:

　　一、钧署服配字第987号令奉悉。日籍眷属夏季眷布早已领讫分发在案。

　　二、查冬季眷布已届领用之期,谨缮造眷属花名册,随文附呈。

　　三、计大口350、小口58、小小口72,共应领眷布19808尺、棉花825市斤。

　　四、请鉴核发给并示遵。

　　司令　晋树德

　　　　《二战后侵华日军"山西残留"——历史真实与档案征引》第一卷,第538页

关于改善教导总队日籍队员待遇的意见

1949 年

一、队员待遇分为聘任甲和聘任乙两种。

二、聘任甲的待遇只给予总队司令认为部队编制上必不可少的人员，暂时预定为约四百名。其他队员一律给予聘任乙待遇。

三、聘任甲的待遇条件，希望能规定如下：

1. 薪饷按民国三十七年八月中央规定数额（含太原市补助费）发放，但太原市物价上涨时，以三十七年九月为基准，按上涨比率上调。

2. 确定每月发薪日期，一次全额发给（聘任乙同此）。

3. 每人每月发给香烟 200 支。

4. 对于连长以下从事教育训练繁重工作的人员，每人每月增加粮食供应约 10 斤，并增发训练用被服（夏、冬装及内衣各一套，布料亦可）。折价发给现金亦可。

5. 对于居住在日本的家属，一律每月每户在日本支付 8 美元。

6. 对于民国三十八年三月以后的退职人员，凡在职 3 年以上者，一次性发给 6 个月的薪饷；凡在职 5 年以上者，一次性发给一年的薪饷。

四、聘任乙的待遇条件与原来相同。

五、参考事项。（编者注：见附文）

附：教导总队队员薪饷分类

（一）聘任甲：

1. 符合下列条件者：

A. 军事教官；

B. 所需战斗员；

C. 司令特批人员。

2. 薪饷待遇按新待遇办法执行。

（二）聘任乙：

1. 符合下列条件者：

A. 部分战斗员；

B. 借调到外单位人员；

C. "B"项以外的后方勤务人员。

2. 符合本项条件人员，大部分定为总队司令部部附，按文官待遇。

3. 关于薪饷待遇，按总队内部规定办理。

《二战后侵华日军"山西残留"——历史真实与档案征引》第一卷，第 546—548 页

教导总队关于发放主官粮食津贴的通知
1949 年 4 月 10 日

现接绥靖公署通知，根据解决部队干部困难的规定，决定每月发放主官粮食津贴，以提高各级军事主官的工作效率。希各主官斟酌队内情况加以有效使用，特此通知。

又，主官粮食希直接向司令部军需处领取。

（关于司令主官粮食，已决定作为奖励粮按月发给司令部携眷华籍官佐中成绩优秀人员，希做参考。）

各队主官粮食发放数量：

东（编者注：东登太郎）队	80 斤
村山（编者注：村山隼人）队	30 斤
教一团	60 斤
永富（编者注：永富浩喜）队	65 斤
黑田（编者注：黑田市郎）队	70 斤
特大（编者注：特务大队）	30 斤
工兵（编者注：工兵队）	30 斤
通讯（编者注：通讯队）	30 斤
糸长（编者注：糸长丰）队	20 斤
鱼□（编者注：原文字迹不清）队	10 斤
计	425 斤

第 7739 部队参谋长

《二战后侵华日军"山西残留"——历史真实与档案征引》第一卷，第 550—551 页

教导总队关于日、华系队员燃煤供给的部内通知
1949 年 4 月 12 日

按下列规定,对日、华系队员及日系眷属给予 3 月份燃煤的第二次配给。希于 14 日至 22 日到管理科领取。

日系队员　　　　40 斤　华系队员　20 斤

日系眷属　大口　30 斤

日系眷属　小口　10 斤

《二战后侵华日军"山西残留"——历史真实与档案征引》第一卷,第 552 页

日军第一军参谋长就第二战区遣返
日俘致总军、方面军参谋长急电
1946 年 4 月

总军参谋长、方面军参谋长:

现收到第二战区司令长官代电,电文(民国三十五年四月五日日管教字第 639 号代电)如下:

山西地区日本官兵善后联络部部长阁下:奉蒋委员长及何总司令来电,着将日俘从速送往平津地区,以便与海运衔接。并规定自 4 月 10 日开始运送,6 月 10 日前完成运送工作。据此,除留用技术人员外,希计划办理。特电。第二战区司令长官阎锡山。

第一军参谋长

《二战后侵华日军"山西残留"——历史真实与档案征引》第一卷,第 555 页

教导总队第一通讯队队长报送西繁夫等十人申请回国理由书
1948 年 5 月 12 日

部队长:

现将我队队员申请回国理由书汇总报送。

第一通讯队队长

民国三十七年五月十二日

申请回国理由书

我母早已去世,只留父亲一人,长兄也已阵亡。我身为次子,本有赡养老父的义务,但当时我弟健在,和我父从事农业劳动,因而我在战争结束后,挺身而出,为复兴东亚贡献力量。不幸我弟于今春病故,留下我 73 岁的老父孤苦伶仃,无人照顾,盼我回国。故此申请遣返,以尽孝养。

西繁夫

申请回国理由书

昭和 19 年年底,因局势紧张,我已将妻子儿女送回国内。昭和 20 年战争结束后,直至今天,没有机会回国。去年 10 月遣返时,又因患病住院错过机会。因此,请务必批准回国,以尽对妻子、儿女的抚养之责。

田中茂

申请回国理由书

我有兄长四人,均在大东亚战争中阵亡。一个姐姐虽已出嫁,但丈夫也在战争中牺牲,只好带着三个孩子回到娘家。我父早已过世,只有我母一人孤苦伶仃,无人奉养,生活十分困苦。

原来我为了东亚复兴决心残留山西,但作为人子实不忍心坐视老母和携带三名幼儿重返娘家的姐姐继续在贫困中艰难度日,因此申请回国,为来日无多的老母尽一些孝养之心。

北岛□六

申请回国理由书

我父去世。我母已是 71 岁的高龄,孤独生活,既无财产,又无人养活。实际情况如此,只好申请回国,以尽孝心。

川正见

申请回国理由书

在本次大东亚战争中,我的长兄及弟弟阵亡,姐夫随军出征开赴东南亚,至今未归。双亲虽在,但已年老力衰,不能劳动,勉强从事农耕,早已力不从心。自去春以来,多次来信催我回国。特别到了今年 3 月,又从来信中得知二老更加衰惫,已无力继续农业劳动,因此申请回国,以尽孝养之心。

吉田金次郎

申请回国理由书

我生来体弱多病,经常看病吃药。青年时期曾患肺部疾病,休养数年之久,才逐渐恢复健康。但去年秋季又患坐骨神经痛,虽多方医治,收效甚微,不能随意行动。作为一名军人,长此以往,无法履行职责,故想利用此次机会回国疗养。

黑河喜太雄

申请回国理由书

我父早已去世,母亲孤身一人,已是 63 岁高龄,无依无靠,生活困难。我又是独子,如不回国,老母无人养活。情况属实,拟回国尽孝养之心。

米泽久澄

申请回国理由书

我父亲已过世,只有母亲还在,但已 72 岁高龄,衰惫不堪。家中既无财产,又无人养活。实情如此,拟回国尽孝养之心。

延寿寺正定

申请回国理由书

我父母虽然健在,但他们辗转东北、华北各地,过了 30 年的大陆生活,已于前年自河北省石门回国。现在国内从事农业劳动,既无财产,又无亲人。日本国内劳动力短缺,只好不顾年老力衰,拿起农具,干从未干过的农活。他们过去曾多次来信催我回国,但我以东亚复兴为重,抛却一切私情,献身革命。不料今春老母又得病卧床不起,催我早日回国。我身为长子,再继续留此,实违孝道,故此拟回国尽孝养之心。

山下胜夫

申请回国理由书

我自昭和十□年应召入伍来到中国以后,一直没有机会回国。现父母均已去世,我身为一户之主,有扶养弟妹四人的义务。且妻子体弱多病,经常卧床不起,在太原无法疗养。故此拟回到国内使其专心疗养,自己也好把十多年来扔下不管的家务加以整理。

早川秀雄

《二战后侵华日军"山西残留"——历史真实与档案征引》第一卷,第564—567页

教导总队昆字部队长关于残留人员回国原因及今后对策的报告
1948 年 5 月 13 日

现将回国人员回国原因的调查及今后对策报告如下。

一、原因:

本次回国人员只还都是去年调查时提出申请的人员。大部分属于来到中国以后,由于家庭问题以及其他真正迫不得已的原因要求回国。或为本人着想,认为其回国为好,才建议其回国的。

二、对策:

根据司令部的方针,令其重温残留的深远意义,充分认识当前形势,努力使大家对残留者的未来产生很大的希望。

民国三十七年五月十三日

《二战后侵华日军"山西残留"——历史真实与档案征引》第一卷,第569页

教导总队特务大队大队长关于残留人员
回国原因及今后对策的报告
1948 年 5 月 14 日

现将回国人员回国原因的调查及今后对策报告如下。

一、要求回国的主要原因:

1. 由于当初是随大流或盲目残留而造成的。

2. 由于理念缺失和政治教育欠缺,不再感到残留的意义。

3. 由于青年阶层的上进心和现实脱节,陷入思乡困境不能自拔。

4. 由于子女教育等家庭问题。

一、对策：

1. 树立牢固理念并进而采取体现理念的措施。

我们残留此地，并非为了经济生活。只是为了担负一部分在日本国内无法完成的任务而贡献力量才残留下来，这是不言而喻的。然而现在战争结束后将近三年，理想的实现仍十分渺茫，可以说没有任何新的进展。

青年感到寂寞，并非缺酒少食，而是由于现在的处境混沌不清，无法使他们树立牢固的信念和一贯的理念，以致陷入一种无助的困境。这个根本问题必须加以解决。

必须建立一个能为中日两国人都能信奉的理论体系，这一理论与爱祖国联系在一起，以包括亚洲军事、文化、政治、经济等各方面在内的共同（集体）防卫、共同建设为目标。

并且必须不仅山西，而且也要在日本国内寻找中日两国人的真正的领导者，以他的思想和理论体系为中心，对青年开展政治教育。为此，要在各个领域开展有机联系的青年运动，这不仅有必要，而且完全有可能。

通过上述措施使大家的朝气重新焕发出来。

如何具体实施，尚待研究。

2. 解决青年们的上进心与对现实焦虑之间的矛盾。

"长此下去，前途如何？""希望多学点东西。"这是上进心的表现，也是认真考虑前途的 20 岁上下者的共同想法。

必须有进行精神指导和智育指导的指导者和指导机构。

3. 子女教育和家庭问题：

完善子女教育机构。（编者注：此处有两行字迹脱落）

4. 其他：

满洲国时期的治安所以保持得特别好，是因为其背后在预算中列入了巨额机密活动经费。有了这笔经费就可以机动灵活地进行表扬奖励，开展研究工作，人也可有更大的活动自如的空间。而我们现在的情况是，为了维持部队的运作，只好从个人的薪金中抽出一部分垫付。

可以认为,这些问题的解决将有助于对部队的掌控和工作的顺利开展。

民国三十七年五月十四日

《二战后侵华日军"山西残留"——历史真实与档案征引》第一卷,第 570—572 页

教导总队第二通讯队队长关于残留人员
回国原因及今后对策的报告
1948 年 5 月 14 日

现将回国人员的回国原因及今后对策报告如下。

一、原因:

1. 身体虚弱,痛切感到不宜留居当地。

2. 接到家中来信,得知国内家属生活极为困难。

除上述原因外,本次回国者中尚无因其他各种表面的或实际的情况、原因而提出回国者。

二、对策:今后,仍继续让健康受到伤害不宜再留在当地的人回国。但是,对于留下来的人,应采取适当措施,促使他们进一步认识残留的深远而重大的意义,并在思想引导和工作安排上体现这种意义,使大家更加坚持牢固的信念。

民国三十七年五月十四日

《二战后侵华日军"山西残留"——历史真实与档案征引》第一卷,第 573 页

教导总队嶽字部队长关于残留人员回国原因及今后对策的报告
1948 年 5 月 14 日

现将回国人员的回国原因及今后对策报告如下。

回国原因及将来的对策:

本次回国人员的回国原因,大体上看,因家庭原因回国者占八成。其余二成中,身体虚弱或年龄偏高者占 3 名,其他犯罪分子及团队破坏者占 5 名。共计 48 名。

　　自从允许和国内通信以后，虽然进行了信件检查，但经过几次和国内通信以后，有些原来决心残留的人了解到家中所受战争灾害的实际情况，真正迫不得已才要求回国，基本没有想重温昔日国内的美梦而轻举妄动的人。与上次遣送相比，事前准备工作做得好，在治装以及回国后日常注意事项等方面，都做了大量的工作。

　　此外，在本次宣布遣送以前，我们认为如果要求回国的人大体占总人数的二成，就属于正常范围。因此曾向大家宣布，对于实在迫不得已要求回国的人，决不阻拦，只是在此之前，必须忠实履行职责。实际上本次要求回国人数只占总人数的18%，所以并未强行拦阻。

　　与上次突如其来的遣送相反，这次遣送时间的安排比较充裕，所以遣送的都是一些不得不回国的人。因此，即使下次还要遣送，也只有极少数人要求回国，而留下来的都是能够留下来的人。

　　此外，还有人虽然按家庭情况必须回国，但由于工作关系勉强让其留下。据说已有人请求领导考虑制定休假制度及汇款办法，这是最殷切盼望的事。

　　还有一部分人，由于在同国内通信中不能将此地的详细情况告知家里，以致家里人和苏联的情况混为一谈，认为是被扣留在这里。

　　我们认为有必要在国内设立联络处，迅速向外公布实际情况。

民国三十七年五月十四日

《二战后侵华日军"山西残留"——历史真实与档案征引》第一卷，第575—576页

教导总队崇字部队长关于残留人员回国原因及今后对策的报告
1948 年 5 月

　　现将回国人员的回国原因及今后对策报告如下，希从可能实现的部分着手，从速加以实行。

　　一、回国原因：

　　1. 精神方面：

　　(1)残留理念的消失(有些人原本就是糊里糊涂留下来的)。

（2）对环境感到厌烦（一部分队员酒后滋事，不堪其烦）。

（3）患上严重思乡症。

（4）对当前工作失去信心（这些人希望回国进修后再来）。

2. 家庭问题：

（1）缺乏劳动力，家庭生活困难。

（2）家庭纠纷。

（3）没有来信，惦记家属安危。

（4）父母双亡，只留下弟妹，对家庭放心不下。

（5）不能和日本女子结婚。

3. 其他：

（1）身体虚弱。

（2）物价飞涨造成生活困难。

二、对策：

1. 精神方面：

（1）切合实际的教育指导。

（2）制止暴力行为。

（3）加强部队内部建设，创造更加和睦开朗的氛围。

（4）尽可能地开展理论科目和技术科目的教育训练，努力提高工作能力。

2. 家庭方面：

（1）尽早制定国内家属抚养费发放办法加以实施。

（2）尽早实现回国休假及汇款回国。

（3）设法介绍新娘，接家属来此。

3. 其他：

（1）完善医疗设施。

（2）增强生产能力，供应低廉物品，实行晋级，发放家属津贴，努力解决生活困难问题。

《二战后侵华日军"山西残留"——历史真实与档案征引》第一卷，第 577—578 页

教导总队工兵队代理队长臧富关于队员遣送回国若干问题的回答

1948 年 5 月 15 日

一、要求遣送回国的原因：

1. 对残留理念产生了怀疑。战争结束后，大家对自己和日本丧失了一切希望。当时阎长官提出，亚洲复兴掌握在我等东亚人手中，中国的复兴即日本的复兴。为了响应建设大亚洲的号召，竭尽微薄之力，于是决心残留下来。但是，以后中国国内形势日益混乱，和平复兴遥遥无期。因此，有些打算用土木建筑技术为中国建设贡献力量的人，当前就对残留理念感到失望。

2. 对今后生活感到不安。战争结束后，和平产业得到恢复，物价渐趋稳定，生活条件优于战败后的日本国内，而且认为能向国内汇款，以为自己在战后一片黑暗中找到了光明前途。但后来物价一路攀升，每月收入却原地踏步，以致感到前途渺茫。于是得出结论，认为还是回到国内拼搏一番，生活更有意义。

3. 对自己的前途失去希望。战争结束已经三年，发现自己不但没有任何进步，反而有所退步，在如此环境下生活，感到厌倦。于是产生了一种要求继续学习的愿望，希望通过学习钻研提高自己，重建自己的人生，争取光明前途。

4. 单身生活产生了思乡的念头。青春时代正在白白度过，不知何日才能成家？形影相吊过日子，倍感人生孤独，更加深了思乡之情。

5. 日本国内情况逐渐明朗，对战后日本产生了憧憬。中国战乱不止，但日本却比当时想像的条件要好，正在顺利走向复兴。读国内来信感到，一个男子汉好歹总能找到出路。特别是离家多年，父母兄弟来信劝说回国，于是对战后的日本产生了向往。

二、今后的对策：

1. 加强思想教育，提高建设亚洲的积极性。亚洲建设需要中日民族的协和提携，否则，东亚便不可能发展和提高，这是不言而喻的道理。

特别是日本的未来,在很大程度上要依靠中国。因此,为了清除中日间过去的一切污点,为日本人将来的出路打好基础,就要帮助中国打开当前的困难局面。目前必须重新强调日本人残留的意义和使命,并把这种教育贯彻到底。

2.建立抽奖回国休假基金,创造回国的机会,以鼓舞卷土重来的士气。残留人员远离故土都在四年以上,每个人都有看到故乡的山山水水、会见亲人故旧的迫切愿望。但是,即使将来邦交恢复以后回国休假成为可能,以现在的每月收入来看,在经济上显然存在困难。即使不考虑往返的旅费负担,其他附带的费用,估计也相当多。为此,考虑建立一种抽奖回国办法:从残留人员中广泛征集希望回国休假者,每月从收入中扣除一部分,建立抽奖回国基金,每次有 10 名至 20 名中奖者回国,以减轻其旅费负担。这样,既给人以回国休假的希望,又养成平日节俭度日的良好风气。他们回来以后,由于明确掌握了现实日本的社会情况,定会鼓舞卷土重来的士气。

3.充实文化娱乐慰安场所,培养日本人大器量的风度,达到团结友爱的目的。由于同世界文化潮流隔绝,往往助长逐渐颓废退步的歪风。为此要通过《东风》、《晋风》等机关刊物的出版,以及晋风剧团的演出活动,大力宣扬新风,并且设立电影、交谊集会场所,备置围棋、将棋、台球、图书等,以培养泰然自若的日本人大器量,推动互相友爱、互相和协氛围的形成。

4.从速实施引进适龄女子来华办法。当地独身者的第一愿望就是娶一位贤慧的妻子,这个问题得不到解决,要求回国的人必然增多。在当地和半岛人(编者注:指朝鲜人)、中国人结婚者,大部分家庭纠纷不断发生。在此现况下,无论如何也要从国内接来婚龄女子,使之各自建立圆满家庭,这是解决一切问题的基础条件。

《二战后侵华日军"山西残留"——历史真实与档案征引》第一卷,第579—581 页

教导总队卫兵队队长关于残留人员回国原因及今后对策的报告

1948 年 5 月 19 日

现将回国人员的回国原因及今后对策报告如下。

回国人员的回国原因及今后对策：

卫兵队本次回国人员的回国原因大致可分为以下四类：

第一，不管理由如何执意要回国者；

第二，因家庭情况要回国者；

第三，因本人身体及能力不适合残留而回国者；

第四，因对残留前途失去希望而回国者。

我们认为，第一类人员缺乏崇高的残留理念，遇事处处为个人着想，在当前形势下对个人前途感到不安，厌倦了当地枯燥乏味的生活，况且频频接到国内来信催其早日回国，以致无法克制思乡之念，才决心回国的。

第二类人员原来对残留的崇高意义尚有充分的理解，也一贯诚心诚意努力工作，但通过国内的来信得知家庭困难情况后，虽然认为残留绝对必要，但亲情难以割舍，才决心回国的。

第三类人员原来深刻认识残留的意义，专心致志地努力工作，但最近感到对自己担负的主要任务，即训练教官的要求越来越高，而自己的能力素质无法满足工作需要，看不出自己继续残留的价值，或者对自己的身体失去信心，才决心回国的。

第四类人员虽然原来对残留理念也有满腔热情，并且诚心诚意地努力工作，但现在感到按日本人原来的落后做法行事，无论如何也无法实现残留的意义，于是才决心回国的。

总之，在残留之初，人们曾预料要面临很大困难，但出乎意料的是，二战区给予了多方照顾。过分优越的环境，加上很多日本人素质低劣，或者利用良好环境谋取个人私利，或者有损日本人的脸面，甚或还抱着错误的优越感，伤害了中国人的感情等，不少人干出了破坏残留日本人团结的勾当，而且对于这些违纪者的处理也不够恰当。所见所闻的现况,使人们不得不为自己的前途担忧,担心自己会成为这些追逐私利者的牺牲品,于是对未来前途产生了不安和绝望的感觉。

因此我们认为,今后要抓住一切机会阐明我们应有的态度,同时联系世界形势大力宣传残留意义,严肃处理违纪人员。并且要公布违纪事实和处理结果,切不可因为是日本人就姑息包庇。

民国三十七年五月十九日

《二战后侵华日军"山西残留"——历史真实与档案征引》第一卷,第582—584页

一九四八年下半年遣送日俘办法

1948 年

(一)希望回国并符合下列条件者一律遣送:

1. 经各留用机关批准者;

2. 在当地无生活能力者;

3. 在当地不担负任务者;

4. 其他认为必须遣送者。

(二)遣送事务由日侨俱乐部、教导总队组成遣送委员会负责办理,由张高级参谋进行监督。

(三)遣送名单于 6 日提交张高级参谋审核后报请长官批准。

(四)空运开始的日期和时间(预定为 9 日)确定后,在出发前一天上午到首义门外炮训团集中听候指示。每次集中人数定为 300 人。

(五)集中期间每天所需主食和副食由总务处供给。

(六)每次出发前由总务处派卡车将行李运到机场,回国人员则步行前往。

(七)携带行李,除军用品和违禁品不得携带外,每人大口 15 公斤、小口 7.5 公斤(3 岁以下不在此例)。

(八)骨灰经检查后可以携带。

(九)安全检查由警备司令部负全部责任,指挥宪兵司令部、警察局及当地部队进行。

（十）回国人员不得穿着军服。各种手册、国民身份证、胸章、徽章等，由遣送委员会收回后交还各留用机关。

（十一）对于回国人员，各留用机关发给 9 月份一个月的薪金。

（十二）回国人员腾出的空房不得私相授受，一律由绥署总务处及平民经济房管会暂时管理。

金票〔携带〕无限制。

接运船预定 20 日进港。

《二战后侵华日军"山西残留"——历史真实与档案征引》第一卷，第 592—593 页

关于遣送工作注意事项的通知
1948 年 9 月 3 日

一、胸章样式：

宫城县	3cm
青木太郎	2.5cm
TARO AOKI	2.5cm

（左胸前）

二、查证标签：标签用白布，依行李数目，照下列样式制作，于进收容所的前一天交到〔日侨〕俱乐部。骨灰同此。

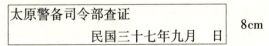

太原警备司令部查证
　　　　　　民国三十七年九月　　日　　　　　8cm

（用毛笔墨汁书写）

三、违禁品：

1. 炸药、武器、子弹、刀剑类；

2. 照相机、望远镜、光学仪器；

3. 金条、银锭、金块、银块、宝石、艺术品。

4. 钟表、自来水笔等，每人限带一只（只限于成年人）。

《二战后侵华日军"山西残留"——历史真实与档案征引》第一卷，第 594—595 页

教导总队部关于收回被遣送人员被服等事项的部内通知
1948 年 9 月 3 日

一、本次遣送回国人员所借被服,由各处、所长负责于 9 月 5 日前收回集中后,如数交回管理科。

回国人员不能交回所借被服时,可着其另购实物交回。买不到实物时,按市价折成现金上交。

二、自 9 月 1 日起,司令部日籍人员,食堂每餐副食费定为 10 万元,特此通知。

此外,主食和副食费,希于每月月初预交(星期天除外)。

三、自本日(3 日)起,配给 7、8 两个月的调味品,请自带容器到管理科仓库领取。

《二战后侵华日军"山西残留"——历史真实与档案征引》第一卷,第 596 页

阎锡山就澄田睐四郎返日旅途安排致徐永昌等函
1949 年 2 月

一、阎锡山致徐永昌函

次宸兄勋鉴:

兹遣前日本驻山西第一军司令澄田中将返国工作。为沿途通行便利,特改用化名由沪登轮出口。如遇有事,请兄尽力关照,俾利遄返完成任务,至所企盼。特泐。

顺颂

勋祺

诸维心照不宣。

山启

2 月　日

二、阎锡山致朱处长函

(一九四九年二月十一日)

上海异山:

本署参事杨叔衍,偕日人 2 名,定 2×起身,经青赴沪候船返日。在沪期间,希与士珙接洽,酌备妥当住处并招待一切。

阎　丑真亥

《二战后侵华日军"山西残留"——历史真实与档案征引》第一卷,第 608—609 页

城野宏就太原解放后残留日军被俘人员转往榆次等致河本大作函
1949 年 4 月

川端先生:

现在已到达南站。总队长患病,其他人集合时死亡两名,余者平安无事。现在开始乘火车前往榆次。似乎对方干部已先期到达榆次,这样会更有利于今后问题的处理,我当尽力而为。

据说,留在太原市的部队家属,不久也将向榆次集中,但由于此地没有负责人,一切不详,抵达榆次后可能清楚。在部队家属离开太原之前,一切尚希予以关照。

此致

城野宏　拜

《二战后侵华日军"山西残留"——历史真实与档案征引》第一卷,第 612 页

太原铁路管理局残留日籍职员生活救济申请书
1946 年 8 月 13 日

阎长官阁下:

素仰高德,并蒙慈悲宽大之处置,只有不计绵薄,欣慰从事。既协力于山西复兴之发展,更以期亚洲之兴隆,亦所以为故国日本再兴之一助。职不留于山西则已,今既留于山西,则只有一体长官阁下之意旨,专心从公,并竭诚自誓,藉报宏恩于万一。惟职等自念缺乏之认识,贸然请愿,以增长官阁下之烦劳。在职等自心亦深感不安。乃如事有难〔以〕为继者在焉,尚乞长官阁下宽大之处置。

太原铁路管理局日籍从事员生活困难之声,闻之既久。前曾谕其

"忍耐一时,以待将来",遂未向郭〔垣〕局长作任何声诉。但最近物价更高,其他机关多与物价相应计增薪俸,而独太原铁路管理局因匪患水害,营业已愈陷于苦境,收入减少,全无打开之良策。职等自念处今而言改善待遇,实有未当。乃彼等生计穷迫,亦终难忍缄默。曩者,向郭局长恳愿,郭局长谓"职等困穷实情,深所理解。将准西北实业公司例,同等增薪,并准向长官部代为申请"。职等聆此,喜不自禁,只望早见实施,以解困烦而已。

所有职等生活困穷状况,有如附表。其中稍居上级之准干部或帮工程师等,已无法维生;至下级人员,其困穷悲惨之情,更可窥知。若更家属过多,则时至今日,已是下床无履,出门无衣。即其最低生活,亦只恃售衣卖被,勉强撑持。秋寒冬冷,早又临头。惶惶此心,无以卒岁。乃又迫于环境,食粮储藏之要求,更告迫切。其有能为一个月之准备者,殊不多见。比之其他机关日籍人员之能为三四个月准备者,相形之下更多难言之感。夫生活节约,有其限度。继此长往,实多危惧。关于铁道上一切业务之进行,职等自当一本平日谨慎从事之恒;而于生活安定之点,则恳长官之贤察,俾职等各得专心于业务,实不胜迫切待命之至。

代表:上田秀正

民国三十五年八月十三日

《二战后侵华日军"山西残留"——历史真实与档案征引》第二卷,第513—514 页

山西日侨俱乐部章程

1946 年 8 月 15 日

第一章　总则

一、本俱乐部称为山西日侨俱乐部。

二、本俱乐部以增进留晋日侨相互之间的联系和友谊,团结一致为中国建设做贡献为目的。

三、本俱乐部本部设于太原市东花园,并根据需要在各处设立

支部。

四、本俱乐部由全体留晋日侨组成。

五、本俱乐部为实现目的,开展如下工作:

1.编制日侨名册,掌握日侨实际情况。

2.向日侨传达贯彻必要的事项和决议。

3.举办各种集会,以增进团结,提高修养水平。

4.其他临时动议事项。

第二章　组织

六、本俱乐部设委员长一人,委员若干人及办事员若干人。

七、各单位(地区)大致以留用人员 50 名以上组成一个小组,小组设立支部,根据全体支部成员共同意见选举支部长。

当一个单位的留用人员不到 50 名时,可按地区并入其他小组,成立混合小组。原小组各选出一名组长,代表本组。

支部长代表支部,可兼任委员。

八、委员长及常务委员若干名由委员会选举产生。

九、本俱乐部聘请顾问若干名。

十、委员长代表俱乐部,常务委员协助委员长处理会务,办事员秉承委员长之命处理事务。

十一、办事员由委员长任免。

十二、会务人员的任期为一年。

十三、会务人员为名誉职务,对办事员发给津贴。

第三章　会计

十四、本俱乐部的经费以捐款及会费收入充当,会费每年收取四次。关于会费数额及收取办法另行规定。

附则

本章程经协议会协商并报请中方认可后实施。

《二战后侵华日军"山西残留"——历史真实与档案征引》第二卷,第 530—531 页

山西日侨俱乐部关于确定会费数额并开始征收的通知
1946 年 8 月 19 日

关于如何加强留晋日侨相互之间联系和团结,增进和睦友谊,此前已做了种种考虑和研究。现根据大家的意见,决定于 8 月 15 日成立日侨俱乐部。为了实现俱乐部的宗旨,俱乐部会员须交纳会费。经委员会研究,做出如下决定,请向各会员传达贯彻为荷。

此致

各有关支部长

山西日侨俱乐部委员长

决定内容:

1. 会费:每年收取 4 次,每次每户(独身者按一户计)1000 元,全年合计 4000 元。每年 9、12、3、6 月各次收取。

2. 收取方法:由各支部长负责收取,于当月上旬交到本部会计处。

3. 首次收取:由各支部长负责收取本支部会员会费,于 9 月 1 日前送交本部。

《二战后侵华日军"山西残留"——历史真实与档案征引》第二卷,第 532—533 页

山西日侨俱乐部委员长关于报告支部状况的通知
1946 年 8 月 19 日

各支部长:

请根据下列内容,于 8 月 25 日前将有关情况报告本部。

1. 支部长氏名及所属机关名。

2. 组长氏名及所属机关名。

3. 支部成员数:总数　男女成员分别数目　儿童数
　　　　　　　组别　男女成员分别数目　儿童数

4. 支部所在地。

5. 支部组成现状。

6. 其他。

《二战后侵华日军"山西残留"——历史真实与档案征引》第二卷,第534页

山西日侨俱乐部关于召开日侨子弟教育协议会的通知

1946年8月20日

现拟按下列计划召开日侨子弟教育协议会,请派主管人员届时到会参加为荷。

此致

各有关支部长

山西日侨俱乐部委员长

附:计划

一、目的:研究日侨子弟教育之现况,同时对将来的教育方针及经营管理进行探讨,以提高子弟教育的水平。

二、日期时间:8月23日13时

三、地点:太原市东花园日侨俱乐部本部

四、参加人员:各部门负责子弟教育的主管人员(或代表)

五、准备事项:(因需向中方报告,请准备书面报告)

1. 子弟教育之现况

甲、按学年、性别列出子弟人数。

乙、教学情况。

2. 子弟教育的经费情况

3. 希望事项及其他

六、另外,将分发教科书等教学用书。

《二战后侵华日军"山西残留"——历史真实与档案征引》第二卷,第535—536页

山西全省民营事业董事会电知征用日人与其本国通讯办法函

1947年1月

　　敬启者:准省政府建设厅送会国防部(35)亥梗机整表代电开:"查关于各地区征用之日籍技术员与其本国通讯办法,前经本部召开之征用日籍技术人员讨论会议决,由交通部拟定办法在案。兹准交通部12月3日部邮字第125号代电节开:'查日本已奉盟军总部核准,在规定条款之下与他国通邮。我国亦包括在内。目前暂以上海邮政局为收发局,并自本年9月10日起实行。关于征用之日籍人员与日本通讯,似即可依照该项条款办理,无需另订办法。兹抄附盟军总部9月5日致日政府备忘录一件,即希发照为荷。'等由。除分管外,兹随电抄送《我国征用日人与日本通讯使用邮局分布表》一份,即希查照并转饬知照为荷。"等因。兹将原附件抄发,希即查照为荷。此致

各单位(如另单)

　　谨将各单位名称修正如左:

　　西北实业股份有限公司

　　同蒲铁路管理局

　　山西全省民营事业董事会实物准备库

　　晋兴机械工业公司

　　阳泉矿务局

　　晋北矿务局

　　山西化学工业公司

　　川至制药厂

　　山西自然科学研究院

　　山西省民营事业董事会

《二战后侵华日军"山西残留"——历史真实与档案征引》第二卷,第537—538页

梁上椿就遣送大同日籍人员事致吴绍之电
1947 年 9 月 9 日

绍之兄呈总座：

（一）遣送事已由〔梁〕上清等与津市府洽妥，在天津西站（津浦站）旧屠宰场收容，可容三四千人。抵津后之给养，完全由津警局负责。船到后送塘沽之一切监护，亦由该局负责。我方只护送至津场，交该局后则不需再管。已与〔张〕文炤电话联络决定。同方之约五百名，寒日由同乘车，派宪兵护送，直达津厂。省方飞机如何，恳速办送。

（二）（编者注：略）

职　上椿

申佳午叩印

《二战后侵华日军"山西残留"——历史真实与档案征引》第二卷，第 550 页

孟祥祉等关于大同留晋日籍人员俱乐部增加补助费往来电函
1947 年 11 月至 12 月

孟祥祉请示电

（1947 年 11 月 28 日）

梁参议西樵亲呈主任阎：据留晋日籍技术人员俱乐部呈以该部原定每月补助费 120 万元不敷煤炭教育等费请增加一案。查现在物价昂贵，似有增加必要。拟准每月增加 270 万元。可否？请电示遵为祷。职祥祉戌勘行民。叩。印。

阎锡山复孟祥祉电

（1947 年 12 月 3 日）

大同祥祉：戌勘行民电悉。利密。留晋日籍技术人员俱乐部补助费准如请。自 12 月份起增加 270 万元，连原定数 120 万元，共为 390 万元。再，此款原由何部门支发，希查复，以便交主管按月发给。阎亥江需甲。

太原绥靖公署致孟祥祉电

（1947年12月15日）

大同祥祉：利密。亥佳行民电悉。大同日籍技术人员俱乐部9、10月份补助费为120万元，原系奉某机关某电令核准拨发。希将原电令韵目或字号电复，以便交主管拨发。太原绥署亥删需甲。

《二战后侵华日军"山西残留"——历史真实与档案征引》第二卷，第555—556页

濑户山魁等日本战犯致河本大作函

1948年3月7日

委员长钧鉴：

光阴如梭，冬去夏来，同人等自被扣以来，已过两岁了，也未禀函，甚感抱歉。想各位玉体安康，公私顺利，为慰为祝！不知留华日侨一向都可好否？甚是想念也。尤其上次吾等奉到贵重品毛衣每人一套及现金等，均照数收到，实是感谢不尽。

天气渐暖，请钧座保重福体，为公服务，是为罪等为慰为祝。敬肃春绥。并祝

健康

战犯：濑户山魁　塚越大二郎

中村秀夫　东本谦一　同人敬上

后藤好雄　大竹善夫

《二战后侵华日军"山西残留"——历史真实与档案征引》第二卷，第559页

今村方策致河本大作函

1948年

川端大二郎先生：

前以家乡土制菲品奉上，却蒙厚礼还赠，盛情愧不敢当。

我部因受大同影响，目前尚无太大战斗，大致维持小安之局。虽已认识到以少数兵力达到目的之途径，唯有增强山西军之实力，正在大力开展训练，但只能做到当一天和尚撞一天钟而已。更由于粮食匮乏，各

队每日为征粮疲于奔命,收效难尽人意。

今有我队队员名"三上敬"者(原在大同煤矿工作),不久前研制出一种简易照明弹,因功受到长官部接见。据称,当时恰有贵公司科学研究所所长等旧同事、旧相识在座,久别重逢,提出要共同进行研究,云云。就我方而言,由于该员有老母需其奉养,如使之继续留在战场,万一发生意外,诸多不妥。已考虑将其调来太原,如能令其到研究所工作,则更能发挥本人专长,为大局着想亦有意义,不失为皆大欢喜之举。特别是就其来太原后的生活而言,虽然我部亦打算予以适当照顾,但依靠队员的待遇,恐仍相当困苦。因而,即使为三上本人着想,亦甚有利,可谓一举两得。倘若本人水平不能胜任所负工作,当然自作别论。望所长调查了解,做出判断,是所至盼。

专此奉荐,顺致谢悃。

今村　顿首

《二战后侵华日军"山西残留"——历史真实与档案征引》第二卷,第560—561页

残留者的未来①
1947 年 1 月

我们从根本上说是山西省的残留者,这里要讨论的完全是山西省残留者的未来。但是必须承认:在法律上,关于日本人残留中国的问题,是不能不把山西省作为特殊地区这一情况考虑在内的。在决定中国残留者未来时,起绝对作用的是国际法规,中国处在各国之间,当它被追究国际信义时,日本人的残留也许根本得不到承认。在战争结束一年有余的今天,不难发现,出现了这样一种倾向,即一部分残留者似乎忘记了上述国际上依据国际法启动追究中国责任程序的权利的存在,有的即或没有忘记,也已经习惯于苟且偷安,误认为根据自己的自由意志就可以决定残留,或者把自己的技术水平当成残留的决定条件,

---

① 原文载于 1947 年 1 月《东风》第一卷第 2 号,作者石硕甫——原编者注。

给予过高的评价,从而盲目乐观,产生高枕无忧的错觉。

在这里,我痛切地感到,必须对我们未来的前景做出估计,并对这种估计进行分析,讲求相应的对策。而且这种对策必须具有前瞻性和发展性。然而制约残留未来的条件,有客观的,也有主观的。客观的条件就是权力,就是法规。主观的条件就是技术水平的高低和做人有无自觉。昔日,楠木正成在他打仗时打的大旗上写了五个大字:理、非、法、权、天。大意是:理有时不能胜非,非当然不能胜法,法又为权力所左右,权力虽大,逆天则亡。尤其我们现在是没有主权的国家的国民,生活在中国的好意照顾之下,那么,对未来的残留前景,当然不能肯定可以按照自己的自由意志加以处理。这就是摆在残留者前进道路上的严酷的一面。

所幸的是,由于中国道义上关怀,使我们的残留有了意义。根据确切的统计数字,正在几十种技术岗位上发挥着作用。虽然工作领域和工作性质有所不同,但每个人的精神核心,都是由复兴祖国的迫切愿望联系在一起的。个人力量的影响虽然很小,但通过工作领域形成的集体力量却是无限大的。一个组织要经常有革新,有进步,而引导集体(社会性)革新,推动文化(社会性)进步的是个人。既然如此,就不能允许单位有缺陷,单位的消极化就意味着落伍。而且,我们在精神的最终阶段已基本上还原为一张白纸,因此,说我们既是日本人又是东亚人,就是说,必须自觉地认识到,我们是作为经过革新的日本精神坚定保持者的东亚人的日本人,是作为肩负使东亚成为名副其实的东亚人的东亚使命的建设战士的山西省残留者。

这就是自动地对残留的未来起制约作用的条件之一。换句话说,和第二战区长官道义上的关怀背道而驰、缺乏精神自觉的人,以及技术实力和知识水平很差,和对我们的巨大信赖相距甚远的人,将丧失残留的意义。在这里,我准备以这两个条件为基础,审视我们的现状,展望残留者的发展方向。

在现实情况下,摆在残留者未来道路上的最大困惑来自客观方面,即掌权当局会不会发出遣送回国命令,而发出遣送回国命令的原因,又可以分为两种,一种是认为日本人已无利用价值,一种是根据国际法规。直截了当地说,目前山西省的残留者都是不愿意回到国内去的。

我们以还大陆本来面目为中心理念,和中国朋友已经共事多年。我们在过去从来没有承认我们是作为帝国主义军阀的走狗而存在的。而且,作为一个日本人,我们绝对希望打赢这场战争,并且为打赢战争而付出了努力。但是,我们希望打赢战争的根本目的,应该说绝不是出于帝国主义侵略的企图。我们除了企求东亚民族的解放而外,别无他意。当前,我们对下面几个疑问必须做出回答,不论从为山西省的建设做出更多的贡献着想,还是为进一步提高我们作为东亚人的自觉着想,我相信只有正确地回答这些问题,才可以为我们的未来发展奠定基础。

战争结束后的日本,已经脱下并扔掉了作为武力国家的装束,打出了鲜明的民主主义国家的旗帜,向中外声明放弃战争。然而美国报界并不以此为满足,据估计,他们批评的根源在于对日本人历史素养的揣测。他们认为,日本人或多或少都有武士道的素养,这是形成武力国家的内在本质,因而主张要加以干预,把武士道性格从日本人头脑中清除出去。

我们对于上述谬见的回答是:日本不是已经放弃了战争吗? 武士道并不是为战争服务的武士道。武士道是为和平服务的武士道。武士道的哲学理念是治平,是大和。大和既是日本的开国理念,同时又是日本人经过革新的现在的哲理。只不过武士道在战争中表现出来的,是佛教禅学上的持己为空的行为,而这是无法向欧美人解释清楚的精神作用,于是造成了上述谬见。对于东亚民族来说,毫无例外地都容易而且能够理解这一理念。然而,如果因为有人对这一武士道精神,还抱着旧式的曲解不放,从而对自己的未来产生恐惧,或者轻举妄动,或者对未来采取权宜之计,搞一些幕后活动.那问题可就大了。这就需要我们在精神上重新振作起来。

再看一下中国四千年的历史,使我们感动的就是那些伟大的建设成就。不管和平与战乱，建设总是在继续进行，从无间断。这是东亚可以自豪的骄傲之一。然而由于近年战乱连年不断，妨碍中国建设达到世界水平。这是中国的苦恼之一，也使山西无法发展。阎长官一心一意把建设当作重点，但据我推测，他心中也存在这种苦恼，对此农民大众恐怕是想象不到的。长官的政治理念一切由此出发，他那伟大哲理的基础正在这里。

在不久前长官所做的讲话记录中，列举了在建设准备时期应行处理的事项，现扼要摘录如下：

第一，必须确保治安。

第二，财政收支必须平衡。

第三，官员必须廉洁、忠实。

第四，生产要走上正轨，投入必须有相应的产出。

第五，必须负起责任，不尽职尽责，是做人的耻辱。

他指出，上述条件缺一不可，否则建设无从谈起。对照长官的希望，我们深感惭愧。但是，当前山西的建设正处在是实现长官的理想还是停滞不前甚至倒退的歧路，我们决心通过我们的双手把山西建设成山西人的乐土。因此，我们正朝着完成职责的目标迈进，但是，作为技术单位的成员，仍然不免和其他单位的成员具有同样的苦恼。

下面，我想就日系技术单位的发展性、它的技术工作效率的提高，谈几点意见。

如前所述，我们残留者的努力目标，说到底是为了山西建设，所以希望中方单位尽量选定一个我们易于发挥作用的方向。我们好像是一台水车，有一半泡在中方各个单位的导水渠的水里，在水流的推动下灵活地旋转，或提水灌溉，或成为加工机械的动力，和中方单位必须保持密切关系，相互协力，才能不停地工作。把整个水车沉入水中，水车将不能发挥作用，使之漂浮水上，也是一具无用长物。运作的基础和发展的根本在于中方单位，希望中方能认识到这一点。

制约山西残留者未来的第二点是主观方面的原因。如前所述，这就是技术水平低，做人缺乏自觉性。下面主要就依据技术残留下来的个人和团体谈几点意见。

中方所需要技术人员，是能够胜任眼下当前技术工作的人员，缺乏经验的人当然不在此列。然而，在完成一项事业的过程中，只靠一名技术人员，当然无法取得成效。因而肯定存在很多富有发展前途的尚未达到熟练程度的技术人员。纵观各技术单位，这是一个不争的事实。何况严格意义上技术人员本来就寥寥无几。我认为这种情况十分正常。规划一项事业，推动一项事业，说到底还是人。这里希望能表现出日本人的特有的东西。一个由具有完美人格的技术人员领导的技术团体，它是由构成这一团体的个人的性格组织而成的，在那里，注定能得到不断的发展。从一个团体来看，一个由更多的完全技术人员构成的团队，在性格上堕落的发生率也高，分裂的危险率也大。关键在于组成人员的自觉性如何。每个人必须在技术上不满足现有水平，刻苦钻研，经常努力完善自己。在这里，团队的领导，不要汲汲于自己的功绩，而要对晚辈进行引导，给他们提供适当的时间和资料，要一视同仁，努力培养部下的人格情操。

其次，对日本人的残留产生突出制约作用的，是大众的舆论。从精神上争取一个中国人，会换来无限好意，而细微的感情伤害，又会后患无穷。因此，日本人要把日常生活当作残留的重大舞台，时刻留心人格修养，避免和大众发生任何摩擦。不管平日如何口吐美言，唱道德高调，一旦出现失误，便会九仞之功亏于一篑。特别是和中国人打交道时，一度受挫，将永远无法挽回。下面是《二宫翁夜话》中引用的一个浅近的事例。有一次，一位因嗜酒被主家辞退的武士到二宫翁处求助，请教安身立命之计。翁与之长谈竟夜，批评其行为失检，然后将其留在村内，开了一家私塾，令其任教。几个月过去，办学情况颇为顺利。有一天，一名弟子家里办喜事，这位武士也被邀去赴宴，结果喝得烂醉如泥，回家途中醉卧道边，丑态百出。私塾弟子见此情景，再无一人前来就读。无奈之下，该武士告诉二宫翁说："我醉卧街头，丑态百出，自己深以为耻。但我所教者乃圣贤之道,非我之道。望仍令弟子前来就读。"翁听后感慨地说:"米饭洁净方可供人食用。今若将米饭放入粪桶令君食之,君食否? 唯有犬食之耳。米饭虽洁净,如放人不洁之容器中,人将不食。虽为圣贤之道、孔孟之言,如出自无德人之口,亦无教益。望深思之。"随后即打发武士离去。可以认为,身居领导地位的人,要特别留意这一点。

最后,想就团队运作上存在的问题谈几点意见。这一点关系到残留者的发展,也包括对那些身怀绝技但报效无门的个人如何采取补救措施的问题,希望引起团体首长或领导的注意。看一下当前获准残留山西省的团体组织,就不能不令人遗憾地发现,其中不论内部运作和对外关系方面,都可以认为已经走上正轨的,可以说绝无仅有。究其根本原因,或多或少皆应归咎于团体首长或领导干部的失误。同时,也和没有从战争结束前组织机构的残余影响中摆脱出来,缺乏创新精神,以及几乎都是一些拼凑班子分不开的。

团体首长必须具有很高的知识水平和政治水平。团体首长必须既宽容又严格。团体首长的性格对团体起决定性的作用,这一点已毋庸赘言。特别要从大局出发,对全体日本人的福利或呼声,进行深入调查和研究,做到下情上达。团体首长往往拘泥于主观的一己之见,对下情采取敷衍态度,不愿意向上反映,以致对部下指挥不灵,不能取得成效。如果部下对领导感到失望,产生混日子的念头,那就意味着退步。其次,团体首长要在下属中发现人才。有时在意想不到的地方埋没着大有作为的技术能手,为了团体的发展,这时,团体首长要在调查了解的基础上,向直属上级反映,进行人事交流,加以补救,努力做到人得其位,位得其人。特别是最近才走上领导岗位的高层人员,可能受残留框架的局限太深了。因为能直接向中方高层领导反映情况的地位是有限的,所以居于这种地位的日籍领导,要更加按良心办事,尽力把下情反映给中方高层领导。

给残留日本人的未来前途带来希望,是上层领导责无旁贷的任务。

我希望上情能迅速下宣，下情尽可能在广大范围内上达。

留晋日侨的生活方向①
1946 年 12 月

一

世界形势瞬息万变，令人应接不暇，现在要求我们就一些基础问题进行根本性的反省。今天的现实是从过去连续发展的结果，而先于现在的东西，都曾经发挥过某种必要的作用。这正像我们的生命是从久远的过去代代传承而来一样。在现在的反省中，对于从过去传承下来的东西，应该非常冷静而且公平地进行判断，决定哪些应该否定，哪些应该继续保留下来。像这样冷静地观察现实，为制定将来的方针政策打好基础，是一种非常合理的思维活动。我们必须根据作为合理思维活动成果的原理确定生活方向。

二

扎根于同一大地上，包裹于同一大气中，生长于同一阳光雨露下，但每块土地上的草木却外形不同，颜色各异，使人深感造化之神奇。对于自然界的这些生物，我们首先注意到的根本事实，就是它们存在差别。动物、植物以及所有生物，它们种类繁多，不计其数。即使在同一种类中，其形态、质量、习性又千差万别。所有生物按照自己的本性在大地上享受生存的权利，并按照其本性维持和发展自己。这是生物的天赋权利，无视这种权利，就是无视自然规律，就不允许其作为生物而存在。因此，对于所有生物，我们首先注意到一个根本事实是：各个生物都具有一种先天的倾向，即按照自己的天赋本性，在自然规律支配下，把各自的与生俱来的生命发展到极限。正因为如此，才有姹紫嫣红的鲜花在争奇斗艳。结果产生了千差万别的不同，出现了种种的差异、

---

① 原文载于 1946 年 12 月《晋风》创刊号，作者松冈晋作——原编者注。

不一致和不平衡。乍看起来,它们杂然纷呈,乱作一团,没有丝毫统一性和共同性。殊不知,在此看似混乱之中,却可以发现井然有序的一面。它们和春夏秋冬的季节变化相适应,春天发芽,夏秋开花结果,冬天停止活动,如此周而复始,有条不紊。我们可以从生物现象中发现,差别中存在统一,统一中又存在差别。自然界存在一种规律,掌握这种规律就可以从差别中找出共同点,使杂然纷呈的事物具有条理性。任何生物都不允许无视和抗拒这一规律。

这种情况同样适用于人的生活。把人和其他动物区别开来的标准可能有很多,但根本差别之一,正像卓越的哲学家所一语道破的那样,人是会自己思考事物的动物。笛卡儿所说"我思故我在"和帕斯卡所说"人是会思考的芦苇"等等,皆是其例。这里所说的思考,不外乎是说人具有自行判断事物的理性,具有发现生活的意义,自行支配和规范其生活的能力。一方面,人也是具有生命力的生物,所以具有发展自己的自然要求。这其实是一切生物为了巩固和加强其地位,并且更好地生活下去的共同要求。出于这种共同的要求,人们产生了要掌握力量的欲望,于是差别就自然而然地出现了。这是我们必须首先认识的一个根本事实,它同时又是促使人们不断努力的动机。

但是,我们也不能忘记人类社会所具有的另外的反面的事实。那就是在需要力量、需要差别的人类生活中,还存在贯穿其间的统一和秩序。人本来一生下来就不是孤立的,而是经常处于共同生活之中,只有这样才能生存下去。我们首先出生于一个由血缘关系结合而成的家庭之中,而家庭又形成更大的共同生活单位,这就表明,人归根到底只有在共同生活之中才能过人的生活。由此可见,人类生活从一开始就是共同生活。共同生活这一事实就说明对于人类生活来说,共同是根本,带有普遍意义。

人类的共同生活是由各种各样的关系和形态错综复杂构成的,但在这些关系和形态之中,必然存在着某种统一的、带普遍性的东西。人要生活下去,有些重要条件必不可少。其一就是生物。这是人类维持生命,繁衍后代的条件,这是生存在那里的人,和其他一切生物区别开来,作为人,过有意义生活的条件。生物,无生物,所有一切东西,要想存在下去,需要有两种保证。这就是时间和空间。一个物存在于一定的地点,并不是说那里只存在该物,而意味着在该物的周围,还存在其他种种之物。例如,我们看到印有红圈的日本国旗,往往只注意中间的红圈,其实红圈周围的白地才真正具有无限的意义。换到人类生活中考虑,说一个人在生活,肯定是在一定时间、一定地点生活,而人的周围存在的,不是别的,而是其他的人们。这种人与人的结合就是共同生活。

人具有共同的目的、共同的理想,为实现共同目的和理想而相互团结协作的共同生活,广而言之就是社会。所谓人类生活,归根到底就是只有在这一社会中占有一席之地才能成立。我们现在的生活,决不是和过去一刀两断的孤立存在,而是从先于现在的过去产生出来的。像这样追溯遥远的过去,就可以找到一贯的民族精神、国民性、对祖国的热爱等,能在一个民族、一个国家中,超越时间,代代相传的根据所在。其次,这样创造历史的人,必然生活在一定的地方。这个地方,大而言之,就是人们周围的自然天地,就最进步发达的生活而言,就是一定的独立的国土。翻阅世界历史,随处可见没有独立国土的民族,或丧失独立国土的国民是何等悲惨。这就是为什么要过充实的人的生活,无论如何也需要有独立国家所控制的国土的原因所在。最后,还有人和人结合而成的社会这一存在。在一定的国土上,肩负着悠久历史而生活的人们,一生下来就置身于拥有古老传统的社会之中,他是从同一血统、同一精神中分出来的一员。这种以民族为中心建立起来的支配统治组织就是国家。说到底,人只能生活在一个民族之中,一个国家之中。因此,出生于一个优秀的民族,一个完整的国家,本身就是无比的幸福。

国家建成和发展的轨迹,就是人们阅读的历史。而世界历史的轨迹表明,从古到今,很多民族和国家都经历了兴亡盛衰的过程。其他任何国家,没有一个像我国这样,是由一个纯粹的民族及其历史构成的。

任何一个国家,它的历史都是混乱纷纭的。然而任何一个国家原本都把国家永传不替作为理想。那么,这样理应无穷无尽传下去的国家的生命,实际存活在哪里呢？归根到底,存活于国民的生命之中。这是国家生命的源泉。国家的最初基础是由血缘关系结合起来共同生活的家。由一个个有限的个人生命,无力承担希望无限延续的国家的生命。只有同样希望无限延续的一户户人家的生命,才能承担无限延续的国家的生命。因此,人们认为构成国家的最根本单位是家。在西欧社会中,家同样是社会的组成单位。正因为如此,民族得以延续到了今日。然而不幸的是,这种以民族为中心的国家,至今仍然是变化无常。在西欧,应该说家和国家实际是一个。日本国家和日本的家缺一不可,两者合为一体才有意义。如果一定要讨论发展的经过,应该说先有日本国家,家是秉承国家理想派生出来的。家和国真正成为一体的,除日本而外,不可能再有了。

人的生活,只有建立在上述基础之上才能实现。既然人类生活就是共同生活,不建立共同生活,就不可能指望有个人的生活,那么,在人的生活中最终起主导作用的,不外乎作为共同生活的最高点的国家的延续和发展。我们的一切生活都应该是为了国家的延续和发展,只有这样,我们各自的生活才能更丰富多彩,更得到升华。

三

任何人都可以看出,日本的特点正如它的国名所示,和太阳有密切的关系。以"日之本"(意为日出之地)为国名,以旭日为旗帜,把天照大神奉为皇祖,不仅把世代永续的最高皇位称为"天日嗣",把皇太子称为"日嗣御子",而且国民自己也称为"日之子"、"日女",由此可以看出日本人对日(太阳)倾注的热情是何等的强烈和无处不到。太阳是天象的主宰,地上万物生命的源泉,这是古今人类所公认的事实。希腊人设想了太阳燃烧的战车,中国人用三足鸟象征太阳,这些例子都说明,人不仅把太阳尊奉为强大力量的体现者,而且要把它的形象、它的功德演绎到人生世界。但日本民族的太阳神和上述现象迥然不同。即不是由解释太阳、演绎太阳的愿望所产生客观的太阳神,而是历史上领导原始日本社会的伟大人物,由于他的尊贵、伟大和深厚慈爱胸怀,因而被人们比作太阳,和太阳联系在一起。我国的神是开辟和巩固国土的我们的祖先。在这些神当中,天照大神是我们特别尊崇的神,他不仅是国民生活和生产的指导鼓励者,也是白昼光明生活的主宰者。光明生活的主宰者的根本性格,与其说是明智、勇武和慈爱,不如说是正义。"有为有,无为无"的明镜般的性质,与其说是智慧,不如说是正义,说是秩序。对于指导国民生活,使国民生活充满光明和温暖的人物,国民又表现了怎样的热情呢? 这一无意识的热情,后来发展成为有意识地、自觉地划分重大时期的里程碑,这就是天壤无穷的伟大神敕。由此确定了我国的国体,表明日本国家的一切问题,只有从这里出发才能得到解决。神武天皇在就位诏书中昭示了他的使命和方针:"上则援乾灵之国以答德,下则养皇孙之正以弘心。然后兼六合以开都,掩八纮以为宇,不亦可乎。"也就是说,日本的使命永远是实现世界大宇宙,为达到这一目的,就必须弘扬皇道。

四

上面我们探讨了人类、社会和国家,阐明了日本国家和日本民族的本质。我们的结论是:我国无与伦比的开创历史和使命以及日本民族的根本的、终极的性格是正义。我们站在历史的观点上,认为现在的生活其实是从先于现在的过去产生出来的,绝不可能割断过去而存在。义务只能从存在中推演出来。根据上述结论并推而广之,就可以看出使正义之光普照四海才是我们的生活方向。

五

上面我们探讨了日本人的生活方向。下面要探讨的是在侨居山西这一有限时空条件下的日本人的生活方向。从本质上说并不需要附加不同的要求。不过,只有将这一结论贯彻到每一个人,大家才能生活得更好。所以有必要对我们的观点做进一步的阐述。

从历史上看,一国的革命只靠国内运动获得成功的,还缺乏先例。

毫无例外都有来自国外的推动。俄国革命、中国革命,无不如此。今天,我们得天独厚,有幸得以残留困难重重的大陆。那么,我们理所当然地就是经过特别选拔的通过中日合作实现祖国复兴的勇敢战士。

六

我们必须反省过去的对华态度。中国事变因何而失败? 我们所采取的态度是否符合我民族的本质? 是否在明治维新之后由于引进欧美文化同时感染了霸道的侵略思想,和欧美各国一起对中国进行了侵略? 我们是否陷入了侮华思想的泥潭? 与欧美人相比,我们的工作是否做得好一些? 对于中国争取独立的革命风潮,我们是否以真诚的态度加以对待? 对于这些都必须进行深刻的反省。

七

“人是会思考的芦苇”。人具有自己判断事物的理性,能够自己从本身的生活中发现意义,并自行支配其生活。我们把这种意向称之为理念。当前,中国正为走向统一的阵痛而呻吟。中国的前途可以寄予期望,光明近在眼前,但估计还要走过一段荆棘丛生的道路。留居中国的我们当然应该给予援助,把我们正义的理念贡献给我们所拥护的独立国家。

八

亚洲民族正呻吟于白人的不同的桎梏之下,亚洲民族正在黑暗中摸索寻觅。给亚洲民族带来光明,使亚洲民族获得新生,当然是作为正义实践者的我们的使命。

九

我们要认识到,日本民族是唯一的真正意义上的正义的实践者,特别是留居大陆,处在异民族之中——这具有种种意义——的我们,要挺身而出,把正义推向四海,首先从祖国的复兴着手,再推向中国,推向亚洲,超越种族的差别,扩大我们的正义的理念,把它变成现实,这才是我们的生活方向。

《二战后侵华日军“山西残留”——历史真实与档案征引》第二卷,第595—604 页

三、战后审判

说明:惩罚战犯是二战后各反法西斯国家人民的普遍愿望,反映了人们对战争的厌恶以及对和平的向往,也是对侵略战争的一种清算。二战期间,日本战犯在远东地区犯下了令人发指的罪行,可谓是罄竹难书。如何处罚日本战犯成为反法西斯盟国战后对日处置的一项重要内容,也是各国媒体关注的一大焦点。

1945 年 8 月 15 日,日本宣布无条件投降,如何处置战后的日本成为对日作战盟国面临的首要任务。主要盟国之间就建立对日管制机制进行了数月的讨论协商,经过彼此妥协,终于达成一致。1945 年 12 月,美、英、苏三国莫斯科外长会议决定以"盟国对日委员会"和"远东委员会"代替"远东咨询委员会"。远东委员会第五分会,即战犯工作委员会,是远东委员会设置的专门负责日本战犯问题的一个分会,它的成立对制定日本战犯处罚政策和促进国际法之战争犯罪原则的发展有较大的作用和意义。

日本投降后,日本战犯的审判工作在日本本土和被日本侵略的国家同时进行。在日本国内由远东国际军事法庭对甲级战犯进行审判。在各被侵略国,相关国家政府也纷纷组织国内军事法庭审理乙、丙级战犯。

本章主要资料来源:

Records of the Far Eastern Commission,*1945–1952*,Roll 13\102\103\104,produced in cooperation with the National Archives and Records Administration,Washington,DC(《远东委员会会议记录 1945—1952》,以下简称"RFEC"),中国社会科学院近代史所藏缩微胶卷

中国第二历史档案馆藏行政院档案

中国国民党中央委员会党史委员会编,秦孝仪主编:《中华民国重要史料初编——对日抗战时期》第二编《作战经过》第4册,台北"中央"文物供应社,1981年(以下简称《作战经过》)

张宪文主编:《南京大屠杀史料集》第19卷,江苏人民出版社、凤凰出版社,2006年

[日]稻叶正夫编,天津政协编译委员会泽:《冈村宁次回忆录》,中华书局,1981年。

(一)远东委员会关于战犯问题的讨论

说明:二战后,各盟国提出了不同的对日管制方案。经过多次的谈判磋商,远东委员会作为战后盟国制定对日政策的国际机构,在彼此的妥协中成立。远东委员会成立后专门设置了负责战犯事项的战犯工作委员会,即第五分会。战犯工作委员会自其成立之日起,其成员就围绕日本战犯处罚问题展开激烈的讨论,并制定了关于日本战犯处罚方面的多项政策决议,为盟国处罚日本战犯提供了可供遵循的各项政策决议。

日本战犯财产处置涉及到远东委员会下属两个分会的职责范围:一个是第一分会,即赔偿委员会;另一个就是第五分会,战犯工作委员会。战犯财产问题比较复杂:首先要界定战犯财产范围;其次战犯审判在不同国家和地区同时进行,如何处置那些在日本本土以外被定罪的战犯的财产以及在审判前已经死亡的战犯嫌疑人的财产,是远东委员会需要考虑的。远东委员会各成员国之间对战犯财产用途存在较大分歧。远东委员会关于战犯财产问题的讨论始于1946年6月18日,经历了一年左右的讨论,于1947年6月12日达成决议,将日本战犯财产用于支付占领费用。

1. 远东委员会第五分会会议记录

第一次会议会议记录
1946 年 3 月 11 日

1. 加勒特森（Garretson 美国）说国际法庭的战犯审判工作还没开始，但预计不久就会开始。

2. 埃弗森（Everson 英国）建议分会采取一项政策提交远东委员会批准；在这项工作没完成之前，有必要保持盟军总部的政策继续有效。

3. 分会讨论了 FEC007①、FEC007/1 和 FEC007/2，美国关于远东战犯逮捕和处罚的政策及英国提议的修正建议。

4. 埃弗森（Everson 英国）对 FEC007/2 第五段（a）项提出了修正建议，未有反对意见。但对第五段的（b）项，埃弗森建议删除"服从建议和赞同等"，用"与盟国对日管制委员会协商后"代替。

5. 瓜林（Guarin 法国）提议在 FEC007/1 第五段中加上一个分句，具体如下：

"在由非盟国对日管制委员会成员国政府起诉的案件中，国际法庭对该罪犯的判决作任何修改之前要取得该国政府的建议和同意。"

经过讨论，法国代表瓜林同意重新考虑该问题并提交修订稿。

6. 同意研究在 FEC007/2 第五段（b）项中插入下面两段措辞中的一段：

a. 经与盟国对日管制委员会、其他大国在日本的代表以及远东委员会成员协商后。

b. 经与大国在日本的代表以及远东委员会成员协商后。

7. FEC007/2 第六段和第七段意见一致。

---

① FEC007 是指远东委员会文件中的具体编号，包括 War Crimes、Identification、Apprehension and Trial of Persons Suspected。

8. 同意分会下次会议的议程为：

c. FEC007/2。

d. 分会的职责和范围。

9. 苏联代表保留研究 FEC007/2 并提出修正建议的权利。

10. 以后所有的会议将在下午 3 点召开，而非 2 点半。

11. 建议分会完成指定报告的工作并向远东委员会提交，然后休息，等待下次会议。

会议 4 点 25 结束。

"RFEC"，Minutes-Com. No. 5，1st Mtg-11th March，1946

第二次会议会议记录
1946 年 3 月 18 日

1. 上次会议的记录经过以下两处修改后通过：

埃弗森（Everson 英国）要求删除会议记录第二段中的"盟军总部"，用"美国政府"代替。瓜林（Guarin 法国）建议鉴于第六段，第五段最后一句应该删掉。

2. 讨论了对 FEC-007/2 的两处修正，这两处修正出现在第一次会议记录的第六段。拉米什维利（Ramishvily 苏联）说他还没收到其政府的指示，只能陈述他个人的意见。对第六段的（a）、（b）两项修正进行了投票，结果如下：

澳大利亚——无偏好。

加拿大——不坚持做改变，但如果对改变进行投票的话，无偏好。

中国——不坚持做改变，但要投票的话，无偏好。

法国——两种修正都同意，但倾向于"b"。

印度——支持"a"。

荷兰——两者都一样。

新西兰——无偏好。

菲律宾——支持"a"。

英国——要求不做改变,但接受分会的决定。

苏联——不变。

美国——选择不变,否则的话,无偏好。

分会同意修正案(a),但拉米什维利在收到其政府的指示前保留其立场。

3. 在对 FEC-007/2 做上述修改后,苏联代表持保留态度;分会开始考虑 FEC-007/1 的基本提案。鉴于除了苏联代表外的所有代表都接受这一基本提案,作为紧急事件,秘书处被指示重新记录修改后的提案以供分会下次会议考虑。主席表示只要他被拉米什维利告知已收到其政府的指示时,将重新召集分会。

4. 拉米什维利要求一份被捕战犯的完整名单,因为 1946 年 1 月发行的关于战犯的最新报纸上,只给出 55 人的名字,秘书处被要求取得可得到的最新信息,取得盟军最高统帅外其他远东地区统帅的关于战犯逮捕、审判和处罚的报告。会议对这一愿望进行了一些讨论,觉得这一信息有关国家总体上说可以得到,假如有必要的话,下次会议将对这一问题进行讨论。

"RFEC", Minutes-Com. No. 5, 2ed Mtg-18th March, 1946

第三次会议会议记录

1946 年 3 月 29 日

1. 多宾(Dolbin 苏联)说,主席拉米什维利因病不能出席会议,他受拉米什维利之托来代替他出席会议。

2. 第二次会议的会议记录通过。

3. 主席说他被苏联代表告知其政府不反对第二次会议提议的对 FEC-007/2 的修正,即远东战犯的逮捕和处罚。

4. 主席提出将 C5-001,远东战犯的逮捕、审判和处罚,提交分会指正。经过对文件印刷上的错误修改后,得到了分会的同意。由埃弗森(Everson 英国)提议,雷希林(Reuchlin 荷兰)支持,该文件提交远东委员会指正。该提议得到了一致同意。

5. 没有其他事务,会议在下午 2 点 40 休会。

"RFEC",Minutes–Com. No. 5 ,3rd Mtg–29th March,1946

第四次会议会议记录
1946 年 7 月 10 日

第 1 项 批准第三次会议的会议记录。

第 2 项 已定罪战犯的财产用途。

第 3 项 其他事项。

"RFEC",Minutes–Com. No. 5 ,4th Mtg–10th July,1946

第五次会议会议记录
1947 年 3 月 3 日

由于前任主席中国的夏(Dr. Hsia)以及前任副主席菲律宾的甘博亚(Dr. Gamboa)都离开了远东委员会,第五分会一致同意向远东委员会建议任命刘(Mr. H. T. Liu 中国)为第五分会主席,科罗内尔(Mr. C. Coronel 菲律宾)为副主席。刘当选为目前的主席。

第一项 批准第四次会议的会议记录。

分会一致批准了其第四次会议的会议记录。

第二项 战犯及被告财产,FEC–204 ,C5–005.

在回答菲律宾代表关于 FEC–204 第一段中"财产"一词的适用范围时,美国代表说,她设想是属于盟军总部职权范围内的财产。英国成员说这似乎是指所有战犯的财产。美国成员同意去确认她的政府对这个问题的观点。

澳大利亚成员认为,第三段中"提到的被告在审判结束前死亡的,其财产应该归还其合法继承人"这一原则根本就不合理,因为(1)不应该背离第一段中设定的原则,(2)经验表明战犯经常仅仅因为被指控而自杀。英国和美国代表在一个人未判罪前是否无罪的这一点上发生了分歧。英国成员补充说第三段应该重新起草,以便这一政策的陈述中没什么会阻碍实施远东委员会关于赔偿或归还掠夺物政策。澳大利亚成员说提议的方法很感性,有必要拿走战争中的收益。新西兰成员的建议是第三段中"除非宣布其获得是非法的"的话语已经足以满足这一点。

苏联成员支持英国的提议并建议,假如重新起草文件,应该提到掠夺物。他表达了个人的观点,应该对宣告无罪的战犯也有一些相应的条款。

中国成员质疑第一段中"法庭"一词的含义。美国成员说她的个人观点是,不仅仅指国际法庭,还指盟军总部管辖下的所有法庭。中国成员认为应该对第二段中的"战犯法庭"作更精确的说明。

澳大利亚成员质疑,在盟军总部职权下成立的东京法庭裁决是否能延伸到不在日本的财产。

中国成员建议,鉴于对已定罪战犯财产处置的不确定性,第一段应该采取肯定的措辞。"假如法庭有指示,已定罪战犯的财产应该被没收"。荷兰成员建议:"除非法庭发布其他命令,否则已定罪战犯的财产应该被没收"。其他成员觉得这一提议将过度侵犯法庭的权力。

英国成员说财产所在地的问题需要仔细考虑,不在盟军总部管辖范围内的财产很难处理。这一观点与之前远东委员会关于战犯的政策(FEC-007/7)不符。中国成员怀疑这项政策是否应该宽泛到包含在日本以外的财产。

美国成员同意就把第一段的否定措辞改为肯定措辞以及没有法庭的命令能否没收财产的问题向她的政府请示。

美国成员注意到盟军对德管制委员会第10法令规定了对被控战争犯罪的个人实行的六种罚金,其中之一就是没收财产;然而,这一规定是允许自行处理的,不是强制的。她说,根据可以得到的信息,纽伦堡的判决中无一实行对已定罪战犯财产的没收。

关于财产的处置,英国成员说他没有得到指示,但他个人认为不正当所得的财产应该用于支付赔偿,而征收的罚金应该用于支付占领费用。

荷兰成员认为作为一个原则性问题,财产应该用于日本人民的利益,出于这个原因,财产应该用于支付占领费用,除了赔偿和归还政策介入的地方。

英国成员认为第二段应该与远东委员会的赔偿和归还政策决议相联系,这些决议应该享有优先权。当根据这些决议处置的财产被拿走之后,剩余的应该根据 FEC-204 第二段的规定处置。

澳大利亚成员支持英国的这一观点。法国成员和印度成员表达了他们的个人观点,认为这些财产不应该只用于占领费用。新西兰成员说他能支持美国的文件,同意将之用于占领费用。主席要求粗略估计一下这些正被审判之人的财产数量,美国成员同意去查明这一信息。

秘书处成员琼斯(Jones),属于东京的战争犯罪工作成员,他描述了在日本的审判的性质。尽管盟军总部的一项指令规定没收财产是一项可以自由决定的罚金,但他想不起有任何处以这种罚金的判决。主席让秘书处去调查盟军总部与此相关的指令。

澳大利亚成员要求重新起草第三段,以便规定合法继承人有责任证明财产属于他们。荷兰成员对第三段做如下修正:"在审判结束前死亡之被告的财产不应归还其合法继承人,除非证明该财产的获得是合法的,……"澳大利亚成员赞成这一建议。

第三项　其他事项

没有其他事项。

会议于下午 4 点 37 休会。

下次会议的时间——1947 年 3 月 12 日,周三上午 10 点半。

"RFEC", Minutes-Com. No. 5, 5th Mtg-3rd March, 1947

第六次会议会议记录

1947 年 3 月 19 日

秘书宣布远东委员会已经批准任命刘(Mr. H. T. Liu)为第五分会主席,科罗内尔(Mr. C. Coronel)为副主席。

批准第五次会议的会议记录。

第五次会议的会议记录做了如下修正:

出席的印度成员是:阿曼德先生"Mr. M. Ahmad"而不是"Mr. M. O. A. Baig"。

第二页第四段第一句,该句应该是:

"中国成员建议第一段应该用肯定的措辞……"

第二页第七段最后一句,该句应该是:

"她说,纽伦堡的判决中无一实行对已定罪战犯财产的没收。"

修改后会议记录通过。

战犯和被告财产(FEC-204[①],FEC-204/1,C5-005)

基于苏联成员的建议,分会决定对如下问题作逐一检查:

(1)"法庭"的含义。

(2)"财产"的范围。

(3)这些财产的处置。

(4)审判结束前死亡之被告财产的处置。

(1)"法庭"

美国成员指出美国在 FEC-204 中的政策提案是应盟军总部请求指示而准备的,正如 FEC-204/1 中所表明的。法庭所涉及的问题来自 FEC-204/1 中对财产的定义。分会之后讨论了把盟军总部管辖范围之外的法庭纳入该项政策之内的可行性。

荷兰成员和英国成员说该项政策应该适用于任何地方的审判日本战犯的任何法庭。

---

① FEC204 包括 War Criminals, Property of Convicted and Accused。

美国成员指出迄今给盟军总部的指令规定只没收其职权范围内逮捕的战犯的财产。英国成员和苏联成员回答道"财产"是一个要点,委员会可以立法把在日本之外受审定罪的战犯的财产也纳入盟军总部的职权之内。澳大利亚成员注意到在澳大利亚战区的许多日本战犯已经被定罪,如何处置他们的财产是一个很现实的问题。

澳大利亚成员提议 FEC-204 第一段中的"由该法庭"改为"由某个法庭"。英国成员支持这一提议。苏联成员怀疑"一个法庭"指所有任何地方的审判日本战犯的法庭,并补充说在俄语里"一个法庭"和"该法庭"没有区别。澳大利亚成员声称在英语里,"一个法庭"可以指任何地方的法庭;应该成员建议俄语笔译可以做得和正确的英语口译一致。

荷兰成员建议 FEC-204 第一段中的"缺乏司法决议"一词由"缺乏法庭的命令"代替。

对澳大利亚成员的提议进行了投票表决:8 位成员投票表示第一段应改为"由某个法庭"。中国成员反对,美国成员由于没有这方面的指示持保留意见。

(2)"财产"

美国成员说政策提案考虑的财产是指根据 FEC-204/1 第一段表明的按照发给最高统帅的指令没收和冻结的财产。英国成员觉得没有必要限制财产的解释,从这一角度看,FEC-204 不需要修改。

主席指出财产范围的定义与处置问题密切相关。任何一个通过没收在日财产的判决的盟国法庭都有可能颁布命令,要求把这一财产用于对该国的赔偿,于是就可能产生司法问题。

苏联成员建议在 FEC-204 第一段"财产"一词后加上"在日"一词,以便清楚理解只有在日财产受影响。英国成员主张不对现有措辞做任何改变,因为这一措辞仅指盟军总部职权范围内的财产。英国成员的这一主张得到澳大利亚、加拿大、印度成员的支持。

美国成员重申 FEC-204 中的政策提案是对盟军总部关于根据

FEC-015 第七段 g 项和第四十五段 a 项第（9）条——没收和冻结财产问题——的回复,并说假如这一措辞不做改变,最高统帅可能会理解成仅指没收和冻结的财产而不是所有已定罪战犯的财产,不会顾及审判的地位。

对苏联关于在 FEC-204 第一段"财产"一词后加上"在日"一词的提议进行了投票表决。投票以 3 比 3 打平,提案被宣布失效。投反对票的成员们说他们觉得这种添加是没必要的,因为"财产"显然仅指盟军总部职权范围内的财产。美国成员注意到在日本以外被逮捕的所谓的战犯的财产不属于盟军总部没收和冻结的对象。

（3）FEC-204 第一段措辞用肯定语气还是否定语气

苏联成员建议第一段用肯定的措辞:

"如果法庭颁布的命令如此规定,战犯财产应该被没收。"

主席指出从起草关系的角度看,表述最好是肯定的,除非否定的方式已经被遵循,而且要求改变这种方式。美国成员反对,说假如表述用肯定的措辞,假如法庭没有颁布没收的命令,那么财产的处置将充满疑惑。主席说先不管怎么措辞,没有法庭颁布的没收命令,在任何情况下财产都应该发还。英国成员说无论用肯定的还是否定的措辞,意思都很清楚。分会对这样问题的行动延期举行。

其他事项

没有其他事项。

会议于中午 12 点 35 休会。

下次会议时间——1947 年 3 月 26 日,周三,上午 10 点半。

"RFEC", Minutes-Com. No. 5, 6th Mtg-19th March, 1947

第七次会议会议记录
1947 年 4 月 16 日

批准第六次会议的会议记录

第六次会议的会议记录一致通过。

已定罪战犯和被告财产

美国成员说 FEC-204/2 想要成为比 FEC-204 更详尽的提案,它的起草是应盟军总部 FEC-204/1 中的要求而进行的。苏联成员指出 FEC-204/2 第一段显然指日本境内和境外的财产,而 FEC-204/2 第二段指的是盟军总部管辖范围之内的财产,这显然是不一致的。美国成员说第二段中的措辞"军事统帅"是远东委员会 1947 年 4 月 3 日政策决议(FEC-007/7)所用的措辞,目前的提案是为了补充 FEC-007/7 第十一段。

中国成员觉得 FEC-204/2 与 FEC-204/1 相矛盾,并对 FEC-204/2 比 FEC-204 更广的范围表示担忧。澳大利亚成员对"军事统帅"一词表示质疑,说大量战犯财产被其他权威人物而非军事统帅扣押。印度成员建议用"被有能力的权威人物"代替第一段第二行的"军事统帅"一词。

中国成员质疑第一段中的"控制下"一词。美国成员说这一措辞对"财产"一词做出了限制,适用于早已被控制的财产或将来可能被控制的财产。

苏联成员说分会在上次会议上已经决定该政策只涵盖在日本的财产;他认为在日本以外的已定罪战犯的财产应该由当地权威机构处置。他还指出假如目前的政策涵盖日本以外的财产,就会产生执行方面的问题。美国成员重申目前的提案只是为了弥补 FEC-007/7 的缺陷,而且目前提案中的"军事统帅"一词是参考了 FEC-007/7。

该提案在表决中以 9 票通过,于是决定 FEC-204/2 中包含的财产应该仅限于盟军总部职权范围内的财产。美国成员弃权。

新西兰成员说 FEC-007 没有解决日本以外财产的处置问题,这一问题现在仍未解决,因此不久之后可能会召集分会对这一问题作出决定。

应该注意的是 FEC-204/2 中提及的"法庭"是指任何地方的法庭,正如分会上次会议所决定的。

第二段

苏联成员建议根据战犯法庭之决议没收的财产和征收的罚金应该用于赔偿。澳大利亚成员认为财产的处置应该取决于具体情况,尤其是财产的种类。美国成员指出总体而言,FEC-204/1 所涉及的财产不是那种适合用来支付赔偿的财产。中国成员说也许得考虑这样一种情况:国内法庭根据其决议颁布法令规定日本境内的财产应移交该国政府处置。

菲律宾成员建议将第二段提交第一分会考虑,然后用"这种财产的处置应该由远东委员会随后的决议来决定"代替这一段。这样的话,第五分会就可以向会务委员会提交一份完整的文件。这一提议得到了印度成员的支持。

美国成员提议将 FEC-204/2 第二段提交第一分会考虑,然后反馈给第五分会。这一提议以 7 票通过。

第三段

菲律宾成员质疑"除非有人主张其获得是非法的"这句话的含义。美国成员回答说这种主张能防止归还那些还不确定其获得是否具有合法性的有争议的财产。澳大利亚成员说他对第三段关于审判结束前死亡之被告财产的处置这一规定表示满意。

苏联成员质疑为了获得其财产,是否可对死亡之人进行审判。他指出假如东条自杀成功,那他也绝对是个战犯。新西兰成员说不管犯罪之人是死是活,其非法获得的财产都可以被起诉。

加拿大成员建议在第三段第二行的"死亡的被告"后面加上"由于自然原因"。美国成员说这是建立在自杀是有罪的这一假设上的。她还说审判死人不符合盎格鲁撒克逊法律的原则。

同意延期讨论这一问题。

会议于中午 12 点 50 休会。

下次会议时间——1947 年 4 月 23 日,周三,上午 10 点半。

"RFEC",Minutes–Com. No. 5,7th Mtg–16th April,1947

第八次会议会议记录

1947 年 4 月 23 日

第 1 项 批准第七次会议的会议记录

第七次会议的会议记录获得一致通过。

第 2 项 已定罪战犯和被告战犯的财产（C5①-204/6，FEC-204/2，FEC-204/1，C5-006/2，FEC-007/7）

第三段

分会继续考虑上次会议上加拿大成员的提案，即在第三段第二行的"死亡的被告"后面加上"由于自然原因"。澳大利亚成员建议这种添加的后果是，需要另一段文字来处理那些死于非自然原因的人。几位成员都说目前的第三段已经足够充分了。加拿大成员撤回了这一提案。

中国成员建议第三段的第二句从逻辑上将属于第一句。分会同意如下修改，借以把第二句合并到第一句中：

"军事统帅控制下被告财产，被告死于审判结束前的，其财产应归还其合法继承人，假若有人主张其获得是非法的，或与占领政策指令不符的，死亡不能阻止其财产根据占领政策指令被没收或被处以其他处置。"

苏联成员说他把握不住第三段的含义，因为一个显然有罪的人可能会在审判结束前死亡，那样的话，他的财产将逃脱被没收的命运。美国成员指出，盎格鲁撒克逊法律规定不能在刑事诉讼中起诉死人，而对死者提起民事诉讼是一种收回个人损失的行动。澳大利亚成员说现在考虑的问题是一个国际法问题，没有哪种法律体系占决定性地位。苏联成员说在这一点上他想得到进一步的司法建议，所以他对这一段持保留态度。

第三段经过这样的修改后得到通过，苏联成员持保留态度。

---

① C5 包括战犯委员会的相关文件。

第二段

分会注意到第一分会(赔偿委员会)报告对第二段所做的如下修改版本,并同意既然第一分会已经对财产处置达成了决议,第五分会不需要进一步考虑这一问题。

"在最高统帅指挥下,根据战犯法庭命令没收的财产或征收的罚金,应该可以用于赔偿。"

中国成员建议删除这一段第三行的"战犯"字样,说 FEC–204/2 第一段提到的仅指"某一法庭"。澳大利亚成员支持这一提议,说除了战犯法庭以外的其他法庭也有处置战犯的可能性。

在回答新西兰成员的问题时,美国成员指出"法庭"一词有很广的应用,可以指处理战犯问题的任何法庭。

删除第二段第三行中的"战犯"一词的提议,以 8 票通过。

第一段

主席说分会早些时候决定第一段第一行中的"财产"一词应指盟军总部管辖范围内的财产。荷兰成员建议用"被有能力的权威人物"代替第一段第二行的"军事统帅"一词,以便消除这一判决适用范围的不确定性。

英国成员提议删除"军事统帅控制下"的词句。荷兰成员支持这一提议。该提议以 8 票赞成通过,无人反对,无人弃权。

中国成员建议仍然有必要在第一段第一行的"财产"一词后面加上"在盟军总部管辖范围内",以便符合分会上次会议的较早决议。英国成员认为不需要加上这些词,美国成员说第一段第三句解释了法庭给盟军总部的涉及没收的判决通知所含有的一切不确定性。中国成员因此撤回其建议,但重申他这么做只是考虑到分会先前的决议,即"财产"应仅指盟军总部管辖范围内的财产。苏联成员说他同意这一段只是基于同样的理解,并建议记录这一理解。分会表示同意。

分会以 8 票赞成,无人反对,决定采纳修改过的 FEC–204/2,并将之提交会务委员会,与之一起提交的还有一份建议,即文件根据正常程序公布给媒体。

第3项 其他事项

没有其他事项。

会议于上午11点45分休会。

下次会议时间——听从主席召集

"RFEC",Minutes-Com. No.5,8th Mtg-23thApril,1947

第九次会议会议记录

1948年3月31日

第1项 批准第八次会议的会议记录

第八次会议于1947年4月23日召开,其会议记录获得一致通过,但有如下例外:紧邻第二页最后一段的"没有弃权"一词删掉。

第二项 远东国际军事法庭检察长基南关于远东国际军事法庭的非正式评论。

主席介绍了远东国际军事法庭检察长基南先生。(秘书处将会把基南的评论作为会议记录的附件。)

第三项 其他事项

荷兰成员询问能否得到基南提到的西园寺日记。因为这份文件为国际军事法庭的审判提供了证据,荷兰成员觉得让分会成员熟悉它是很有用处的。他建议最好能同时获得日文版和英文版的该日记。秘书同意尽快取得该日记。

主席请分会各成员注意C5-006/13,/14和/15文件中所报告的关于撤销控告某些日本人之战争罪行的内容;这些文件已经应他请求由秘书处传递给分会各成员。

苏联成员提到了FEC政策决议"远东战犯的逮捕、审判和处罚",(FEC-007/7)。他指出这一政策决议要求逮捕和拘留战犯嫌疑人。鉴于这一政策决议,苏联成员想知道为什么待审判的战犯被释放。他回顾到,据他对基南发言的印象,战犯被释放很大程度上是为了方便,因为觉得审判他们不太现实。他认为有必要确定战犯嫌疑人被释放的准确理由。一旦得到这一消息,分会可能更容易考虑其行动进程。在他看来,由于被释放的战犯是"A"类战犯,正如从媒体得到的消息,他们的释放不符合 FEC 的相关政策决议。他补充说远东委员会的政策决议不含解散国际军事法庭的条款。苏联成员进一步询问释放待审战犯的决议是如何达成的。他质疑该决议是检察官中大多数投票的结果? 还是与远东委员会成员国代表经过恰当的协商后的结果? 他补充说,假如他对基南发言的印象是正确的,该决议的达成主要是检察长自己建议的结果。

主席说,根据基南的发言,释放待审战犯嫌疑人的行动是基于检察长的建议;这些被释放的嫌疑人仍处在严密的监视下;而且假如远东委员会成员国要求,这些人可以被引渡做进一步审判。主席补充说,假如要求进一步澄清事实,任何成员都可以提问,并且可以通过秘书处或美国成员从基南那里获得这些问题的相关信息。美国成员向分会保证,他将协助获得任何被要求的信息。

苏联成员提出了下面三个细节性的质疑:

(1)嫌疑人的释放是因为盟军总部认为他们不是主要战犯,还是因为其他原因?

(2)在达成释放嫌疑犯的决议时与哪些政府或他们的代表进行了协商? 假如有这样的协商,是否有代表包括陪席检察官对此表示不同意?

(3)对这些被远东国际军事法庭释放的战犯嫌疑人,有什么进一步的审判正在筹划或正在进行?

秘书同意在美国成员的协助下去获取信息,以便回答苏联成员提出的问题。

美国成员针对远东委员会是否有权要求审判或释放某一战犯嫌疑人这一点,询问大家的意见,并表达了盟军总部有权决定释放战犯嫌疑人的观点。苏联成员指出远东委员会的政策决议要求逮捕和拘留所有战犯,释放某些战犯显然是违背这一政策的。他补充说,对他三个问题的答案是考虑恰当行动进程的先决条件。

荷兰成员的观点是,盟军总部是远东委员会政策决议的执行机构,盟军总部有权选择受审的战犯嫌疑人。美国成员说,远东委员会在不知道某人是否该受审的情况下,不能够制定一项政策,要求审判额外的战犯。他认为决定那一问题需要的具体信息应该可以提供给盟军总部,但远东委员会对证据的评估不是切实可行的。苏联成员说,毫无疑问,远东委员会有权审查最高统帅采取的任何行动。主席评论说,假如战犯工作委员会审查在日本采取的战犯措施之职责被否定,那么战犯工作委员会将起不了什么有意义的作用。

英国成员说,在他看来,在得知东京那边就战犯嫌疑人达成了什么样的决议前,远东委员会对撤销控告战犯嫌疑人做不了什么。他相信,在探知对嫌疑人的处置之前,分会不该采取任何行动。

主席说,对被释放的嫌疑人该采取什么行动,他没有明确的观点。不过,他觉得作为分会的主席,他有责任传达关于处置战犯嫌疑人方面的任何可得到的信息。是否要采取行动取决于分会。

菲律宾成员提出了下列质疑:释放待审嫌疑人是检察长基南建议的结果,还是检查团大多数成员投票的结果?主席回答说,如果他对基南的发言没记错的话,这一行动基于检察长的建议。

针对 C5–006/13 附录 “A” 第三段中基南的一次媒体发言,菲律宾成员提出了进一步的问题。该发言内容如下:

“对这些被告的活动进行了广泛调查,这些调查的记录和详尽结果,虽然揭示了因他们的许多行动而逮捕、监禁他们的足够理由,但不保证他们被国际法庭审判,”基南在发言中这么说。“他们的释放对剩余嫌疑人的案件没有影响,也不会涉及到远东国际军事法庭现在正在进行的审判。”

菲律宾代表问,这是检察长个人的观点,还是同时代表了陪席检察官的观点?

　　苏联成员说,他希望保留其代表团今后进一步对战犯释放质疑的权利,这取决于对其问题回答的性质。

　　同意在得到进一步消息后,经任何成员要求,召集下次会议。

　　会议在下午 1 点休会。

附:1948 年 3 月 31 日第九次会议会议记录附录

远东国际军事法庭检察长基南的非正式观点

1948 年 3 月 31 日第九次会议提交

　　基南:主席先生,被告是在 1946 年 4 月选定的,我们的审判于 1946 年 6 月 4 日开案陈词后正式开始。我曾经有机会向贵分会做过一个简要的报告——我记得是在 1946 年 6 月底或 7 月初。现在,我想报告一下这一审判的目前状况,同时提一下与关押在巢鸭监狱的其他日本被告相关某些事项。

　　简要地概述一下,我认为为了提醒大家,不管章程和首席法律顾问的责任,被告是 11 个国家多数表决选定并提交的,事实上,审判大体上是依照多数国家的观点进行的,陪席检察官们经常开会。因此,我认为能向该委员会作一个工作报告。这一审判目前已经处于最后阶段,是集合了 11 个国家代表观点的审判,如果我可以这么说的话,在这里我们有 11 个国家联手努力并充分合作,就目前看来,在未来几周内就能结束。

　　目前,控方的所有论据或辩论总结都已递交给法庭。这实际上相当于在法庭上宣读概要。我们美国法庭体系的惯例要求向法庭提交这些书面论据或概要;在国内的公开法庭上,我们没有机会在全体法官面前进行这么长的诉讼。然而,远东国际军事法庭以其优势采取了相反的进程;法庭给予辩护方陈述所有问题的充分机会,这是被告的辩护律师要求提供的,倘若他们有探索价值并涉及任何重要问题。

　　在这一刻,尽管也许没有必要提醒你们,在这次诉讼中,被告不仅可以得到他们自己的日本律师,法庭还给每个人安排了一位盟国律师,注意到这一点也许是有用的。章程给了他们这种权利。尽管这不是首席法律顾问决定的,但在一开始,我十分怀疑给每一被告提供盟国律师是否明智;但在这长期的审判结束之际,我确信这一决定是合理的。这些被指派为被告辩护的盟国律师,很警惕地维护他们的合法权利,在陈述被告方所有问题时也很能干。

也许有一件事情须表达清楚,尽管把它时时铭记在心很重要。那就是在这一对被控准备、发动和实施侵略战争之战犯的独特审判,惩戒性目的是极为重要的。在一份单独的起诉书中,28人被控告犯有这一罪行。其中两人死亡,第三人被诊断为精神上无能力接受这些诉讼。仍留在被告席上的25名被告中,有四名日本前任首相,三名外相,数名驻各大国大使,以及陆军、海军及企划院的最高官员。他们中没有一人是因为他们的地位或职位而成为被告的。在这一审判中,所有这些人被选为被告,都是有资格,有合理的证据的,他对政策的制定拥有强大的影响,并通过发动这些我们章程描述的侵略战争在自己的国家实施这一政策。当然,他们被指控的罪行是他们维护他们所拥有的制定这种违反国际法的政策的权力。

在这种惩戒性的审判中——我认为历史上没有像这样的,11个国家出席,积极参与法官和律师工作——我的意思是,非常积极地参与从头到尾的所有审判——当然,这给了政策发展以及重大问题判决很好的机会。我的意思是对承认和执行现有法律这一政策的发展,而且在执行过程中把它设立为国际法。当然,法庭诉讼中的这些问题涉及那些有深远影响的问题,因为他们涉及关于法律与事实的重大问题。因此,在该审判的早期,显而易见,一些现实问题使得同时进行一系列这种惩罚这类罪行的国际审判这种企图非常不明智。因为这样一个现实问题,我们可能会面临不幸甚至奇怪的结果,在同一大厦中,由同样一些国家主办,由一组国际法官以一种方式决定一件法律事务,而另一法庭以相反的方式决定这同一事务。那是阻止在同一诉讼中同时审判这些战犯嫌疑人的一个现实理由。因此,我们面临两难的选择,尝试带有上述危险的同时进行许多国际审判,或等待结束一场必然耗费比预期更长时间的唯一审判。

　　尽管一般来说，针对这些主要战犯的东京审判没有得到参与国媒体的足够关注，尤其是美国媒体，但这一诉讼过程被日本媒体详细地加以报导并评论，并且得到了日本读者的热情查看以及出席法庭的日本观察员的关注。空间大概可以容纳 500 日本观察员，在整个审判的过程中，平均入座率高达 95%。

　　这场东京审判在很多方面都是史无先例的。在审判被告时，起诉书所指控的罪行时间跨度 14 年，涉及的事情发生在东亚的大部分地区。提出证据不仅需要搜寻日本政府的文件，还需要发掘几个西方国家的证据，有欧洲国家和美国。单纯记述这些事件的历史就是一项艰巨的任务，假如这种记录要做得仔细、真实，因为这涉及 14 年间高级官员们在如此广阔的地域对人民生命的所作所为；在法庭上证明这些事件的真实性以及用文件证明证据的真实性，这两者构成了一项需要极大耐心、大量研究，以及参与者最大程度上合作的任务。另外，远东国际军事法庭一直不仅在内庭，还在公开法庭上展示最大的决心，确保审判的公正是名副其实的。并且，法庭想要以公正的方式进行这些诉讼，这同样是显而易见的。法庭这种一丝不苟的姿态导致了许多困难，包括取证和其他在任何司法诉讼中都很少遇到的其他法庭程序问题。这一审判要符合普通法律程序、民法惯例的一些基本要求，也许还要符合其他形式法庭审判规程，并且还要保持法庭诉讼的可行性。容纳出席法庭各国代表的各种观点也是必须的，不仅在审查上，还包括在审判时就接受或反对证据上做出决定这项细致、严格、有时烦人的任务。因为在审讯犯罪原因过程中遇到的反对或其他问题，不是由首席法官自己判断。所有法官都积极参与，并且经常就接受或拒绝某一件证据的问题进行投票表决。我可以很真诚地向你们报告，这个法庭的成员们离开他们的国家，在东京待了两年多的时间，付出了极大的努力，他们应该得到欣赏与感谢。我认为他们在执行国际法上做出了很大的贡献，并且他们一直展示了在这方面的最尽责的努力。

　　选择这次审判的被告本身就是一项艰巨的任务。然而,随着案件的开展,我们发现,我们得到的建议和帮助以及开会时陪席检察官的意见,都证明我们在这点上的决议是合理的。选择这次审判的 28 名被告的目的绝对是那些证据表明对发动、准备和实施 1941 年 12 月前十年及其后侵略战争负有主要责任的人。可能还包括了许多其他人;他们的卷宗得到了充分的检查,在相关负责人的判断下,他们不属于这次审判的那类主要战犯。

　　从某些方面看,有必要划一界限。假如我们想要审判所有可能犯有准备、发动和实施这一期间内之侵略战争的人,我们得花上一辈子的甚至几辈子的时间。我们有必要避免我们的审判变得完全难以处理,当然,这进一步限制了一次可以审判的被告数量。我们想要选择那些占据主导地位或更重要的地位的被告,而且我们确信我们的这一努力取得了成功。

　　当我们考虑审判另一组或几组这一问题时,我们意识到任何这种诉讼的一次审判就需要至少 6 个月或 8 个月,也许甚至一年。控方和辩方都得审查很多相同背景的事。由于我们觉得这次审判的主要价值之一,即使不是最重要的价值,是其象征意义。显而易见,在遥远的未来进行任何诉讼都可能会使整个计划失败,这种诉讼的深度是不可预测的。另外还会有虎头蛇尾的影响。正是由于这样的原因,我作为控方的首席检察官,建议不再进行更多国际级别的审判;假如剩余嫌疑犯中有能被更小规模法庭审判的,那里有证明 B、C 项罪行的合理证据,B、C 项罪行是虐待战俘或违反人道,在盟军总部没有成立一个军事法庭前,他们应该由盟军总部的司法部门审讯。我认为我们所有在东京的人员都确信让现有的这一法庭开始其他拖延的诉讼是不现实也不可能的。要求现有法庭继续听完这些案由显然是不合理的。

　　我们都知道有条款规定,其他国家有权让剩余嫌疑犯在他们自己国家受审。因此,假如有国家对某一嫌疑人未在国际诉讼中受审感到不平的,如果它认为合适的话,它有权取得起诉这一嫌疑犯的权限。

还有一些程序方面的问题,我认为律师委员会或律师协会对此会比远东委员会更感兴趣。随着审判的进行,我们得到了许多原先被告知不存在或得不到的文件。其中有一些,非常特别,在辩方的陈述中第一次出现。先不管他们是何时出现的,最后的结果是我们觉得现在我们的案子有数量相当可观的文件。

并且我们还利用了日记。我希望我不再谈论西园寺公爵日记,他将之命名为原田-西园寺回忆录,我相信他死于 1940 年 11 月。在原田男爵的协助下,西园寺公爵写下了 22 或 23 本小册子,非常具有可读性,提供了一段珍珠港事变前十年日本政治外交发展的可靠历史。我认为法庭对这些回忆录印象很深刻,辩方律师自己也从中引用了不少内容。在美国,我们不会考虑使用日记和非直接证据,但我们发现他们是非常有价值和说服力的,我相信法庭对它们也有同样的看法,正如李顿调查团报告是最有帮助的一类文件。

我想简要地说一些日本人对审判的反应。在被告证词问题上,法庭给了被告最充分的机会为自己毫无阻地辩护,我认为这是非常明智的,如果可以这么说的话。众所周知,那里提供了一个宣传观点的机会,这一机会被一些主要战犯利用,那些我们认为在主要战犯中是臭名昭著的,如东条(Tojo)、东乡(Togo),武藤(Muto),木户(Kido),大岛(Oshima)和岛田(Shimada)。

我认为有些日本人民对东条的陈述印象相当深刻,至少暂时很深刻。它得到了大量宣传。但随着时间的流逝,我认为它的影响在减弱。我知道我们有可靠的消息,一家出版社正在印 100 万份,打算以几日元一份的价格出售。我认为其中一小部分会以版税的形式交给东条的家庭。然而,在他们卖了 1 万份后,已经对它们没有进一步的需求。我认为那或许表明人们已经对东条的故事没有特别的兴趣——这里面没有新东西——这个故事他们在战争爆发时及之后不久的时间里经常从他自己的嘴里听到。我可以毫无疑问地说,这是日本人们第一次有机会了解这次战争是怎么爆发的,并且我认为,假如这一审判没有其他目的，它已经实现其价值了，因为据我们所知，日本人民是热情的读者，有充分的机会了解战争是怎么爆发的，对其他国家外交上有什么要求，以及从南京大屠杀到罗斯福总统、赫尔先生和来栖（Kurusu）之间外交对话细节的所有故事。由于那一原因，以及审判期间每晚的广播概述，不论广播的目的是什么，我们可以设想日本人民从备有很好证明文件的数据中已经真实地知道战争本身是怎么爆发的。

主席先生，这就是我大体上的报告。我认为我可以说，最后一次法庭辩论将在 4 月份的第一周进行，我希望它不会侵犯法庭作出判断的权力。假如他们遵循纽伦堡模式，起草判决书将再花费一个月的时间，也许还要更长点。所以我推测法庭将在 6 月初作出判决。

刘（中国）：谢谢，基南先生。分会成员有什么问题要请教基南先生吗？

高罗佩（Dr. Van. Gulik 荷兰）：主席先生，基南先生在其演讲的开端提到有两名嫌疑犯同时死亡，一名嫌疑犯被诊断为精神失常。精神失常的这一例，他指的是大川周明吗？

基南：没错。

高佩罗：我想知道在他身上发生了什么事，他会被关在一家精神病院吗？

基南：我认为出于安全问题，大川周明会被关在一家精神病院接受严密观察。法庭早已经放弃审判他除非法庭重新开庭。从安全立场看，让他的病情恶化是很危险的，我一直与威洛比将军有联系，他是盟军总部 G-2 与此事相关的人。毫无疑问，大川周明将被监禁并受到严密监视。不幸的是，医疗数据表明他有所好转，但还不能受审。

高佩罗：我很高兴得知这些，因为我认为他是日本最危险和狂热的侵略战争倡导者之一。该人有非常多的跟随者，尤其在年轻日本军人中，假如他恢复了并且随后自由地继续他的工作，这可能会引起相当大的困难。我很高兴听到他出于严密监视下。

基南：您的意见与我们关注的意见一致。他是一个很危险的人物，假如他获得自由,那简直就是对法律的嘲讽。我认为没有这样的机会,但我们得时刻警惕。

高佩罗:主席,这是第二个问题。基南提到一本非常有趣和重要的西园寺公爵日记。我想知道能不能得到这本日记。

基南:应该可以。它已经被翻译。翻译的准备确时不时地受到挑战。但我设想会比一般的要好点。共有 25 或 30 本。我以为已经向远东委员会递交了一本。我认为这是我所知关于 1940 年之前 10 日本当代历史的信息最丰富的文件。

英凌(Yingling 美国):主席,我想知道基南先生是否愿意告诉我们法庭遵守什么样的证据规则?它有正式的证据规则吗?或者还是它只是按照自己的意志?

基南:在很大程度上法庭按照自己的意志决定。有一些很粗略的指南。比如,章程特许使用间接证据。在交互问询问题上,首席法官会自然倾向遵循他自己的技术规则。否则,证据的认可是一个天天判断的问题,而且法庭成员之间有很大的分歧。熟悉大陆法系的法官知道他们在他们的规则上更宽泛。

我们曾发生过一件很惊人的事。我们打算先由控方陈述,然后给辩护方充分的机会辩护,然后以辩论结束问题。但是当我们开始这么做的时候,法庭最终决定它将接受任何重要的、有价值的问题。所以我认为我们可以说那就是可接受性的规则——任何重要的、有价值的问题。

英凌:有口头证词被接受吗?

基南:有很多。有几百个证人。

英凌:是控方这一边的吗?

基南:控方和辩方都有。随着我们的进行,法庭设立了一条对我们来说相当新颖的规则。它要求当证人出庭作证时,把证人的证词写下来并制成宣誓书的形式,相反,我们国内的法庭,证人只要通过问答的形式作证,他仅仅被提问,"这是你的宣誓书吗?你签字了吗?它是真的吗?"然后就作为证据。那得在提出前48小时就提交给另一方。我设想,如果在我们的联邦法院这么做的话,会引起恐怖的尖叫。但我们发现,审判不是下棋,是查明真相,为了有秩序地得到事实,这一方法很有帮助。

不幸的是,在我们的案件中,它允许那些想要讲述他们的故事的被告进行一系列宣传,因为这意味着我们将面对,比如说,木户(Kido)300页的书面陈词。与法庭,在公开法庭上讨论在这样的文件中,什么是认可的,什么是不认可的,这将花费几周的时间。所以我们的态度是,我们最好笑着承受它,把整份书面陈词放进去,然后在交互问询时小心地约束自己。这一实践有好的地方,也有不好的地方,但我认为从整体来说,对这样的诉讼,它是好的实践。

英凌:你们是在法庭面前审讯,而不是在陪审团面前审讯,这也许多少有所帮助。

基南:是的。但我们也是在日本公众面前审讯。得考虑到这一点。那就是为什么你们可能会在报纸上看到有一两个被告做了呼吁人们的报告或证词。他们有充分的机会这么做。但你不能鱼和熊掌兼得。然而,我认为这种给报告充分机会为自己辩护的实践,是对司法事业的一种真实的贡献。我认为这是对的。

拉米什维利:主席,基南先生说11国组成的法庭共选了28名主要战犯。我想让基南更详细地阐述一下关于被法庭剔除的其他战犯的问题。我的意思是,这是出于检察长的建议,还是法庭11个成员商量后的结果?另一个与这些人相关的问题是,这些人属于该法庭职权内吗,我的意思是,他们的罪行正如远东委员会决议所描述的,他们能作为主要战犯吗?

基南:我想我将用这种方式回答你的问题,以纠正任何可能的误解。被告根本就不是由法庭选定的。他们是由控方和类似于我们大陪审团体制或某种调查机构选择的。那种调查机构就是检察官。现在我们有一个执行委员会——但我们把它扩大到包含所有陪席检察官成员。在我们的章程中,他们的确是助理检察官,但都称为陪席检察官。我或许可以告诉你们,在苏联的相当认真的辩论下,有两名成员被加进来。他们觉得他们到得有点晚;我们正设法继续我们的工作;他们非常了解这些人,由于他们在法庭上认真的陈述,我们同意把这两人包括在最高级别的战犯中。并且任何其他对他们应该包括在我们从一开始就认为是主要审判的审判中有强烈同感的国家,我们承担起审讯28人的责任,而不是让任何一国不满,这是一项非常严峻的责任,有28名个人的律师以及28种观点。所以我认为,尽管我们并没有在所有问题上都达成一致,但有一件事我们确实很一致,那就是我们一致认为我们做了一个不利的选择。

现在回答你问题的第二部分,法庭是由这一章程设立的,并且,假如我们觉得再起诉25人或50人是合适的,该法庭会继续开庭,我们的办法将是仅仅由起草一份起诉书,以控方签字、法庭接受的形式递交,然后法庭将继续审理剩余案件。现在我谈论的是它现实的一面。我认为法庭不会这么做。我认为法庭会说,"我们觉得,在东京的这两年多时间里,我们已经对这一特殊工作作出了充分的贡献。假如你们想要另一个法庭,你们就得再去组织一个。"我没有和法庭的任何成员讨论过这个问题,我是在向该委员会发表我个人对这个问题的看法。我希望他们是正确的;我认为他们是正确的。

但这方面是不受限制的。假如该委员会或这些国家认为其他人应该被起诉,没什么会阻碍恰当的机构设立另一个国际法庭,然后重复这样的诉讼。我认为这将是一个大错。

刘:那些被告是经检察官投票多数通过才被释放的吗?

基南:不,不是。章程没有赋予陪席检察官这一责任。很坦白地说,整件事情是这样开始的,每一位检察官都说"没有咨询我国政府,我不想承担责任,我不想与它有任何关联。作为一名员工,我会很高兴地向你表达我的意见:根据我们手上的时间是否应该有诉讼。但假如你要我以我国代表的身份这么做,我宁愿被免除职务。"不是我们不想他发表他的意见,你们也许会比我更能理解这一点。所以我们没有强迫他们。我根据章程承担起了责任,因为这些被释放的人明天都可以被带回来,并且我们仍有一些没被释放的人。但很快就得就此作出一些决定。

刘:他们还被拘留着吗?

基南:是的。那些被释放的人通常是非常年老的人,而且他们中大部分都体弱多病。我们把一些人软禁在家,因为除非把他们送进医院,否则他们生活不能自理。不这么做将有违正义。最让头痛的一个人是大川周明,他是一个非常危险的人,他的病情得严密监视。其他人没有安全方面的问题。

刘:请允许我代表分会感谢基南先生为我们做了清晰简要的发言,这给了我们非常多的信息。基南先生也非常有风度地同意,如果分会有更多问题要向他咨询,他也许还能再来,因为在下个月前,他可能会一直在这个国家。

基南:到这里是我的荣幸。

"RFEC",Minutes-Com. No. 5,9th Mtg-31stMarch,1948

第十次会议会议记录
1948 年 10 月 11 日

第一项 批准第九次会议的会议记录

分会一致批准第九次会议的会议记录,但有如下纠正:在出席名单上,把"J. S. Chopra"改为"I. S. Chopra"。

第二项 日本战犯审判(FEC-314[①])

新西兰会员说 FEC-314 中的新西兰提案,其提交是确信远东委员会关于远东战犯的逮捕、审判和处罚之政策决议不把报复战败国作为目的。相反,主要目标是取得了一条对重演战争罪行起遏制作用的国

---

① FEC-314 包括 War Criminals(Japanese),Trial of。

际刑法法规。迄今为止,战犯审判工作已经进行了两年多,在新西兰看来,在设立要求的法规上已经耗费了大量时间,而且足够的A、B级战犯已经被审判,已经达到了政策决议的主要目标。在新西兰看来,进一步延长这些审判会破坏处理战犯的原则。基于这些观点,新西兰会员得出结论,把FEC-314作为与其他代表团讨论的基础。

英国会员说,其政府欢迎FEC-314中的提案。英国政府很高兴给审判调查工作设定一个具体时间。他可以按照现在的情况支持FEC-314,当然,但他完全愿意讨论像设定具体结束时间这样的具体细节。

荷兰会员说他没有得到其政府的最终指示。从个人立场上,他可以对FEC-314表示支持。

印度会员说他也没有得到政府的指示。他询问在新西兰提案下,那些调查正在进行而且即将被具体指控的个人会怎么样。采纳FEC-314是不是意味着,如果他们还未因为A级罪行受审的话,调查就会终止并且指控就会取消?他指出根据FEC-007/3第一段a项的规定,被审判的战争罪行如下:"筹划、准备、发动或实施侵略战争、或违反国际条约、协议和保证的战争,或参与为实现前述战争的共同计划或共谋。"

新西兰会员肯定地回答,对被指控犯有A项罪行的人的调查将在FEC-314规定的时间停止;对B、C项罪行的控告将在商定的结束时间后不再进行。

美国会员说,期望尽早作出决议的是A类战犯的审判。实际的审判已经结束,正在等待对25名被告的判决。

新西兰会员说,他的理解是再也没有对A级战犯的审判是悬而未决的;那些未被审讯的早已经被释放了。

中国会员说,他想知道关于是否还有已经被逮捕但还未被释放的甲级战犯嫌疑人的具体信息,28名已经被审理的被告除外。

新西兰会员指出,根据FEC-314的规定,乙丙级的起诉是不受禁止的,假如有足够的证据支持这种起诉,尽管他因为不是A类战犯已经被释放。

印度会员询问 FEC-314(b)段规定的结束时间 1949 年 6 月 30 日,有什么意义? 新西兰会员回答,它被作为讨论的基础。印度会员怀疑设定一个日期是否明智;也许规定审判尽快结束更好。

美国会员询问新西兰的观点是不是,根据 FEC-314 的规定,不顾一项罪行的严重性,在商定的结束时间后就不能因为 B、C 项罪行审判犯罪人。此外,新西兰的观点是不是,假如一个罪行严重的犯罪人被逮捕,终结时间后,对他的审判会被排除?

新西兰会员对这两个问题的答复都是肯定的。在这么晚的日期,不太可能会得到 B、C 项罪行的新证据。

中国会员指出,FEC-314 的提出早已经有两个月了;在 7 月 29 日被提交给远东委员会。他想知道新西兰会员是否强烈坚持 1949 年 6 月 30 日这一日期。新西兰会员回答,对这一问题的确切答案,他将请求政府的指示。他个人的观点是,假如设定某一合理的较早终止日期,其政府会表示满意的。

英国会员说他认为,在讨论 B、C 类罪行审判的一个可能终结时间前,必须先对 FEC-314 提倡的总体原则作出决议。他认为这样一个日期是根据进行这些审判的国家的要求来决定一个具体细节。他认为,对于是否打算进行更多的甲级战犯审判,这方面的确切消息是我们希望得到的。

中国会员询问,有多少甲级战犯嫌疑人被捕,那些被捕的人中又有多少被释放了? 新闻报道指出在 1947 年 11 月以及 1948 年 2 月,大约 20 人被释放。他希望得到有多少人仍处于调查或监禁之中的确切消息。

英国会员指出,对乙丙级战犯的起诉是由国内法庭进行的,任何国家都可以起诉这些级别的战犯。在他看来,要获得的重要信息是:有多少人仍处于被捕状态,以及他们被捕的理由。

新西兰会员强调,英国会员提出的这几点是新西兰政府提出这一提案的重要原因。考虑到有大量的嫌疑人长时间被关押,但又未被起诉。

中国会员问,假如 FEC-314 被采纳,任何一个会员国政府可能仍然会对那些被盟军总部释放的嫌疑犯提起甲级诉讼。新西兰会员回答,FEC-314 被采纳后,将不再有审判甲级战犯的法庭。

中国会员提及 FEC-007/3 第 8 段,该段规定,任何一个会员国要求引渡被控犯有战争罪行的任何人,占领统帅应该迅速照做,某些规定的特例除外。在他看来,FEC-314 将限制委员会现有政策的这一条款。新西兰会员认同是意味着有一些限制。然而肯定不会阻止各国在他们自己的法庭上继续审判乙丙级战犯。

澳大利亚会员说,他可以支持新西兰政策决议的第(a)段。但他在进一步研究之前对(b)段持保留态度。

菲律宾会员说,其政府对 FEC-314 仍在考虑之中,他还没有得到指示。提案中的政策将如何影响仅仅因为政策规定的截止日期已到而逃脱被定罪的那些人的财产的没收,如果我们能得到这方面的信息,这将很有帮助。换句话说,一个人能完全逃脱财产没收吗,假如被定罪,他将经历财产没收。他还询问,这些人参与日本政治经济生活的权力。

新西兰会员回答,他的个人观点是,如果 FEC-314 被采纳,正如菲律宾会员曾经提到的,对这些人的谴责将被清除。他不赞同在不可能进行审判的情况下,一直保留对这些人的指控。

经过非正式投票,会员的态度总结如下:

澳大利亚:支持(a)段。对(b)段持保留意见。

中国:没得到指示。个人支持这一原则。对终结日期持保留态度。

法国:支持。

印度:没得到指示。

荷兰:没得到指示。个人支持提案。

新西兰:支持。

菲律宾:没得到指示。

苏联:不反对该提案。

英国:支持。

美国:支持(a)段。原则上同意(b)段,但有待进一步研究。

新西兰会员敦促尽一切努力加快收到指示。

无反对,对这一问题的探讨被推后。

没有其他事项,会议在下午 4 点 15 分休会。

下次会议时间:1948 年 10 月 18 日,周一,下午 3:00。

"RFEC", Minutes–Com. No. 5, 10th Mtg–11th October, 1948

第十一次会议会议记录

1948 年 10 月 18 日

第 1 项 批准第十次会议的会议记录

分会一致批准了第九次会议的会议记录,但作了如下修改:

摘要页:

在第二项下的:"英国"和"成员"中间插入"和苏联"一词。

第三页第二段:

第三行,把"11 月"改为"8 月",把"2 月"改为"1 月";第四行,把"20"改为"40"。

第 2 项 日本战犯审判(FEC-314)

在总结分会上次会议对 FEC-314 的讨论后,主席问,美国会议是否愿意提供关于还有多少甲级战犯仍然处于被捕状态却没有被国际法庭审判这方面的信息。

美国会员回答,她还没准备好陈述这种人的准确数量。她知道有一些人处于这种情形,并且她认为在国际法庭对这 25 名被告宣判后,可以筹划对他们中的一些人进行乙丙级的审判。她认为为了对乙丙级罪行的审判,调查还在进行。

法国会员说,尽管他总体上赞成 FEC-314 中的提案,但他对两个问题还有疑问。首先,(a)段第二句似乎没有必要,因为国际军事法庭可以决定甲级战犯是否应该由于乙丙项指控受审。第二,为乙丙级审判的结束设置一个固定仓促的终结日期,如(b)段所预期的,是不合适的。最好用像尽快一类的词代替 1949 年 6 月 30 日这一日期。

主席询问上次会议还未得到指示的那些会议目前的态度。他说,中国在大体上支持 FEC—314,但对所提议的结束审判的日期对进行调查的时间限制持保留意见。他指出,从 FEC—314 的提出到现在,早已经在这方面耗费了将近 3 月的时间。

美国会议说美国的立场没变;她可以支持(a)段,但在进一步研究之前必须保留对(b)段的意见。

印度会员说他还没得到对 FEC—314 的指示。总体上,他可以支持这个提案,但假如文件会提交给会务委员会的话,他将保留他的意见。

荷兰会员说他还没得到对 FEC—314 的最后指示。他个人支持这个提案。

菲律宾会员说他还没得到对该提案的指示。他不反对把它提交给会务委员会。

加拿大会员说,尽管其代表团对(b)段还有些疑问,假如大多数会员支持它,他能接受整个提案。针对(b)段,他指出对乙丙级战犯的审判是相关政府的职责,不是远东委员会的职责。此外,他对所提议的乙丙级战犯审判终结日期有些疑问。在他看来,这样一个日期将鼓励任何战犯寻找逃脱的机会。然而,他并不觉得用"尽快"代替的建议有用;相反,他觉得假如取消终结日期,这整段都将变得没有意义并且多余。

新西兰会员同意(b)段的主要目的是设定一个乙丙级审判终结的日期,假如这一终结日期被删掉,这一段将丧失主旨。当然可以对尽早结束审判这一提议没有异议。然而,其代表团希望超越这纯粹的普遍性表明,设定一个审判终结的具体时间。

中国会员回顾说他在上次会议上问过新西兰会员是否坚持 1949

年 6 月 30 日这一日期。他重申了这一问题。新西兰会员回答尽管他更偏向那一日期，但其政府也许会对任何合理的较早日期表示满意。

印度会员指出，他原先建议使用尽快一词。然而，这一词是仅仅为了替换 1949 年 6 月 30 日这一终结日期，因为他认为委员会企图向法庭规定一个结束它们工作的日期，这是不现实的。他说，从原则上讲，远东委员会不该规定法庭结束工作的任何日期，不管是近期还是远期。然而，他不反对 1948 年 12 月 31 日作为调查的截止日期。然而，他想知道，在新西兰提案下，1948 年 12 月 31 日后，现在被拘留但还未审判的人会怎么样。

新西兰会员回答，有些还没收集到足够证据的人在等待审判。假如在 12 月 31 日前收集到了足够的证据，对这些人的审判可以进行，但必须在 1949 年 6 月 30 日前结束。

针对印度会员的反对意见，新西兰会员怀疑，从现实的角度看，假如证据在 12 月 31 日前找到，审判在 6 月 30 日还不能完成。

美国会员认为，假如把对日期的规定改成在 6 月 30 日或 6 月 30 日左右，6 月 30 日作为目标期限而不是截止期限可能就能体现出来。

印度会员认为假如加上"如果可能"，这一日期也许可以保留。

新西兰会员认为还有另一个办法，既可以保留具体日期，又能满足反对意见，这个办法就是制定一个日期，在这一日期后不能开始审判，比如说 1949 年 3 月 31 日。

鉴于战犯审判的实际情况，英国会员怀疑保留这一日期的合理性。他获悉，审判正由特别军事法庭在特别法令的指导下进行，进程相对比较快。另外，他说为这些特别诉讼设置一个终结日期将不会妨碍对个人提起民事诉讼。

法国会员询问在东京是否有乙丙级战犯审判正在进行。美国会员回答说，她能得到的最新数据是 8 月 31 日的。9 月份的报告很快就能到。截至 8 月 31 日，有 33 件案例等着向法庭提交，共涉及 144 名被告。她肯定被告的数量已经比数据收到的时候减少了。

新西兰会员说,想要得到这些被告仍在待审的确切原因。是缺乏证据,还是缺乏进行审判的便利设施？假如是缺乏证据,这些情况就为根据 FEC—314 应该排除的情况提供了例子。

法国会员指出,乙丙级战犯的审判不仅发生在日本,在其地方也有,由会员国政府主办。FEC—314 的目的是取消对甲级战犯的进一步审判。这些审判由在东京的盟国军事法庭独自进行,那一法庭可以决定甲级罪犯是否能以乙丙类罪行受审。对国际军事法庭的行动,远东委员会作出决议是合适的,但他怀疑远东委员会是否有权过问不属于国际法庭职权范围内的乙丙级战犯审判。因此,远东委员会有权为国际法庭进行的乙丙级战犯审判设置一个终结日期,但法官代表团认为这是不明智的。因此,最好对提案进行修改,使之只适用于国际法庭的乙丙级战犯审判。

英国会员认为:甲级战犯审判是国际协议和国际安排的结果,而乙丙级战犯审判发生在国内法庭,而且大多数是美国法庭。他问,这么认为是否正确。

美国会员回答,这是她的印象。她相信有一些混合法庭或许还有一些美国以外的国家的国内法庭。

英国会员说,既然乙丙级罪犯由国内法庭审理,那么那些被捕但未被控甲级罪行的罪犯将不在国际法庭审判职权之内。因此,该由相关的国内法庭进行,假如它要求审判乙丙级罪行。因此,假如 FEC-314 带着终结日期被应用于国际法庭管辖范围内的罪犯,将会出现一种奇怪的情形,由于其他法庭对乙丙级战犯的诉讼没有终结期限,甲级战犯实际上被给予特别考虑。

加拿大会员对法国会员的建议表示支持。他认为(b)段或许可以被修改,当做一项任何国内法庭只要它愿意就可以遵行的建议。出于这一目的,他认为该段的最后一部分的措辞可以修改如下:

"……12 月 31 日以后,截至当天,所有因缺乏证据而未被起诉的人应该被释放。"

（这时，加拿大会员离开了会议）

法国会员建议对 FEC-314 进行修正，措辞如下：

远东委员会决定，作为一项政策，不再进一步审判远东委员会命名为"远东战犯的逮捕、审判和处罚"这项政策决议（FEC-007/3）第一段（a）项下的日本战犯，这项政策决议于 1946 年 4 月 3 日由远东委员会通过。并且向远东委员会成员国提出如下建议：

1. 被怀疑犯有上述提及的远东委员会政策决议第一段 a 项罪行之人可以因上述政策决议第一段 b、c 项罪行受审，由此所有相关调查应该在 1948 年 12 月 31 日前结束。

2. 与上述政策决议第一段 b、c 项罪行相关的调查在 1948 年 12 月 31 日之后不应该进行，并且因此所有审判应该在 1949 年 6 月 30 日前结束，如果可能的话。

下面是对该修正草案的讨论。

英国会员建议，在讨论上述修正案期间，假如方式从罪行的种类变为相关法庭的类型，或许可以制定一项可以接受的政策。远东委员会只能规定国际法庭停止进一步审判，由于国际法庭的某些被告附带被控犯有乙丙级罪行，他们有必要被控该法庭职权范围内的甲级罪行。

新西兰会员说，假如"远东委员会不能制定乙丙级战犯政策供国内法庭遵守这一原则"被设立，他可以姑且接受对其提案的上述修正。

苏联会员以个人立场说，远东委员会的职权不延伸到日本本土以外的地区，并且他认为这是建议把提案的一部分作为建议的理由，这样一种修改将削弱在日本贯彻提案那部分的要求。他不能同意委员会不能就位于日本的国内军事法庭做出政策决议。他想知道，会员们是否觉得，问题的性质，而非关于委员会职权的任何问题，是他们偏好建议代替政策决议的基础。

法国和澳大利亚会员指出，在日本以外有过采纳建议的先例，所以不可避免地会涉及远东委员会越权问题。他们引用发生在过去的航运和日本食物供应方面的行动。

法国会员说，即使同意苏联会员的观点，日本的国内法庭也确实在远东委员会职权范围之内。远东委员会没有理由不能向他们提建议，只能制定一项政策决议。

新西兰会员说，严格地说，尽管在日本的国内法庭可以被认为在最高统帅的管辖范围内，也许行使这种职权是不明智的，因此，也许给这样的法庭一项建议更合适。

澳大利亚会员评论说，尽管远东委员会可以说有权管辖日本战犯的总体问题，尽管由委员会决定终止对这些战犯的审判是很恰当的，然而远东委员会试图指示国内法庭应该什么时候结束工作，这是不适当的。因此，远东委员会仅仅为这样的结束推荐一个时间，更适合。

在回答荷兰会员的问题时，法国和新西兰会员同意，给国内法庭的建议将包含所有在日本以外的国内法庭以及在日本的国内法庭。

分会同意延期讨论这个问题，在 1948 年 10 月 22 日，周五开会，进一步考虑上述修改后的提案，该修改后的提案编号是 C5-314/1.

没有其他事项。

会议在下午 5 点 25 分休会。

"RFEC",Minutes-Com. No. 5,11th Mtg-18[th]October,1948

第十二次会议会议记录

1948 年 10 月 25 日

第 1 项 批准第十一次会议的会议记录

分会一致批准了其第十一次会议的会议记录，并作了如下改正：

第 1 页——第四行第一项，把"苏联"改为"和苏联"。

第 3 页——第三段，把"印度会员"改为"新西兰会员"

——第五段，删掉从"普通"一词开始的最后三行，并代之以"属于普通刑法下的诉讼"。

——最后一段，把最后一个词改为"大部分在日本的国内法庭是美国的"。

第4页——第一段,加上"在日本审判乙丙级战犯"。

——第二段,改为:

"英国会员说,既然乙丙级嫌疑犯由国内法庭审判,因被怀疑犯有甲级罪行被捕而之后没有因甲级罪行被起诉的嫌疑人,将不在国际法庭审判职权之内。因此,该由相关的国内法庭进行,假如它要求审判乙丙级罪行。假如FEC-314规定的关于乙丙级嫌疑犯的终结时间只应用于那些原先作为甲级嫌疑犯被捕的那些人,正如被建议的,后者似乎将得到区别对待。"

第5页——第五段,把最后一个词改为"是他们偏好用'建议'代替更明确的政策决议"。

第2项、审判日本战犯(FEC-314,C5-314/1)

加拿大会员提到C5-314/1,并评论说,他认为a小节似乎没有包含任何b小节不包含的内容。他怀疑是否有必要保留。

法国会员说a小节是想包括经过调查被怀疑犯有乙丙级罪行的未被审判的甲级嫌疑犯。然而,他同意,假如保留b小节,删除a小节,也许提案的整体作用是一样的。其代表团因此不会反对删掉a小节。

法国会员说,联系到苏联会员在上次会议上表达的观点,假如委员会可以说有权管辖在日本的审判乙丙级罪行的国内法庭,那么一项包括这些法庭的条款可以合并到一项政策决议中,并且可以根据那一条款向会员国政府提建议。然而,问题是,远东委员会是否能恰当的制定任何包括那些法庭的政策决议。

美国会员说,她的观点是,她确信她的政府会支持最高统帅在把乙丙级嫌疑犯移交在日本的美国军事法庭时已经执行了委员会的政策。尽管审判是由美国机构进行的,法庭对主要问题的审判以及审判持续的时间,由远东委员会自己的政策决议决定。

美国会员说,为了统一对待战犯,她支持C5-314/1。她可以接受对FEC-314的原则进行某些提议的修改,但美国支持C5-314/1,因为它旨在各地统一审理乙丙级战犯。

英国会员说,既然美国是这方面的主要相关国家,他觉得没有理由不立刻批准 FEC-314,因为假如美国不反对那一提案,他不能理解任何其他会员的反对。

澳大利亚会员说,其政府可以接受 C5-314/1 第一段。此外,澳大利亚不反对远东委员会对结束调查和审判的目标日期的建议。他觉得很难把这样的日期当做是有约束力的,但基于两个日期都被作为尽可能实现的目标日期这种理解,C5-314/1 是可以接受的。

美国会员认为 C5-314/1b 小节应该修改,以便"如有可能"既修饰调查终结的日期又修饰审判终结的日期。她建议该小节改为:"如有可能,对上述政策决议第一段乙丙项罪行的调查应该在 1948 年 12 月 31 日前结束,所有与此相关的审判如有可能应该在 1949 年 6 月 30 日前结束。"她认为如果这么做,在第一段甲项加上"如有可能"使最后的措辞变为"如有可能应在 1948 年 12 月 31 日结束",或许也是可取的。

加拿大会员说,这种进一步的额外限制似乎没有必要。因为所提议的政策的这一段是以建议的形式提出的,可以设想成各国政府自由决定是否应用这一目标日期。另外,他的理解是意图是使第二个日期更具试验性,因为显然为一场审判设定一个明确的终结时间是有难度的。这一考虑似乎不适用于向调查建议的终结期限。

印度会员同意加拿大会员的观点。他认为审判不应该在他们确实完成前结束,这有很多理由,包括对被告本身的公正。根据建议,调查或许可以在任何阶段结束,或如加拿大会员曾经说过的,调查可以继续,假如这么做有不可抗拒的理由;然而,审判一旦开始,不应该在它们完成前终结。新西兰会员支持加拿大会员的观点。他指出,新西兰最初提案的根本目的是防止审判无限期继续下去。

法国会员支持加拿大会员的观点。他不反对在文件中包含一个日期,只要它是建议而非纯粹政策决议的一部分。

苏联会员说,正如他之前表明的,他可以支持 FEC-314。他同意英国会员言辞的大意,如果美国代表团能接受 FEC-314,其他任何代表团不会有反对意见。C5-314/1 中的修正提案包含两大能引起他怀疑的含义：首先，该委员会不能对由各相关国政府设立的国内法庭制定明确的政策决议；其次，该委员会甚至可以使对日本以外相关法庭的建议合理。他说，这两大含义会导致对将来总体问题的考虑的拖延，因此他支持 FEC-314 提案。

法国会员说他不反对通过一项只适用于在日本的日本战犯的政策决议。然而他认为，如果这么做的话，FEC-314 的标题应该改为"在日本之日本战犯的审判"。

澳大利亚会员评论了对这一问题制定政策的基本理由。首先，有必要阻止甲级战犯审判无限期继续下去。规定这类嫌疑人仍可应为乙丙级罪行受审是明智的。因为在整个远东，有各种法庭在审理乙丙级战犯，而且他怀疑该委员会是否真有必要关心这些案件。尽管很显然，这些审判不应该无限期地进行下去，但他们的终结并不像国际军事法庭的甲级战犯审判的终结那么急迫。据他理解，在日本进行的乙丙级战犯审判完全由美国法庭独自进行。因此，远东委员会告诉一个国家的法庭他们该做什么，而放任其他国家的法庭自由决定是否继续他们的工作，这样是很冒失的。他认为，将美国法庭与所有其他国家的法庭区别对待是不对的。因此，他的意见是要么向所有军事法庭提建议，要么对任何一个法庭都不发表意见。

新西兰会员指出，根据远东委员会政策决议（FEC-007/3）的标题"远东战犯的逮捕、审判和处罚"，远东委员会的职权完全可以延伸到日本以外的地区。

菲律宾会员说，如果 FEC-314 通过，在日本的乙丙级嫌疑犯会发现他们自己比日本以外的那些嫌疑犯处于更有利的形势。在他看来，采取任何对一组嫌疑犯比其他组嫌疑犯更有利的规定，是不合适的。

（此时，加拿大会员离开会议）

美国会员提议采纳她上述对 C5-314/1 的修改。提案未通过，三票支持（澳大利亚、荷兰、美国），三票反对（法国、印度、新西兰）。

针对 C5-314/1,法国会员说,加拿大和英国会员提出的删除第一小节的观点也许很好理解,但他认为假如该小节被删掉,就没有关于1948 年 12 月 31 日之后甲级战犯的规定了。在回答新西兰会员时,他承认,除非作为一项建议,否则 C5-314/1 在本质上与原先的 FEC-314 提案一模一样。

英国会员问是否支持把针对曾经是甲级嫌疑犯的乙丙级嫌疑犯的条款作为正常决议而非建议的一部分。

印度会员指出,即使是 FEC-314 也只规定先前的甲级战犯嫌疑人"可以"因乙丙级罪行受审;规定是许可性的,不是绝对的。

美国会员说,即使在现有政策决议 FEC-007/3 中,甲级嫌疑犯可以因乙丙级罪行受审。

美国会员想知道在 C5-314/1 中规定建议是针对盟军总部和会员国政府的而非仅仅针对会员国政府,这样是否令人满意。

针对美国会员的建议,法国会员说,美国政府是会员国政府之一,因此,美国政府有权自由决定是否将远东委员会的建议传达给最高统帅。

英国和澳大利亚会员强烈敦促,提案中应避免任何给盟军总部的建议。他们认为像美国会员建议的措辞是不恰当的。另一方面,曾经有过向会员国政府提建议的先例,并且他们提到过去远东委员会采取的针对归还和日本食物供应的行动。英国会员再次敦促道,既然会员们觉得远东委员会不该向最高统帅提建议,它应该在提案的政策部分而非建议部分体现其对那些可以因乙丙级罪行受审的先前之甲级嫌疑犯的参考意见。他重申他支持 FEC-314,并说,假如像印度会员建议的,C5-314/1 理所当然地认为甲级嫌疑犯可以因乙丙级罪行受审,那么第 2 小节应该放在第 1 小节前面。

分会之后对 C5-314/1 进行投票表决,五票支持(澳大利亚、法国、印度、新西兰、美国),一票反对(苏联),四票弃权。

中国、荷兰和菲律宾会员解释说他们弃权是因为没有得到最终的指示。

澳大利亚会员重申他支持是基于这样的理解,即提案中提到的日期不是限制性的,但被视为"目标日期"。

基于前述投票同意将 C5-314 与寻常的建议提交会务委员会,在远东委员会采纳后向媒体公布。

没有其他事项。

会议于下午 4:35 休会。

"RFEC",Minutes-Com. No. 5 ,12th Mtg-25thOctober,1948

第十三次会议会议记录

1948 年 12 月 10 日

第 1 项批准第十二次会议会议记录

分会一致批准第十二次会议会议记录,并做了如下修改:

第三页,第三个整段:删除第二句话。

第 2 项日本战犯信息

主席指出,此次会议的召开是因为美国代表团要求向分会带来关于日本战犯向美国最高法院上诉的某些进展方面的信息。他建议美国会员此刻进行发言。

美国会员说,她当然了解远东委员会对悬在美国最高法院面前的某些被国际军事法庭定罪的日本战犯的上诉的事情非常感兴趣。在此刻她很高兴能提供一些澄清背景的信息。

最高法院曾声明,它想要就请求许可以人生保护令提出上述的动议提出的问题举行听证会。期间,针对上述许可的动议的行动将被保留,准备在 12 月 16 日周四对动议进行口头辩论。法院的一件发生分歧,直到杰克逊法官支持四名想要举行听证会的法官。杰克逊法官这么做时,提出了一份备忘录表明他的观点,内容被纽约时代周刊逐字逐句地报道了。

美国会员说,目前当然没有时间去读甚至去总结三个案例的上诉书。然而,木户幸一、东乡茂德、岛田繁太郎、佐藤贤了、冈敬纯这些上诉人的上诉书中有一点是远东委员会特别感兴趣的。这一点是主张远东国际军事法庭虽然声称是一个国际司法机构,执行并坚持现有和已制定的国际法,但实际上是由美国执行官与军事权威发起创立的,是美国的企业。

美国司法部长致国务卿的信件如下:

"美国最高法院面对的这些案件,挑战了远东国际军事法庭的行为,司法部希望美国国务院从远东委员会那儿确认远东委员会是把国际军事法庭作为一个由国际权威委任和指挥的国际法庭,还是一个由美国单方委任和指挥的美国法庭;尤其是它是否认为盟军最高统帅宣布远东国际军事法庭的成立,批准和修改该法庭宪章,委任远东委员会各国政府提名的法官,在协商后批准法庭的判决,这些行动是符合远东委员会 1946 年 4 月 3 日政策决议第五段的,是符合远东委员会的授权与指挥的。

司法部还希望知道国务院在这些问题上的观点。"

美国会员说她私下告知远东委员会美国司法部将在最高法院面前辩论远东国际军事法庭实际上是一个国际法庭。假如远东委员会想要回答司法部长信中提出的问题,必须及时采取行动,以便在下周二或周三前能与司法部有一个恰当的交流。

苏联会员询问,这个问题是怎么提到美国最高法院进行讨论的?当这些上诉步骤进行时,采取了什么样的行动暂停国际军事法庭的决议?

美国会员回答,美国最高法院没有同意暂停执行。最高法院只是决定举行听证会,此外什么也没做。据她理解,所有把案件提交到美国最高法院的行动是由辩护律师采取的,他们的名字在上诉书上有。

澳大利亚会员问,辩护律师是否曾与最高统帅就此有过协商,然后最高统帅将上诉书转寄给最高法院。美国会员回答,据她所知,上诉是由辩护律师直接向最高法院提出的,最高统帅没有参与行动。辩护律师只是在最高法院提议,要求允许提出人身保护令。

苏联会员问最高法院对此持什么观点。美国会员回答她还没有这方面的消息。在回答苏联代表的另一个问题时,她补充说,根据报纸上的报道,最高统帅暂停执行远东国际法庭的决定。

苏联会员问最高统帅的行为是否可以作为推断盟军总部认为最高法院有资格决定该问题的基础。美国会员说她认为不能对最高统帅的观点做出合理的推断。

苏联会员说他问上诉问题是因为他认为远东委员会对暂停这一事实很感兴趣,这直接影响了委员会的决议和法庭的判决。

在回答苏联会员关于这么做的目的以及可能的回答时,美国会员说,美国司法部希望得到远东委员会的答复,目的是作为它支持远东国际军事法庭实际上是国际性的论据。

澳大利亚会员说,假如决定对这一问题作出回复,那么这一回复应该是哪种回复。他肯定所有代表团都认为该法庭事实上是一个国际法庭。远东委员会自己的政策决议中也有段落清楚表明该法庭被认为是国际性的。上述上诉书主张远东国际军事法庭"最初并且事实上是由美国主管与相应的军事机构创立的机构",在他看来,尽管法庭宪章的制定早于远东委员会政策决议的采纳,但事实上,宪章曾被修订,使之作为是政策决议的结果。换句话说,最高统帅背离了他原先的单方面指挥,以便使法庭的宪章与远东委员会随后的指令一致。法官任命的背景也证实了这一观点;尽管早已被提名,其中两名除外,但他们是根据远东委员会的政策决议被任命为法官的。

新西兰会员说他认为对这一问题的讨论在有些方面太晚了,在另一些方面不成熟。太晚了是因为这一事情早就在美国最高法院手中;不成熟是因为最高法院还没决定它是否有权讨论这一问题。

英国会员建议,委员会仅仅回答审判战犯的法庭是否就是委员会根据其政策试图设立的法庭。其实,委员会需要回答的唯一问题是被谈论的法庭是不是它想要设立的法庭。

　　印度会员询问为了实施远东委员会关于战犯审判和处罚的政策决议,最高统帅采取了什么行动。在回答时,美国会员指出,1946 年 4 月 26 日,第 20 号指令取代了第一号指令并修改了宪章,第一号指令是用于设立国际军事法庭宪章的。印度会员说,最高统帅的这一行动进一步确认了远东国际军事法庭的国际性。

　　英国会员说,所有会员国政府对法庭工作的参与进一步表明了会员国政府不怀疑其国际性。

　　接下来是关于起草的简要讨论,会员同意以个人名义向委员会提交下列陈述供其讨论(作为 FEC-328 的附件 B):

　　"远东委员会已经注意到美国司法部所询问的问题,毫无保留地答复说,它认为远东国际军事法庭是一个国际法庭,由国际权威机构任命并在其指挥下工作;它认为盟军最高统帅宣布成立远东国际军事法庭,批准和修改法庭宪章,任命远东委员会各会员国政府指定的人为该法庭法官;在协商后批准该法庭的判决,这些行为都是符合远东委员会 1946 年 4 月 3 日政策决议的,并且是符合远东委员会的职权和指挥的。"

　　决定根据规定的程序获得会务委员会主席的批准直接向远东委员会下周四前的特别会议提交文件。

　　没有其他事项。

　　会议于下午 6 点 45 休会。

"RFEC",Minutes-Com. No. 5,12th Mtg-10th December,1948

第十四次会议会议记录
1949 年 1 月 12 日

第 1 项,批准第十三次会议会议记录

分会一致批准了第十三次会议会议记录,做了如下修改:

第 2 页——把最后三行改为:

"并且这一行动与国际军事法庭的判决有什么联系。"

第 3 页——第五段,删除最后一句。

第二项,日本战犯审判(FEC–314/4,314 系列,远东委员会第 135 次会议记录)

主席说委员会在 1948 年 12 月 20 日把这一问题提交给分会考虑。鉴于这一提案是由新西兰代表团首先提出的,他将先陈述新西兰会员提出的问题。

新西兰会员说在他的代表团决定追求进一步的目标前,它需要从美国政府那里得到下面这些信息:

1. 甲级战犯的审判是否如报道所言已经终结或暂停?

2. 假如这种审判已经终结或暂停,是在什么时候基于什么权力?

3. 国际军事法庭是否已经正式解散,假如已解散是基于什么权力?

美国会员说目前她能得到的对上述询问能有所回应的唯一信息在 MI–001/159 中,它表明 17 名甲级战犯嫌疑人已经被释放,这些嫌疑人的释放结束了对所有在日的主要战犯嫌疑人悬而未决案件的处理。她将获得更多信息来回应新西兰的询问。

新西兰会员进一步问,十七名甲级战犯嫌疑人是有条件释放的还是无条件释放的。美国会员说不管释放有条件与否,都不足以让法庭宣告无罪。

新西兰会员回答,在其代表团决定将来对战犯审判的态度前,其代表团需要得到对其提出的上述问题的正式回答。似乎没有收押在监的甲级战犯嫌疑人了,该法庭已经结束其工作,或者确切地说是被解散了。假如是这样的话,在这一问题上指定一份文件将没有什么意义。

印度会员同意新西兰的询问。然而,分会并不是完全在意嫌疑犯的释放是否有条件这一问题。相反,它更在意是否还有对甲级嫌疑犯的进一步审判,就此而论,法庭是否正式解散方面的信息是很重要的。缺乏法庭解散的消息,分会可以假设它仍然存在,可以召集起来审判新的甲级战犯嫌疑人,除非委员会采纳根据 FEC–314/4 第一段的内容的一项政策决议。

菲律宾会员说对新西兰询问的回应信息对他的代表团进一步考虑其立场是很重要的。假如没有另外的甲级嫌疑犯并且假如法庭已经被解散，他觉得保留提议的政策的第一段就没什么目的。这一政策的目的早已完成，委员会可以采取的唯一行动将是采纳一项表扬该法庭所做的工作的决议。很可能此后不会有进一步的审判，正如菲律宾代表在委员会上曾指出的（FEC-314/5），据报道，最高统帅已经同意国际军事法庭检察长的建议，不再发起对甲级嫌疑犯的进一步审判。

印度会员说不管最高统帅会接受什么建议，没什么可以阻止发起对可能的新嫌疑犯的审判。因此，他不同意一项政策决议是没必要的。

英国会员同意印度会员的观点。他认为很显然法庭可以重新召集，进行进一步的战犯审判。委员会面临的问题是，它是否支持 FEC-314/4 第一段的原则，即不再发起进一步的审判，如果它支持这一原则，是否需要如此正式地表达出来。

菲律宾会员重申他的观点，最高统帅接受不再发起进一步的审判这一建议已经实现了该政策决议的目标。

美国会员说她支持印度和英国会员的观点。

中国会员表示同意印度、英国和美国会员的观点：检察长的建议与分会面临的问题无关。

荷兰会员同意，是否设想有进一步的审判对分会没什么实质性意义。政策的提出是基于确信战犯审判不能无限地继续下去。然而，除非整个区域的主要战犯都已经被审判，否则不可能达成终止审判的协议。例如，在印度尼西亚这还是未知数。众所周知，在印尼仍有日本人，可能他们中有些人是战犯。在他得到进一步指示前，他将对整个文件持保留意见。

中国会员提到 FEC-314/4 第二段，并回顾中国代表在远东委员会第135次会议上建议作一个可能的折中。这一折中的提出是鉴于菲律宾的声明（FEC-314/5），表明菲律宾反对 FEC-314/4。现在他将这一折中提出来供分会参考，并且询问会员是否能接受下列形式的 FEC-

314/4 第二段：

"并且向各会员国政府表达远东委员会的希望：

如果可能,远东委员会 1946 年 4 月 3 日通过的'远东战犯的逮捕、审判与处罚'政策决议第一段乙、丙项罪行,包括由上述政策决议第一段甲项罪行嫌疑人所犯的这些罪行,与这些罪行相关的调查应该尽早结束。"

美国会员建议,将提案包括第一第二段在内,修改如下：

"远东委员会决定作为一项政策：

不再进一步审判犯有下列罪行的日本战犯,即远东委员会 1946 年 4 月 3 日通过的名为'远东战犯的逮捕、审判和处罚'政策决议第一段甲项罪行；"并且"如果可能,针对远东委员会 1946 年 4 月 3 日通过的名为'远东战犯的逮捕、审判和处罚'政策决议第一段乙丙项罪行,包括由上述政策决议第一段甲项罪行嫌疑人所犯的这些罪行的调查应该在 1949 年 3 月 31 日前结束,所有在日本的审判如果可能应该在 1949 年 9 月 30 日前结束。"

新西兰会员指出,假如提案像美国会员建议的那样修改,在日本的乙丙级嫌疑犯会比在日本以外的那些嫌疑犯有优势。

美国会员回答,可以设想在日本所有需要审判的乙丙级嫌疑犯已经被逮捕,尽管在其他地方可能还有一些处于自由状态。

澳大利亚会员问在日本处理乙丙级罪行的只有美国军事法庭是真的吗。美国会员回答,据她理解,那些法庭的工作是由美国军队管辖的,他们的权力来自盟军总部,而盟军总部是在远东委员会政策指导下运作的。

澳大利亚会员问从这些美国法庭向其他审判乙丙级战犯的法庭引渡是否可行。例如,在日本的美国法庭是否尊重在香港的澳大利亚法庭引渡嫌疑犯的要求？美国会员回答,她猜想是这样的,尽管她手上没有任何统计信息。澳大利亚会员指出,假如政策以美国会员建议的形式通过,在日本将不会有进一步的审判,他想知道这对在日本以外的法庭进一步要求引渡有什么影响。

澳大利亚会员还怀疑远东委员会决定在日本不再有审判,而对日本以外的法庭审判什么也不说,这么做是否专横。他不反对这样一项政策;他仅仅怀疑这是否是远东委员会要采取的恰当决议。

美国会员回答,既然普遍同意应该结束战犯审判,从结束委员会事实上最关心的地区,也就是日本的审判来开始一项政策,是合乎逻辑的。

新西兰会员表示提案第二段也可以删除,远东委员会的政策决议可以由第一段的内容构成。

菲律宾会员说,在他看来,最可能的折中是采纳 FEC-314/4 的第一段。虽然他不支持这样的行动,但他也不会反对。他不反对第一段的原则,尽管没有进一步的指示,他将对投票弃权。

加拿大、澳大利亚和英国会员说他们可以同意删除 FEC-314/4 第二段和第一段的一段内容。

苏联会员以个人身份说,他认为他的代表团不会反对删除第二段。

印度会员说他可以同意把第一段作为一项提议的政策,但他建议第二段的内容仍保留在分会的议程上,以便在任何会员要求下,进行进一步的讨论。

苏联会员说他对这种割裂文件的提案持保留态度。他提醒分会,他从一开始就准备支持新西兰原先的提案,并且他现在仍然准备接受那个提案,他将对任何就一份被割裂文件的投票弃权。

中国会员说鉴于上面的讨论,他将撤销修改第二段的建议。

新西兰会员建议在美国会员准备好回答他上述提问前,应暂缓采取进一步行动。他的代表团的态度可能会受这些回答的性质的影响。

没有其他事项。

会议在下午 4 点 15 休会。

下次会议时间:等待主席召集。

"RFEC",Minutes-Com. No. 5,13th Mtg-12th January,1949

第十五次会议会议记录

1949 年 2 月 18 日

第 1 项,批准第十四次会议会议记录

分会一致批准第十四次会议会议记录,作了如下修改:

第四页,第四整段——把第一句改为:"澳大利亚会员问从日本向日本以外审理乙丙级战犯的法庭的引渡是否可行。"

第五页,第二段,最后一行——在"第二段"一词前加上"引入期"一词。

第 2 项,日本战犯审判(FEC-314/4,;314 系列,135 次会议会议记录)

美国会员说她现在已经准备好代表她的政府回答新西兰会员的问题。关于结束甲级战犯审判,她通知分会,这样的审判已经在 1949 年 2 月 4 日结束了,因为监狱里没有甲级嫌疑犯,而且不打算进一步逮捕甲级嫌疑犯。由于没有正式宣告解散远东国际军事法庭,在理论上先前甲级嫌疑犯的释放不妨碍对其进一步审判。在这些回答的启发下,她指出终结或暂停审判的权力这一问题不能回答,因为从技术上说,进一步审判还可以进行。至于甲级嫌疑犯的释放是否有条件这一问题,她说这种释放是无条件的。

新西兰会员说他的代表团仍然希望采纳一项按照 FEC-314/4 的方针的政策决议。在他的代表团看来,既然国际军事法庭的性质是受远东委员会政策决议影响的,就应该有一项终结它的政策决议。在上次分会会议上有建议将 FEC-314/4 的政策部分与建议部分分开,后者留在分会议程上,以便任何会员要求时再做考虑。新西兰代表团仍倾向于保留文件的两部分,只对乙丙级嫌疑犯调查和审判结束的时间做一调整。假如有更多嫌疑犯被逮捕,这尤其合理。然而,在上次会议上,有对这一提案的反对意见,尤其是菲律宾会员。假如会员仍有反对意见,使得 FEC-314/4 不被接受,他将准备同意像印度会员建议的那样将文件分开。

美国会员指出,最高统帅期望所有乙丙级审判在 1949 年 4 月 30 日前结束。对这种嫌疑犯的调查实际上早已经结束。

在回答菲律宾会员关于解散在日本的调查人员的媒体报道的问题时,美国会员回答有媒体报道国际检察局的办公室已经关闭。

荷兰会员提到他在上次会议上的发言,是关于他的代表团收到在印尼未逮捕日本人信息的可能性的。他不希望再强调这一点,似乎不太可能有甲级嫌疑犯在印尼仍未被捕。

菲律宾会员说他的代表团的反对意见是基于把乙丙级嫌疑犯审判的结束日期包括在内。他的政府希望所有这种嫌疑犯的调查在 1949 年 6 月结束,所有审判在该年年底结束。因此,假如提倡的终结日期改为 1949 年 6 月 30 日和 1949 年 12 月 31 日,他个人认为菲律宾政府或许能够重新考虑接受 FEC-314/4 的两部分。

新西兰会员提议将 FEC-314/4 的乙丙级嫌疑犯调查结束时间和审判结束时间分别改为 1949 年 6 月 30 日和 1949 年 9 月 30 日。

苏联会员说他不同意 FEC-314 的整个文件,因为第二部分是由一项向各会员国政府的意见构成的。苏联认为这样的一项建议不在远东委员会职权之内。他也不准备支持在此时割裂文件。然而,他不希望阻碍委员会大多数会员希望采取的行动。

在苏联会员的要求下,主席让会员对整个文件(FEC-314/4)作新西兰会员提议的修改还是按印度会员建议的把文件分开,把第一段作为一项提议的政策,但他建议第二段的内容仍保留在分会的议程上,以便在任何会员要求下,进行进一步的讨论,进行非正式投票:

澳大利亚:支持整个文件做些修正。

中国:支持分开。

法国:支持整个文件做些修正。

印度:支持分开,不反对整个文件,因为印度会员提出分开只是为了化解其他会员的反对。

荷兰:支持整个文件做些修正。荷兰会员说分会文件会实际上删除第二部分,因为那部分毫无疑问不会得到分会的支持。

新西兰:支持整个文件做些修正。

菲律宾:对两个提议都弃权;因为不反对第一段,而他个人支持分开。

苏联:弃权。

英国:既然不可能对任何一个提案达成一致,他支持整个文件做些修正。

美国:支持分开。

鉴于上述非正式投票,新西兰会员提议将 FEC-314/4 的乙丙级嫌疑犯调查结束时间和审判结束时间分别改为 1949 年 6 月 30 日和 1949 年 9 月 30 日后提交远东委员会。这一提议以 6 票支持(澳大利亚、中国、法国、荷兰、新西兰、英国),无人反对,4 票弃权(印度、菲律宾、苏联、美国),被执行。

第 3 项,其他事项

1. 中国询问关于甲级战争嫌疑犯的释放问题。

中国会员作了如下陈述:

"我希望分会关注 MI-001/159 中包含的盟军总部在 1948 年 12 月 24 日释放 17 名所谓的战犯这一信息。据报道,他们被释放是基于他们不应服从乙丙级的控诉。根据我们的信息,盟军总部的这一决定并没有事先与远东委员会其他会员国政府协商或告知他们,而他们希望看到正义被伸张,对战犯审判问题非常关注。由于这些嫌疑犯包括那些在日本政府和军队占据重要职位的人,出于那方面的原因很可能被证实犯有某些战争罪行,我国政府,像其他出席国家政府一样,想要获得关于盟军总部停止诉讼并释放嫌疑犯的原因的进一步消息。

由于释放嫌疑犯导致的担忧,我国代表团在以下几点上的想要得到更多的澄清。首先,是否对嫌疑犯活动的全面调查已经让控方觉得不该指控他们?盟军总部在下令释放他们的时候遵循了什么程序?尤其令我们感到遗憾的是其他远东委员会会员国政府没有给予协商和被告知这一步骤的机会。最后,是否基南 1948 年 7 月 16 日对类似情况的陈述仍然适用,即释放不阻碍随后的起诉,如果事实和条件允许的话?

我国代表团将感谢美国代表团在下次会议上以口头陈述或由秘书处传递书面回复,对这些问题做澄清。"

美国会员专心致志地回答中国会员所述倒数第二段的具体问题,在回答最后一个问题时,说基南提到的适用,至于是否作了全面的调查,她说可以推断最高统帅的行动仅仅基于全面调查。关于第二个问题"盟军总部在命令释放他们时遵循了什么程序",她问这个问题是否指在释放嫌疑犯前的调查遵循了什么程序? 如果是这样的话,美国会员说,在她看来,这个问题已经在她回答第一个问题时被回答了。关于与会员国政府协商的问题,美国会员指出,尽管没有与会员国政府协商决定哪些人应该被起诉,但所有远东委员会会员国政府在国际检察局都有代表出席。国际检察局是由最高统帅根据远东委员会关于远东战犯的逮捕、审判和处罚政策决议(FEC-007/3)第六段设立的,"负责调查战争罪行报告,收集和分析证据,安排嫌疑犯的逮捕和及时审判,准备、监督和进行对个人或组织向国际军事法庭的起诉,向最高统帅建议哪些个人和组织应该被起诉,他们应该在什么样的法庭受审,什么人应该作为证人,……"换而言之,她说,关于什么人应该被起诉的最后决定已经授权给盟军总部,他有义务释放不建议起诉的嫌疑犯。她提到基南 1948 年 3 月在第五分会上关于不在远东国际军事法庭上起诉甲级嫌疑犯问题的发言(1948 年 3 月 31 日第九次会议会议记录附录)(见 C5-006/17)

美国会员说她将把中国的询问提交美国政府,看政府或盟军总部对此有什么进一步评论。

没有其他事项。

会议于下午 4 点 10 休会。

"RFEC",Minutes-Com. No. 5,15th Mtg-18[th]February,1949

第十六次会议会议记录

1949 年 3 月 11 日

第 1 项,批准第十五次会议会议记录

分会一致同意其第十五次会议会议记录,并作了如下改正:

总结页——删除"其他事项"下的"没有"一词,加上"中国会员询问甲级嫌疑犯事项"。

第 2 项,向会务委员会推荐第五分会副主席(代替 J. U. Jovellanos,菲律宾)

澳大利亚会员提议菲律宾代表团的 Pelayo Llamas 选为分会副主席。提案被一致通过,建议提交会务委员会考虑。

第三项,日本战犯审判(FEC-314/9;314 系列)

英国会员说他的代表团要求分会对 C5-314/9 进行积极考虑,最好对提议的向会员国政府的建议做出一项决议而不是因为缺乏讨论而放任它们失败。英国代表团认为建议在形式上很微弱,他们选择新西兰原先的提案(FEC-314)。如果失败的话,C5-314/1 中对原先提案的修正版也能接受。然而,在目前这种状况下,为了推动讨论,他提议批准 C5-314/9 并把它提交会务委员会。

苏联会员说苏联代表团不同意任何委员会向会员国政府提建议的提案。根据其职权,远东委员会只能指定政策决议,提建议不属于其职权范围。他指出 C5-314/9 的引言句的措辞暗示了日本以外可能进行的审判应该受建议的影响。然而,试图对日本以外法庭的工作施加影响完全不属于委员会的职权。因此他敦促 C5-314/9 第一句改写以便使文件成为提议的政策决议。

菲律宾会员说,他必须重申菲律宾上次对 C5-314/9 主旨的反对。假如文件采取政策决议的形式,他说这些反对会更加强烈。除了菲律宾政府对远东委员会通过这样一种提案的资格和权力的怀疑,还有一种观点,不应该做任何可能会导致在日本的乙丙级战犯出于相较日本以外类似嫌疑犯有利位置的事情。菲律宾仍然反对把调查和审判的结束日期包含在内。在正常法庭程序中,他指出,控方和辩方都与审判的结束有关。因此,包含审判结束的日期只会鼓励辩方为了拖延到截止日期而采用的拖延政策。他认为在这样的文件中只能表达尽早结束调查和审判的希望。

新西兰会员说,既然他的政府的原先条案不能被接受,目前唯一可行的替换要么延后原先规定的日期,正如 C5-314/9 所做的,要么让提案完全失败。假如日期定得太遥远,则制定任何文件都没有什么意义。他当然支持英国会员的提议,但由于苏联和菲律宾成员的反对,他认为试图强迫采纳这一建议没什么意义。

澳大利亚会员指出对某一特定战犯的逮捕和审判在很大程度上有偶然性。从逻辑上他认为把那些在日本待审的嫌疑犯选出来并对他们的审判结束设置一个日期,而允许对日本以外的嫌疑犯的诉讼毫无阻碍地继续进行,这是错误的。当然委员会的职权只能通过针对日本的强制性政策决议。因此,委员会可以从技术角度采纳苏联的建议。但他重申这种方式是不合逻辑的。假如要解决这一问题,它应该在全体的基础上解决,并且基于这种基础,只能通过一项建议而非一项政策决议。他准备支持 C5-314/9 中的建议,考虑到反对意见,他觉得进一步探讨这一问题没什么意义。然而,他将支持英国的提议,假如大多数人支持这一提议。他出于曾经表述的原因反对苏联的提案。

印度会员指出,远东委员会关于战犯政策决议(FEC-007/3)第六段的规定,"任何国家的军事统帅……可以成立特别国内军事法庭处理战犯……"是许可性的。他说,他觉得委员会没有理由不采纳一项法庭结束工作的许可性的政策。假如规定这些法庭尽早结束它们的工作,远东委员会的希望也能很好地得到表达。他认为这样的政策可以按如下方式起草:

"远东委员会作为一项政策决定:

根据远东委员会'远东战犯的逮捕、审判和处罚'政策决议(FEC-007/3)第七条规定设立的国内特别军事法庭的活动应该尽早结束。"

苏联会员说,关于澳大利亚会员列举的反对意见,战犯嫌疑人被捕的场所是具有偶然性的,远东委员会的职权范围是不具有偶然性的,仅仅局限于日本。他提议将 C5-314/9 改为一项政策决议,不是为了制造任何不公平或是优待那些在日本的嫌疑犯,而是为了保证委员会不越权。

苏联会员提议将 C5-314/9 改为:

"远东委员会作为一项政策决定。"

荷兰会员说,参考印度会员的建议,假如想要取消 FEC-007/3 第七段,可以采纳建议。他认为原始政策的这一条款只是许可性的。

荷兰会员问该建议对处理叛徒和卖国贼的作用,这一问题在原始政策的第十四段被提出。

印度会员回答:叛徒和卖国贼是按各国政府的法律处理的;除非被指控为战犯,否则与目前的提案无关。

英国会员说,既然目前一致的目标是结束审判乙丙级嫌疑犯法庭的活动,任何想要通过的政策都应该与远东委员会先前的政策决议(FEC-007/3)相关联。

菲律宾会员问,印度的提案会否影响在一国普通法庭受审的在日本的嫌疑犯或证人的引渡。印度会员回答这样的引渡可以通过正常的外交渠道进行。

主席询问菲律宾会员是否能接受把截止日期删掉并代之以尽快的 C5-314/9。菲律宾会员回答这是一种改善,但在没有经过进一步协商之前他不能表示支持。

英国会员说,假如截止日期不包含在内,C5-314/9 中的建议以及印度会员建议的政策都是没有价值的。必须假定所有有关政府正在以尽快结束审判的方式进行战争嫌疑犯审判。他不能支持任何不含有明确结束日期的提案。

印度会员说,既然假设政府在尽快进行这些审判,正如英国会员所说的,那就没有必要制定任何政策决议。

分会就苏联将 C5-314/9 以政策决议的形式重写的提案进行投

票。该提案没通过。两票赞成(新西兰、苏联),三票反对(澳大利亚、荷兰、菲律宾)。

分会就英国批准 C5-314/9 的提案进行投票。提案通过。7 票赞成,2 票反对(菲律宾、苏联),1 票弃权(印度)。

菲律宾会员要求会员对印度会员上述提案发表非正式讨论。非正式观点如下:

澳大利亚:印度的提案或许表达了远东委员会要求尽快结束乙丙级战犯审判的愿望,但不确定澳大利亚政府会支持它。

中国:关于中国法庭的成立是否是这项政策决议的结果还存在一些疑问。中国会员的印象是,这些法庭在日本投降后马上就成立了。

法国:需要进一步研究提案。它更像一种建议而不是一项政策决议。

荷兰:支持。

新西兰:同意澳大利亚会员,但针对任何不含日期的提案,需要得到进一步指示。

苏联:反对。

英国:同意这种方式,但认为任何不含日期的提案都是没有意义的。

美国:需要进一步研究。由于它不含日期,不确信它的价值。

没有其他事项。

会议在中午 12 点休会。

"RFEC",Minutes-Com. No.5,16th Mtg-11th March,1949

2.战犯财产相关档案

美国代表提交的关于战犯财产处置的建议
1947 年 2 月 24 日

1.附件是美国代表提交的关于战犯财产处置政策的建议,供远东委员会及第五分会参考。

2. 第五分会在其 1946 年 7 月 10 日第 4 次会议上考虑了第一分会的请求,即"日本战犯的财产是否用于赔偿及延期行动"。

3. 问题的焦点在于这份文件的分类,该分类禁止文件信息向未经授权的个人或媒体发布。

附件:战犯财产

1. 没有法庭的命令,战犯财产不得被罚没。

2. 依据战争犯罪法庭命令所罚没的财产及征收的罚金,应由最高统帅用于支付占领费用。

3. 被告在审判结束前死亡的,其财产归还其合法继承人,下列情况例外:其取得是非法的,与占领政策指令不符的,或发还给其合法继承人会与这种指令冲突的。根据占领政策指令,在这些情况下,死亡不能阻止罚没其财产或其他处理方式。

"RFEC",FEC–204

美国处置日本战犯财产政策建议备忘录

1947 年 3 月 10 日

FEC–204 背景信息的备忘录,战犯财产

1. 附件是与美国处置日本战犯财产政策建议相关信息的备忘录,由美国代表提交,供远东委员会参考。

2. 特别请第五分会关注该附件。

3. 问题的焦点在于这份文件的分类,该分类禁止文件信息向未经授权的个人或媒体发布。

附件:FEC–204 背景信息的备忘录,战犯财产

1. 根据给投降后在日本的军事政府的基本指令第 7 段 G 以及第 45 段 A(9),关于被罚没的财产及冻结的资金,盟军最高统帅向远东委员会请求指示并提出了一些建议。他被通知这些问题将提交远东委员会做政策决定。

2. 他请求对处置战犯财产作出指示。

3. 他建议死于审判前的战犯的财产,在审查后,根据货币及银行规则,归还其合法继承人。

4. 他陈述了 644 名被捕人员的财产价值:

1. 个人财产——3,132,135 日元

2. 存款和现金——11,889,010 日元

3. 保险和投资——35,424,159 日元

4. 房产和土地——12,589,153 日元

他说这些库存资产已经审核过,显示没有战利品或其他非法所得财产。最高统帅报告没有哪个人拥有超出寻常的财产。

5. 上面所列库存资金包括在审判之前已经被无条件释放之人及审判后无罪释放之人的财产。这种财产在审查后,由最高统帅根据银行货币规定解除控制,因为财产所有者已被释放,冻结和罚没财产的基础已不复存在。

"RFEC",FEC-204

美国对处置日本战犯财产政策的修正
1947 年 4 月 3 日

战犯财产

1. 附件是美国成员对 FEC-204 的修正,与日本战犯财产处置相关的政策提议,由美国代表提交远东委员会,并转交第五分会考虑。

2. 第五分会在 1947 年 3 月 19 日第 6 次会议上决定修改 FEC-204,附件是美国代表作为第五分会成员为这些修正准备的回答。

3. 问题的焦点在于这份文件的分类,该分类禁止文件信息向未经授权的个人或媒体发布。

附件:日本战犯财产

1. 如果法庭有命令,在军事统帅控制下的财产应该被罚没。如果没有这样的命令,应该归还原主或其合法继承人,根据其他占领政策指

令的总体应用要求罚没、冻结或限制的除外。远东委员会应该向其成员国建议，他们向盟军最高统帅报告他们国内法庭对那些最高统帅对其财产拥有罚没征收权之战犯的判决。接到这样的信息后，最高统帅应按照法庭命令罚没这些人的财产。

2. 这种被罚没的财产或被征收的罚金，应由最高统帅按照战争犯罪法庭的命令用于支付占领费用。

3. 这些财产在军事统帅掌控下的，如果被告在审判结束前死亡的，其财产归还其合法继承人，下列情况例外：其取得是非法的，与占领政策指令不符的，或发还给其合法继承人会与这种指令冲突的。根据占领政策指令，在这些情况下，死亡不能阻止罚没其财产或其他处理方式。

"RFEC"，FEC-204

第一分会关于处置战犯财产的建议

1947 年 4 月 16 日

远东委员会第一分会

战犯财产

1. 附件是美国关于战犯财产处置政策的建议，于 1947 年 4 月 16 日在第一分会第 7 次会议上提交，请对第二段进行探讨，并尽快向第五分会回复。

2. 第五分会同意附件只包含那些在盟军最高统帅管辖之下的财产。

3. 注意这份文件的分类，该分类禁止文件信息向未经授权的个人或媒体发布。

附件：战犯财产

1. 如果法庭有命令，在军事统帅控制下的财产应该被罚没。如果没有这样的命令，应该归还原主或其合法继承人，根据其他占领政策指令的总体应用要求罚没、冻结或限制的除外。远东委员会应该向其成员国建议,他们向盟军最高统帅报告他们国内法庭对那些最高统帅对其财产拥有罚没征收权之战犯的判决。接到这样的信息后,最高统帅应按照法庭命令罚没这些人的财产。

2. 这种被罚没的财产或被征收的罚金,应由最高统帅按照战争犯罪法庭的命令用于支付占领费用。

3. 这些财产在军事统帅掌控下的,如果被告在审判结束前死亡的,其财产归还其合法继承人,下列情况例外:其取得是非法的,与占领政策指令不符的,或发还给其合法继承人会与这种指令冲突的。根据占领政策指令,在这些情况下,死亡不能阻止罚没其财产或其他处理方式。

"RFEC",C1—204/3

远东委员会第一分会附属委员会关于战犯财产的报告
1947 年 4 月 18 日

附件是附属委员会在战犯财产问题上对 C1—204/3 第 2 段的报告,提交第一分会考虑。

附件:附属委员会关于战犯财产的报告

下列是附属委员会对 C1—204/3 第 2 段所作的修正。(修正内容由划线部分组成)

2. 这种被罚没的财产或被征收的罚金,应由最高统帅按照战争犯罪法庭的命令用于支付占领费用,属于 FEC 决定用于赔偿的例外。这种用于拆迁赔偿的财产的分配应与所有 FEC 相关政策决议相符。

"RFEC",C1—204/4

远东委员会第一分会关于战犯财产的修正案
1947 年 4 月 18 日

附件是修正 C1—204/3 第 2 段的替代提案,由附属委员会、第一分会的澳大利亚、中国、新西兰及美国成员在 1947 年 4 月 18 日第 85 次会议上提交,供第一分会参考。

附件:战犯财产　修正 C1—204/3 第 2 段的替代提案

1. 附属委员会提案

这种被罚没的财产或被征收的罚金,应由最高统帅按照战争犯罪法庭的命令用于支付占领费用,属于 FEC 决定用于赔偿的例外。这种用于拆迁赔偿的财产的分配应与所有 FEC 相关政策决议相符。

2. 澳大利亚提案

这种被罚没的财产或被征收的罚金的日元价值,应由最高统帅按照战争犯罪法庭的命令用于支付占领费用。日本工业资产的拆迁应与远东委员会关于赔偿或工业水平的政策决议相一致。

3. 中国提案

出于这种被罚没的财产或被征收的罚金的日元,应由最高统帅按照战争犯罪法庭的命令用于支付占领费用。然而除非符合远东委员会关于赔偿政策的决议,否则不拆除日本的工业资产。

4. 新西兰提案

这种在最高统帅指导下根据战争犯罪法庭命令被罚没的财产或被征收的罚金,应可作为赔偿进行分配。

5. 美国提案

出于这种被罚没的财产或被征收的罚金的日元,应由最高统帅按照战争犯罪法庭的命令用于支付占领费用。不使公开宣布的按远东委员会在赔偿和工业水平政策决议可以拆迁的日本资产拆迁受损害。

"RFEC",C1—204/5

远东委员会关于战犯财产的讨论

1947 年 4 月 23 日

1. 附件是与战犯财产处置相关的政策提议,该提议由第五分会在 1947 年 4 月 23 日其第 8 次会议上批准,提交会务委员会参考。

2. 附件第二段的主旨得到第一分会的许可。

3. 第五分会的苏联代表对附件第三段持保留态度。

4. 根据 FEC—067/3 第三段,第五分会建议附件以正常程序发布给媒体。

5. 注意这份文件的分类,该分类禁止文件信息向未经授权的个人或媒体发布。

附件:战犯财产

1. 如果战犯法庭有命令,战犯财产应被罚没。如果没有命令,应归还原主或其合法继承人,其他占领政策要求冻结、罚没或限制的例外。远东委员会应建议成员国政府,让他们向盟军最高统帅报告他们国内法庭对那些最高统帅对其财产拥有罚没征收权之战犯的判决。接到这样的信息后,最高统帅应按照法庭命令罚没这些人的财产。

2. 这种最高统帅指导下根据战罪法庭命令被罚没征收的财产,应可被用于赔偿分配。

3. 这些财产在军事统帅掌控下的,如果被告在审判结束前死亡的,其财产归还其合法继承人,下列情况例外:其取得是非法的,与占领政策指令不符的,或发还给其合法继承人会与这种指令冲突的。根据占领政策指令,在这些情况下,死亡不能阻止罚没其财产或其他处理方式。

"RFEC",SC–204/7

美国国务院法律顾问的观点
1947 年 4 月 29 日

远东委员会

美国国务院法律顾问关于死亡对刑事诉讼之影响的观点

附件:美国国务院法律顾问关于死亡对刑事诉讼之影响的观点

1. 对已故之人的刑事诉讼在安格鲁—撒克逊法律上是未知的。美国法律百科全书(卷22,第263页)对此规则作了如下表述:

"在刑事诉讼中,诉讼的目的是惩罚被告,诉讼必须因为死亡而取消。"

在美国起诉波默罗伊的案件中,纽约南部地区的巡回法院说:"所有诉讼在判决之前因为被告方的死亡而取消。"[152Fed. 279,280,(1907)].[也见罗西 v 美国,21F.(2d)747(1927);哈凯索 v 美国,93P,2d,(1939)].

2.在其他法律体系下也有同样的规则。例如,法国刑事诉讼法第二款:"出于惩罚目的的公共诉讼因被告死亡而失效。"

3.苏联刑事诉讼法第四款:"刑事诉讼可能不能诉讼,或如果已经提起诉讼,可能不能继续并被撤回无论在任何阶段:1)被告死亡,例外是375款。"见如下375款

第375款　苏联刑事诉讼法

与因为最新发现的条件而重开诉讼相关的章节。

法官的刑事渎职、证人作伪证、专家证人的错误观点及伪造证据的提交,是重开诉讼的基础。只限下列情况,即这些条件由权威法庭的判决设立,而且该法庭是终审法庭。

4.中国刑事诉讼法第231款:"如果下列条件存在,将不进行诉讼:……当被告死亡。"

查尔斯·法伊(Charles Fahy)　　法律顾问

"RFEC",SC-204/9

远东委员会关于战犯财产的政策提议
1947年5月20日

远东委员会　战犯财产

1.附件是与战犯财产相关的政策提议,被指导委员会于1947年5月20日在其65次会议上修订并同意,提出供远东委员会参考。

2.苏联代表对附件的投票弃权。

3.根据FEC—067第三段,指导委员会建议附件以正常程序发布给媒体。

附件:战犯财产

1. 如有法庭命令,战犯财产应被罚没。如果没有法庭命令,应归还原主或其合法继承人,根据其他占领政策指令的总体应用要求罚没、冻结或限制的除外。远东委员会应该向其成员国建议,他们向盟军最高统帅报告他们国内法庭对那些最高统帅对其财产拥有罚没征收权之战犯的判决。接到这样的信息后,最高统帅应按照法庭命令罚没这些人的财产。

2. 这种最高统帅指导下根据战罪法庭命令被罚没征收的财产,应可被用于支付占领费用。

3. 这些财产在军事统帅掌控下的,如果被告在审判结束前无罪释放或死亡的,其财产归还其合法继承人,下列情况例外:其取得是非法的,与占领政策指令不符的,或发还给其合法继承人会与这种指令冲突的。根据占领政策指令,在这些情况下,死亡不能阻止罚没其财产或其他处理方式。

"RFEC",FEC–204/11

美国所提修正案

1947 年 5 月 29 日

远东委员会

战犯财产　　美国修正提案

附件是 FEC–204/11 第二段的替代提案,在远东委员会第59次会议上由美国代表提交,英国代表附议,供远东委员会参考。

附件:战犯财产　美国修正提案

第二段改为如下:

"这种最高统帅指导下根据战罪法庭命令被罚没的财产或被征收的罚金,将由盟军最高统帅进行清算,而且能被用于日本政府建立日元账号,该账号将用于支付占领费用和赔偿。"

"RFEC",FEC–204/12

对美国修正案的修订

1947 年 6 月 9 日

远东委员会

战犯财产:美国修正案的修订

附件是秘书处对美国之修正案(FEC-204/12)的修订,战犯财产,提交远东委员会考虑以代替 FEC-204/12

附件:战犯财产　美国修正案的修订

第二段改为如下:

"这种最高统帅指导下根据战罪法庭命令被罚没的财产或被征收的罚金,将由盟军最高统帅转换成现金,转换所得将能被日本政府用于建立日本账户,该账户将全部用于支付占领费用及赔款。"

"RFEC",FEC-204/13

关于战犯财产相关政策的决议

1947 年 6 月 17 日

远东委员会

战犯财产

1. 附件"A"是与战犯财产相关的政策决议,已经在 1947 年 6 月 12 日远东委员会第 61 次会议一致通过。

2. 附件"B"是秘书长代表远东委员会传达给美国国务卿的这项决议的信件。

附件"A":战犯财产

1. 如有法庭命令,战犯财产应被罚没。如果没有法庭命令,应归还原主或其合法继承人,根据其他占领政策指令的总体应用要求罚没、冻结或限制的除外。远东委员会应该向其成员国建议,他们向盟军最高统帅报告他们国内法庭对那些最高统帅对其财产拥有罚没征收权之战犯的判决。接到这样的信息后,最高统帅应按照法庭命令罚没这些人的财产。

2. 这种最高统帅指导下根据战罪法庭命令被罚没征收的财产,应可被用于支付占领费用。

3. 这些财产在军事统帅掌控下的,如果被告在审判结束前无罪释放或死亡的,其财产归还其合法继承人,下列情况例外:其取得是非法的,与占领政策指令不符的,或发还给其合法继承人会与这种指令冲突的。根据占领政策指令,在这些情况下,无罪释放或死亡不能阻止罚没其财产或其他处理方式。

附件"B"

1947 年 6 月 12 日

尊敬的乔治·C. 马歇尔

国务卿

华盛顿

亲爱的国务卿先生:

远东委员会的职权规定该委员会的职能之一是制定完成日本投降条款规定义务的政策、原则和标准。

它进一步规定当远东委员会作出这类决议后,美国政府将根据这类政策决议准备指令并将指令通过合适的美国政府机构传达给最高统帅。

1947 年 6 月 12 日在华盛顿西北部马萨诸塞大道 2516 号召开的远东委员会第 61 次会议上,一致通过了与战犯财产相关的附件中的政策决议。

作为远东委员会秘书长,我受指示代表远东委员会向您提交这项决议,以便根据职权、合适的指令能准备好并传达给盟军最高统帅。

在采纳附件中的政策决议时,远东委员会同意在最高统帅收到后向媒体发布。依照我们正常的程序,如果您能在东京收到附件中的政策决议后安排时间通知我,我将不胜感激。

Nelson T. Johnson

秘书长

"RFEC",FEC-204/14

远东委员会关于战犯财产给盟军最高统帅的指令

1947 年 7 月 9 日

远东委员会

战犯财产

1. 附件是美国给盟军最高统帅的指令,该指令是远东委员会关于战犯财产政策的陈述,传给远东委员会。

2. 该指令在 1947 年 6 月 20 日传达给最高统帅。

3. 根据职权第三部分第 4 段,一份有证明的副本交给远东委员会。

附件:战犯财产

系列第 81 号　　1947 年 6 月 20 日

下列指令,即系列第 81 号,是由美国国务院制定的,该指令是为实施远东委员会 1947 年 5 月 22 日采纳的政策:

1. 如有法庭命令,战犯财产应被罚没。如果没有法庭命令,应归还原主或其合法继承人,根据其他占领政策指令的总体应用要求罚没、冻结或限制的除外。远东委员会应该向其成员国建议,他们向盟军最高统帅报告他们国内法庭对那些最高统帅对其财产拥有罚没征收权之战犯的判决。接到这样的信息后,最高统帅应按照法庭命令罚没这些人的财产。

2. 这种最高统帅指导下根据战罪法庭命令被罚没征收的财产,应可被用于支付占领费用。

3. 这些财产在军事统帅掌控下的,如果被告在审判结束前无罪释放或死亡的,其财产归还其合法继承人,下列情况例外:其取得是非法的,与占领政策指令不符的,或发还给其合法继承人会与这种指令冲突的。根据占领政策指令,在这些情况下,无罪释放或死亡不能阻止罚没其财产或其他处理方式。

"RFEC",FEC–204/15

远东委员会第五分会信息备忘录

1947 年 3 月 7 日

1.附件是与在日本的战犯判决相关的信息概要,由秘书处传给第五分会。

2.该概要基于从盟军最高统帅和美国战争部门收到的信息。

附件:远东委员会第五分会信息备忘录

1.战罪法庭在财产方面的能力

最高统帅管辖下的战罪法庭处理战犯财产的力量可在下列规则下有详细说明。

a.次要战罪法庭

1945 年 12 月 5 日,盟军最高统帅签署了管理战犯审判的规则,第五段规定如下:

g.判决。委员会可以对有罪的战犯判处死刑(绞刑或枪决),无期徒刑或有期徒刑,罚款或其他惩罚方式,如果委员会认为恰当的话。委员会也可以没收有罪被告的任何财产,剥夺有罪被告的任何偷窃之财产,或命令将之交付盟军最高统帅按合适的方式处置,或命令在默认情况下赔偿适当罚金。

上面这段是这些规则的一部分,这些规则支配着自 1945 年 12 月以来在横滨审判战犯的军事委员会。他们也支配最高统帅管辖之外但在麦克阿瑟作为美国军队指挥官职权之内的战罪法庭。

引用的这一段是规则中唯一关于战犯财产和军事委员会司法权的参考。

b.远东国际军事法庭

1946 年 1 月 19 日,盟军最高统帅发布一号命令,远东国际军事法庭宪章。在这份文件中没有专门提到对战犯财产的处置。第五部分作了如下规定:

第十六条:处罚。法庭对于认定有罪的被告有权判处死刑或它认为适当之其他刑罚。

2. 与战犯财产相关的基本文件

a. 下列文件涉及盟军最高统帅控制战犯财产的权力：

（1）FEC-015,1946 年 3 月 11 日,"给盟军最高统帅占领和控制日本的最初战后投降指令"（第 7 段 g）。

（2）FEC-007/7,1946 年 5 月 15 日,"逮捕、审判及惩罚远东战犯"（第 11 段）。

b. 下列文件涉及盟军最高统帅对战利品和被他扣留、逮捕、拘禁之人财产的控制：

（1）SCAPIN-865,1946 年 4 月 19 日,给日本帝国政府的备忘录,题为"没收及重新分配战利品"（见附录"A"）

（2）SCAPIN-897,1946 年 4 月 23 日,给日本帝国的备忘录,题为"控制、扣留、冻结指定人员财产"。（见附录"B"）

（3）C1-006/1,1946 年 6 月 24 日,"控制战犯财产",作为帝国法令第 286 号传达,1946 年 5 月 24 日,题为"关于控制指定财产的法令"。

（4）SCAPIN-1083,1946 年 7 月 25 日,日本帝国政府备忘录,题为"保管、装运及存储战利品"。（见附录"C"）

（5）SCAPIN-1232,1947 年 9 月 27 日,日本帝国政府备忘录,题为"归还指定人员被冻结或罚没的财产"。（见附录"D"）

上述（2）、（3）、（5）款不仅涉及作为战犯被盟军最高统帅扣押之人的财产,还包括通过他的命令"扣留、逮捕或拘禁"之人的财产。

3. 在盟军总部控制之下战犯财产的实际处置

被扣留战犯及盟军总部下令逮捕的其他人的财产处于日本财政部长的实际控制之下[上述帝国法令第 286 第 2 段 b.（3）,但对该财产的处置受到盟军总部民事财产托管人的监督]。后者保存这种财产的清单。

该出版物包括一张按战犯嫌疑人姓名排列的,被盟军总部逮捕且个人资产超过 500,000 日元的清单,还有一张 23 名在远东国际军事法庭开庭前被审判的主要战犯的财产清单。这些清单是从由盟军总部保存的 644 名战犯嫌疑人（其财产由日本政府保管）财产清单中抽出来的。第一份清单中个人财产的总价值为 53,034,357 日元,主要战犯的为 6,371,348 日元。

根据从美国战争部门得到的消息,德国美占区的战犯审判没有宣布任何判决,包括涉及财产的处罚。一份对所有 SCAP 关于在日本、菲律宾、新加坡、墨尔本的战犯审判结果报告的检查,秘书处所收到,揭示没有涉及战犯财产的判决。美国战争部门负责战争犯罪的官员对同样区域的法庭的这种判决似乎毫不知情。根据盟军总部民事财产监护办公室反映,没有对被逮捕的战犯嫌疑人的财产采取行动,除了无罪释放或在审判前无条件释放的案例。（这是依据 SCAPIN-1083;见附录"D"）

附录"A"

盟军最高统帅部

AG 386（1946 年 4 月 19 日）CPC   APO500

（SCAPIN-885）   1946 年 4 月 19 日

备忘录:给日本帝国政府

通过:中央联络处,东京

主题:没收及报告战利品

1. 日本帝国政府被指示立刻搜找、清算及没收所有可辨认的战利品,不论这些战利品目前在日本,还是在强制转移中;既包括日本军队自 1937 年 7 月 7 日起占领的地区不恰当地征收、强占或抢劫所得,也包括根据立法或遵循法律形式或其他所得。

2. 完整的清单将在 1946 年 6 月 1 日前提交给盟军总部,并将按财产取得的地区或所在地编制,并将包括:

a. 完整的财产描述。

b. 数量。

c. 夺取时拥有者的名。

d. 财产到日本后的处置。

e. 目前的产权人及地址。

f. 目前财产所在地。

五份这种清单交给总部,盟军最高统帅,且必须以英文提交。

3. 日本帝国政府将颁布一项包含上述指示并规定违反者的足够处罚的官方法令。五份同时用英文和日本表述的这种清单将在 1946 年 5 月 7 日前提交给盟军总部,盟军最高统帅。

给最高统帅

B. M. Fitch

准将 AGD

陆军副官

附录"B"

AG 386.7(1946 年 4 月 23 日)CPC　　　　APO 500

(SCAPIN-897)　　　　　　　　　　　　1946 年 4 月 23 日

备忘录:给日本帝国政府

通过:中央联络处,东京

主题:控制、没收、冻结指定人员的财产

1. 日本帝国政府据此被指示立刻控制、冻结和没收所有财产、不动产和动产,包括,但不是通过限制,所有金、银、白金、货币、保险、在财政机构的账户、存款、有价证券及所有其他直接或间接拥有或控制的资产,全部或部分由那些被最高统帅下令扣留或逮捕,或随后被扣留或逮捕之人所拥有或控制的。

2. 日本帝国政府将在今后 60 天内执行。附件 1,题为"信息和清算报告",在所有这种案件里,一式三份提交给盟军总部最高统帅。

3. 为了统一执行,第八军总指挥被授权批准日本帝国政府可信任的代表对这种囚犯进行采访,除了那些被单独监禁的。

4. 进一步指示,没有最高统帅的同意或认可,不能办理这种财产问题。

给最高统帅

B. M. Fitch

附录"C"

盟军最高统帅

AG 386.6（1946 年 7 月 25 日）CPC/FP　　　　APO　500

（SCAPIN-1083）　　　　　　　　　　　　1946 年 7 月 25 日

备忘录致：日本帝国政府

通过：中央联络处，东京

主题：保管、装运及存储战利品

1. 给日本帝国政府参考用的备忘录，文件 386.6，1946 年 4 月 6 日，CPC/FP，SCAPIN885，1946 年 4 月 19 日，主题：战利品的保管及报告，来自盟军最高统帅。

2. 日本帝国政府将在 1946 年 8 月 25 日之前（包括 25 日）致力于战利品的存储，上述备忘录中所报告的所有项目未被盟军占领军使用的，日本帝国政府或对占领工作很重要的商业公司，由于体积、重量过大，目前所在地，财产种类或位置固定如安装在固定的地基上的，不适合搬运的例外，它们可以留下处于日本帝国政府保管之下。

3. 对它们进行适当的打包以保证它们在运输途中或储存时不会损坏，当它们储存时对它们进行保护，这些都是日本帝国政府的义务。

4. 盟军最高统帅将被告知存储地址及那些不适合搬运物品的条件及位置。储存的物品将被分类并能随时供检查。五份英文目录将呈交给盟军最高统帅。

5. 授权日本帝国政府适当机构与盟军最高统帅部民事财产监护处建立直接联系以实施这一动议。

给盟军最高统帅

John B. Cooley

附录"D"

AG 386.7（1946 年 9 月 27 日）　　　　　APO 500

（SCAPIN 1232） 　　　　　　　　1946 年 9 月 27 日

备忘录致：日本帝国政府

通过：中央联络处，东京

主题：归还指定人员被冻结或罚没的财产

1. 给日本帝国政府参考用的备忘录，文件 386.7（1946 年 4 月 23 日）CPC，SCAPIN897，1946 年 4 月 23 日，主题：控制、扣留、冻结指定人员财产，来自盟军最高统帅。

2. 日本帝国政府被指示按参考备忘录第一段的规定归还所有指定人员的财产，这些人的名字通过最高统帅的命令从被捕人员名单中删除，出于下列原因：

a. 在审判前无条件释放。

b. 审判后无罪释放。

3. 在归还指定人员财产后，立即向盟军最高统帅提交一份报告，包括人名、人员释放时间、按备忘录规定归还财产的日期。

给最高统帅

John B. Cooley

　　　　　　　　　　　　　　　　　"RFEC"，C5-006/2

远东委员会第一分会关于战犯财产控制的法令
1946 年 6 月 24 日

远东委员会第一分会

战犯财产控制

附件是日本帝国关于控制战犯财产的法令，由第一分会美国代表提交。

附件

战犯财产控制日本法令（1946 年 5 月 24 日）

帝国法令第 286 号

控制指定财产法令

第一款:该法令中所谓"指定个人"是指最高统帅下令目前或之后扣留、逮捕或监禁的人。

第二款:该法令中所谓"指定财产"是指由指定人员直接或间接地,全部或部分地,拥有或控制的所有财产,财政部长会指定,包括指定人员及其家属所用之家具、餐具、日常服装以及那些财政部长指定的东西。

……

第三款:指定财产将由财政部长按照财政部长将描述的规则进行监护。

国家税收征集法第11、13、15、18、20到22,23(1)第1段,23(2)到23(4)之规定将加以适当的变通实施,假使指定财产根据前述段落被监护。

第四款:在指定人员被指定后,指定财产将不能转换、转变、转让或未经财政部长依据规定批准而违反监护而处置。

假使指定人员,或其家属或其他相关人员提出关于财政部长监护下指定财产的申请,财政部长可以根据规定归还被监管的财产。

第五款:指定人员以及任何与指定财产相关的人将根据财政部长的规定提交一份关于指定财产的报告。

第六款:假如财政部长认为对指定财产监护有必要,他可以命令相关官员去审问指定人员或与指定财产相关的人,或访问及搜寻相关地方,以便调查指定财产,相关书籍或文件或其他相关物品。

第七款:与该法令中提及的监管相关的事务可由地方财政局和税务局根据财政部长的规定执行。

第八款:任何违反第四款第一段之人将被处以劳役或不超过三年的监禁,或不超过10,000日元的罚金。

任何没有提交报告或提交违反第五款规定的虚假报告之人,或任何拒绝作答或虚假作答相关官员审问之人,或违反第六款规定拒绝、妨碍、逃避调查之人,将被处以与上段相同之处罚。

第九款:假如任何法人代表、法人的代理或雇员或为法人工作之人、或个人,犯了与上款中规定之事务或法人或个人财产相关的罪行,按上款规定将对法人或个人及违反者予以处罚。

补充规定:

现行法令将在其公布之日生效。

"RFEC",C1—006/1

(二)日本战犯审判

说明:日本投降后,日本战犯的审判工作在日本本土和被日本侵略的国家同时进行。在日本国内由远东国际军事法庭对甲级战犯进行审判。远东国际军事法庭成立于1946年2月15日,1946年2月16日,盟军最高统帅麦克阿瑟根据美国政府训令,正式任命日本投降书九个签字国国家的代表为远东国际军事法庭法官。这九个国家为:中国、美国、英国、苏联、法国、加拿大、新西兰、澳大利亚、荷兰。1946年4月3日通过的《远东委员会关于逮捕、审判和惩处战犯的决议》,对国际军事法庭的组织和职权作了一些修改,规定远东国际军事法庭应由远东委员会十一国政府派代表参加。为此,在原有九国的基础上,又增加了印度和菲律宾代表。远东国际军事法庭自1946年5月3日开庭,至1948年11月12日终结,历时约两年半,耗费了大量的人力、物力,开庭共计818次[1],使25名主要日本战犯得到了应有的惩罚。

中国对日本战争罪行的调查工作开始得比较早。日本侵华战争全面爆发后,中国国民政府就命外交部着手对日本战争犯罪的调查。1945年11月,国民政府就成立了战争罪犯处理委员会,作为处理战犯的中央领导机构。国民政府还在广州、台北、上海、南京、汉口、徐州、济

---

[1] 张效林译:《远东国际军事法庭判决书》,群众出版社,1986年,"译者的话",第2页。

南、太原、北平、沈阳等地设立了 10 个战犯拘留所和 10 个专门审判战犯的国内军事法庭。国民党政府考虑到中国政府首次进行战犯审判，不熟悉国际法，不了解战犯处置程序，国民党政府军事委员会于 1946 年 2 月审议通过了《战争罪犯处理办法》、《战争罪犯审判办法》、《战争罪犯审判办法实施细则》三份文件，对战犯行为、检举、逮捕、判决、行刑等各方面都作了详细具体的规定。

1. 东京审判

远东战犯的逮捕、审判和处罚

1946 年 3 月 29 日

秘书长记录

"远东战犯的逮捕、审判和处罚"这项提议的政策被战犯工作委员会于 1946 年 3 月 29 日第三次会议上一致通过，提交远东委员会讨论。

附件

关于远东战犯的逮捕、审判和处罚之政策

1. 这里所谓的"战争罪行"包括：

（1）策划、准备、发动或进行侵略战争，或违反国际条约、协定或保障的战争，或参与实施上述任何罪行的共同计划或阴谋。

（2）违反战争法规或惯例。此种罪行包括，但不限于：虐待或驱逐属于占领区或在占领区的平民，或为从事奴隶性劳动或为其他目的而将平民劫走；杀害或虐待战俘或海上人员，杀害人质，掳掠公私财产，恣意破坏城市乡镇，或非为军事需要而进行破坏。

（3）战争发生前或战争期间对于任何平民的杀害、灭种、放逐及其他不人道的行为，或基于政治、人种或宗教之理由而进行犯罪，无论其是否违反该国的国内法。

2. 所犯罪行不应晚于某一特定时间，以便责任方进行逮捕，但总体上应从 1931 年 9 月 18 日或稍前一段时间算起。案件的多数预期是始于 1937 年 7 月 7 日卢沟桥事变。

3. 应该采取一切可行手段去鉴别、调查、逮捕及拘禁所有上诉第一段定义之战争罪行的嫌疑犯,以及联合国或意大利指控犯有这些罪行的所有人。

4. 战争嫌疑犯应该被严密监禁,不能接触新闻界或其他大众信息媒体,不得区分等级或职位,一律按普通罪犯对待。

5. 盟国最高统帅应有:

(1)设立特别国际军事法庭的权力(这一条应该包括任何种类的法庭)。特别国际军事法庭由远东委员会成员国中的两个或两个以上国家的军官或平民组成。

(2)与远东委员会成员国政府之代表协商后设定这些法庭的程序规则之权力。远东委员会成员国中表示要求参加这种法庭工作的国家,提名一位法官,然后由最高统帅任命为国际法庭的法官。在国际法庭的设立及其审判中,法庭的国际性以及设立它们并指挥它们工作的权力应该予以强调和承认,尤其是在处理日本人民事务方面。盟国最高统帅应该有:①执行其设立之国际法庭之判决的责任;②在与盟国对日管制委员会、远东委员会其他成员国驻日代表协商后,核准、减轻或变更但不能加重这些法庭之判决的权力。

6. 盟国最高统帅(1)应该立即设立一个机构,在其指挥下调查战争罪行,收集并分析证据,安排嫌疑犯的逮捕和立即审判,准备、监督并向国际法庭提起对个人和组织的起诉,向最高统帅建议哪些个人和组织应该被起诉、他们应该在什么法庭受审以及什么人应该作为证人被保护;(2)应该与相关国家的当地代表讨论后,以符合高效管理的方式,提供公平的机会,让远东委员会成员国之代表参加到该机构中。该机构应该向最高统帅或其他盟国军事统帅提供战犯方面的建议。该机构应该重视上述第一段甲项罪行证据的调查,应该收集和分析这种罪行的证据,并向最高统帅提推荐一个设立审判这些罪行的国际法庭的计划,正如上述第五段所表明的。该机构还应维修一间关于日本战犯及战争罪行核心记录和信息的办公室,这些记录和文件应该可供任何联合国相关国家查阅。

7. 任何国家(包括美国)参与对日占领的军事统帅,可以成立特别国内军事法庭来处理不被最高统帅要求在上述第六段提到的法庭受审的战犯。这些法庭应该与处理目前反对占领或与违反军事原则的罪行之法庭相区别。

8. 远东占领军统帅应该对联合国任一政府或意大利政府引渡战犯的请求立即予以遵从,下列情形例外:

(1)在日本帝国或其盟国有高级政治职位、文官职位或军事职位的人不予引渡,这类人是否应在国际军事法庭受审还未作出决定。这类法庭要求审理的战犯嫌疑人或这类审判的证人,只要这些审判需要他们出席,就不能移交给提出引渡的国家。

(2)有上述多国政府要求审判他们的战争罪行之人,相关军事统帅做决定时应该全盘考虑,包括对此人指控罪行的严重性、相关的国家利益。然后将被要求引渡之人移交某个联合国成员国或意大利。

9. 不得以对同一人有另外的引渡需求而拖延对该战争嫌疑犯的引渡配合工作。

10. 战犯嫌疑人的引渡是有条件的。自战犯嫌疑人被引渡之日起,6 个月内未被审判并定罪,如果其他联合国成员国或意大利要求引渡此人,此人应送还引渡当局。

11. 军事将领应将他们各自辖区内的战犯财产置于掌控之中,以便最终对这些财产进行处置。这些财产包括根据上述第 3 段规定被监禁者所有或控制的动产及不动产。

12. 应该采取措施保证战争罪行的证人在需要时能出场,这是很有必要的。

13. 如果已定罪战犯的证词对其他战犯的审判有价值,对该类战犯的死刑判决应暂缓执行。

14. 联合国国民,被其政府作为叛徒或卖国贼而要求引渡或有这种可能性的,应该予以逮捕。正常情况下,这类人应尽快遣送他们的祖国。

15. 关押上述第 8 段和第 14 段罪犯的军事统帅,如果对是否向要求审判这些罪犯的国家移交这些人存在疑问,应咨询其政府,合适的情况下,通过外交渠道解决这一问题。在日本主要岛屿上,盟国最高统帅负责羁押这类罪犯,如果有疑问,应咨询参谋长联席会议。

"RFEC",FEC-007/3

远东国际军事法庭成立通告

1946 年 1 月 19 日

机密　1946 年 1 月 19 日盟军最高统帅总部特别通告

宣布成立远东国际军事法庭

案据美国及其他联盟国为抗拒轴心国非法的侵略战争起见,曾迭次发表宣言,阐明战事罪犯应置之于法。

又据 1945 年 7 月 16 日与日本交战之联合国政府在波茨坦所发表之宣言载明投降条件之一,即所有战事罪犯——包括对于被俘虏之联合国人民实施残暴行为之一干人犯——均应处以严峻的法律制裁。

又据 1945 年 9 月 2 日日本使臣受日本天皇及其政府昭谕代表日本天皇及政府在日本东京湾所签认之日本投降书内载明接受波茨坦宣言所列各条件。

又据上开投降书内载明日本天皇及其政府所有统治日本国家之权柄应受盟军最高统帅之管制,该统帅为切实执行投降条件计,奉命得采取一切适当之措置。

本人受联合国委任为联合国最高统帅,切实执行日本军队投降之一般事宜。

并据 1945 年 12 月 16 日美、英、苏三国在苏京莫斯科举行会议时曾取得中国谅解,四国同意最高统帅应颁发一切执行命令实施日本投降条件。

本人既受命为联合国最高统帅,兹为执行投降条件,将所有战事罪犯置之于法,计特根据授权命令颁布左列各条:

第一条　为审讯被检举之人犯,计不问其所被检举之犯罪行为(包括破坏和平之罪行)系其各人单独之行为,抑系代表某一团体之行为,或二者兼有,应即组织远东国际军事法庭。

第二条　该法庭之组织管辖权及其工作详载远东国际军事法庭组织法内,该组织法已于本日由本人批准。

第三条　本命令所载各项并不妨碍在日本国内或与日本交战之其他联合国国内为审讯战事罪犯而设立之一国的或国际的或占领军的法庭委员会或其他审判机关之管辖权。

一九四六年一月十九日公布于东京

联合国最高统帅美国陆军上将麦克阿瑟

中国第二历史档案馆藏外交部档案

盟军最高统帅总部公布远东国际军事法庭组织法
1946 年 1 月 19 日

盟军最高统帅总部公布远东国际军事法庭组织法

一九四六年一月十九日盟军最高统帅宣布设立远东国际军事法庭,其组织法如左:

第一章　法庭之组织

第一条　法庭之设立。远东国际军事法庭之设立,其目的在予远东主要战事罪犯以公平而迅捷的审判。

本法庭之固定地址设在日本东京。

第二条　审判官。本法庭应有六人以上十一人以下之审判官,由盟军最高统帅就参与签订日本投降书之各签字国及印度与菲律宾所提出之人选中派充之。

第三条　职员与书记官室。

第一项　庭长。盟军最高统帅应就审判官中指派一人为本法庭庭长。

第二项　书记官室：

甲、本法庭书记官室应设置书记官长一人由盟军最高统帅部指派之，于必要时，并得设置书记官、事务员、通译及其他职员等。

乙、书记官长应组织并指挥书记官室之工作。

丙书记官室应收受送达于本法庭之文书，保存卷宗，供备本法庭及其审判官所需一切事务上的工作及本法庭交办之其他事务。

第四条　开庭与法定人数，投票与缺席

第一项　开庭与法定人数。全体审判官有六人出席时始得正式开庭，又全体审判官通半数之出席，始构成本法庭之法定人数。

第二项　投票。本法庭之裁判，包括有罪之判决及刑之量定等以出席审判官过半数之同意行之可否，同数时，应取决于庭长所投之票。

第五项　缺席。任何一审判官缺席后，嗣又出席时，应即参与进行审判，但如该审判官当庭自动声明因曾缺席致不明了案情之进展时，丧失其参与审判权。

第二章　管辖与通判

第五条　被告与犯罪行为之管辖。本法庭有权审理及处罚被检举有犯罪行为（包括危害和平之罪行）之个人的或为某一团体一份子的远东战事罪犯，凡有左列行为之一，即构成应个人单独负责并应受本法庭管辖之罪行。

第六项　危害和平。罪构危害和平罪者，指计划准备发动实施侵略战争或违反国际公法条约协定或诺言之战争，不问战争之开始是否曾经正式宣战或不宣而战者，均属之。参与共同计划或预谋前开之战争者同。

第七项　违反战争公例罪。称违反战争公例罪者，指违反战时法规或习惯之犯罪行为。

第八项　违背人道罪。称违背人道罪者，指在本法庭管辖区内，于战事发生前或在战事进行中肆行屠杀灭种奴化放逐或其他不人道之行为或基于政治上或种族上之立场放逐人民致构成犯罪行为,不问此等行为是否违反犯罪地之本国法律。

凡参与计划预谋或实施上开犯罪行为之首领教唆或共犯,对于执行该计划之人所为之一切行为应负全部责任。

第六条　被告的责任。被告不得以其所居之官职、地位或主张系执行其政府或上司命令之事实作为理由,请求免除被诉追犯罪行为之责任,但本法庭得视各该案情酌减其刑罚。

第七条　诉讼规则。本法庭得于本组织法基本规定范围以内厘订或修改诉讼规则。

第八条　检察官

第一项　首席检察官。盟军最高统帅所指派之首席检察官应负责侦查本法庭管辖内之战事罪犯并提起公诉。又首席检察官于最高统帅认为必要时应对最高统帅为法律上之协助。

第二项　陪席检察官。曾与日本交战之盟国均得指派检察官协助首席检察官。

第三章　被告之公平审判

第九条　公平审判之程序。为予被告以公平的审讯起见,本法庭采用左开程序。

第一项　起诉书。起诉书应以清晰简明适当之问句阐明每一诉追之罪行,本法庭应于适当期间内送达每一被告起诉书(遇有改正时其改正本一份)及组织法各一份,其文字以各该被告所能谙悉者为限,以便被告准备辩护。

第二项　语言文字。本法庭之审判及其他有关之程序应以英文及被告本国文字行之,本法庭遇必要时或遇任何一造请求时得备文书之译本。

第三项　被告之辩护律师。每一被告应由自己选任之辩护律师代表之,但本法庭保留随时不接受该律师之权。被告应将其所选任之律师姓名提示本法庭书记官长,如被告未选任辩护律师,而当庭请求指定辩护律师时,本法庭应指定律师为之辩护。如未经被告当庭请求而本法庭为使报告获得公平的审讯起见,认为有代为指定辩护律师之必要时,得代为指定辩护律师。

第四项　辩护证据。被告有权由其本人或辩护律师(但不得同时由其本人又由其辩护律师)为适当之辩护包括诘问证人之权,但本法庭得视各该案情予以合理的限制。

第五项　辩护证据之提出。被告得以书面向本法庭声请准予提出人证或书证,该项声请书应列明人证或书证之所在并应陈明该人证或书证系证明何种事实及该事实与辩护之关系,本法庭裁准该项声明时,应斟酌环境情形获得相当协助,俾便被告提出该项证据。

第十条　审讯前之声请。于审讯正式开始前,对本法庭所为之一切声请均以书面提出,交由书记官长收转本法庭裁决。

第四章　法庭之权力与审判之进行

第一项　传唤证人到庭作证并讯问之

第二项　审讯被告并于被告拒绝答复时,为适当之处置。

第三项　命令提出证据及其他作为证据之资料。

第四项　命令并执行证人宣誓或声明或各该证人本国所惯用之作证方式。

第五项　指派职员承办本法庭交办事项,并有权嘱托他人或机关代为蒐集证据。

第十二条　审判之进行

第一项　本法庭之审判应力求迅速并应以绝对不溢出起诉书所诉追之事项为限。

第二项　本法庭应切实设法避免不合理的延宕并削除与各该案件毫无关连之争点或其他陈述。

第三项　本法庭应规定办法,维持开审时之秩序,并对于有不敬行为之人径予处分或处以相当刑罚,包括摒绝被告或其辩护律师一部分或全部参与审判程序之权利,但仍不影响及于将来本法庭对各该被告之判决。

第四项　本法庭应视被告之心神状态及体力情形决定其应否到庭受审。

第十三条　证据

第一项　采证。本法庭得不受技术性的采证规则之拘束,本法庭应尽量最大可能的范围内采取并适用便宜的及非技术性的采证规则采纳,在本法庭所认为有证据价值之一切证据,凡得认为系被告之自认或陈述均得采作证据。

第二项　有关性。本法庭于任何一造提出证据以前,应先命其陈明该项证据之性质,以便决定其与各该事件之有关性。

第三项　特种证据得予采纳。在不限制前开通则之范围下,左列各种证据得予采纳。

甲、本法庭认为系任何政府之军队官吏部署或代表人所签发之文书,不问该文书之秘密性如何,亦不问曾否提出签发该项文书之证据。

乙、本法庭认为系万国红十字会或其会员、医生、医药界服务之人士、情报调查员或官吏所签发之报告或本法庭认为就该项报告内容个人有相当认识者所签发之报告。

丙、具结书、签认书或其他曾经签字或画押之文书。

丁、日记、信札或其他文件包括已经宣誓或未经宣誓之文件,经本法庭认为与诉追行为有关之资料。

戊、如不能立即取得文书之原本时,得采纳其副本或足以为该项文书内容佐证之证据。

第四项　为本法庭已知之事实,本法庭就一般习知之事实及各联合国之公文书、公告或其军队或其他部署之记录文卷与报告书等不需要提供证据。

第五项　笔录证件与文件诉讼进行之笔录提示与本法庭之证件与文件等均应交由书记官长收受归档并即构成本法庭卷宗之一部分。

第十四条　审讯之地点。本法庭首次审讯地点应在日本东京举行之将来审讯之地点,得由本法庭另行指定之。

第十五条　审讯进行之程序。审讯进行之程序如左:

第一项　检察官应于审讯开始时,朗读起诉书。但如被告放弃听取起诉书之条件时,得免为朗读。

第二项　本法庭应即讯问每一被告将如何答辩——即将为有罪抑或无罪之答辩。

第三项　检察官与每一被告(如有辩护律师时由该律师代表)均得为简扼之陈述。

第四项　检察官与被告方面得各提出证据,但各该证据应否采纳由本法庭决定之。

第五项　检察官与被告(如有辩护律师时由该律师代表)均得诘问证人或供证之被告。

第六项　被告(如有辩护律师者由该律师代表)答辩。

第七项　检察官陈述意见。

第八项　本法庭应即宣示判决及刑罚之宣告。

第五章　有罪无罪之判决及刑罚之宣告

第十六条　刑罚。被告受有罪之判决时,本法庭有权处以死刑或本法庭认为公允之其他刑罚。

第十七条　裁判与核议判决应于本法庭内宣示之,并应陈明其所根据之理由、审判之笔录等,应径送盟军最高统帅核议,并依据该统帅之命令执行判决。盟军最高统帅不得加重既定之刑,但得随时减削或变更之。(完)

中国第二历史档案馆藏外交部档案

远东国际军事法庭诉讼规则

1946 年 1 月 19 日

远东国际军事法庭诉讼规则

远东国际军事法庭诉讼规则系根据一九四六年一月十九日联军最

高统帅部所颁布之特别通告及同日颁布之本法庭组织法第七条、又该法修正案之规定制定,本规则即日公布实行之。

第一条　对被告应为之送达

第一项　本法庭应将左列文件在正式开庭听取证据十四天以前译成被告所谙悉之文字送达在押之各被告。

甲、起诉书。

乙、本法庭组织法。

丙、其他与起诉书一并提出之文件。

第二项　本法庭应将起诉书及被告有收受前项所列各种文件之权利告知不在押之被告,其公告方式由本法庭定之。

第三项　审判进行中每一被告仅得由一律师为之代理声辩,但本法庭特许者不在此例。

第二条　增添文件之送达

第一项　在本法庭开始听取证据以前,如首席检察官就起诉书提出修订或补正时,应即将修正书连同附带文件提送本法庭,并将其已译成被告所谙悉之文字之副本于最短期内送交在押之被告。对于不在押被告应适用前条第二项之公告方式。

第二项　本法庭书记官长遇有被告申请时,应即将起诉书所提有关文件之副本交被告检读。但如有首席检察官已就该项文件备有被告所谙悉之文字之译本时,应给予译本。

第三条　审判时秩序之维持

本法庭根据组织法第十二条所规定之弹压权,得由庭长代表命令维持审判时之秩序,被告或任何人如不遵守本法庭之指挥命令或有损及本法庭之尊严时,本法庭得斥退之。

第四条　证人

第一项　证人向本法庭供证前,应沿袭各该证人本国之惯例先行宣誓或签押声明。

第二项　除经本法庭特许外,证人非供证时,不得在法庭内逗留。

本法庭遇必要时,并得禁止证人在供证前有嬲谈情事。

第五条　审判前向本法庭所为之申请及审判中之裁定

第一项　在本法庭正式开庭听取证据以前,向本法庭所为之申请及其他请求应径送文书记官长转首席检察官或有关之被告。(如被告聘有辩护律师时交其律师),如对造不提出异议,庭长即得代表本法庭为适当之裁定。倘对造提出异议时,庭长得特召集各审判官开会商决之。

第二项　本法庭得由庭长代表就审判进行中所发生之一切问题(包括证据之采证性暂时退庭及其他申请等等)为裁定,并得于必要时,在裁定前宣告退庭或采取本法庭认为适当之其他措置。

第六条　笔录之文件及证件

第一项　本法庭应就所有诉讼进行中之口头陈述载明,笔录提出之证件应依次编号,缀以标志。本法庭为公平及便利公众见闻起见,得视事实之需要,命令将笔录及诉讼程序进行之记录译成日文。

第二项　检察官或被告准备提出之证据,均应在可能范围内,至迟于24小时前制成副本,分别送达有关之被告或其辩护律师。(如系被告拟提之证据,应送达与检察官)及本法庭书记官室之语文科,并拟将所拟引证之部分标明号志,如原系英文者,应即将各该有关部分译成日文,其原为日文者,应即译成英文,如文件内之文字非英文或日文时,得尽将各该有关部分译成英文或日文,依前半段所规定分别送达。

第三项　诉讼进行中,如检察官被告或其辩护律师另有增添之文件,拟即在诉讼中引证者,应即通知对造,并尽速将文件之副本送达对造。

第四项　凡诉讼笔录证件及提存或提示与本法庭之其他文件,又公文书与官方法令等之副本、缮本或影本,均得经本法庭根据正式申请表明同意后,由书记官长签证送原申请之政府法庭或其他适格之申请人。

第七条　检察官或被告提出用作证据之文书,原本如能证明:

因具历史上的价值或其他情由，日本投降书内签字国之一或其他曾经获得该投降书所有签字国之同意之任何政府，因需要保存该文件原本申请将其自本法庭卷宗内撤出，而不致影响公平审判者，本法庭应准将书记官长签认之该文件影本归入卷宗换出该原本，并将原本交由申请国具领。

第八条　关防

第一项　本法庭关防应加盖于本法庭所签发之传票证明书及庭长随时指令签发之其他文件。

第二项　本法庭关防应交由书记官长收执与保管，其式样应承庭长之意旨刻篆之。

第九条　（原文不清）

第一项　（原文不清）……其他方式，签具声明书提交本法庭。

"余（姓名及职位）决不泄露所有因职务上得悉远东国际军事法庭之任何事情，但与本法庭之审判官或有权知悉此等事项之人谈论时，不在此例。"

第二项　本法庭之书记官、翻译官于开始执行职务前，均应依照左开文式宣誓或声明。

甲、书记官宣誓书（日籍书记官不适用之）。"余决尽忠执行本法庭书记官之职，上帝其佑我。"

乙、书记官声明书（日籍书记官不适用之）。"余决尽忠执行本法庭书记官之职，谨此声明。"

丙、翻译官宣誓书（日籍书记官不适用之）。"余决忠实翻译现正审讯之本案，谨誓，上帝其佑我。"

丁、翻译官声明书（日籍书记官不适用之）。"余决忠实翻译现正审讯之本案，谨此声明。"

戊、日籍书记官宣誓书。"余决本天良尽忠执行本法庭书记官之职务，谨誓。"

己、日籍翻译官宣誓书。"余决秉天良尽实翻译现正审讯之本案，谨誓。"

第十条　本规则施行日期与修增权力

本法庭为求公平而迅速审判计得不受前开各条之拘束,随时以普通规则或在特殊情形下以特种命令就前开各条为必要之修改或增订,其公告方式由本法庭定之。

一九四六年月日

余谨签证,以上各条系远东国际军事法庭之诉讼规则

韦勃爵士签

中国第二历史档案馆藏外交部档案

盟军占领日本期间军事法庭之设立及其行使职权范围
1947年2月1日

中华民国驻日代表团法律处编

中华民国三十六年二月一日

(一)占领军军事法庭之管辖权

关于占领军军事法庭执行司法职务之范围,依照"盟军总部所发表关于设立占领军军事法庭之规定及其对日本政府所发出之训令两件,即一九四六年二月十九日关于刑事管辖权及同年二月二十六日关于民事管辖权之训令,可分别为土地管辖、事件管辖、职务管辖及对人的管辖,分别言之如下:

(甲)土地管辖

在上述"设立占领军军事法庭之规定"中声明,各占领军司令长官有全权在其个别施令范围之内设立军事委员会及宪兵法庭。所谓施令范围之内者得视为土地管辖之规定。所在地驻军之司令长官得设立军事法庭于其辖区之内。原则上,在其辖区内所发生之事件应归军事法庭审理者,均归其所设立之军事法庭审理。所谓军事委员会者,亦即一种军事法庭,吾人言之于后。

(乙)事件管辖

事件管辖,兹但分为民事与刑事言之:

刑事事件有关于盟国人民或其各种组织(包括公司在内)者,日本政府无权管辖。此在一九四六年二月十九日对日政府训令中有明了规定。而民事事件,并无类似之声明,一九四六年二月二十六日训令中,仅规定:民事之被告如系从属于盟国军队之联合国人民或其各种组织(包括公司在内)时,应向日本政府提出,日本政府如认为有理由并有充分证据者,应移送盟军总部办理。据此,有关于联合国人民或其组织之事件,(不分被告或原告),如系刑事,概归占领军军事法庭管辖。如系民事,原则上归日本法庭管辖。但民事之被告,如系随从盟军之人或组织时,应经由日本政府移送盟军总部办理。

所谓随从盟军有关系之人或组织,如代表团人员及盟国派驻日本之军队等本应享有治外法权。今民事事件,自应移归盟军总部办理。至于一般联合国人民或公司社团之民事事件,无论为被告或原告均归日本法院审理管辖。

但盟军总部对日本法院,仍保留有干涉之权。而日本政府凡遇有有关联合国人民或其组织之事件应立即报告盟军总部。(见上述一九四六年二月二十六日训令第一第二节)且"设立占领军法庭之规定"中曾称:占领军法庭有权审理由其指派机关所交办之一切案件。是以无论民事事件有关联合国人民者,日本政府应报告盟军总部。盟军总部如认为必要时,似乎均可从日本法院移交占领军法庭审理,但此无明文规定。

(丙)职务管辖

占领军法庭分两种,即军事委员会与宪兵法庭。但此种分别,并非采取两级审判之制度。盖占领军法庭均以一审终结,所谓军事委员会者虽在职权上及组织上,较宪兵法庭为重要。但并非上诉机关。宪兵法庭只能判处七万五千元(日金)以下之罚金,五年以下之苦役,驱逐出境,没收封锁七万五千元以下之财产等等。而军事委员会则无此数额之限制。

两种法庭,均受其所属军队之司令长官之监督,由其指派。所作判决,应由该指派机关加以覆核,覆核结果得延缓判决之执行,或减轻刑罚或命令再审。

(丁)对人的管辖

上面(乙)所述"事件管辖"已涉及对人的管辖,兹再将盟军总部所规定关于人的管辖举之如下:

凡关于刑事事件:

a.涉及占领军之陆海军人员及随从占领军人员者,归该占领军法庭管辖。

b.涉及占领军国家之本国人民者,归该国法庭管辖。

c.涉及无占领军之联合国人民者,归行为地之占领军法庭管辖。

d.此外任何人如犯以下各罪时,亦归占领军法庭管辖:(一)妨害占领军或其所属之安全者。(二)杀伤占领军所属之员者。(三)未经许可,而提有收留或支配占领军或其所属人员之物者。(四)对于占领军或其所命令拘留之人犯有干涉、阻碍或帮助其脱逃者。(五)于占领军所属人员执行公务时,以口头或书面作虚伪或欺诈之陈述,或拒绝作陈述者。(六)对于盟军总部所认为应被解散或非法之任何组织,而代替或予以协助者。(七)一切行为有妨碍于占领目标,经盟军总部或其所授权之附属机关,认为应由日本法庭移转审理者。(八)阴图犯上述各罪或欲隐瞒上述各罪者。

凡关于民事事件:

a.一般联合国人民之民事诉讼,无论处于被告或原告地位,概归日本法院管辖。但日本政府应将有关于联合国人民案件通知盟军总部。盟军总部对日本法院有命令停审及其他必要行为权。

b.占领军所属人员或机关,日本法院无管辖权,但亦未规定归何种法庭管辖。则上述人员或机关如发生民事纠纷时,似应归该占领军本国权力机关审理。日本人或他国人为原告,随属占领军人员或机关为被告之民事事件,业经规定应由日本政府提向盟军总部办理。(见前)

至于占领军所属人员或机关为原告之民事事件向何处起诉并无明文规定。

（二）罪与罚

观上述占领军法庭之管辖，主要在刑事事件。关于判罪与处罚之规定：该法庭除上述盟军总部所发表之数种文件外，在程序上得采取美国军事法之各项规定。

犯何种罪者应归该种法庭审问，据盟军总部设立该法庭之规定，惟对于上第一节（丁）D 各项罪，用列举办法外，其他各项均系概括之规定，仅称"刑事管辖"而已，于是只能就一般刑法原则，认为涉及刑事范围者，决定应归该法庭管辖。但若干罪名如"妨碍占领目标"者，非通常刑法所有。又该种法庭既有宪兵法庭之设，则违警事件，当然亦归其管辖。但所谓"战罪"者不在该法庭管辖权之内。关于刑罚之种类，据上述盟军总部所发表之文件有：罚金、监禁、充苦役、驱逐出境、没收、锁禁、削籍及死罪七种刑罚。宪兵法庭所得科处之刑罚与军事委员会同，但有数额上之限制，已详于前。

（三）程序

据盟军总部所发表关于设立占领军军事法庭之规定，该法庭之诉讼程序，大体上依据一九二八年美政府所列刊行军事法庭手册。惟各军司令长官得斟酌情形，增改程序。军事委员会遇有必要时亦得成立某项规则，以期审判之公允，且能适合于本法及战时习惯。凡一般所认为有价值之证据均得允其提出。

观上述规定，该法庭关于程序上规定至为简单，且司令长官官及军事委员会均可斟酌情形予以更改。举证方法并无一定。宣判时不说具理由并无书面。起诉辩诉亦均无书面送达对方。（惟被告在审判前得有控告书壹份），此与普通诉讼程序大相径庭。

军事委员会本规定由委员五人组成，内一人为法律专家，称法律委员，委员中至少有一人属于被告国籍；而宪兵法庭均由委员三人以上组成。委员中至少有一人属于被告国籍。

被告于审判之前得收到控告书一份,得请法律专家为其出席法庭辩护,得提出种种有利于己之证据,得反诘证人。宣判须在公开场所为之。

占领军法庭一切记录均应送请其指派机关审查及执行。该指派机关得接受被告人之一切声辩,得延缓判决之执行,得对于该法庭之判决不予核准,得减轻刑罚,得命令再审,但不得加重法庭之判决。

（四）对于上述制度之检讨

军事法庭,本仅设立于军事区域,且均在临时占领期间,其程序简单,因时制宜,不适合于平时状况。其人员多军人,不足以处理普通民事诉讼。军事法规多不适用于普通人民,况以英美之军事法,施于中国、韩国、南美、北欧之各种商人、侨民,其不适宜自不待言。目前在日本者,各国普通侨民甚少,惟华侨人数最多,感受不便者,当以我国为甚。按军事时期,司法职务归军事法庭处理,乃临时办法。盟国军队占领日本,设立军事法庭。此种制度,能否继续至占领军退出日本时为止,一视占领期间之久暂。如为期过久,则应采适当办法,以补救此项缺憾。

按上述规定,我国系派遣占领军国家,占领军到达后,得于固定区域设立军事法庭。不但华侨事件（刑事）得归我国法庭审理,即他国人民在我驻军区域之内者,刑事事件亦归我军法庭审理。但因我军未到日之故,所处地位颇觉不利。尤以我国在日侨民众多,讼案频仍,而英美各国人目前在此者多系驻军及公务人员,情形不同。

至于民事事件,依照盟军总部之规定,即我国有占领军在此华侨案件无论为被告或原告,仍归日本法院审理,适用日本法律。

占领军法庭之程序,既属简单,而其适用法律问题尤与普通法院不同。占领期间,盟军总部所发出之命令,自系法院所应遵守,但其关于司法者为数极少,且内容疏漏,有待补充之处极多。应用何种法律补充？据上述规定,程序法均依据美国组织法补充。实体法除总部所发表"设立占领军法庭之规定"及其他文件中有若干条文件外,应采用何种法规,以补充其不足。据我参加审判华侨事件人员,曾闻美国法官口头告诉,若干适用日本刑法,但此层并无正式根据。

民事事件有关联合国人民者,据盟军总部规定,日本政府应通知盟军总部。但至今中国代表团并未接到盟军总部关于华侨民事诉讼之通知。现已向法律处请求,此后有关华侨民事事件随时通知我代表团。至于刑事事件有关华侨者,盟军总部近来均通知我代表团派员参加。

中国第二历史档案馆藏外交部档案

解递战事罪犯及其他战事违法人犯公约
1945 或 1946 年

解递战事罪犯及其他战事违法人犯公约

各缔约国为欲解递战事罪犯及其他战事违法人犯,经决定订立国际公约,为此,特任命全权代表如左:

(全权代表名单略)

该全权代表等各将所奉全权证书互相校阅,均属妥善议定条款如左:

第一款 如缔约国互相同意按照以下规定程序彼此解递在彼等裁判权范围内被控或被判犯有战事罪行之人犯,俾予审判或执行判决此类违法行为,包括违反战事法规或战事习惯之行为,无论系在请求国裁判权范围内所犯或系对请求国本身或其国民或武装部队所犯者。

第二款 如缔约国为审判或执行判决之故,更互相同意按照以下规定程序彼此解递,在彼等裁判权范围内所有请求国之国民或以往之国民而被控或被判有援助敌人或资敌便利或意图助长敌人举谋之罪状者,或系利用战争状态或敌对行为,或请求国领土之被敌对占领所给予之权力或机会而犯罪者。

第三款 第一及第二款所规定之解递应不顾任何藉口此类罪行具有政治上之性质而予以执行。

第四款　解递之请求应经外交途径提出,并须由被请求国适当执行或行政当局实行解递。按本公约各项规定请求解递之人犯,无论在任何状况之下,不得援用被请求国之引渡条约法律或条例中所规定之任何司法程序。请求书在任何情形之下应具有以下之记载。

(1)关于违法人员之被控告者。

甲:(一)被控违法人之姓名、国籍(如已知悉)及外貌之说明。

(二)被控罪状之说明及该罪状之最高可能处罚。

乙:请求解递之国家在每一案件中须以书面向被请求解递之国家提出下列保证。

(一)审判将依司法程序举行之。

(二)判决或判决预审及处刑将在公开法庭宣告。

(三)被控违法人在审判以前及在审判之中应得律师之援助。

(2)关于违法人员之被判决者。

(一)违法人之之姓名、国籍(如已知悉)及外貌之说明。

(二)罪状之说明及所判处之刑罚。

(三)适当法庭对该罪状于违法人在场时所给予之宣判书或预审判决及处刑宣决书之原本或证明无误之抄本。

本款所用(法庭)一语包括军法处及其他各种军事法庭。

第五款　各缔约国得拒绝解递本国国民或以往之国民。

缔约国对于要求解递被控违法人员,如其罪行系在该缔约国裁判权限内所犯者,该缔约国得拒绝解递人。

当两缔约国或两缔约国以上请求解递同一被控违法人员之时,该违法人应先被解递至一国家,其国内法律对所提出请求解递之罪状所规定之可能处分为最高度者。

如各请求国之法律对所提出请求解递之罪状,其最高处分系相同时应先解递至最先请求之国家。

第六款　如当请求解递之际,被控违法人正因一罪状不论其系战罪与否,而经请求国法庭调查或审判,如该罪可能之最高处分较所提出请求解递之罪状为高时,该缔约国得在审判程序未终结前拒绝解递。

如已被判决之人犯系按照第一及第二款之规定,被请求解递但已被宣决监禁,该项宣决得缓期执行。

死刑宣判应予执行,虽有一个缔约国或一个以上缔约国请求解递亦不受影响。

当一被控违法人已被请求解递之两国或两个以上之缔约国审判及宣决时,其宣决应按日期之先后由有关缔约国执行之,但如该违法人犯已为请求国之一判决死刑,则应解递由该国执行判决。

第七款　各缔约国政府同意准许本公约签字国彼此解递之人犯通过各国领土,但须由解递该人犯之国家政府出具证明书。被解递之人犯及其护从道经各国领土之际,得由有关政府指派官员随行。

第八款　各缔约国同意在解递之时,提出所有关于被控罪状之一切文件像片及其他证物。

第九款　按本公约各条款之下所请求解递之一切费用应由请求国负担。

第十款本公约乃一种非常措置,除非本公约特有规定者外,并不影响任何各缔约国之间所订有任何引渡条约之运用。

第十一款　(公约之废除及终止——条约暂时保留)

第十二款　本公约应予批准,批准后应迅速存交(某国)备案再由(该国政府)将存交情形通知各签字国。

第十三款　本公约于两缔约国批准之日起一个月后发生效力以后,本公约于每一缔约国之批准书存交于……之日起一个月后对于该国即开始实行。

上开各全权代表爰于本公约签字盖章以昭信守。

中国第二历史档案馆藏外交部档案

国民政府军事委员会等检发远东国际
军事法庭调查罪证纲要等通令
1946年4月9日

军事委员会通令会令二宫字第一〇三九号

令南京市政府

查日本侵华十五年荼毒罪孽不可胜计,凡破坏和平执行战争之祸首元凶及在中国战区违反日内瓦公约违反人道之战犯,自应依法严惩,以申正义。兹就远东国际军事法院检察官来华之机,特派日本罪证调查小组柴子尚等五员,会同该处美籍调查官克劳莱等前往南京、上海、徐州、北平、郑州、武汉、长沙、衡阳、桂林、广州、福州、台湾各地搜集战罪证据及指导处理战犯事宜,合行检发远东国际军事法庭调查罪证纲要暨日本战犯罪证调查小组搜集标准各一份,以资依据。除分令陆军总部,北平、上海、广州、武汉市政府,台湾行政长官部,十一战区十集团军、廿七集团军、廿军,广东、广西、江西、福建、湖南、湖北省府,淞沪警备部、京沪卫成总司令部外,仰即遵照,并商同暨转饬有关单位充分准备,于该小组到达时适切提供并予以工作便利为要。此令。

　　附:远东国际军事法庭调查罪证纲要暨日本战犯罪证调查小组搜集标准各一份

委员长蒋中正

院长宋子文

中华民国三十五年四月九日

附:远东国际军事法庭调查罪证纲要

一、抗战前日本对华阴谋侵略之计划准备与挑衅行为

二、抗战发端之战争责任

　　1.一九三七年七月七日卢沟桥战争

　　2.一九三七年八月十三日上海战争

　　3.一九三七年南京战争

　　4.一九四三年十一月间上海暨其他城市之事件

三、德日于发动或进行侵略战争之诸种合作行为

　　1.德于未参加对华战争前予日本之诸帮助

　　2.德国在华活动与其驻日外交使节间联络关系

　　3.德日合作中斯坦墨（Stlmer）之作为

　　子、于其来华任伪宁大使前

　　丑、战争初期内彼曾任中国伪宁大使时之作为

　　寅、战争期内彼任德国驻日大使时之作为

四、违反战争之法规国际条约与协定之战罪行为

　　1.毒气之使用

　　2.细菌战——散播细菌

五、对人民之暴行

　　1.南京之强奸与大屠杀

　　2.日军在其他城市之类似罪行

　　子、应负责任之指挥官

　　丑、罪行之性质与范围

　　寅、罪行之期间

　　卯、受高级指挥官指使赞同或允许暴行之证据

六、对战俘之虐待

　　1.非人道虐待战俘之确证

　　2.虐待之程度与范围

　　3.高级指挥官所颁布待遇战俘方法之命令

七、日本侵华机构

　　1.兴亚院

　　2.华北开发公司

　　3.大东亚省

　　其他组织效能及控制情形

　　4.日本控制在华诸侵略机构之程度与日本政府之控制办法

八、鸦片与麻醉毒品

1. 受日势力影响后之贸易增加情形

2. 日本统治下中国伪政府实施毒化之情形

子、增加之情形

丑、实施之情形

寅、此种毒品贸易与日政府之联络关系

卯、蒙古与长春之鸦片社

（1）组织情形

（2）日政府对于此各种鸦片社之管制

九、其他藉以形成日本侵略战争之诸事实及其他打击人道良心之罪行而应归咎其高级指挥官者

附记：凡评价所叙述之详细事实须加签字与具结如可能希望缮写三份

附：日本战犯罪证调查小组搜集战罪证据标准

一、战罪种类

子、破坏和平罪：凡计划准备发动或从事侵略战争或计划准备发动暨从事于违反国际条约协定国际安全之战争或为完成上列行为而参加共同计划或阴谋者

丑、违反战争法规及习惯罪：

1. 谋害与屠杀——有系统之恐怖行为

2. 将人质处死

3. 对平民施以酷刑

4. 故意饿毙平民

5. 强奸

6. 拐劫妇女强迫为娼

7. 流放平民

8. 拘留人民予以不人道之待遇

9. 强迫人民从事有关敌人军事行动之工作

10. 军事占领期间有僭夺主权之行为

11. 对占领居民强迫征募兵役

12. 企图奴化占领区居民或剥夺其公民特权

13. 抢劫

14. 没收财产

15. 勒索非法或过度之捐款与征发

16. 贬抑货币与发行伪钞

17. 施行集体刑罚

18. 肆意破坏财产

19. 故意轰炸不设防地区

20. 毁坏宗教慈善教育历史建筑物及纪念物

21. 未发警告且不顾乘客与水手之安全而击毁商船与客船

22. 击毁渔船与救济船

23. 故意轰炸医院

24. 攻击与轰炸病院船

25. 破坏其他有关红十字之规则

26. 使用毒气

27. 使用爆裂弹及其他非人道之武器

28. 发布尽杀无赦之命令

29. 虐待俘虏与伤病人员

30. 征用俘虏从事不合规定之工作

31. 滥用休战旗

32. 井中置毒

33. 集体逮捕

寅、违反人道罪:战时或战前对于民众之杀戮灭种奴役放逐等不人道行为

二、战罪期间:自"九一八"前后至日军缴械为止

三、战罪证据:

子、物证——应予搜集

1. 计划准备发动罪行之计划书命令或其他公文

2. 足以证明罪行之日记函件及其他私人文书

3. 足以证明罪犯思想主张或行为记录之著作

4. 足以证明罪行之画报及照片

5. 敌人使用酷刑所用之刑具

6. 被害人之遗骸集体坟塚或受伤者之伤痕照片

7. 医师或有关方面之调查书报告书或证明书

8. 战俘或战犯之口供自首书或报告书

9. 非人道武器之破片或战利品

10. 见证人之见证书或陈述书

丑、证人——应予登记

1. 被害人

2. 被害人之亲属

3. 罪行目击者

4. 参加罪行者或参加罪行计划者

寅、凡属有证据价值者皆应搜集之

《南京大屠杀史料集》第 19 卷，第 21—25 页

商震汇报国际法庭判决结果电

1948 年 11 月 16 日

外交部收电收电第 10894 号

第 776 号十六日

南京外交部。极密。773 电计达。麦帅定于戌养(11 月 22 日)召集各代表团长商讨战犯判罪事。查自宣判后日方反响甚佳,有谓判决严正公平,且有谓判决较德为轻者。震意我方应坚主维持原判。惟麦帅握有减刑权,各国态度虽不得知,但少数法官已发表从宽处罚之见解。(如印度主全部战犯无罪,谓审判欠公正;澳主免高年者死刑;荷主广田应减刑,并谓木户、重光、东乡、畑俊六应无罪。)各国代表届讨

论时,难保无建议减刑者。设遇此情形,吾人应否仍主维原判,抑对与我关系不大者,略示让步,请即预为电示,俾有遵循。商震。政。

中国第二历史档案馆藏外交部档案

2. 中国国民政府的战争审判

战争罪犯处理办法
1945 年 12 月①

战争罪犯处理办法

第一条　日本战犯之逮捕应俟日军缴械集中完毕,在不妨碍受降工作及地方安宁秩序之范围内,由军令部斟酌实际情况呈请军事委员会委员长随时以命令行之。

第二条　负有执行投降命令之战犯,应俟投降任务完毕时逮捕之,但在逮捕后,应予以密切之监视。

第三条　全国各受降区日俘进入集中营后,该集中营主任应即发给日军官佐士兵雇员经历表令其各填写四份分呈战争罪犯处理委员会、军令部、陆军总司令部及所属战区司令长官部或方面军司令部备查。

前项表格经审查后如发现有犯时,应令行逮捕之。

第四条　隶属于日军官兵善后总联络部将战犯名册令行各战区司令长官部及方面军司令部转饬所属驻军及宪兵队协同各该区之日俘〔侨〕集中营逮捕之。

各战区司令长官部或方面军司令部如确知战犯之犯罪事实或经人民告诉告发罪证确实者,径行逮捕之。

第五条　隶属于日本政府之战犯由战犯处理委员会函请外交部照会美国政府转饬日本本土占领军最高统帅逮捕后交付之。

---

① 　原件无日期,根据内容而定。

第六条　在东北九省之战犯由战犯处理委员会函请外交部照会苏联政府转饬远东军总部逮捕后交付。

第七条　战犯脱逃者,由军令部令行通缉之。

前项战犯逃出国境后,如确知其所在时,由外交部交涉逮捕之。

第八条　应由同盟国特设机构审判之战犯,经逮捕后由军政部所设之战争罪犯拘留所羁押之。

第九条　应由同盟国特设机构审判之战犯,经逮捕后由陆军总司令部或所属战区司令长官部或方面军司令部所设之战争罪犯拘留所或军政部指定之处所羁押之。

第十条　前二条规定拘留所之编制另定之。

第十一条　战争罪犯审判办法另定之。

第十二条　各军事法庭审判战罪案件确定后,应将裁判书呈送战争罪犯处理委员会备查。

第十三条　战犯经判决刑确定后,应送交军政部指定之陆军监狱或其他处所执行之。

第十四条　本办法于非日籍之战犯准用之。

第十五条　本办法自呈奉军事委员会委员长核准之日施行。

中国第二历史档案馆藏外交部档案

战争罪犯审判办法
1945 年 12 月①

战争罪犯审判办法

第一条　日本战争罪犯除应由同盟国特设之机构审判者外,依本办法审判之。本办法未规定者,适用陆海空军审判及刑事诉讼法。

第二条　前条战争罪犯由陆军总司令部或犯罪地或犯人所在地之战区司令长官部或方面军司令部组织军事法庭审判之,无战区司令长

---

① 原件无日期,根据内容而定。

官部及方面军司令部之区域由军政部或中央最高军事机关组织军事法庭审判之。

第三条　军事法庭应由所属军事机关派选之军法官三人及所在省区之司法官二人组织之。

第四条　军事法庭以司法官为庭长及审判长。

第五条　军事法庭需用之书记官通译等职员由所属军事机关之长官任用或向其他机关调用之。

第六条　军事法庭员额及经费预算之编制,由所属军事机关之长官拟定呈请军事委员会委员长核定之。

第七条　军事法庭判决案件由所属军事机关呈请军事委员会委员长核准后执行。

第八条　战争罪犯之处罚适用国际公法国际惯例陆海空军刑法其他特别刑法及刑法。

第九条　本办法于非日籍之战争罪犯准用之。

第十条　本办法自呈奉军事委员会委员长核准之日施行。

中国第二历史档案馆藏外交部档案

战争罪犯审判办法施行细则
1946 年 1 月①

战争罪犯审判办法施行细则

第一条　本细则依据战争罪犯审判办法订定之。

第二条　战区司令长官或方面军司令部有变更者,关于该区域战犯之审判由与其变更前相当之军事机关组织军事法庭办理之。

第三条　军事法庭以军法审判官五人及军法检察官一人组织之。其中由所属军事机关遴选军法审判官三人,由所在省区高等法院遴选军法审判官二人及军法检察官一人,分别报请军政部司法行政部提请

---

① 原件无日期,根据内容而定。

战争罪犯处理委员会呈请军事委员会委员长任命之。

第四条　军事法庭之所属军事机关及所在省区高等法院应准备适当人选以备军法审判官或军法检察官因故出缺时补充之。前项补充人员所属军事机关应准备军法审判官二人，所在省区高等法院应准备军法审判官一人军法检察官一人，通知军事法庭。

第五条　军事法庭庭长遇有军法审判官或军法检察官因故出缺时，得通知前条补充人员先行到庭执行职务再由所属军事机关或所在省区高等法院依第三条规定之程序报请任命之。

第六条　军法检察官执行职务适用刑事诉讼法关于检察职权之规定。

第七条　被告得依中国律师法选任律师为辩护人出庭辩护。其未选任辩护人者应由军事法庭所在地法院之公设辩护人为之辩护，其无公辩护人之设置者，由审判长指定律师充之。

第八条　关于战犯案件各级法院检察官各军事长官及各军事检察官均应行使侦查职权，侦查后，应即移送该管军事法庭办理。

第九条　前条有侦查职权之人员得随时商请各地政军机关或其他公私团体予以协助。

第十条　战犯案件概由军法检察官提起公诉。

第十一条　军事法庭关于诉讼之辩论及裁判之宣示，应公开法庭行之。

第十二条　在正式审判前，军事法庭庭长得随时指定军法审判官一人或二人进行审判中应行准备事项。

第十三条　机关团体或地方人民得于审判时推派代表到庭陈述意见。

第十四条　军事法庭于必要时得派军法审判官三人及军法检察官一人赴犯罪地就地审判。

第十五条　军事法庭之法官书记官及通译出庭时应着军服，法官并应配剑，均由所属军事机关制备之。

第十六条　本细则自呈奉军事委员会委员长核准之日施行。

中国第二历史档案馆藏外交部档案

战争罪犯审判条例

1946 年 10 月 23 日

战争罪犯审判条例三十五年十月二十三日公布

第一条　战争罪犯之审判及处罚除适用国际公法外,适用本条例之规定,本条例无规定者,适用中华民国刑事法规之规定。

适用中华民国刑事法规时,不论犯罪者之身份尽先适用特别法。

第二条　具有左列情形之一者为战争罪犯。

一、外国军人或非军人于战前或战时违反国际条约、国际公约或国际保证公诉计划阴谋预备发动或支持对中华民国之侵略或其他非法战争者。

二、外国军人或非军人于对中华民国作战或有敌对行为之期间违反战争法规及惯例,直接或间接实施暴行者。

三、外国军人或非军人于对中华民国作战或有敌对行为之期间或于该项事态发生前,意图奴化摧残或消灭中华民族而(1)加以杀害饥饿歼灭奴役放逐;(2)麻醉或统制思想;(3)推行散布强用或强种毒品;(4)强迫服用或注射毒药或消灭其生殖能力或以政治种族或宗教之原因而加以压迫虐待或有其他不人道之行为者。

四、外国军人或非军人于对中华民国作战或有敌对行为之期间,对中华民国或其人民有前三款以外之行为而依中华民国刑事法规应处罚者。

第三条　前条第二款之背心暴行谓左列行为之一:

一、有计划之屠杀、谋杀或其他恐怖行为。

二、将人质处死。

三、恶意饿毙非军人。

四、强奸。

五、掳掠儿童。

六、施行交通刑罚。

七、故意轰炸不设防地区。

八、未发警告且不顾乘客与船员之安全而击毁商船或客轮。

九、击毁渔船或救济船。

十、故意轰炸医院。

十一、攻击或击毁医院船。

十二、使用毒气或散布毒菌。

十三、使用非人道之武器。

十四、发布尽杀无赦之命令。

十五、于饮水或事物中置毒。

十六、对非军人施以酷刑。

十七、诱拐妇女,强迫为娼。

十八、放逐非军人。

十九、拘留非军人,加以不人道之待遇。

二十、强迫非军人从事有关敌人军事行动之工作。

二十一、军事占领期间有僭夺主权之行为。

二十二、强迫占领区之居民服兵役。

二十三、企图奴化占领区居民或剥夺其固有之国民地位权利。

二十四、抢劫。

二十五、勒索非法或过度之捐款或征用。

二十六、贬抑货币价值或发行伪钞。

二十七、肆意破坏财产。

二十八、违反其他有关红十字之规则。

二十九、虐待俘虏或受伤人员。

三十、征用俘虏从事不合规定之工作。

三十一、滥用休战旗。

三十二、滥用集体拘捕。

三十三、没收财产。

三十四、毁坏宗教慈善教育历史建筑物及纪念物。

三十五、恶意侮辱。

三十六、强占或勒索财物。

三十七、夺取历史艺术或其他文化珍品。

三十八、其他违反战争法规或惯例之行为或超过军事上必要程度之残暴或破坏行为或强迫为无义务之事或妨害行使合法权利。

第四条　第二条各款之行为以发生于中华民国二十年九月十八日以后,中华民国三十四年九月二日以前者为限。但第一款及第三款之行为发生于中华民国二十年九月十八日以前者不得追诉之。

刑法第八十条关于追诉权时效之规定于战争罪犯不适用之。

第五条　外国军人或非军人于中华民国三十四年九月三日以后,集中以前有第二条各款行为之一者,依中华民国刑事法规由普通军法裁判机关审判之。

第六条　战争罪犯虽于中华民国三十四年十月二十五日以后回复中华民国国籍仍准用本条例之规定。

第七条　外国军人或非军人对中华民国之盟国或其人民或受中华民国保护之外国人有第二条各款行为之一者,分别准用本条例之规定。

第八条　战争罪犯不因左列事由而免除其责任。

一、犯罪之实施系奉其长官之命令。

二、犯罪之实施系执行其职务之结果。

三、犯罪之实施系推行其政府既定之国策。

四、犯罪之实施系政治性之行为。

第九条　对于战争罪犯处于监督指挥之地位而就其犯罪未尽防范制止之能事者,以战争罪犯之共犯论。

第十条　战争罪犯有第二条第一款或第三款之行为者,处死刑或无期徒刑。

第十一条　战争罪犯有第三条第一款至第十五款之行为者,处死刑或无期徒刑；有第三条第十六款至第二十四款之行为者，处死刑、无期徒刑或十年以上有期徒刑；有第三条第二十五款至第三十七款之行为者，处无期徒刑或七年以上有期徒刑；有第三条第三十八款之行为者处无期徒刑或七年以上有期徒刑，情节重大者处死刑。

第十二条　战争罪犯之行为合于第二条第四款之规定者，依各该刑事法规所定之刑罚处断。

第十三条　民国三十三年六月十七日颁行之减刑办法于战争罪犯不适用之。

第十四条　战争罪犯之案件由国防部配属于各军事机关之审判战犯军事法庭管辖。

第十五条　前条规定于已经同盟国特设之机构审判之战争罪犯仍适用之。但其已执行之刑罚得免予执行。

第十六条　审判战犯军事法庭之设置及其职权之划分由国防部会商司法行政部后提交战争罪犯处理委员会决定之。

第十七条　审判战犯军事法庭由军法审判官五人及军法检察官一人至三人组织之，但案件较繁之法庭得增置员额。

审判战犯军事法庭开庭时，由军法审判官三人或五人出席，军法检察官一人莅庭。

第十八条　军法审判官由审判战犯军事法庭所配属之军事机关遴选军法官三人，并由司法行政部遴选所在省市区之高等法院推事二人充任之。

依第十七条第一项但书增置员额时，由国防部会商司法行政部办理。

军法审判官军法检察官一律专任。

第十九条　审判战犯军事法庭以司法行政部遴选之军法审判官一人为庭长，并以所遴选之军法检察官一人为主任军法检察官。

第二十条　审判战犯军事法庭庭长、军法审判官主任、军法审判官及军法检察官由所配属之军事机关报请国防部并由司法行政部分别提经战犯处理委员会决定后由国防部呈请国民政府任命之,增置员额时亦同。

第二十一条　审判战犯军事法庭所在省市区之高等法院及所配属之军事机关,应分别指定推事检察官及军法人员各一人或二人,准备于军法审判官或军法检察官出缺或不能执行职务时补充之。

前项人员经指定后应由高等法院及所配属之军事机关通知审判战犯军事法庭遇有军法审判官或军法检察官出缺或不能执行职务时得由审判战犯军事法庭通知先行到庭执行职务。

第二十二条　审判战犯军事法庭庭长、军法审判官主任、军法审判官、军法检察官及其他需用人员之阶级由国防部编制之。

前项审判战犯军事法庭需用之其他人员由审判战犯军事法庭庭长荐由所配属之军事机关派用,报请国防部备案。

审判战犯军事法庭所需之经费预算、粮服及其他设备由所配属之军事机关长官拟定报请国防部核定之。

第二十三条　审判战犯军事法庭庭长、军法审判官、军法检察官、书记官、通译等出庭时,应着军服并佩领章。

第二十四条　战争罪犯案件由军政宪警机关因人民之告诉、告发或依职权督率所属调查检举之。前项调查检举程序除本条例及其他法令另有规定外,由战争罪犯处理委员会决定之。

第二十五条　战争罪犯案件经向审判战犯军事法庭径行告诉告发者,得由军法检察官侦查办理,但应于收案后一星期内报请战争罪犯委员会备查。

第二十六条　战争罪犯案件由军法检察官提起公诉。

第二十七条　审判战犯军事法庭审判战争罪犯案件时得准被告选任具有中华民国律师法规定资格,并在所在地法院依法登录之律师为辩护人。其未选任辩护人者,应指定所在地法院之公设辩护人为之辩护。所在地法院无公设辩护人者,应指定律师为辩护人。

第二十八条　审判战犯军事法庭关于战争罪犯案件之言词辩论及

裁判宣示应于公开法庭行之。

第二十九条　审判战犯军事法庭庭长得于开庭前指定军法审判官一人或二人进行审理战争罪犯案件所应准备之事项。

第三十条　审判战犯军事法庭遇必要时,得指派军法审判官三人、军法检察官一人至犯罪地审理战争罪犯案件。

第三十一条　审判战犯军事法庭宣告无罪或军法检察官为不起诉之案件应于宣告或处分后一星期内报请国防部核准。

国防部认为前项案件有疑义者得命令再行侦查或发回复审。

第三十二条　审判战犯军事法庭判决有罪之战争罪犯案件由所配属之军事机关连同卷证报请国防部核准后执行之。但处死刑或无期徒刑者,应由国防部呈请国民政府主席核准后执行。

国民政府主席或国防部认为原判决违法或不当者,得发回复审。

前二项之规定于复审判决仍适用之。

第三十三条　战争罪犯案件经判决后,除具有陆海空军审判法第四十五条各款情形之一者,得为复审之呈诉外,如对原判有所申辩时,得于判决送达后十日内提出申辩书呈由原军事法庭转呈国防部核办。

第三十四条　战争罪犯之逮捕、羁押、审判及裁判执行机关应随时将办理情形分别列表报请国防部及司法行政部备查。其详细办法由国防部会同司法行政部订定之。

第三十五条　本条例自公布日施行。

中国第二历史档案馆藏外交部档案

战争罪犯处理委员会第三十次常会提案
1946 年①

战争罪犯处理委员会第三十次常会提案

甲、报告事项:

---

①　原件无日期,根据内容而定。

一、日本侨民现况表（如现表）（缺）

二、日本驻汉连络部长冈部直三郎于六月十五日押解到沪（武汉行营战俘管理处已巧电）

三、上次常会决议广州行营所报由越北解粤之日俘 185 名列为战犯一案。查该犯等已列入战犯名，无庸再行补列。

四、以后各位提案请先复写五份分发参阅，以免审议及记录错误。

五、京沪卫成部报称日籍战犯届江宽已于三四、九、八退伍及井野查无其人，故无法逮捕。（法一六九二 66 代电）

六、塘沽港口司令报称日军大坂联队长一名，查无其人，无法逮捕。（已寒电）

七、六月二十一日本部参谋会议陈总长对于战犯罪证之搜集，决定仍照以往办理并令注意原告材料及派员搜集证据。该项工作异常烦重，本厅似应成立战犯罪证调查室专负搜集调查罪证之责。

决议：

二、日台战俘 34 名，私由台渡香港如何议处案 [府年(2)4396 代电]

决议：

三、第二十六常会决议中美在渝口头协定待美方再次提出时再行研议，现马歇尔已向主席提出备忘，希即答复该项协定及准予引渡菲律宾战犯至菲一案，请公决案。（马歇尔 DSE19 618 函）

决议：

四、查德奥韩台侨已交由外交拨管，各方现仍送本厅再移送外交部辗转费时拟通令各有关机关径电外交核办，请公算案。

决议：

五、军委会高参张樾亭检举日本前在伪苏县府顾问佐藤及新民会顾问柿岛广守备队长温井等三名曾杀害胞弟及劫夺财产等罪行，可否列为战犯案。

决议：

六、日本驻江阴宪兵队长本鹤冈曾杀害平民陈昌耀之父兄有据，请

列战犯案。（中执委会秘书处 2204　5.29 函）

决议：

七、……（缺）杀害黄浦五期学生狄维城，当时任忠救军特务工作，该犯应否列入战犯案。

决议：

八、日本常州警备队基浦部队漕桥中队之水田中尉曾杀害学生项一同等五人，请列为战犯案（中执委会 6.7 渝 35 文 11275 函）

决议：

九、第一、二、九批战犯名单核列错误，应如何更正案。

决议：

十、关于陆总部撤消其转军法执行总管部之案件应交由何处办理案

决议：

十一、冈村宁次应何时逮捕审判案

决议：

中国第二历史档案馆藏外交部档案

战争罪犯处理委员会第四十六次常会会议录
1946 年 10 月 15 日

战争罪犯处理委员会第四十六次常会会议录

时间：三十五年十月十五日十四时三十分至十六时三十分

出席人：行政院秘书处李祥生科长

外交部胡汝楫科员

远东分会王之珍秘书

司法行政部王式成科长、朱志奋编审

国防部军法处唐表民高级法官

国防部二庭王丕承处长、陈昭凯科长、彭明辉参谋

列席人：军事法庭石美谕庭长

主席:王丕承

记录:彭明辉

甲、报告事项

一、本会派赴东北之督导小组已于最近抵沪,将于十七日返京,下午二时召开临时会聆取该组报告。

二、本部战犯拘留所羁押之战犯清木发一名患病甚重,业经总长批准保外诊治,昨由日连络班领出,据报病势尚在危殆中。

决议:(一)日战犯清木发病重未报一节应由军法处查明严办。(二)以后战犯拘留所应按周将战犯之情形报告一次。(三)军法处应派员视查战犯拘留所之卫生食粮等项,使其改良。

三、槟榔屿战犯法庭于九月四日开庭审讯战犯三十五名,证人有一百零七名。

四、日战犯菱田元四郎一名前自杀未遂,现病愈出院移解第一绥靖区民事法庭归案矣。

乙、讨论事项

A、王处长丕承提案:

一、日战犯神保信彦中佐一名前曾营救菲总统罗哈斯之生命,电主席蒋请求释放,复函朱团长世明电参军处转呈主席迄未奉批,该日人可否解京办理,提请公决案。

决议:(一)原案当会移军法处承办径复。(二)尔后凡关战犯之侦查审判案件应交由军法处办理。

二、司法行政部送来京字第十三号名册交由本厅核对后付印分发案。

决议:通过。

B、陈科长昭凯提案:

一、上海扣留之日宪兵嫌疑犯如无确实证据者,可否一律于十月二十日以前遣送返国,提请公决案。

决议:通过。

二、军事法庭审判时常有审判长与战犯间翻译者未能达意可否由战犯自带翻译,请公决案。

决议:军事法庭审判战犯时经审判长许可并依法具结得由战犯自带翻译。(由军法处通令办理)

三、各地战犯军粮太差,营养不足,应加以改善案。

决议:由军法处派员视查改良。

四、上海战犯与普通犯人拘押一处,流弊诸多,应另成立战犯拘留所提请公决案。

决议:通过,由军法处核办。

五、日连络班拟派员至汉口战犯拘留所探视传达信件,可否准予前往提请公决案。

决议:可准前往,但不予证件。

C、唐法官表民提案:

第四十四次常会本人所提第一项并非报告,应改为提案,提出更正如左:

查敌国人民有从事其职业之行为之自由,且亦有效忠其本国之义务,此无就国内法抑国际法言皆属无可訾议。故敌国人民业务上之行为虽对敌国事有所协助,若尚未达于犯罪之具体阶段,并亦无侵害我国或其他盟国,意而其行为又不足予侵略战争以有效之支持者,即难以战争罪犯谕拟。

决议:通过。

散会。

中国第二历史档案馆藏外交部档案

战争罪犯处理委员会对日战犯处理政策会议记录

1946 年 10 月 25 日

时间:三十五年十月二十五日九时至十二时

地点:国防部部长会议室

出席人：

　　国防部　部长　白崇禧

　　次长　林蔚

　　司法行政部　部长　谢冠生

　　司长　杨兆龙

　　外交部　部长　王世杰（次长甘乃光代）

　　司长　杨云竹

　　行政秘书处　秘书长　蒋梦麟（科长李祥生代）

　　联合国战罪审查委员会/远东及太平洋分会　秘书长　王化成

　　国防部第二厅　厅长　郑介民（副厅长张炎元代）

　　国防部军法处　处长　刘慕曾（副处长戴佛代）

　　国防部军法处战犯处理组　组长　胡琰

　　国防部特种计划司　司长　赵援

　　国防部战犯管理处　处长　邹任之

　　国防部审判战犯军事法庭　庭长　石美瑜

　　国防部第二厅第八处　处长　王丕承

列席人：

　　司法行政部　科长　王式成

　　国防部特种计划司　组员　罗子诚

　　国防部军法处战犯处理组　科员　王成荃

　　国防部第二厅第八处　科长　陈昭凯

　　参谋　彭明辉

　　参谋　邓良士

　　参谋　刘敬

主席：部长白

甲、主席致词

本会集议之目的，在决定对日战犯处理政策，当抗战胜利时，主席蒋对日本广播,已揭示我国战后对日政策,本"仁爱宽大"、"以德报怨"之精神,建立中日两国永久和平之基础,故处理日本战犯,亦当秉承昭示,且联合国对纽伦堡主要战犯之处置,采取教育及示范性之惩戒政策,与麦克阿瑟将军对日管制之重视收揽人心,恰同我国宽大精神相符合,忆本席在渝参加中枢对重要战犯审查会议时,主管机关各提名单百余,而奉主席批准核列者仅三十余名,其处理之宽大审慎可知,故现今决定对日战犯处理政策,宜循主席意旨,详加研讨,厘定方针,务期宽而不纵,使正义公理与民族情谊,兼筹并顾,是幸。

乙、业务报告

子、第二厅张副厅长炎元报告:

战犯处理概况:

一、中央处理战犯机构——战争罪犯处理委员会,奉主席蒋府参(二)字第三一八号代电,经行政院签准由前军令、军政及外交、司法行政部,与行政院秘书处、联合国战罪审查委员会远东及太平洋分会等六机关组织,承理战犯处理之指导、审议等业务。自三十四年十一月六日成立,由军令部负责召集,并区划综合性及颁令逮捕等业务,由前军令部第二厅第一处,即现本部第二厅第八处承办。其馀:调查与罪行审查,提列名单由司法行政部;审判执法之审核,由前军政部军法司,现即本部军法处;翻译及转送战犯名单交远东分会审查等业务,由外交部等单位,分别专设临时附属机构主管。于每周星期二举行常会一次,计自成立迄今已历四十八次。

二、战犯及战罪嫌疑犯人及审理机构:

1. 我国除提列主要战犯名单二批,计本庄繁等三十三名,循外交途径转请麦克阿瑟总部执缉计二十五名(其中一名于狱中死亡),交由远东国际军事法庭审理外,经战犯处理委员会颁发之战犯名单计十五批,共列战犯一、五七五名,业经逮捕者计已列名单之战犯八十二名,人民控诉经军法庭受理之战犯计一、〇二九名,战罪嫌疑犯二、一〇四名,共计三、二一五名,其中除日籍外,计朝鲜四一名,台湾五二名,琉球一名,德国二名,意国五名,其详细统计如附表第一。

2. 审判战犯军事法庭及战犯拘留所,分设于南京、上海、汉口、广州、沈阳、北平、徐州、济南、太原、台北十处。另由本部于上海设战犯管理处一所,直辖战罪嫌疑犯,其拘留及审判,依据战争罪犯处理办法,暨战争罪犯审判办法,与该办法实施细则办理。其一般情形,如附表第二。

丑、国防部军法处戴副处长佛报告:

一、各战犯拘留所羁押人数,与册报逮捕战犯人数略有出入,如广州行辕战犯拘留所呈报战犯及战罪嫌疑犯为八六四名,现经审判无罪或以不起诉处分者二一七名,已经释放及遣送归国,故本处统计羁押人数,与第二厅统计逮捕人数稍有差异。

二、各审判战犯军事法庭审判案件,截至十月廿四日止,业经本处核准死刑一〇案,徒刑七案,无罪二案,不受理一〇案,不起诉七案,发回复审一四案,共计五〇案。

寅、司法行政部谢部长冠生报告:

本部审查敌人罪行工作,共收敌人罪行案件截至三十五年十月二十四日止,共计一七一、一五二案。除已办理一〇七、〇四〇案,计:

一、送外交部译转远东分会案件三六、九〇二宗。

二、送战争罪犯处理委员会及并案办理案件六七、七七四宗。

三、无法办理案件(包括罪行人无法查明,及不能成立战犯罪诸情形)二、三六四宗。尚待审查罪行案件计六四、一一二宗。

查已办案件中,无罪行人姓名者约占三分之二强,均系陆续填载查案表,向前军令部第二厅第一处,及现国防部第二厅第八处与在华战犯管理处查填后办理。

卯、联合国战罪审查委员会远东分会王秘书长化成报告:

本分会之成立,系联合国以我国抗战时间最长,受祸最深,为协助处理战争罪犯,除于伦敦联合国战罪审查委员会之外,特设远东及太平洋分会于重庆,由中、美、英、澳、荷、比、法等十国驻华使节组成,以为咨议及审查战罪之机构,工作二年以来,已经审查通过之战犯名单,计十九批,共列战犯二千馀名。

丙、讨论事项——第二厅提案

子、案由:

对日应高瞻远瞩,处理战犯宜从大处着眼,不必计较小节,并迅速结束战犯处理业务。

理由:(一)为确立中日两国将来永久和平,昭示我国以德报怨之精神,对国际国内最重要之日战犯,应予依法审处,以为惩一戒百外,其普通战犯,宜从宽处理,以示我宽大之态度。查纽仑堡及东京审判战犯,察其政策均取宽大教育之方式。

(二)我国对战犯之处理系属创举,对国际法等有研究之法官为数甚尠,故对战犯处理程序及一切措施,多不熟练,处置稍有不当,反予国际不良之批评,为使今后各法庭处理战犯一致起见,须有确定对处理战犯之方针,俾使各级法庭有所准据。

(三)我国对战犯处理历时一年,对战犯之罪证及一切资料之蒐集多不齐全,倘勉强牵连处罚,似为有悖处罚战犯之本意。

决议:(一)对日本普通战犯之处理,应以宽大迅速为主眼:

甲、已拘战犯,限于本年底审理,查明罪行,若无重大之罪证者,予以不起诉处分,释放遣送返日。

乙、业经判决徒刑之战犯,移交日本内地执行(此办法可与盟军总部商讨,请其督导执行,而由我驻日代表团协助监视)。

丙、其馀战犯案件,其编译审查工作,应于民国三十六年六月底结束。

(二)日本战犯案件,送经联合国战罪审查委员会远东太平洋分会审查通过者,应即行逮捕;其已回日本者(以重要而证据确凿之战犯为原则),应与盟军总部接洽引渡之。

(三)与南京及其他各地之大屠杀案有关之首要战犯,应从严处理。

(四)在东京远东国际军事法庭审判中之战犯,其与我国有关者,暂时不要求引渡。

（五）对于此次受降，日军负责执行命令之尽职人员而有战罪者之处理，俟东京战犯审判告一段落后，再行决定。

（六）战罪嫌疑犯中无罪证者，应尽速遣送回国。

丑、案由：

一、各地军事法庭工作人员待遇微薄，影响工作至巨，应如何设法补救以利工作。

二、各地在押之嫌疑战犯，多因冻馁而致疾病者，又因医药设备多不健全，故在押战犯时有死亡，应如何设法改进。

理由：（一）目前各地军事法庭法官，大部系由司法人员调任，因文武待遇悬殊，多不安心服务，致使工作无法顺利推展。

（二）现各拘留所扣押之嫌疑战犯因粮不足，加以气候渐冷，亦无寒衣，多因冻馁致疾，又无健全医药设备，因之时有死亡，战犯罪自应依法惩处，如听其冻馁致死，似属有悖人道。

决议：（一）司法机关借调审判战犯军事法庭专任人员，仍照原来待遇；由军事机关派调服务人员，仍按陆军规定给与。

（二）战犯主副食费均照国军给养发给，并分各地区之气候，酌发冬季衣被。

（三）改善各战犯拘留所卫生设备，并增加医药费。

丁、主席指示

一、已经颁发之战犯名单中，尚未逮捕者，而该犯经确已潜逸返日之战犯，应查明罪证，加以整理，衡其较重要者，提请驻日盟军总部代为侦查执缉，引渡归案。

二、处理战犯业务应加检讨，盼于常会中商决改进办法。

三、对于处理战犯失职及舞弊人员，第二厅应查明具报，依法惩办，以儆效尤。

散会。

审判战犯军事法庭编制表

约 1945 年

职别	阶级	名额		备考
		员	兵	
庭长	军简三(二)阶	一		
军法检察官	军简三阶	一		
军法审判官	军简三阶、军荐一(二)阶	二、二		
主任书记官	军荐二阶	一		
书记官	军委一(二)阶	五		
通译	军荐一(二)阶	二		
副官	上尉	一		
军需 司书	一(二)等军需佐 军委三(四)阶	一 二		
军需上士文书			一	
传达	下士、上等兵		一 二	
庭丁	二等		二	
公役	三等		二	
炊事兵	上等兵		三	
合计		十八	一一	

附记:一、战犯不满十名之单位,应暂缓成立军事法庭得径解送其他军事法庭之单位审判。但如有特殊情形,必须在当地审判者得于呈经军事委员会核准后设立之。

二、军事法庭所有编制人员以专任为原则,业务较简之单位,得斟酌情形分别调派兼任。

三、编制内之军法检察官军法审判官应遴选优秀合格人员呈请任用。

四、军事法庭之警卫事宜由配在之机关或部队派遣担任。

中国第二历史档案馆藏外交部档案

中国应行设立审判战犯军事法庭各单位一览表
1945 年 3 月 11 日

应行设立审判战犯军事法庭各单位一览表　3 月 11 日

单位名称	成立日期	备考
中国陆军总司令部	2 月 15 日	何
广州行营	2 月 15 日	扬
武汉行营	2 月 25 日	扬
东北行营	2 月 1 日	
第一战区长官部	2 月 1 日	
第二战区长官部	2 月 10 日	太原扬
第八战区长官部	2 月 10 日	暂缓成立
第十一战区长官部	2 月 1 日	北平扬
第十二战区长官部	2 月 1 日	
徐州绥靖公署	4 月 1 日	铜山
郑州绥靖公署	2 月 15 日	
衢州绥靖公署	2 月 15 日	
第一绥靖区司令部	3 月 20 日	上海扬
第二绥靖区司令部	2 月 15 日	济南王耀武扬
台湾警备总司令部	2 月 1 日	

附记:一、查三、五、六、七、九、十战区即将撤消,接收该战区业务之行营绥署、绥靖区司令部应参照战争罪犯审判办法施行细则第二条规定,均成立军事法庭。

二、各单位各因特殊情形不能即行组设军事法庭时,应即报核。

中国第二历史档案馆藏外交部档案

战争罪犯处理委员会工作报告

1946 年 12 月①

战争罪犯处理委员会工作报告

日军内侵铁蹄所迹、奸淫掳掠、极尽蹂躏、兽行荼毒之深、罪孽之重，惨绝人寰。为申正义，张示公理，依盟国处理战犯之共同政策，除肇祸元凶东条英机等三十三名已列为主要战犯，先后循外交途径分二批转请麦克阿瑟总部执缉交由远东国际军事法庭审理外，对于中国战区辖隶之战争罪犯，其处理业务胪陈如次：

甲、处理战犯之机构及其业务系统

战争罪犯处理委员会系奉国民政府参（二）字第三一八号代电经行政院签准由军令部及军政、外交、司法行政部与行政院秘书处联合国战罪审查委员会远东及太平洋分会等六机关组织而成，承理战犯处理之指导及审议等业务。自三十四年十二月六日成立，奉命由前军令部主持当即区划综合性及颁令逮捕战犯等业务，由前军令部第二厅即现国防部第二厅承办，其余如调查与提列战犯名单由司法行政部，审判执法之审核由前军政处军法处即现国防部军法处，翻译及转送战犯名单交远东分会审查等业务由外交部承办，各单位中除军令部（国防部）第二厅外，均专设临时附属机构专任主官，于每周星期二举行常会一次，计自成立迄今（自民国三十四年十二月六日至三十五年十二月二十日）已历五十五次，并曾先后由本会签准派战犯罪证调查小组会同远东国际军事法庭检查处至京、沪、穗、桂、衡、汉、平等地，搜集罪证及派东北督导组前赴长、沈、锦、葫等地工作，以策处理战犯业务之推展。处理战犯依据战争罪犯处理办法及战争罪犯审判办法与该办法施行细则。办理战犯业务之系统如附件。

乙、处理战犯之政策

处理战犯为盟国之共同政策，依据本会之政策会议我国本诸仁爱

---

① 原件无日期，该时间系根据内容而定。

宽大以德报怨之旨趣,勿纵勿妄,以昭国际公法之尊严,而示中华民族之精神,使正义公理与民族情谊兼筹并顾。是以对日战犯之处理以建立中日两国永久和平为基础,采取教育及示范性之惩戒政策。

中国战区之日本战犯经调查及控诉与检举之案件①,截至三十五年十月二十五日止,共 171,152 宗,分列战犯名单三十二批,(远东分会通过战犯名单十六批,共计 1457 名,本会审查战犯名单十六批,共计 2247 名,)共计战犯 3704 名。除战犯中因阵亡病故或为盟军逮捕或潜逸返日已改名换姓尚在积极侦查执缉外,计经逮捕之战犯共 1,222 名,战罪嫌疑犯 2,104 名,除解递盟邦引渡 105 名暨战罪嫌疑犯中确无罪证者已遣送回日外,业由各审判军事法庭审理之案件,已判决 114 案,其中酒井隆、田中久一等 14 名业已执行死刑,其余均已分别处以徒刑,现正加紧审理,俾得早日结束处理战犯工作。

缘战犯之拘留、审判与执行为国际公法之特别法与一般刑事之处理不同,除应重视法律尊严与裁判之意义外,尤宜注意感化宣导之工,用经战犯处理委员会审议,特于本(三十五)年六月十六日成立国防部战犯管理处,藉以改进管理方法,加强感导教育,贯彻处理战犯政策而达惩处战犯之目的。

丙、业务概况

战犯业务按调查、审查、逮捕、拘审、执法之程序处理。

一、调查。抗战期间,中央为调查日本军民在华战争罪行,原于行政院下设立敌人罪行调查委员会以主其事。并颁行"敌人罪行调查办法"及该办法之修正案以为准据。迄日本投降时为加强工作效率,改由司法行政办负责,并转饬司法机构(审判战犯军事法庭)调查该管区内战罪事件,受理人民及法团对战犯之检举与告诉。惟受害人民对战犯姓名与罪证既乏检举能力,而经常对于资料之搜集亦欠详实。为弥补不逮,遂由前军令部拟制"日军官佐士兵雇员经历调查表"命战俘填

---

① 此处另有注释为:此报告编写较早,至最近远东分会通过名单未及列入。

报,冀于其经历中获得罪行之时间、地点与事实,同时,司法行政部订定"敌人罪行调查表"及"结文"分发各司法机关,以为调查及受理、控诉与检举战犯及罪证之准据,俾得相互参证,据实定罪。总计司法行政部受理人民及机关法团等检举战犯案件,迄至三十五年十月二十五日止,共 171,152 案,表由前军令部第二厅第一处及现国防部第二厅第八处与战犯管理处查明核校。前军事委员会、行政院战犯罪证调查小组为补不逮,经拟订战犯罪证调查标准,送发各有关机关参考,终以民智与物质条件落后,对战犯检举与罪证之调查未能普遍施行。

二、审查。联合国以我国抗战时间最长,受祸最深,为辅助战罪审查计,除于伦敦联合国战罪审查委员会之外,特于重庆设立远东及太平洋分会,由中国代表会同美英法奥荷比等十国驻华使节共同组成战罪之咨议与审查机关工作。二年以来,业经审查通过之战犯名单,计第一至十九批共列战犯二千余名。至抗战胜利政府还都后,人民检举战犯案件积累十万余宗,为加强审查效率,迅颁名单,以便执行逮捕计,战犯处理委员会决议:除罪行人职阶较高而罪行较普遍广泛或实施犯罪之手段较残酷者,仍送外交部译转远东分会审查外,凡罪行人之罪行毋须送远东分会者,提战犯处理委员会通过后,即完成审查之法定程序,计审订京字第一至第十六批共列战犯 2,247 名,所有战犯案件经由司法行政部分别作成审查表 4,009 份,送外交部译转远东分会计 1,257 份,共 36,902 案,送战犯处理委员会暨业经该会成立之战犯计 2,752 份,共 67,774 案,又罪行人无法查明及不能成立战罪者,共 2364 案,总计已付审编之案件 109040 宗,尚待审查之案件,计 64112 宗。兹按其罪行种类统计附件。

三、逮捕。关于战犯之逮捕,迭经前军令部及国防部根据远东分会及战犯处理委员会所审查通过之战犯名单详加规划,于抗战胜利后,即以不妨碍受降工作之开展暨善后连络与地方秩序范围内分批通令逮捕在案。按战争罪犯处理办法规定:各行营、各战区长官等及其相当之军事长官按所颁发之战犯名单会同日俘侨管理处及港口运输司令部查明执缉外,当经当地军民检举或告诉之战罪嫌疑犯,经查确有罪证,各行营战区长官等得径令逮捕。其已返日者,则循外交途径由盟国占领军逮捕引渡。又盟国战犯而在我国者,经法定手续核准可予解递,计经逮捕之战犯1,111名。(受理人民检举控诉案件径由各行营及战区司令长官饬令扣押之人犯包括在内)战罪嫌疑犯2,104名,暨准由盟军引渡之战犯计美国□□名、英国16名、法国8名、澳洲4名,共□□□名,总共中国战区逮捕之战犯及战罪嫌疑犯计3320名。

四、拘审。战犯之拘留与审判业务依战争罪犯审判办法及该办法施行细则规定办理,自三十四年十二月中旬以后相继于北平、南京、南京、上海、汉口、广州、太原、徐州、济南、台北、沈阳等地,在该最高军事当局隶辖之下,成立审判战犯军事法庭及战犯拘留所(全国共计十处),并设国防部战犯管理处一所于沪,直辖华中区战罪嫌疑犯,藉以检察罪行,搜查证据。各审判战犯军事法庭业经审理之案件截至十月二十四日止,经国防部军法处核准者共50案,计判决死刑者10案,徒刑者7案,无罪二案,不受理10案,不起诉7案,发回复审14案,其拘审概况如附表。

查战罪嫌疑犯原拘留于上海1072名,汉口430名,广州557名,(越北解来185名在内)沈阳205名,共计2104名。在检察期间除罪证属实者已列为战犯移解军事法庭审理以及嫌疑重大者,计上海1072名,汉口430名,广州557名,(系越北解粤)与沈阳战罪嫌疑犯尚在调查中,仍留原地外,其余凡经审核确无罪证者业已开释遣送归国,以昭处理战犯之真谛,而示我国格外施仁之宽大政策。

五、执法。经审判战犯军事法庭判决之战犯,业已执行死刑者计酒井隆、田中久等23名,判处无期徒刑者1名,有期徒刑者21名,宣告无罪者13名,已经开释遣送归国外,其余战犯尚在积极审理中。

至于判处徒刑之战犯,经对日战犯处理政策会议决定为执法便利及寓教育大和民族之涵义,拟移交日本内地执行,请盟军总部督导执行,由我驻日代表团协助监视以达惩处战犯之目的。

六、感导。凡现拘已决或未决之各战犯多系为军事上、政治上、经济上之专家或为侵华之企划及实践者,甚或与我国近代动乱于政治上经济上之事态及变迁有关系者,故大多具有专门之知识。吾人因须充分搜证,对元凶巨恶加以审判及惩罚,而对较轻之罪行者,则于惩罚之外并应予以感导。本会有鉴及此,特责成国防部战犯管理处随时施以感导教育,以促使良知之反省而明了。

1. 日本军阀穷兵黩武之错误。2. 日本军阀对次战争犯应负之责任。3. 盟国为正义和平作战之意义。4. 三民主义与领袖之伟大。5. 联合国宪章及民主思想。6. 揭破日本神权伪造历史观念受以实在史实。其余现实之观点更有值得加以运用或利用者,俾以是项战犯为工作对象谋获军事上政治上经济上外交上之种种资料或则发掘已知未知诸秘密及阴谋,凡此资料加以整理后,当于我建国工作之进行不无参考借鉴警惕之处,以妥为运用之必要。

丁、结论

我国对日本战犯之调查业务已经完成,拘审、感导与执法工作现正积极进行。惟战犯中阵亡病故与缺名有姓无法查缉者及潜逸回日(择其罪行重大证据确凿之战犯为原则)尚待与盟军总部洽商引渡外,逮捕工作亦已告竣。其处理方案胥遵战犯管理委员会对日战犯处理政策会议之决定施行。本着精神以德报怨、高瞻远瞩、宽而不纵、教育及示范性之惩戒政策,使正义公理与民族情谊兼筹并顾,藉以建立中日两国永久和平之基础。

中国第二历史档案馆藏外交部档案

国防部军法处处理战犯工作报告

1946 年 12 月[①]

国防部军法处处理战犯工作报告

(一)制定法规处理战犯事属创举,我国固无成法,国际间亦乏完

备之律例,自须制定法规以为处理战犯之依据。本处于前军政部军法司奉令经办处理战犯工作,爰会同司法行政部及前军令部拟定"战争罪犯处理办法""战争罪犯审判办法""战争罪犯审判办法细则"等三种法规,均经前军事委员会于去年十二月及本年一月先后通令颁行,逮至本年六月国防部成立,整个军事机构改变原有规定,多与现时不合。而"审判办法"及其"施行细则"施行以来,其中亦不无应加补充修正之处,当经本处会同有关机关依据目前情形察酌实际需要,将战争罪犯审判办法及其施行细则合而为一,并予补充修正拟定"战争罪犯审判条例",经送立法院审议通过,业于本年十月二十四日府令公布施行。

(二)成立机构依照战争处理办法及审判办法,关于战犯之拘留审判应成立战犯拘留所及审判战犯军事法庭办理,终于本年一月承办军委会令饬中国陆军总司令部武汉、广州、东北三行营,第一战区、第二战区、第十一战区、第十二战区、四长官部,徐州、衢州、郑州三绥署,第一、第二绥靖区司令部及台湾警备部等十四机关,于本年二月至四月间分别设立审判战犯军事法庭及战犯拘留所,并饬令第一方面军于越南河内成立拘留所,以羁押越北战犯。嗣第一方面军内调第一及第十二战区等处逮捕战犯人数过少,衢州绥署爰以交通不便,当经依据各处逮捕人数及交通情形予以裁撤归并,计成立军事法庭及战犯拘留所各十处,战犯拘留所人员系由军事机关任用呈报本部备案。各军事法庭人员编制较为复杂,计设军法审判官五人及军官检查官一人至三人,审判官由所配属军事机关遴选,军法官三人由司法行政部遴选所在省市区之高等法院推行二人,并以其中一人为庭长,检察官由司法行政部遴选所在省市区之高等法院检察官一人或二人(倘超过一人则以其中一人为主任检察官),并得由配属军事机关遴选军法官一人充任,所有审判官检察官依照战争罪犯审判条例规定应一律专任外,其由司法行政部遴选之人员多系兼任。至各庭所需之经费粮秣及其他设备均系由所配属之军事机关拟定预算,报由本部核发。本年七月份,各庭经费约为二百九十余万元。至各庭由司法机关选荐人员之薪给仍由其原机关支给。

（三）拘留战犯各地逮捕之战犯均按其犯罪地点及逮捕地区分别交由各战区拘留所扣押，以候军事法庭之侦查审判。本处为划一收押办法，并加强管理起见，经依照处理战犯各项法规并参照羁押法及监狱刑法等规定"战犯拘留所注意事项"由部通饬遵照实施。并为明了收押战犯情形起见，经令各战犯拘留所于收押时填报战犯羁押表，并于每月一日填报战犯动态日报月表，俾便查考各战犯拘留所自成立以来在其配属机关之管辖及配属机关军事法庭之指导下，均能慎重，将事严格办理。惟拘留所经费有限，而各地适于现成之监房复不易多得，以是设备方面难如预期。而各拘留所收容之战犯最多时（本年七月）共达一千七百余人，目前亦有一千两百余人（详见附表三）。收容以来，病毙战犯共十五人，其中东北行辕战犯拘留所病毙一人。本处遵照处理战犯政策会议议决，拟定在押犯衣食、卫生、补给等事项之办法，已由本部主管单位分别办理。

（四）审判战犯所有战罪案件，均按其犯罪地区分别交由各审判战犯军事法庭审理，各庭并就所在地区调查敌人罪行提起诉讼，并受理机关团体及人民对战争罪犯之告发。惟战犯之审判无先例可援，复乏成法可依，对于国际间之处理战犯有关资料自广事搜求，藉供参考。本处经搜集有关国际战争各种法规、条约及此次大战同盟处理战犯之协定、文告、规章等有关文献，分别予以整理、翻译、汇编两辑，印发各军事法庭，以为引用国际法之依据，并作审理时之参考。在国内法方面，本处并随时对各庭提出之法令疑义予以解答。惟各庭于本年七月以前因机构急遽成立，人员未全，业务未习，审理工作至成迟滞。当经承办部令一再督导，饬令催对于台籍及韩籍战犯尤应尽快侦审（三十五年酉文法战字第二一九九号代电、申寝法战电、戌元防法战第四一七九号代电），并规定审理案件月报表令饬各庭按月具报，以资查考。审理工作爰渐次展开。现各庭受理案件共一，三一五件，审结一一八件，起诉一〇三件，侦讯中者一〇九件，定结案件已呈由本部核准者五六件（详见附表四、五）。

中国第二历史档案馆藏外交部档案

国防部审判战犯收集证据工作报告
1946 年 12 月①

国防部审判战犯收集证据工作报告

本庭遵照前军事委员会（235）子咸政治行一〇九一号代电，于三十五年二月一日开始组织，同月十五日正式成立直属前中国陆军总司令部，嗣该部于本年五月底撤销，本庭即改隶国防部。兹将本年度工作状况分别叙述如左：

一、行政方面

甲、人事：本庭于成立之初，依照战争罪犯审判办法设军法审判官五人，军法检察官一人，由前中国陆军总司令部会同司法行政部各调派法官三人，分别兼任。后改隶国防部后为增进工作效能起见，将法官人事重加调整，改派专任并增加军法检察官二人。

乙、经费：本庭开办费预算原列六百七十余元，于成立之初，由前中国陆军总司令部先行借拨二百五十万元，购置一部分办公用具。原案转前军政部核示，至今未奉核定。自改隶后，因人事增加致办公用具不敷分配。又法庭布置费依照司法行政部设计图样需费二千一百余万元，经呈奉核减为二百零九万元。故一切设备从简。至于经常费一项，因新编制尚未奉颁发，仍照旧预算支领。惟人事业已增加，薪饷不敷开支，又办公费仅月列十九万元，每遇必要之巨额支出，即感无法应付。而呈请临时费复以辗转审核，稽延时日。综上种种困难，殊影响庭务之进行。

二、审判方面

本庭于本年二月成立后，即着手办案，因战犯案件大多缺乏具体犯罪事实，均须分别向各犯罪地有关机关调查罪行并搜集证据公文往返颇费时间。至五月下旬，重要战犯酒井隆一案，始克公审，复以继续发现重要证据裁定再开辩论，旋因前中国陆军总部撤消，本庭改隶问题迟

---

① 原件无日期，本日期系根据内容而定。

迟未决。至八月中旬，方确定隶属本部颁发关防。酒井隆案遂于同月下旬定谳，该案终结。后为改进庭务，以期增加工作效能起见，将法官人事加以调整，改派专任。经各有关方面重新选派至十月底各专任法官陆续到齐，当由庭长召开庭务会议，决定加紧工作之方针。自十一月份起，除检察部分因检察官人事已经增加，即可加速进行侦查工作外，审判方面规定每星期至少开公判庭一次。两月以来。结案将及全部案件之半数。预计如此后不再增加新案，则所余案件三四个月内可以审结。兹将本庭本年度办案情形列表如后：

收案	已起诉案件	已结案件			未结案件	
		不起诉处分	判决	移送他处	审理中	侦查中
55件	22件	6件	13件	3件	9件	24件

中国第二历史档案馆藏外交部档案

战犯处理工作报告书
1947年①

战犯处理工作报告书目录（略）

战犯处理工作报告书

第一章　概述

甲、战犯处理缘起。一九四二年一月十三日比国、捷克、自由法国、希腊、荷兰、南斯拉夫九国流亡政府，在伦敦开会，发表惩治战犯宣言。中国当即备函声明：日本在中国所犯罪行应受同样之惩罚。嗣由英国正式提议设立战罪审查委员会，一九四四年一月十九日，该会在伦敦正式成立，定名为联合国战罪审查委员会，战犯处理工作系于是时开始。

乙、联合国战罪审查委员会伦敦总会。参加伦敦总会之国家计有中国、美国、捷克、澳大利亚、荷兰、挪威、希腊、纽西兰、法国、英国、比

---

① 原件无日期，本日期系根据内容而定。

国、印度、加拿大诸国,仅苏联未派代表参加。该会主席初由英国代表
Sir Cecil Hurst 担任。该会下设三小组:(一)审核及证据组。(二)研究
执行机构及方法组。包括法庭及引渡问题。(三)一般法律问题组。
总会共开会一百一十次,通过战犯名单四十三批(开会记录及战犯名
单均存外交部亚东司)。此次名单均分送各国,但仅系建议性质,并无
拘束力。

第二章　远东及太平洋分会

甲、分会之成立。一九四四年五月十六日联合国战罪审查委员会。
伦敦总会通过决议,设立远东及太平洋分会,会址设于中国,由中国政
府担任筹设。一九四四年十一月二十九日中国政府出席分会代表王秘
书长宠惠召集成立大会,远东分会遂于是日在重庆正式成立。

乙、分会会员国。分会既为总会之一部分,而惩治日本战犯又与全
体联合国家有关,故当分会成立之前,所有参加伦敦总会之国家均被邀
参加远东分会,接受此项邀请者计有美国、澳大利亚、比利时、中国、捷
克、法国、印度、卢森堡、英国、荷兰、波兰等十一国,但卢森堡从未派遣
代表参加,故分会会员国仅有十国。

丙、分会组织。在分会成立大会中,中国代表代表王秘书长宠惠经
各国代表一致推选为分会主席。一九四六年六月十四日王秘书长辞去
中国代表职务,其主席职务改推现任中国代表团刘次长锴继任。一九
四五年春王秘书长宠惠奉派出席旧金山国际组织会议。在出国期间,
由英大使薛穆代理主席。一九四六年秋刘次长锴奉派出席联合国大
会。在出国期间,由比大使德尔福代理主席。分会下设秘书处:(一)
财务委员会、事实与证据委员会各一,秘书长初由分会推选,行政院张
参事平群担任,一九四六年二月张参事因奉派为驻纽约总领事请辞,秘
书长职分会遂改推外交部王司长化成继任。此外,秘书处尚有秘书及
打字员各一人,协助秘书长处理分会日常事务。财务委员会由英国代
表支持,事实与证据委员会由荷兰代表支持。

联合国战罪审查委员会远东及太平洋分会组织表：

联合国战罪审查委员会伦敦总会——联合国战罪审查委员会远东及太平洋分会——秘书处、财务委员会、事实与证据委员会。

丁、分会工作概略。分会所处理之战罪案件百分之九十系由中国政府提送此项案件，先由司法行政部编制经国防部核对后，再送外交部译成英文，依照总会提出格式缮成 Charge Sheets 然后提送秘书处转交事实与证据委员会，审查事实与证据，经审慎研究后报告分会，经分会核实后，即由秘书处印成战犯名单。

分会日常每两星期或三星期开会一次，一九四六年春，因分会迁移南京，停会多日。截至现时为止，共开会三十八次，通过日本战犯名单二六批，共列战犯2992名，其中由我国提出者计2368名，由美国提出者计218名，由英国提出者计43名，由澳大利亚提出者计18名，由法国提出者计345名。该会现以我国提送日本战罪案件均已审查完竣，各国出席代表佥认该会任务业已完成，经洽商伦敦总会后，已决议于本（三十六）年三月三十一日正式结束。其有关战罪文件业已分别移送中国政府及伦敦总会存查。

第三章　战犯处理委员会

甲、战犯处理委员会之成立。战犯处理委员会系奉国民政府参（二）字第三一八号代电经行政院签准军令军政部、外交部、司法行政部、行政院秘书处、联合国战罪审查委员会、远东及太平洋分会等六机关组织而成，成理战犯之处理之指导及审议等业务，于卅四年十二月六日在重庆成立，由前军令部主持并将业务职掌区分于下：（一）颁令逮捕战犯及一般综合性业务由军令部第二厅（即现国防部第二厅）负责。（二）调查编审及提列战犯名单由司法行政部负责。（三）审判执法的审核由前军政部军法司（即现国防部军法处）负责。（四）引渡战犯翻译名单由外交部负责。（五）审查名单由远东分会负责。本会并每周举行常会一次（最近改为两周一次），计自成立迄今（卅四年十二月六日至卅六年五月卅一日）已历六十七次，并曾先后由本会签准派遣罪犯罪证调查小组会同远东国际军事法庭检察处至京、沪、穗、桂、衡、汉、平等地搜集罪证及派东北督导组前赴长、沈、锦、葫等地工作,以策处理战犯业务之推展。

乙、战犯处理委员会组织规程。本会于卅四年十一月六日在重庆匆促成立,由前军令部次长刘斐主持,出席代表为李立柏(军令部二厅一处)、张修敬(军政部参事)、林定平(外交部督办)、杨觉勇(外交部专员)、王建今(司法行政部秘书)、马志振(司法行政部专员)、张平群(行政院参事)、陈世昌(联合国战罪审查委员会远东分会秘书),并无正式组织。嗣为增进工作效率始,经本会第四三次常会议决拟定组织规则呈经行政院第七六五次会议通过,并奉行政院卅六年一月二十五日从人字第二三五四号指令,聘国防部次长秦德纯为本会主任委员,国防部第二厅第八处处长王丕承、国防部军法处处长刘慕曾、司法行政部刑事司杨兆献、外交部专门委员李捷才、行政院秘书处科长李祥生、联合国战罪审查委员会远东分会秘书王之珍等为本会委员,派国防部第二厅第八处科长陈昭凯为本会总干事,参谋彭明辉、张铁华为本会干事。卅六年三月十三日本会第六十一次常会决议:委员王丕承调职,遗缺以国防部第二厅第一处处长曹士征继任。三月二十五日第六十二次常会议决总干事陈昭凯调职,遗缺以国防部第二厅战犯处理组组长彭明辉继任,遗干事缺以该组组员阮家宝继任,并增派国防部军法处组员赵发武为本会干事。

战犯处理委员会组织规程。行政院第七六五次常会通过:

第一条　战争罪犯处理委员会(以下简称本会)掌理左列事项:(一)关于战犯处理之设计事项。(二)关于战犯处理之督导事项。(三)关于战犯处理之考核事项。(四)其他有关战犯之处理事项。

第二条　本会置主任委员,由国防部指定次长一人兼任,委员六人,由国防部外交部各指定高级职员二人,行政院秘书处、司法行政部各指定高级职员一人兼任之。前项主任委员及委员均由行政院聘任之。

第三条　本会每周开会一次，必要时应召集临时会议。开会时，以主任委员为主席，主任委员因故缺席时，由委员中推定一人为主席。本会除由各该主管机关分别办理外，得以本会名义行之。

第四条　本会置总干事一人，干事三至四人，均由国防部派员兼任之。总干事秉承主任委员之命综理会内一切事务，干事协助总干事办理会务。

第五条　本会事实上之需要得派遣小组出外调查或督导有关战罪事务。

第六条　本会必要时应确定有关军事机关派员列席会议。

第七条　本会办事细则另定之。

第八条　本规程自公布之日施行。

丙、战犯处理委员会消息发布办法。本会为期战犯消息发布正确起见，经拟定战犯处理委员会消息发布办法提交本会第五十八次常会议决通过，并通电各机关查照。兹录其条文如左：

第一条　为期战犯消息发布正确起见，订定本办法。

第二条　国防部第二厅代表为本会发言人。

第三条　未经发给军事法庭侦查之战犯消息均由本会发布之；但有关外交部分得由外交部情报司商同本会发布之。

第四条　本会得招待中外记者报告我国处理战犯情形。

第五条　本办法如有未尽事宜得随时提会修正。

第四章　处理战犯政策及法令。

甲、处理战犯政策。联合国在纽伦堡及东京对战犯之处置均采取教育及示范性之惩戒政策。我国当抗战胜利时，主席蒋对日本广播已揭示我国战后对日政策本仁爱宽大，采取不报复不姑息态度，以建立中日两国永久和平之基础。惟对日本一切军事设施及组织必须从严处置，使其不再成为战争祸源。日军内侵铁蹄所至，烧杀掠抢极尽蹂躏荼毒之深，罪孽之重，诚属惨绝人寰，为伸张正义，昭示公理，故除对发动此次侵略战争阴谋支持纵兵屠杀之战祸元犯东条英机、土肥原贤二、桥本欣五郎、畑俊六、板桓征四郎、本庄繁、谷寿夫（已执死刑，判决书附后）、影佐桢昭、和知鹰二、酒井隆（已执死刑判决书附后）、矶谷廉介（在押）、喜多诚一等十二名依盟国处理战犯之共同政策，已□请麦克阿瑟总部执行，分别交由远东国际及国内军事法庭审判，其他为中外瞩目之南京大屠杀诸战犯，自应严予惩处。除谷寿夫已执死刑外，尚有若干共犯以及杀人比赛之凶犯，已电请盟军总部代为逮捕。至中国战区境内日军，如经人民控告或调查有战犯嫌疑即予扣押，交国内军事法庭审理。如经侦查确无罪嫌者，即予遣送回国，务期宽而不纵，使正义公张，与民族情谊兼筹并顾。

乙、处理战犯法令。战犯处理工作既属创举，故亦无适当法令可作准据，量刑方面亦因见仁见智各有不同。本会有鉴及此，特请国内法律专家名流会同拟订战争罪犯审判条例呈奉国民政府核准公布施行，俾各地军事法庭有所准据而划一量刑。

战争罪犯处理程序表（略）

第五章　工作概况

甲、调查　（原档不清）

乙、审查　（原档不清）

丙、逮捕关于战犯之逮捕，经前军令部及国防部根据远东分会及战犯处理委员会所审查通过之战犯名单，详加规划，于抗战胜利后即以不妨碍受降工作之开展及善后连络与地方秩序范围内分批通令逮捕，依战争罪犯处理办法规定各行营各战区长官及相当之军事长官按照颁发之战犯名单，会同日俘侨管理处及港口运输司令部查明执缉外，其经当地军民检举或告诉之战罪嫌疑犯经查确有罪证，各行营战区司令长官等得径令逮捕，其已返日者，则循外交途径由盟国占领军逮捕引渡之。至卅六年五月底止，计共逮捕战犯2357名，转移司法处理100名，无罪遣送回国933名，引渡出国27名，移监执行徒刑80名，执行死刑35名，病故33名，脱逃12名，现押1137名。

丁、审理与执法。卅四年十二月中旬以后，相继于北平、南京、上海、汉口、广州、太原、徐州、济南、台北、沈阳等地在该最高军事当局隶辖之下，设立审判战犯军事法庭，专司审处之责。并于卅五年七月十六日设国防部战犯管理处于上海江湾，直辖华中区战罪嫌疑犯，藉以检察罪行搜集证据。至卅六年五月底止，各军事法庭受理案件共一千一百七十八件，已判决者二百八十一件，不起诉二百七十五件，经国防部核定死刑五十六件，徒刑七十六件，宣告无罪者八十四件，已经开释遣送归国外，其余战犯尚在积极审理中。至判处徒刑之战犯，经对日战犯处理政策会议决定；为执法便利及寓教于大和民族之涵义，拟移交日本内地执行，请盟军总部督导执行，由我驻日代表团协助监视，以达惩处战犯之目的。

第六章　结论

我国处理战犯系本诸惩一戒众以德报怨之精神，以感导教育促使良知之反省而明了：（一）日本军阀穷兵黩武之错误。（二）日本军阀对此次战争应负之责任。（三）盟国为正义和平作战之意义。（四）三民主义与领袖之伟大。（五）联合国宪章及民主政治思想。（六）揭破日本神权伪造历史观念而授以实在史实，而建立中日两国真正和平之基础。

中国第二历史档案馆藏外交部档案

远东及太平洋战罪审查分会简明报告
1947 年 3 月

远东及太平洋战罪审查分会简明报告　一九四七年三月

一、分会之成立

一九四四年五月十六日联合国战罪审查委员会伦敦总会通过决议设立远东及太平洋分会，会址设于中国，由中国政府担任筹备。一九四四年十一月二十九日中国政府出席分会代表王秘书长宠惠召集成立大会，分会遂于是日在重庆正式成立。

二、分会会员国及出席代表

分会既为总会之一部分，而惩治日本战犯又与全体联合国家有关，故当分会成立之前，所有参加伦敦总会之国家均被邀参加远东分会。接受此项邀请者计有美国、澳大利亚、比利时、中国、捷克、法国、印度、卢森堡、英国、荷兰、波兰等十一国，但卢森堡从未派代表参加分会，故分会会员国仅有十国（代表名单从略）。

三、分会主席

在分会成立大会中，中国代表王秘书长宠惠经各国代表一致推选为分会主席。一九四六年六月十四日王秘书长辞去中国代表职务，其主席职务改推现任中国代表刘次长锴继任。一九四五年春王秘书长宠惠奉派出席旧金山国际组织会议。在出国期间，由英大使薛穆代理主席。一九四六年秋刘次长锴奉派出席联合国大会。在出国期间，由比大使德尔福代理主席。

四、秘书处

分会秘书长初由分会推选，行政院张参事平群担任，一九四六年二月张参事因奉派为驻纽约总领事请辞，秘书长职分会遂改推外交部王司长化成继任。此外，秘书处尚有秘书及打字员各一人，协助秘书长处理分会日常事务。

五、委员会

分会下设财务委员会及事实与证据委员会，前者由英国代表支持，后者由荷兰代表支持。

六、分会权限及战犯分类标准

处理战犯并无时间限制，凡在远东及太平洋区内之战罪，无论犯罪时间迟早，分会均有权处理。分会所采战犯分类标准与总会稍有出入，分会将战犯分为四类：

（一）A—1 凡证据确凿，实际犯有战争罪行者属之。

（二）A—2 凡证据确凿，与战争罪行具有关系及责任者属之。

（三）B 凡不属于 A—1 或 A—2 而认为应予到庭作证,俾可于讯问时获得线索者属之。

（四）C 凡证据不足,不能列为 A 或 B 者属之。

七、战罪案件之编制及审查

分会所处理之战罪案件,百分之九十系由中国政府提送此项案件,先由司法行政部编制,经国防部核对后,再送外交部译成英文,依照总会规定格式缮成 Changre Sheets,然后提送秘书处转交事实与证据委员会审查,事实与证据委员会经审慎研究后,即依上述标准,分别将各案列为 A—1、A—2、B、C 报告分会提请通过。分会通过后,即由秘书处印成战犯名单。

八、开会次数及战犯名单

分会通常每两星期或三星期集会一次。一九四六年春,因分会迁移南京,停会多日。截至现时为止,共开会三十八次,通过日本战犯名单二六批,共列战犯 2992 名,其中由我国提出者计 2368 名,由美国提出者计 218 名,由英国提出者计 43 名,由澳大利亚提出者计 18 名,由法国提出者计 345 名。上项战犯名单除第二四批至二六批尚未印出外,均已分送各会员国及东京盟军总部。

九、战犯之逮捕与审讯

分会之任务仅在审查日本战罪案件,至于战犯之逮捕及审讯,则完全由各国战罪主管机关自行办理。分会所通过战犯名单纯系建议及参考性质,各国政府并不受其拘束。

十、分会文件

分会结束后,其有关战罪文件业经决定分别移送中国政府及伦敦总会。

中国第二历史档案馆藏外交部档案

各军事法庭战犯审理情况表

1947 年 12 月 20 日

各军事法庭战犯审理情况表　　中华民国三十六年十二月二十日制

机关名称	积累拘留原始人数	审结人数						小计	非战犯(已遣返)	未结案现有人数	备考
		不受理	不起诉	无罪	有罪						
					有期徒刑	无期徒刑	死刑				
国防部军事法庭	63		56	18	12	10	6	102		144	内中13名尚在审核中，未列入。
东北行辕军事法庭	329	13	197	72	23	4	9	318	11		
武汉行辕军事法庭	232	17	75	91	18	5	5	211		21	
广州行辕军事法庭	961		101	39	37	10	38	225	694	9	其中33名尚在审核中，未列入。
陆军总司令徐州司令部军事法庭	81		46	3	11	3	8	71	10		
国防部上海军事法庭	316		20	12	2	3	4	51	68		该庭已奉令于本年八月三十日撤销，所有未审人犯移交本部军事法庭。

续表

机关名称	积累拘留原始人数	审结人数							小计	非战犯(已遣返)	未结案现有人数	备考
		不受理	不起诉	无罪	有罪						
					有期徒刑	无期徒刑	死刑					
第二绥靖区司令部军事法庭	137		40	8	5	1	9	63	74		
太原绥靖公署军事法庭	15			4	2	3	2	11		4	
保定绥靖公署军事法庭	180		57	23	20	2	28	130	10	40	
台湾全省警备总司令部军事法庭	121		69	13	27		1	110	11		
总计	2435	30	661	283	167	41	110	1292	878	218	

注:1. 本表已判处徒刑战犯共计 206 名,其中将官 2 名、校官 6 名、尉官 9 名、士兵 92 名、其他 97 名。

2. 本表已判处死刑战犯共计 110 名,其中将官 6 名、校官 4 名、尉官 21 名、士兵 44 名、其他 35 名。

中国第二历史档案馆藏外交部档案

骆人骏拟处理战犯业务报告

1948 年 1 月 22 日

机密处理战犯业务报告

骆人骏

我国处理战犯,系秉主席训示之宽大政策,采取二原则,即(一)罪行重大;(二)罪证确凿。关于此二原则之解释,业经战犯处理委员会决定:(一)直接犯罪而行为残酷者,可不必顾及数量;(二)应负间接责任之战犯,罪行数量必须斟酌。

我国对战犯之处理,有战争罪犯处理委员会,由国防、文件、司法行政部及行政院秘书处等四机关组织而成。其职掌区分如下:

(一)全般政策计划,颁令逮捕战犯及该会一切综合性业务,由国防部第二厅负责。

(二)调查编审及提列战犯名单,由司法行政部负责。

(三)审判执法之审核,由国防部军法处负责。

(四)引渡战犯、翻译名单,由外交部负责(翻译名单现由国防部负责)。

(五)审查名单,由战犯处理委员会负责。

战犯之检举,已定于卅六年十月十五日截止,此系对国内外人民而言,国家之追诉权并不包括在内。

战犯之姓名不全者,不得补列入名单。

据国防部统计,我国拘留日战犯之原始人数为 2388 名,非战犯已遣送回国者计 878 名,待审者计 218 名,已审结不受理者计 30 名,不起诉者计 661 名,无罪者计 283 名,判处死刑者 110 名,判处无期徒刑者计 41 名,判处有期徒刑者计 167 名(见附表)。

据本部统计,经本部申请业已引渡来华之日战犯计 13 名,经本部申请尚未引渡来华者计 4 名,拟申请引渡者计 71 名,非经本部申请引渡者计 8 名,国防部径自向盟军引渡来华者计 64 名,经本部引渡赴国外者计 7 名(名单附后)。

盟国间互相引渡战犯之国际公约有一九四四年九月伦敦联合国战罪委员会所通过之"盟国相互解递战事罪犯及其他战事遣法人犯公约草案",该草案虽未为各盟国批准目下仍为各盟国间相互请求引渡战犯之准则。其重要内容为:

(一)请求引渡战犯,必须提出关于该犯之罪证。

(二)请求引渡战犯,必须经外交途径提出申请。

(三)盟国可拒绝引渡其本国人民或其以往人民于他国。

（四）被请求国不得藉口政治罪行而拒绝引渡。

东京盟国军事法庭审讯中之战犯计25名，已释放者计78名，拟释放者计20名，已电饬驻日代表团随时查报（名单附后）。

主要战犯如各盟国发现新证据与各该盟国单独有关者，各盟国仍可于该庭审判结束后向盟总交涉要求引渡，依新证据另行起诉一点，殊堪注意。

经本部引渡来华之战犯计13名：矶谷廉介、白川一雄、谷寿夫、高桥英臣、田中军吉、前崎正雄、桂定治郎、野田毅、原田清一、向井敏明、近藤好雄、福田良三、奈良晃。

拟申请引渡来华战犯共75名（前4名业已申请引渡）：神田正种、柴山兼四郎、田边盛武、影佐祯昭、下村定、朝香宫鸠彦王、藤田进、岩永汪、下野一霍、山本三男、吉住良辅、毛利末广、竹下义晴、山室宗武、井出铁藏、大城户三治、末松茂治、铃木贞次、土桥一次、赤鹿理、滨本喜三郎、菰田康一、本乡义夫、宫泽齐四郎、矶田三郎、柳川平助、古庄干部、太田滕海、牛岛贞雄、渡边洋、长岭喜一、松野尾胜明、松井贯一、小屋迫、泽本赖雄、石井嘉穗、内山英太郎、九纳诚一、寺仓正三、佐野忠义、泽田茂、富士井末吉、米山米鹿、芥川透、高阶于蒐雄、太田清一、长谷川正宪、小林孝友、和尔基隆、田中友道、山口槌夫、佐藤铁马、针谷逸郎、小池国英、松本喜久、川田义夫、吉川庆治、伊藤清忠、石桥雄一、太田幸丰、协板次郎、内田市太郎、猪木近太、葛木直幸、桥场帝次、南部外茂起、中野川山、荒木田次夫、古城隆治、门传诚、仲雄隆、内田穰秘、角田松平、铃木胜寿、成泽定吉。

非经本部申请引渡之战犯计8名：土肥原贤二、本庄繁、板垣征四郎、畑俊六、东条英机、喜多诚一、和知鹰二、桥本欣五郎。

国防部径向盟军引渡来华之战犯计64名：酒井隆、增木欣一、日高保清、山口金寿、市井濑荣次、川口正人、松崎秀雄、东勇一郎、坂木强、谷口国雄、福山胜好、福田正男、币旗吉胤、松尾正澄、楢原大吾、芦田国光、小谷又作、福元登、山下时满、田中勇高、岩广一二、竹之内实男、松山勇之进、平原力、濑井武一、福成喜太郎、远藤勘一郎、藤永清和、田中重市、溜芳光、福山十四八、山方贡、福岛邦雄、古泽康之、新井隆雄、小场安男、冈田福一、春日馨、水谷正胜、高木传、麻生亘理、妻苅悟、菊池登武、浅井庄次、田岛信雄、平野久藏、小两新三郎、平野彰三、船渡友治郎、越智与利逸、福富正、松本武、增山喜平、田中信雄、安部义一郎、平间三郎、武富勇、三国直富、宍户清次郎、李鸿图、林伯畴、后藤则吉、大岛亲光、土桥勇逸。

经本部引渡赴国外之战犯计 7 名：荒田诚三、土桥勇逸、本村英男、平井春二、大岛亲光、坂口俊夫、原贤二郎。

东京盟国军事法庭审讯中之战犯共 25 名：东条英机、荒木贞夫、土肥原贤二、桥本欣五郎、畑俊六、平沼骐一郎、广田弘毅、星野直树、板垣征四郎、贺屋兴宣、木户幸一、木村兵太郎、小矶国昭、松井石根、南次郎、武藤章、冈敬纯、大岛浩、佐藤贤了、重光葵、岛田繁太郎、白鸟敏夫、铃木贞一、东乡茂德、梅津美治郎。

盟总已释放之战犯共 78 名：藤原银次郎、池田成彬、津田信吾、里见肇、丹野一雄、木村勘三、石关千太郎、小仓茂雄、猪田广、谷口吉见、竹村久雄、关野英二、竹内武直、青津菊太郎、铃木繁夫、町前元、河野善三、西井好夫、古川五郎、宫川吉久、佐藤进、北川与次、西川菊间、小林利作、皈部久、齐藤胜次郎、谷浦秀雄、外山三郎、长谷川清、吉田正人、成实俊夫、吉原矩、近藤清、藤野贵传、杉田市次、原田朝市、林友彦、绿川弘藏、是立久市、北山平吾、永峰政吉、樋口敬七郎、菱山启吉、大木安、长野治、山县博、藤木龙太郎、吉田宏三、松永已、杉浦嘉平、东出二与门、梶山真、小畑政已、小林正直、成和英夫、大竹茂清、渡边道夫、中岛亮平、监野英次、寺户秀雄、山内昌七、雨宫成雄、朝仓稔、鲇川义介、小林跻造、真崎甚三郎、村田省藏、大达茂雄、酒井忠正、松阪广正、冈部长景、太田耕造、正力松太郎、井田盘楠、小林顺一郎、菊地武夫、大仓邦彦、进藤一马。

盟总拟释放之战犯共 20 名：岸信介、岩村通世、青木一男、寺岛健

一、安藤纪三、西尾寿造、多田骏、下村定、丰田副武、高桥二吉、谷正之、天羽英二、本多熊太郎、后藤文夫、石原广一郎、儿玉舆士夫、笹川良一、葛生能久、须磨弥吉郎、安倍源基。

中国第二历史档案馆藏外交部档案

与中国有关的战犯（节录）

......

根据蒋介石主席方针，确定战犯范围以最小限度为宜。在最高干部当中有的说 17 人，有的说 150 人，政府虽拟停留于最小限度，但最近各地民众纷纷来信检举，其数字无法估计。与其说亲日毋宁说爱日的汤恩伯将军和我单独会谈时，曾力言战犯只以某某（未举其名）一人为代表即可。

总之，由于中国方面要趁停战的机会，确定了加强中日互助合作的方针，故在最高领导层虽拟将战犯范围尽量缩小，但又不能不考虑和其他同盟国处理战犯情况保持平衡，加以经过八年战乱，受日军蹂躏过的地方百姓，对日军官兵的横行霸道，纷纷检举，被拘留的人也将与日俱增。

截至 1946 年四、五月间，被拘留人数已约达三千名。但其中包括因与嫌疑犯同姓名而错扣的，只要是宪兵就一律拘留的，或其他非法拘留的人们。这对复员遣返工作也有妨碍，总联络部曾一再请求予以释放，其后陆续有被释放的，到 6 月底被拘留的战犯（包括台湾、海南岛）人数如下：

已判决　死刑 28 人　徒刑 73 人　扣押 2,042 人　合计 2,143 人（据中国方面最后发表，受理战犯案件为 2,200 余件。）

中国方面虽已制定战犯处理办法，任命处理委员，其委员长为对日颇怀好感的曹士澂少将，并考虑日中关系之前途，确定宽恕友好、以德报怨的方针。然而，迫于国内外的政治压力及民众的强烈反日情绪，加以在工作上下属贯彻不力，各地军事法庭审理时的态度方法极不一致，有的把一般犯罪与战犯混同起来,而且不准用日本律师,官方指定的律师与被拘留者联系也不密切,以致草率从事,裁判欠公。总之,与停战当时蒋主席的号令不符。战犯中有的在日本国内如谷寿夫、矶谷廉介两中将,于1936年(编者注:应为1946年)解到南京。

……

拘留所的伙食及卫生情况一般不良,据说只汉口拘留所较好。1947年10月以后各地拘留所撤销,将战犯集中于上海江湾原日本兵站的一处设施里,伙食极为恶劣,但准许往拘留所送东西。这部分战犯集中上海时,因满洲已归中共掌握,在沈阳拘留所的战犯未能集中到上海。

中国原定于1946年末全部审理完毕,结果一再拖延,直到1949年1月方告结束。

……

1949年1月末,据上海军事法庭发表,受理战犯案2,200余件,判处死刑145件,有期、无期徒刑400余件,其余无罪送还。又据厚生省调查战犯处死及在狱中死亡者192人。

[日]稻叶正夫编,天津市政协编译委员会译:《冈村宁次回忆录》,第135—141页

中国关系战犯全部释放(节录)

汤恩伯将军曾屡次对我说:蒋主席内定伺机将与中国有关的战犯全部释放回国。

战犯被转到日本国内之后,中国政府曾一再要求仍由中国处理,但麦帅总部坚持主张战犯既经转移到巢鸭监狱,即应受占领军直接管理,不同意中国方面的要求。而中国方面仍维持签订和约时全部释放的内定方针。

1952年4月28日,日华和约正式签字,我亲赴巢鸭,与中国关系战犯11名代表会见,向他们说明中国政府内定的对战犯赦免的意图。29日《朝日新闻》报道,中国战犯将随日华和约生效而全部获得释放。

同年 8 月 5 日日中和约正式生效,于是现存 88 名中国关系战犯全部出狱。……

《冈村宁次回忆录》,第 141 页

四、对日索赔

说明：日本投降后，盟国面临的主要问题之一是日本赔偿问题，因为赔偿不仅被视为受战争侵害的盟国恢复经济的重要办法，而且也被视为一种惩罚日本侵略行为并防止其将来重新武装的重要手段。但在实际执行中，遇到了劫物归还、日本海外资产处置等一系列问题。由11国组成的赔偿委员会内部意见纷歧，随着国际格局的转变，美国逐渐改变了对日索赔的计划。

本章主要资料来源：

Dr. Blakeslee, George H. *The Far Eastern Commission—A Study in International Cooperation*, 1945–1952, The Department of State, 1953

Activities of the Far Eastern Commission, Report by the Secretary General, United States Government Printing Office, Washington, D. C., 1947

FEC minutes, 1946, 1947, 1948, 1949, Public Record Office, U. K（英国国家档案馆：远东委员会档案）

英国国家档案馆藏英国外交部档案（简称 FO）

中国第二历史档案馆藏行政院档案

全国政协文史资料研究委员会编：《文史资料选辑》第七十二辑，中国文史出版社，1980 年

中国国民党中央委员会党史委员会编，秦孝仪主编：《中华民国重要史料初编——对日抗战时期》第二编《作战经过》第 4 册，台北"中央"文物供应社，1981 年（以下简称《作战经过》）

上海市国际关系学会编印：《战后国际关系史料》第一辑，1983 年

人民出版社编印：《对日和约问题史料》，人民出版社，1951 年

世界知识出版社编印:《国际条约集(1945—1947)》,世界知识出版社,1959 年。

其他资料来源文中说明。

(一)盟国对日索赔要求

说明:盟国依据相关文件制定了对日索赔的基本政策,各国亦提出自己的索赔要求。但在很多具体问题上,各国意见不一。

劫物归还是另一个复杂的索赔问题,虽然各国在原则上意见统一,但在具体执行上存在差异,导致其悬而不决。

在日本投降以前美国总统杜鲁门就开始任命艾德文·鲍莱作为总统特使和同盟国赔偿工作委员会的美方首席代表,开始研究被侵略国索要赔偿的方案并负责对被侵略国的赔偿问题进行调查、筹划和交涉。12 月 6 日,鲍莱致电杜鲁门总统,提出鲍莱使团拟定的《日本赔偿临时实施计划》,即"鲍莱临时报告"。1946 年春,鲍莱一行再次赴日考察,并于 1946 年 4 月 1 日以"最终报告"的形式呈递美国总统杜鲁门。"最终报告"比"临时报告"更加详细。鲍莱制订的日本赔偿计划,基本上体现了《波茨坦公告》关于惩罚日本战争行为、根除日本战争潜力的精神和要求日本支付战争赔偿的原则,不失为一个比较公正合理的赔偿计划。但是它却遭到来自美国国内军政部门的不满和日本政府的强烈抵制。由于鲍莱报告中涉及苏联拆运日本在中国东北的机器设备情况,也引起苏联的不安。对于鲍莱方案,中国国民政府迅速做出反应,向远东委员会正式提交了《中国抗战时期财产损失说帖》,又于 1946 年 5 月拟定了《日本赔偿设备紧急拆迁项目》。

战争结束后,日本在海外的资产都被盟国接收。这些财产是否应该算入接收国应该获得的赔偿份额,成为远东委员会日本赔偿首要解决的问题。苏军占领东北后,自 1945 年 9 月起,苏联开始运走从中国东北工矿企业里挑选出来的机械设备。1946 年 1 月 21 日,苏联政府在给中国政府的一份备忘录中声称,所有原为日本军队服务的中国东北各省日办企业都是苏联的合法战利品。远东委员会其它成员国和国际舆论对苏联拆运中国东北物资产生了强烈的反应。苏联的主张遭到美国、英国和中国等国的反对。为了打破僵局,从 1946 年 3 月 15 日起历经 7 个月,日本海外资产问题主要由美苏双边谈判来解决。美苏经过数月谈判最终没有达成一致的结果。远东委员会关于日本海外资产的处置问题被搁置起来,直到远东委员会解散,这个问题再也没有被提起。但是,日本海外资产问题一直影响远东委员会对赔偿问题的讨论和解决。

1. 国际组织和国际文件对日索赔的规定

《波茨坦公告》关于日本工业之规定

第十一条:日本将被许维持其经济所必需及可以偿付实物之工业,但可以使其重新武装作战之工业不在其内,为此目的,可准其获得原料,以别于统制原料。日本最后参加国际贸易关系当被准许。

《国际条约集(1945—1947)》,第 78 页

远东委员会对投降后日本之基本政策的决议
1947 年 6 月 19 日

序言

第一、完全摧毁日本的军事机构。因此机构是日数十年来实行侵略的主要手段;第二、设置政治经济诸条件,使日本的军国主义不再复活;第三、使日本人彻底了解其战争意志、征服计划以及达成此种计划的方法,以使这些都被毁灭。因此各代表团决议:日本在决意放弃一切军国主义,愿与世界其它各国和平相处,并在其政治经济与文化生活各领域内建立民主原则之前,不准其管理其自身的命运。各代表对日本

采取下列基本目标与政策：

第一部分最终目标

一、对投降后日本的政策应依据下列最终目标：

（甲）保证日本不再成为世界的和平与安全的威胁。

（乙）尽速树立一民主和平之政府，一履行其国际责任，尊重他国权利并支持联合国之目标。此项政府应根据日本人民自由表达之意志而建立之。

　……

第四部分经济政策

一、目前必须摧毁日本军事力量的经济基础，不准重建。因此必须实行一种计划，至少包括以下项目：必须立即停止并永远禁止装备或维持军队或军事机构的一切货物的生产；必须禁止并废除生产和修理武器，包括海军舰艇及各式飞机的设备；指定监督与管制机构以禁止隐藏和伪装军事装备；必须取消足以供应日本重型武装的工业和生产机构；必须禁止可以直接促进日本作战能力的特殊的研究和教学工作；容许用于平时目的的研究工作，但必须有盟军总部予以监督，以防止其用于战争的目的。日本所能维持的工业只限于为维持合法的经济水准和生活水平所必需的几种，这种水准必须依照远东委员会规定的原则来制定，而且应与波茨坦公告相吻合。根据本计划所取消的日本国内生产设备，其最后的处理是拆迁国外充作赔偿，还是销毁或改为其它用途，应根据远东委员会所规定的原则或依照远东委员会的组织章程来决定。在未做出决定前，一切设备无论适合拆迁的还是随时可以改为民用的，除因紧急处置外，都不得损坏。四、对于日本的侵略行为，为了补偿日本对盟国发动战争而造成的损害，以及为了销毁可能导致重新武装日本发动战争的那些工业，日本必须支付赔偿，移交现存的日本资产、机器设备或者日本未来生产或出现的物资，这是根据远东委员会的政策或遵照远东委员会的章程决定的。赔偿应该采取这样一种形式，它不能威胁日本非军事化进程的实施，不能损害支付占领成本以及维持民众最低生活水平的费用。日本对具体国家的赔偿占总赔偿数的份额应该由一个广泛的政治基础决定,应该考虑每个要求赔偿国家在准备和实施抵抗对日侵略中所遭受的物质和人员损失,还应该考虑每个国家在击败日本过程中的贡献,包括它抵抗日本侵略的程度和时间。

Activities of the Far Eastern Commission, pp. 56–57

远东委员会盟国对日委员会及驻日盟军总部之职权
1946 年①

远东委员会与盟国对日委员会之组织,均根据三十四年十二月二十七日莫斯科宣言。远东委员会于三十五年二月二十六日,开首次会议于华府,盟国对日委员会则于三十五年四月五日开首次会议于东京。远东委员会我国首席代表为驻美大使顾维钧。驻日代表团团长商震,则为我出席盟国对日委员会之代表。

远东委员会包括中、美、英、苏、法、荷、加、澳、印、菲、纽西兰等十一国,会址华盛顿,其职权为:(一)制定日本履行投降条款所应遵行之政策原则与标准;(二)审议美政府对驻日盟军总部所发布之指令或盟军统帅所采之行动;但(三)委员会不得提出与军事行动有关或与领土调整有关之建议,远东委员会之政策决议,由美政府指令驻日盟军统帅执行,如遇紧急事故,美政府得对盟军统帅颁发临时指令,惟关于日本宪政组织、管制机构以及日本政府之变更,未得委员会同意前,不得发布任何指令。议案表决,须过半数并包括中、美、英、苏四强之一致同意。

盟国对日委员会,由中、美、英、苏四国代表组织之,会址设东京,以驻日盟军统帅或其代表为主席。该会对驻日盟军统帅,仅能谘询建议,盟军统帅具有一切执行之权力,凡有关占领及管制政策之补充及实施,均由盟军统帅颁发。

关于驻日盟军统帅之权力,美总统杜鲁门曾于三十四年九月六日

---

① 原稿无日期,本时间系根据内容所定。

核准三项：（一）盟军统帅可对日皇发布任何命令，日皇系在盟军命令下治理其全国，日本系无条件投降，对日方之意见与问题，有不予考虑之权；（二）对日方之管制，应间接经日本政府而为之，但必要时，可直接行动，包括武力之使用；（三）波茨坦宣言之内容与意旨，须充分使其实现，故盟军总部代表盟国为对日之最高执行机构。

中国第二历史档案馆藏外交部档案

关于索取赔偿与归还劫物之基本原则及进行办法

《关于索取赔偿与归还劫物之基本原则及进行办法》，阐明了向日本索取赔偿的11条基本原则，其中规定：1. 日本对中国赔款以实物为主，赔款为辅。2. 中国与其他国家相比，受害最巨，故对日索取各项赔偿，应有优先权，如盟国实行总额分摊，中国应占日本赔偿总额的50%以上。3. 凡在中国境内之日本公私财产，全部归中国政府，以作赔偿之一部，日侨此项私产损失，由日本政府负担。4. 日本境内可以充当赔偿之各种实物，应交中国以作赔偿之一部，这些实物包括军需工业及重工业工厂设备。5. 日本每年应将若干原料和产品，在规定期限内分期定量运交中国作赔偿之一部。6. 关于伪钞及日本在中国境内发行的军用票等金融方面的损失，日本政府应在若干年内向中国政府分期偿还。7. 苏联在东北发行的货币，中国在越南受降的一切费用，中国在军事占领日本期间的费用，均应由日本偿还或负担。8. 日本应将其可变卖的有价证券及国外资产（包括外汇）的大部分移交中国政府。

《作战经过》第4册，第18—20页

2. 劫物归还

远东委员会及盟军总部关于劫物归还的文件

Ⅰ. 远东委员会有关议决案

远东委员会于三十五年七月十八日第廿次大会上通过归还劫物原

则。要点如下：

1. 工业交通机器、贵金属、文物等之归还——原在盟国境内,于日军占领时被移往日本之下列各项物资,若经发现,应即归还。惟盟军总部认为此项物资为占领军所必需时可延缓归还。但须列举延缓理由及预定归还日期：

A. 工业及交通机器设备；

B. 金及其他贵金属、宝石、外国有价证券、外国货币及其他外汇资产；

C. 文物；

D. 农产品及工业原料。

2. 船只之归还——在盟国注册之被劫被沉船只,若在日本海内发现,应即归还。

船只归还案件应于一九四六年底以前办竣。

3. 归还船只应修复原状——在日本海内发现之被劫被沉盟国船只,若经申请归还,应尽先打捞修复原状归还。修理打捞费用应由日本政府负担。惟此项费用仍在赔偿项下扣除之。打捞工作应尽可能在一九四六年底前办竣。惟若工作繁重,可延长之。

4. 劫物不得列入赔偿——工业及交通机器设备若经申请归还,则不得列入赔偿项下。业经列入赔偿项下之工业及交通机器设备,虽经申请归还,应不予办理。

5. 劫物交还地点——劫物应在盟军总部指定之日本港口交还。被劫船只则应在盟军总部指定之日本港口或太平洋西岸港口交还。在日本境内之一切包装、运输费用由日本政府负担之,且不在赔偿项下扣除。

6. 劫物交还国家——船只以外之劫物归还,应由被劫前该物资所在国家申请,并即归还于该国。被劫船只归还应由被劫前该船注册国或所悬国旗国申请,并即归还于该国。

7. 劫物不得列入出口物资——有劫物嫌疑之物资不得列入出口物

资。已列入出口物资之劫物,若经发现,应作相等赔偿于申请归还国家。

8. 劫物所有权人或国家有权收回劫物——劫物虽经归还被劫前所在或注册国家,该项劫物之所有权人或国家,若属盟国,仍有权收回。

9. 日本以外其他国家境内发现劫物之归还——劫物若在日本以外其他国家境内发现,应由远东委员会将上述原则向该国推荐,由其与有关盟国成立协定处理之。

10. 非远东委员会会员国家应由美国政府将上列原则通知之——远东委员会应请美国政府将上列原则通知非远东委员会会员而于其境内发现日本劫物之国家。

Ⅱ. 远东委员会正在讨论中之有关议案

卅五年七月十八日第廿次大会上通过之"归还劫物原则"实施后,发生困难甚多。经提出讨论者有下列数案,若经获得协议,当就原有"归还劫物原则"加以修改,或另案成立原则以补充之。

1. 占领军生产物资应否视为劫物问题——马来亚荷属东印之锡、橡皮、石油、金、宝石,及我国之农产品如丝、棉等,在日本发现甚多,均属日军在占领期内生产运日者。此种农产品及工业原料为"归还劫物原则"中列明应予归还者,但该原则对于占领军生产物资应否视为劫物未予具体规定。美、荷双方对此争执甚烈,美方认为占领军生产物资不应视为劫物,荷方认为应视为劫物。

2. 归还被劫文物细则——被劫文物应予归还,业经在"归还劫物原则"中规定,但该原则中对于未经发现之被劫文物究应如何处理一节,未予明白规定。文物类多稀世之珍,若被劫原物无法追寻,自应由日本政府就日本自有公私文物中择其性质及偿值相当者作赔偿。远东委员会近正就此点草拟细则,予以补充。

3. 船只归还时限问题——被劫盟国船只归还案件应予一九四六年底以前办竣,被沉盟国船只应尽先能于一九四六年底以前打捞修复归还,原业经"归还劫物原则"中规定。惟以此项工作至为繁重需时,自有延长时限必要。此点刻已获得协议,被劫船只应尽速打捞归还,但不限时限。

4. 扩大劫物归还范围问题——"归还劫物原则"中所规定应予归还之劫物,仅限于工业机械等四种,此项限制实不合理,应予取消,另行规定举凡一切劫物一经发现均应归还。刻正讨论中。

5. 利用日商船运还劫物问题——"归还劫物原则"中规定日本政府仅负责将劫物运到日本本土港口,至由日本港口运返劫物原有国则由该国自行办理。查工业机械等劫物运费甚巨,对于交通工具缺乏国家,更为困难。为补救计,应利用日本载运进口物资商船空船出口之便代为运送,此点刻正讨论中。至硬性规定在被劫国港口交付一节,美方反对,尚待力争。

6. 劫物证件问题——"归还劫物原则"中规定申请归还劫物国家应对劫物所有权及被劫经过提供证明,此项规定在法理上虽无困难,□□□□……(原文不清)。此点正讨论中。

7. 增设赔偿谘询机构问题——对于劫物证件之审查,在劫物无法提供证件时之处理,以及其他类似问题,为防止盟军总部专断并补助其工作起见,应由有关盟国各派代表合组谘询机构于东京。此点刻正讨论中。

8. 盟国人民在日财产归还问题——"归还劫物原则"规定仅限于盟国被占领区劫物,至于在日盟国人民财产,则未涉及,自有另案或立新原则必要。此项新原则□□□□(原文不清)刻已通过,规定盟国人民在日被没收财产应予发还。但须原主现在日本,此于返国之华侨,自极不便,亟有加以修改,放宽限制,准由驻日代表团代领转发,或准许原主赴日自领之必要。现盟军总部虽定有变通办法,准由原主委托在日代理人申请发还保管,但于代理人之资格限制极严。其代为保管使用此项财产□□□(原文不清)复甚大,归侨极难觅可靠代理人,仍尚待修改远东委员会议案予以补救。

9. 沉船打捞费用由日方负担问题——归还劫物旧案规定,被劫沉船打捞费用由日本政府负担,但须在将来赔偿项下扣除,此实与原物归还之原则不合,所有打捞修复费用,应由日本政府负担,不应在赔偿项下扣除,此点刻在讨论中,各国均无异议。

10. 日海以外被劫沉船打捞归还问题——归还劫物旧案规定,被劫船只打捞归还限于沉没日本领海以内者,沉没日海以外者不在日本政府负责打捞归还之列,我国沉没日海以外被劫船只较之沉没日海以内者为多,若照此项规定,损失太大,现虽已提出力争,但以美方反对甚烈,尚须待和会解决。

11. 不能证明原主劫物处置问题——盟军进占日本后,曾饬日本政府迭颁命令,令日人自动呈缴劫物,现此项呈缴劫物甚多,包括机器、图书、金银珠宝等物,均集中堆存于仓库中。此项劫物大多不能证明原主谁属,究应如何处理,刻在远东委员会讨论中。美方主张变卖充日本贸易基金,两年后再收回分配被劫国家。我主张变卖后立即分配被劫国家,我至少应占百分之五十。美方对于暂时拨充日本贸易基金一节,执意甚坚,我方未予让步,尚在僵持中。我占百分之五十分配比例一节,各国亦反对甚烈。

12. 日方配件一并归还问题——被劫机器经日方使用磨损,其配件虽属日方,但不一并归还,则原机无法使用,总部以归还限于原物,对于日方配件迭有异议,经再三交涉,只允就个别案件予以考虑。实有在新案中规定凡属日方配件均应一并归还之必要。

Ⅲ. 盟军总部规定办法

1. 申请归还劫物应缴证件及应填表格——申请归还劫物应缴下列证件:(甲)物权证件,(乙)被劫证件。此外并应照规定表格填报(已通知有关机关)。

2. 劫物归还期限——申请归还劫物以七七事变以后被劫者为限。已饬驻日代表团交涉改以九一八事变为起点,尚无结果。

3. 申请归还工厂机器办法——申请归还工厂机器设备,应送充分证件,填明原来所有权者之姓名或工厂之名称、装置地点及设备,说明内须详列性质、能力、机器数量及制造厂家,至拆迁时间、地点、移装日本地点、劫夺时有无收据及有关文件,尤须详细填列(已转知有关机关)。

4.占领军生产物资不作掠夺物资论——日方在占领区所移出之物资,除确系占领期前所生产,或系用高压手段强取或迫购,有可靠证明之外,均认为占领军生产物资,不作掠夺物资论(已电饬驻美顾大使转洽美方转饬盟军总部,将占领军生产物资一律视作劫物,尚无结果)。

5.申请归还船只办法——申请归还船只,须缴下列证件:(甲)详细船只内容说明,(乙)船舶登记证书及悬用国旗证书,(丙)劫夺日期地点及其他情报及证件(已转知有关机关)。

6.申请归还船只期限——归还船只之申请于一九四六年底截止接收(查远东委员会有关议决案仅系要求盟军总部应尽速于一九四六年底以前将被劫船只归还,并无逾期不能申请之意,已饬驻日代表团洽盟军总部将申请期限展延,尚无结果)。

Ⅳ.对于归还劫物问题我方应采立场

各国鉴于归还劫物归案种种缺点,业已于讨论新案时纷纷提出修正,若新案能照业已提出各点一一通过,则归还劫物问题自可顺利解决,惟美方对于所提各点,或根本反对,或另提对案。若新案规定不能合理,将来在和会仍须再加力争。若新案规定能照上述所提各点,一一通过,则大抵已属妥善,将来和约中可采为附件,俾其在占领时期终止后仍有效。

Ⅴ.办理案件

1.洽还工厂机器设备——截至现在为止,共办理廿三案:

A.西北实业公司全部机器设备——原设太原,属山西省政府,共机器 3367 部,被移往大阪 1707 部,小仓 1300 部,东北 263 部,东京 397 部,刻正函请提出有关证件,以凭交涉归还。

B.永利公司硝酸厂全部设备——原设江苏六合卸甲甸,被移运大牟田市,经洽妥盟军总部发还,该公司已派人赴日接收,并经洽妥由联勤总部代运回国,所有船运回国运费,该公司要求由日方负担,经洽盟军总部,尚无结果,只允连同日方配件归还,该公司现已准备自行运回。

C.广西省工厂——计苍梧县境内拆迁工厂,骨粉厂、广西水电公司被劫机器,已检同清单饬驻日代表团洽还,尚未据复。

D.广东省营造纸厂全部机器——原设广州,被移北海道勇拂地方,胜利后日方愿价购,广东省政府未予同意,现已洽妥盟军总部发还,已转知广东省政府准备接收。

E.广东省营民营各工厂——计省营土敏土厂、纺织厂、制糖厂、肥料厂、制纸厂、硫酸苏打厂,民营广州制纸厂、沙面牛奶公司等,经检同清册,饬驻日代表团洽还。据查复,此项机器一部分系运往山东张店及江苏境内,其余虽在日本,尚须提出证件方允发还。

F.青岛起重机——为大型,计重150吨,属青岛市港务局,民国廿七年冬由敌海军港务部拆往日本,经洽盟军总部复称,该机已毁坏。

G.大同煤矿设备、汉冶萍铁炉——均属资委会,刻正函请提出证件以凭交涉中。

H.浙东电力厂金陵大学机件——刻正函请提出证件以凭交涉中。

I.南华铁工厂机件——该厂大量机器在港被劫,现已洽由本部派副厂长郑粟云为驻日代表团临时团员赴日清查,一俟查有下落,再洽由香港政府代为申请归还转发。

J.槟榔屿华侨锯床——槟榔屿华侨 Lee Ah Kim 锯床八部被劫往日本,已饬呈缴证件,再凭交涉。

K.天津恒源公司纺织机——已转饬驻日代表团洽办具报,尚未据复。

L.天津北洋纺织公司纺织机——已转饬驻日代表团洽办具报,尚未据复。

M.英商四海保险公司计算机三架——已代为洽还转发。

N.电声无线电器材制造厂全部机器——此项机器,在香港被劫,已饬驻日代表团洽办具报。

O. 广东省营饮料厂揭阳糖厂、顺德糖厂机器——尚未呈缴证件，已饬驻日代表团先行洽办，一面已复请补寄证件。

P. 被劫汽车案——总部劫物仓库中所存汽车甚多，已将引擎号码转知各部会省市政府公告，若有被劫汽车在内应即申请归还。

Q. 甘肃矿业公司机器材料——已饬驻日代表团洽办具报。

R. 上海杨思区机器——已饬驻日代表团洽办具报。

S. 大沽造船所机器——已饬驻日代表团洽办具报。

T. 杭州天章丝织厂发动机——已饬驻日代表团洽办具报。

U. 美商派德公司机器——已饬驻日代表团洽办具报。

V. 江南造船所发动机——已饬驻日代表团洽办具报。

W. 美商信通公司汽车——已饬驻日代表团洽办具报。

2. 洽还被劫逸仙舰——卅五年一月奉前军委会代电，以逸仙舰经查明被劫停泊日本吴港，饬洽还等因，经照请美大使馆查照转请盟军总部核办。至同年七月底，该舰在播磨船厂修理完竣，八月一日自兵库县相生市相生湾启碇驶沪，除该舰外，尚有被劫挖泥船建都号偕行。

3. 洽还船只——截至现在为止，共办理廿一案，计船只 110 艘：

A. 安兴轮——四千吨，原沉连云港口充沉塞封锁线之用，后经日海军捞起改名安兴丸，行驶华北日本航线，经洽盟军总部查明发还，准复该轮已沉没内海，无法打捞。

B. 日昌轮——一万吨，廿六年被劫入营口满洲海运株式会社，胜利后在新加坡发现，经洽盟军总部查明发还，准复已沉没，不能打捞。

C. 海南轮——日本运油船播磨丸在榆林港沉没，胜利后经我捞起，改名海南轮，系属战利品，殊日方利用美方出面征用运俘，其后因机件损坏，停泊长崎修理，已洽盟军总部修理费由我支付，修理完竣后由我接受。

D. 隆顺、和顺两轮——原属天津大通兴公司，被劫归入满洲海运会社，胜利后泊大阪，盟军总部以其为伪满国籍，不允发还，经我代表在远东委员会提出力争后，已由美国务院训令盟军总部发还。刻隆顺轮已抵沪,和顺轮即可驶沪。

E. 永源轮——原属天津永源船行,现泊大阪,已饬驻日代表团洽盟军总部发还,尚无结果。

F. 华达、华懋、爱尔陀拉三轮——原属上海华新公司,已洽盟军总部查明发还,尚无结果。

G. 静泉轮——原属上海华新公司,被劫行驶朝鲜日本间,现搁浅于朝鲜木浦海面,已饬驻汉城总领事馆洽驻韩美军当局打捞发还,尚未据复。

H. 海昌、海顺两轮——原属海昌轮船公司,被劫归入满洲海运会社,行驶日韩间,经洽盟军总部查明发还,尚未准复。

I. 茂利轮——原属政记公司,现搁浅对马岛,已洽盟军总部转饬日本政府从速打捞归还,一面已饬船主补送证件。

J. 大陆轮——原属上海大陆工业公司,经洽盟军总部查明发还,准复该轮已于一九四五年沉没黄海。

K. 新扬子客货船——据日方秘报称,有新扬子客货舱被劫后改名魂丸,被劫时系美商注册,已函请交通部查明原主,缴交证件,以凭交涉发还。

L. 兴安轮——据日方报称,有兴安轮改名 Nonsei 丸,尚在行驶,经函请交通部查明系华商杨萍声所有,嗣复准该部兴安轮即新安轮。

M. 新安轮——为交通部所有,已洽还。

N. 海关飞星轮——原系海关巡舰,被劫归入东海汽船会社,现已修理完竣,驶上海归还。

O. 交通部被劫船只统计表所列卅二艘——前准交通部函送被劫船只统计表,嘱交涉发还,所列各轮计无恙等卅二艘,经复请汇送证件,以凭交涉,尚未准复。

P. 民营船舶委员会被劫船只新太平等五十六艘——据民营船舶要求赔偿委员会呈送被劫船只五十六艘证件,请交涉发还原船,经饬驻日代表团洽办,尚无结果。

Q. 希腊被劫船只——准希方函送战时停泊日本及中国港口被劫希腊货船名单,嘱查明原船发还,经转请交通部先行查各船所在,以凭核办,嗣准复称,所开各轮均属中国商船战时改注希腊籍者,其中大部均经洽还,其余亦正径洽盟军总部发还中,已转知希方。

R. 同济轮——原属福州共和轮船公司,廿六年在闽江口被日舰早苗号扣留,已饬驻日代表团洽盟军总部查明归还,尚未查明下落。

S. 顺源、镇源、和源三轮——原属天津永源船行,已饬驻日代表团洽盟军总部查明原船发还,据复该三轮均非沉没于日本海。

T. 海文轮——郑逆良斌财产,已查明下落,刻正洽还中。

U. 毓大、毓通、毓济——已饬驻日代表团洽还,尚未据复。

4. 归还文物——截至目前为止,共办理计二十案:

A. 中央图书馆善本书——计善本书三千余种,原寄存香港大学冯平山图书馆,为敌驻香港部队调查班移往东京参谋本部。又四库全书约三万册劫存东京上野公园,杨司长云竹参加远东委员会考察团赴日之便,曾予查明,经饬前驻日刘专员增华洽还,现已陆续运华。

B. 汉代遗物——东京帝国大学战时在我国大同、方山、邯郸、赵王城、曲阜、鲁城、和林、盛乐城、珲春、半拉城、辽阳郊外、南林渡、北园、东京城、上都等地发掘战国及汉代遗物,所得甚多,除东京城部分全存沈阳博物馆外,其余概存该大学,现正洽还中。

C. 北京人化石——中央地质调查所所有周口店出土北京人化石,于太平洋战争爆发时,由协和医学院交美海军运出,中途被劫,经饬驻日代表团洽盟军总部查明发还,尚未据复。

D. 被劫军品——自甲午以来日本掠夺我国军事物品及文献,已由清理战时文物损失委员会造具清册,饬驻日代表团寻觅洽还。

E. 镇远锚弹——甲午战役镇远舰被俘,日人将舰锚两口、炮弹八发陈列东京上野公园,以迄于今。经饬驻日代表团交涉归还,盟军总部以劫物限于七七以后被劫者,该锚弹等越出范围,不允照办,经我严重抗议,已允归还。

F. 李济追还文物意见书案——清理战时文物损失委员会曾派李委员济赴日调查被劫文物，事后拟有意见书一份，经检同原件，饬驻美顾大使相机提出于远东委员会。

G. 德士加定收受宋明古物——天津日侨原田广治及税田义人藏有我国名贵宋明瓷器多件，胜利后转赠美国海军中尉德士加定运回美国。现该中尉自愿归还，由清理战时文物损失委员会与驻华美海军当局洽商接收中。

H. 寒山寺古钟——苏州寒山寺古钟于民初被日人窃去，现正搜集证据洽还中。

I. 齐鲁大学镭针——共十一枚，正洽还中。

J. 大内宫殿陵庙图案——内政部所藏大内宫殿陵庙图案为日军劫去，现正洽还中。

K. 三藏遗骨——据驻日代表团呈送日人伊东弥惠治记录、水野梅晓口述之《玄奘三藏遗骨分骨渡日经纬》一文，经转请清理战时文物损失委员会查明原委，以凭索回，尚未准复。

L. 被劫文物目录所列各物——清理战时文物损失委员会就清理所得被劫文物造具目录七册，经转发驻日代表团洽盟军总部查明原物发还，嗣据复称，总部需英译本，已转请清理文物会办理。

M. 公主岭农场土壤研究报告原稿——公主岭农场土壤研究报告原稿两篇被劫存北海道帝大，已饬驻日代表团洽还，据复，不在该大学。

N. 汉武帝金龙盘——国府饬查明下落归还，正洽办中。

O. 张三酓堂缂丝古画——洽请总部查明下落归还中。

P. 中山、南开二大学及亚洲文会图书——已洽还。

Q. 庆应大学所发现我国考古标本——正洽还中。

R. 北平大觉寺古物——正洽还中。

S. 国防部地图版——已洽还，现在接运返国中。

T. 黑潮丸原始图样——黑潮丸沉没台湾高雄，打捞后需原始图样装配机件，正洽索中。

5. 归还金银铜——截至现在为止共办理四案：

A. 朝鲜银元、元宝、铜元——卅五年二月美财政部驻朝鲜代表称，朝鲜藏有大量银元、元宝及铜元，皆有中国文字载明是中国制造，等语。经请美方予以封存，并将其流入朝鲜原委查复。嗣准复称，韩境美军已奉令封存一切金银铜币，听候盟国间最后决定。

B. 大阪银币、铜币——长崎市泽田宅存有我国银元八吨、镍币一百五十吨，已搜集日方在我国迫购献纳铜元、镍币证件，转发驻日代表团洽还该项铜元、镍币，尚未据复。

C. 聚义银号金块、银元——北平聚义银号被敌劫掠存款 62 万 6 千元、金块一千二百两及银元 21 万 1 千元，经饬驻日代表团洽还，尚未据复。

D. 张三畚堂金块——张三畚堂存于其出资经营边业银行辽宁总行金库内之赤金金块三千万两，九一八被敌伪没收，经饬驻日代表团洽还，尚未据复。

E. 伪华兴银行生金——财政部接收伪华兴银行，发现该行日籍董事私自瓜分该行生金，经函嘱交涉追还，因缺乏证件，已复请提出证件，以凭转洽。

6. 归还交通工具——截至目前为止办理一案：

A. 沪烟水线——上海烟台间海底电缆被日方拆移，经饬驻日代表团洽还，尚未据复。

7. 归还农产品——截至目前为止办理一案：

A. 新潟县生丝、生棉——据报日本新潟县存有被劫生棉五百个，生丝三千贯，甲级生丝 431 贯，经饬驻日代表团查实，尚未据复。因属占领军生产物资，在远东委员会议决案未修改以前，恐无收回把握。

8. 归还契据——截至目前为止共办理二案：

A. 中纺田契——中国纺织建设公司所接收之上海房地产契据中有田契一张为日人藤井律师携回日本，已饬驻日代表团洽还，尚未据复。

B. 济南银行契据——中央银行接收敌伪济南银行时,发现该行票据契约已交与当地日本领事馆带往日本,已饬驻日代表团洽还,尚未据报。

9. 归还房地产——截至目前为止共办理三案:

A. 李守业自置东京萤雪庄——共房四十八间,向系租与中国留学生居住,胜利后经饬驻日代表团查明并未被毁,经洽仍由原主管理。

B. 蔡智堪东京产业——东京华侨蔡智堪因将田中奏章密呈政府,致财产被封,胜利后呈请洽还,经饬台湾特派员公署转饬该蔡智堪详报东京产业,尚未据复。

C. 薛子秀产业——新潟县华侨薛子秀以抗日分子罪名被押返中国,产业被没收,胜利后呈请准予赴日清理,经饬填具赴日申请书核转驻日代表团洽办,尚未据填报到部。

10. 归还献纳金钱——截至现在为止共办理二件:

A. 庇亚华侨被迫献金——北婆罗洲庇亚华侨被迫献金三百万元,胜利后请求追还,经饬提出有关证件,以凭核办,尚未据呈送到部。

B. 台湾人民索还战争损害保险金——台湾日人所办各保险公司于胜利后对保有战灾保险而受战争损害台人未能偿付保险金,经该民等组织战争损害保险金偿还促进会呈请追还该项保险金,现本案由台湾行政长官公署先行登记索偿人,以凭转洽追还。

中国第二历史档案馆藏外交部档案

有关日本赔偿工作的一些史实(节录)
1978 年 1 月

战争期间,日本从盟国劫掠的物资,战后理应归还原主。但一涉及实际办法,问题就复杂了。例如各盟国被劫物资有无多寡不一,我国被劫最多,菲律宾、印尼、印度、缅甸、越南等国次之,而美、苏、加拿大和新西兰则没有损失,利害关系相差悬殊。因此,关于战后归还政策的讨论,从一开始就争论不休。到一九四六年七月十八日,远东委员会才决

定"劫物归还政策",即以后所谓"旧案"。该案缺点很多:

(1)归还物资只限于四类,即

a. 工业和运输的机器设备;

b. 黄金、其他贵金属品、宝石、外国证券、外国货币和外汇资产;

c. 文化物品;

d. 农产品和工业原料;

(2)归还船舶的打捞、修理、装配等费用由日方负担,但须在申请国赔偿分配额内扣除;归还船舶可在日本国外港口接收,但接收后一切费用均由申请国担负;

(3)船舶以外的归还物资都在日本国内港口接收;

(4)归还的机件混入赔偿物资内的,一经分配,就不作归还案件处理。

此外,归还船舶限于一九四六年十二月以前办完,为期太促;不能认证原主的劫物如何处理,也未作规定。各有关国家都认为需加补充修正。于是远东委员会另拟"新案",自一九四六年十月起开始讨论。诋意各国对"新案"意见仍多,争执亦烈,迁延年余,只有一部分达成协议。例如关于归还机件混入赔偿的,一经分配,就不能再作归还办理一点,损害我国利益不少,我国专家曾对尚未分配的赔偿机器作过初步清查,发现其中劫自我国的就有九百多件。接委会对这个问题立即拟具意见,呈请外交部核转远东委员会。又如关于日海以外被劫沉船的打捞问题,美、苏意见不能协调,我方也有异议,认为可立专案讨论,以免碍及全局,苏联则不同意另案讨论,以致僵持不决。美国政府于是又于一九四八年三月十七日采取单独行动,颁发"劫物归还临时指令",就"新案"已达协议各点,授权盟总执行;同时规定盟总组织"归还咨询委员会"以备咨询。但盟总订立会议细则时,规定每国各派代表一人,只有一个表决权,对于我国劫物特多的事实,丝毫没有考虑,中国赔偿归还代表团当即向盟总提出抗议,并电外交部请其进行交涉。又"劫物归还临时指令"订有提证一条,我们曾多次向盟总有关部门解释:战争时期在敌人淫威下取得被劫证件或调配劫夺人的姓名或机关名、部队番号都不可能，即使当时持有证件，因战争历时八年，人民颠沛流离，也多遗失，如必株守验查物证的办法，就难免不切实际。关于沉船打捞费问题，中国赔偿归还代表团也向盟总不断交涉。

一九四八年七月二十九日，远东委员会劫物归还政策"新案"终于通过，美国政府于八月四日指令盟总遵照实施。"新案"共十四条，是糅合"旧案"和美国政府"劫物归还临时指令"加以补充修改而成。现比较如下：

（1）"旧案"和"临时指令"规定日本领海以内的被劫沉船打捞修理费用由日方先行垫付，但须在将来接收国赔偿内扣除，"新案"则规定由日本政府负担；

（2）"旧案"和"临时指令"规定，劫物一经分配作为赔偿物资，不管已否交给受偿国原主，都不得再行申请归还，而"新案"则规定劫物事前未经申请因而被划作赔偿物资，须在交付受偿国后，劫物原主才不得申请归还；

（3）关于无主劫物的处理，"旧案"没有规定，"临时指令"规定可以变卖，但金银珠宝除外，"新案"则规定变卖无主劫物包括金银珠宝在内；

（4）"新案"规定，申请国所交劫物所有权证件有疑问时，应根据法律、公道、常识的广泛应用，加以判断，而"旧案"和"临时指令"没有这样广泛的规定，致执行时常以证件为唯一的判断根据；

（5）"新案"规定，申请归还劫物期限定为自"新案"通过交由美国政府指令盟总遵办之日起八个月，"旧案"无限期规定，"临时指令"规定自该令颁发之日起八个月；

（6）其他规定，"新案"同"旧案"和"临时指令"大致相同。

细察以上比较，可以看出，"新案"已有改进，且采纳了我方不少意见。但关于日海以外被劫沉船问题，美、苏意见始终对立。苏方因此于投票时弃权。我国也有异议，在通过"新案"时特别声明，本问题仍应另立专案,速予解决。故关于日海以外被劫沉船的打捞费究应由何方负担,"新案"也没有明确规定。我国被劫金银很多,大都在劫掠后改铸条块,外形已变,如何辨认? 我国被劫文物没有归还的为数还多,究应如何补偿? 伪满和台湾在日资产如何处理? 这些问题,在我脱离代表团时,远东委员会讨论都无结果,也没有文件规定。

两年多以来,我国接收的归还物资种类庞杂,单位不一,数量的多寡和物品的贵贱也各不相同。大略言之,可分为图书、古物、货币、整厂设备、计件机器、车辆、船舶、工业原料、贵金属、杂项等十类。这十类归还物资,截至一九四九年九月底止,共约值一千八百一十三万二千三百五十八美元。现择其重要者分别加以叙述。

第一、铜镍币。日本战时在我国沦陷区内大规模搜刮铜类,其步骤是,先由日本占领军责成各省政府规定所属各县分担搜刮的数量,然后由各县政府通令所属各区、乡、保、甲进行搜刮。所用的方式,虽有献纳、收买、交换等等名目,但都出自强迫,人民绝无反抗或规避的余地。例如一九四三年八月,华北政务委员会密令华北各省市收集铜类,规定北平、天津应各献纳四百吨,河北、山东各三百吨,青岛、山西、河南各二百吨,共计二千吨。还规定简任职每月捐献五公斤,荐任职二公斤,委任职一公斤,无任职者半公斤,多献者给予奖励。又日军每到一地,立即控制民生必需物资如盐、煤、火柴、烟草等,规定献铜一吨,发给盐四分之一吨,或煤五吨,或火柴二百四十大包,并酌量配给烟草。每县收集的铜类往往在数万公斤以上。

对于该案,接委会于一九四七年春就开始向盟总交涉。盟总最初答称我方没有具体证件,无法办理;后又说各国硬币仅在造币厂或国家银行时才算国有财产,一入私人手中,就成为私人财产,应否归还,亦成问题。当时国内对于铜镍币因举证困难,不能大量申请,其有确凿证据的只有中央造币厂损失一千一百余吨一案。一九四八年二月,我们根据密查所得的资料,详悉日本各地仓库所存我国铜镍币确数竟达一万一千多吨,于是立即行文盟总,请予切实调查。文中列举上述日人搜刮事实,并援引国民政府颁布的危害国币惩治暂行条例和海关禁止携带铜镍币的通令,以证明货币虽可为私人所持有,但不准私运出口,日本各地仓库的铜镍币竟还残存一万余吨,非强取豪夺,何能积此巨数。况所有被劫货币,都刻有中国特有的花纹和字样,极易辨认,更不容狡赖。至此盟总才认为我方主张有理,允予合作。一九四八年六月二十三日,盟总归还咨询委员会会议决定归还我国铜币一万零六百五十公吨,镍币八十四公吨,估计共值五百零九万五千美元。接委会接收后,当交招商局海辽、海玄两轮分批运沪,由中央信托局验收。一九四九年七月二十六日,归还咨询委员会会议又决议归还我国铜币三百三十余公吨,镍币十九公吨,连同首批运回者,共重一万一千零八十三公吨,估计共值五百二十四万六千三百五十六美元。

　　第二、整厂机器设备。有两个整厂:一是永利化学公司硫酸氩厂的硝酸制造设备;一是广东省广东造纸厂。永利化学公司的硫酸氩厂创立于“九·一八”事变后,是我国最早、最大的硫酸氩厂,厂地在江苏省六合县卸甲甸,一九三七年五月正式开工后不久,即遭战祸。同年十二月,南京陷落,该厂被日人占领,由三井财阀系的三井物产和东洋高压两会社为主干,组织永礼化学工业株式会社,计划利用该厂硝酸设备添设火药制造部,后因所需补给器材不给,没有实现,于一九四二年改将这套设备拆运日本,装设在九州大牟田东洋高压会社横须工厂。战后,永利公司派员查看,发现硝酸设备已全部撤走。经向盟总多次交涉,盟总于一九四六年七月复函说,该项被劫设备已经查获,并已命令日本政府妥为保管,准备归还。我们当请永利公司派员携同证件来日。该公司派了化工专家谢为杰、鲁波和赵如晏三人赴大牟田实地勘察,发现现有整套设备虽尚完好,但原有机件被破坏者已由日人另行添装,因此已非旧观。我们向盟总民间物资保管组要求拆迁时,该组对原有设备的归还,毫无异议;但于日方修配的代替品一并归还一点,坚不同意。我们举出下述理由继续交涉:

　　(1)永利公司原有者是整套全新设备,这点可以永利会社史志的记载为证；

（2）化学制造设备全体构成一部机器，缺少任何一部，都将使整套设备失去作用；

（3）远东委员会考虑被劫物资的归还，旨在补偿被害国的损失，这类化学工业设备必需整套归还，才能有济，否则等于归还废铁。

中国驻日代表团还将经过情形呈报外交部，请在远东委员会力争。国际知名老化学专家侯德榜也为此案两次亲到东京同盟总有关方面洽谈。经过半年的努力，盟总才于一九四七年九月十八日复文，同意将现有全套设备归还物主。拆迁包装工作自一九四七年十月下旬开始，至翌年一月上旬全部完毕。一九四八年三月二十七日由招商局派轮装载返国，四月十一日驶抵南京对岸永利氩厂码头。但这套设备，在日装船的时候，白金网一件被窃，经多次交涉，才由盟总转饬日本政府负责照原有规格制备新品偿还。至一九四八年十一月中旬才制就由我签收，交由美国空运队运沪转交。

广东造纸厂于一九三三年开始筹建，一九三八年八月建成开工。造纸设备是新式木浆制纸机器，在国内还是创举，每日可产新闻纸或上等印书纸五十吨。中日战起，广州沦陷，该厂就被日人占有。最初由日本海军委托日本王子制纸会社选派人员经营。后有一日人叫南喜一的，在日本陆军的支援下，将全厂设备迁到日本北海道苫小牧勇拂地方设厂安装，一九四三年七月开工生产。后该厂归并国策制纸会社，成为该会社的勇拂分厂。一九四六年秋，驻日代表团根据密报，函请盟总转饬日本政府查报归还。勇拂分厂主持人不得已，将劫掠的机器列单呈报，但诡称原件已破坏不堪，经修理补充，共有二百五十六件，其余都是日人添配的。一九四七年六月代表团一面请广东省政府派员到日查认，一面选派专家多人前往调查，发现机器大体完好，但件数被日人隐瞒很多。一九四八年二月，广东省政府才派该造纸厂前总工程师陈丕扬和前厂长刘宝琛前往勇拂，将全部设备逐一清查认证。自四月上旬起，再向盟总严正交涉，要求将全部机器，包括日人添配的在内，一并饬令日方归还。但勇拂分厂主持人仍多方活动，希望保留，甚至诱劝代表团某些领导将这套设备卖给他们，该分厂愿以产品或现金偿付。后来国内有关单位也愿接受这个条件，使我受到很大的压力。那时恰巧宋子文被调到广州任广东省政府主席，我灵机一动给宋写了一封信，报告盟总已同意将被劫的广东造纸厂归还原主的消息。宋立即复信，表示感谢和欢迎。这套设备才于一九四八年七月七日开始拆卸，十月中旬完工，计拆卸的机器共三千六百二十五件，重三千七百二十公吨，分载海列、海赣两轮，分别于十月二十三日和十一月三日运回广州。

第三、计件机器。这类机器在被劫时或原是零星掠夺的，或原是整厂劫取，运日后分散装用的。经接委会派遣专家多次调查，发现有主的机器共三百一十一件和一套，估计约值五十余万美元，大部分属于西北实业建设公司和南华铁工厂。至于不能确认原主的，到我脱离代表团时，归还之数已达二千二百三十四件，约值一百七十余万美元。以上有主和无主合计，共归还计件机器二千五百四十五件又一套，约值二百二十余万美元。

第四、船舶。被劫船舶的申请归还首须提供各项证件，经确定所有权后，才能依照规定核准归还。被劫的船舶如已损坏，得请由盟总转饬日本政府加以修理，以恢复到被劫时的状况为准则，还须验船师和申请国的技术人员断定其有合格的航海性能，才准其驶返申请国。修理费用，依照"新案"完全由日方负担。战时我国船只损失重大，驻日代表团成立后不久，就从各方搜集一切有关被劫船舶的资料，并调查这些船舶的下落和现状。这类准备工作至一九四六年夏就已大体完成。等到远东委员会于该年七月十八日通过劫物归还"旧案"后，代表团洽商盟总执行，第一艘归还的船"建设号"就于一九四六年八月十八日由长崎驶抵上海。接着逸仙军舰以及兴安、飞星、隆顺、和顺、永源、增利、中兴等货船陆续归还。截至我脱离代表团时，驶还的被劫船舶共计十二艘，二万零六百七十六吨，约值二百一十六万二千六百五十七美元。此外，还有三艘即可核定归还。

　　第五、图书和古物。我国在战时损失的书籍，据国内调查，不下三百万册，但归还的总共只有十五万八千八百七十三册。其中除中央图书馆一部分善本书先后两次空运、船运回国外，其余多是普通书籍，估计共值十八万余美元。

　　被劫的古物种类繁杂，主要有字画、拓本、佛像、寺钟、刺绣织品、家具、饰品、杂物等。接委会曾于一九四七年八月十七日乘归还船永源轮驶沪之便交该轮载回二百二十九箱。一九四八年九月十九日交海辽轮运回七百七十三件。此外，最贵重的古物翡翠屏风、缂丝古画、白玉壶一尊、翠玉花瓶一对，则由接委会于一九四八年十一月四日派员专程搭轮押运回国。这些珍物都经接委会多方搜集资料，向盟总据理力争，才能完璧归赵。日本宫内省所存我国其他古物也都陆续归还，其中包括清乾隆帝墨迹四大册、康熙时代瓷瓶一尊、宋坑端砚二方、象牙塔一座、大象牙球一具、乾隆时代精雕端砚一对等等。这些珍品都是伪满派大员献赠日皇的。此外，伪满皇后赠与日皇后的翡翠戒指和珠钻镶金手镯也获得归还。

　　应该特别指出，缂丝古画共五十八轴，包括明清绣物二十七轴，是明清两代的最精制品，原由清宫珍藏，后归朱存素堂，最后归张三翁堂，张氏又移赠沈阳博物馆。战时该馆将其送往东京裱装，以后即无下落。后经派员密查，确知在某日人家中，再经交涉，盟总才允转饬归还。翡翠屏风是八折式，高约六英尺，楠木雕制，镶嵌翠玉四十块，是汉奸汪精卫于一九四一年六月访日时赠与日皇及皇后的礼物。这些珍品，可谓价值连城。接收后，当时驻日代表团主要负责人曾找我谈话，建议把这些珍品送给蒋介石作为礼物，我立即表示反对。为了保证至少暂时不落入私人手中，我们于一九四八年三月二十八日在驻日代表团养正馆大楼开了一个相当规模的展览会，将缂丝古画、翡翠屏风等珍贵古物全部陈列出来，招待盟总和各国代表团人员参观，并举行鸡尾酒会，以资纪念。一九四八年十一月六日，国内主管机关派海辽轮赴日，将上述珍品运沪，交由中央信托局储运处点收。屏风玉器和缂丝古画复交南京中央博物院和故宫博物院分别签领。

　　周口店出土的"北京人"化石是近代科学发现中的著名物品,太平洋战争爆发时曾由北平协和医学院送交美国海军代为运出,传在秦皇岛附近被日军截夺。胜利后,裴文中和李济曾赴日调查下落,会同日本考古专家原田淑人、平野义太郎、长谷部言人等教授协力调查,未得满意结果。一九四六年春李济曾和驻日代表团第四组副组长张凤举向盟总情报教育组查询多次,据说日人坚称没有运到日本。一九四七年夏,盟总资源组交来日本归还的周口店出土古化石等考古资料一批,当由驻日代表团接收,运交北平地质调查所,关于"北京人"的下落,也未能由此有所发现。接委会于一九四八年八月二日再度详询盟总,请其设法追查。一九四九年四月一日,补送申请归还表格,八月二十九日又译送有关资料,但都无结果,"北京人"的下落长期是一个谜。

《文史资料选辑》第七十二辑,第 241—250 页

3. 鲍莱报告

吴半农所记之《鲍莱临时报告》①

　　美国自行其是,早在一九四五年十一月远东委员会没有成立以前,就派美国政府的赔偿顾问(Eduin Porley)为赔偿特使,赴日调查经济实况,历时一个多月,于同年十二月七日即珍珠港事变纪念日,发表"鲍莱临时报告",对于日本赔偿提出如下意见:

　　(1)促使日本赔偿的目的在使日本军国主义不能复活,并使将来的日本经济安定,政治民主化;

　　(2)过去日本发展工业的目的极度偏重于军备的扩充和战争力量的养成,战争时期工业虽受相当的损失,但是现存生产能力仍然远远超过日本人民和平生活的需要;

---

①　本部分资料系《有关日本赔偿归还工作的一些史实》一文的节选。

（3）这时拆迁日本剩余工业设备是解除日本经济武装的必要措施，并非完全否定日本工业之应维持，对于日本人民无害而有利，对于受偿的日本邻国则可帮助发展其工业，造成东亚国际间的经济均势，以免再启日本侵略的野心；

（4）为促进最终赔偿方案的制定起见，应根据上述看法和这次调查所得，先行制定临时方案，以便早日拆迁；

（5）为配合消除"财阀政策"起见，财阀所有的工业设备应尽先拆迁。

"鲍莱临时报告"里面建议拆迁的工业种类和数量如下：

（1）工具机制造能力的一半；

（2）陆海军兵工厂全部；

（3）飞机工厂全部；

（4）轴承工厂全部；

（5）造船厂二十所；

（6）超过年产二百五十万吨的钢铁生产能力；

（7）火力发电的一半；

（8）除去附属于金属精炼工厂之外，接触法硫酸工厂全部；

（9）纯碱工厂四所中最新的一所，烧碱工厂四十一所中的二十所；

（10）轻金属工厂的全部。

鲍莱主张日本海外资产应全部充赔，还特别强调国内赔偿设备必须迅速拆迁，以免搁置造成损失，还可使日本人确知保留的生产设备的范围和数量，以便迅速计划恢复平时生产。这个临时报告由美国政府提交远东委员会讨论，成为该委员会制订"临时赔偿方案"的蓝本。

一九四六年四月一日，鲍莱又草成"最后报告"呈递美国总统杜鲁门。其要点如下：

（1）再次强调赔偿拆迁应迅速执行；

（2）日本国外资产可保留在原地，但须并入赔偿物资内计算；

（3）以前使用某国原料的供赔工厂，其机件即迁往该国；

（4）避免下列四种赔偿，即劳动力赔偿、工业生产品赔偿、现存货品赔偿和证券赔偿；

（5）赔偿拆迁后的日本工业能力以适合日本国内需要为限；

（6）二十所财阀所有的工厂应先拆迁。

这次鲍莱主张拆迁的工业设备，其种类和数量如下：

"临时报告"中没有列入拆迁的有：

（1）铁道车辆——制造设备的年产能力限定在机车二百二十部、客车八百部、货车四千八百部，其余拆迁充赔（估计供赔设备的年产能力为机车八百五十部，客车一万一千二百部，货车七千六百部）；

（2）硝酸——除保留年产能力一万二千五百吨外，其余四万吨拆迁；

（3）煤膏、赛璐珞、酒精——全部设备拆迁；

（4）石油——精炼设备保留额为每月四万桶为限，贮油设备以一百万桶为限，其余拆迁；

（5）水力发电设备——拆迁数量未定；

（6）纺织工业——以纺机三百万锭，织机十五万部为限，其余拆迁；

（7）镍精炼设备全部拆迁，铜的熔炼精炼设备年产能力拆去一万五千吨，铜品制造设备拆迁七万五千吨；

（8）人造橡胶设备——全部拆迁。

"临时报告已列入拆迁的"：

（1）生铁生产设备可保留的年产能力由"临时报告"建议的二百万吨改为五十万吨，钢块年产能力由三百五十万吨改为二百五十万吨，钢材压延能力由二百七十七万五千吨改为一百五十万吨；

（2）工具机生产设备可保留的年产能力由二万七千部改为一万部，保有工具机由三十五万至四十万部改为十七万五千部；

（3）纯碱生产设备可保留的年产能力由六十三万吨改为三十万吨，烧碱年产能力由八万二千五百吨改为四万四千吨；

（4）轴承制造设备全部拆迁；

（5）接触硫酸制造设备全部拆迁；

（6）火力发电设备拆迁一半；

（7）轻金属制造设备全部拆迁；

（8）供赔的造船厂由二十所增加到四十所，包括最大的浮船坞二所，还把现有五千吨或五千吨以上的船舶一百一十四艘折合八十六万九千吨供赔，保有的船舶数量限于一百五十万吨（钢铁船），每艘不得超过五千吨，最大速率二十海里，航线限于本国沿岸、库页岛、朝鲜和中国；

（9）各主要军事工业，即陆海军兵工厂、民营军需工厂和飞机工厂全部提充赔偿。

总之，对于日本应当保留的工业设备，"最后报告"比"临时报告"大体上缩减很多，而对赔偿设备则作了比较广泛而详尽的规定。"最后报告"提交杜鲁门总统后，美国政府内部意见很不一致，加以当时远东委员会已经通过了"临时赔偿方案"，因此对鲍莱的这个"最后报告"没有采取任何行动。

《文史资料选辑第》七十二辑，第230—232页

中国抗战时期财产损失说帖

（以1937年7月美元价格计算）清单如下：

直接财产损失：（A）金银条及钱币：各银行损失金银条及硬币计120,566,000元；

（B）外币及公债股票（没有具体数字——笔者注）；

（C）船舶合计138,812,000元；其中，海船：64,574,000元；渔轮及木造渔轮船：74,238,000元；

（D）工商业及动力工厂合计4,053,647,000元。其中，1.工业：各种工业之房屋设备、原动机、作业机、工具机、器具材料、原料、制成品等，1,190,963,000元。2.矿业：煤铁钨锑锡汞等矿之地面设备、地下建

设、原动力设备、机械工具、轮运设备等,195,800,000元。3.电业:发电设备、输电线路设备、供电线路设备等,95,048,000元。4.商业:各省县市之商业资产,包括店屋、器具、现款、存货等项,2,551,847,000元。5.金融业:现款、保管品、抵押品及建筑器具设备等,19,989,000元。

(E)港口(没有具体数字——笔者注)。

(F)交通合计635,371,000元。其中,1.铁路:线路设备、车辆工厂设备等,451,978,000元。2.内陆水运:船内码头设备等,20,817,000元。3.民用航空:飞机机场设备、电讯设备、油料机械及工具等,7,673,000元。4.电讯:线路设备、机械及修理工具等,45,787,000元。5.邮务:邮件运输工具等,6,938,000元。6.交通器材:路料、电料等项,102,178,000元。

(G)道路:车辆、路线设备及修理工具等,215,062,000元。

(H)农林水利合计3,976,127,000元。其中:1.农业:粮食、蚕豆、茶叶、其他农作物及肥料、农具、小型农田等,1,745,758,000元。2.林业:苗圃、林场、风景林、行道树及经济林(桐林、乌柚、油茶、核桃)等,772,650,000元。3.渔业:渔具、鱼产舍、器具等,702,360,000元。4.畜牧业:牲畜及畜产品等,701,358,000元。5.水利工程:因抗战破坏之河堤及水利工程,54,001,000元。

(I)公共机关合计1,157,290,000元。其中:1.政府机关:中央及地方机关之建筑物、器具、图书、仪器、医药用品等,121,091,000元。2.教育文化事业:各级学校及文化机关之房屋、图书、仪器及设备等,966,023,000元。3.人民团体:包括宗教团体、慈善团体及其他以公益团体之房屋、器具、古物、经典、人事,70,176,000元。

(J)房屋家具及其他私产:全国私人房屋、家具、现款、图书、古物、书画、衣物、首饰、有价证券等,21,033,261,000元。

(K)珠宝及珍贵品:列入J项。

全国公私财产其他损失:(A)对日作战国库之经常及非常支出合计16,080,190,000元。其中:1.军战费:由国库内支出之作战费用

6,661,902,000 元。2. 受降费:包括国内受降费及越北、台湾受降费等,80,800,000 元。3. 军官复员费:计军官复员三十五万人、退役转业官佐 13 万人,2,892,000 元。4. 部队征发费:战事发生后江南国防工事之征发费、江北因秩序未恢复,其征发费另候补列,141,290,000 元。5. 优待出征军人家属费:自二十七年至三十三年各省所发之优待金及优待(三十四年各省尚未汇报,另候补列),79,266,000 元。6. 将士伤亡抚恤费:为陆海空军官兵 3,227,926 名伤亡应给予之抚恤金,2,758,369,000 元。7. 国库对敌作战其他支付费用:包括公教人员生活补助费、赈济支出及复员支出等费用,3,808,573,000 元。8. 抗战期间英、美、苏历次借款动支数:计中美五次借款、中英两次借款及中英财政援助协定、中苏三次借款,777,674,000 元。9. 中美租借法案物资:872,334,000 元。10. 举外债损失,为各国借款利息部份,119,199,000 元。11. 因抗战发行国内公债损失,为发行公债应支付之利息 757,946,000 元。12. 历年发行粮食库券损失:作战期间一部分军粮之费用,20,545,000 元。

(B)沦陷区内政府及人民之赔偿要求合计 4,526,792,000 元。其中:1. 中央税收损失:关税、盐税、货物税、直接税、土地税、契约税等税收之损失,3,329,200,000 元。2. 地方税收损失:系各省市地方税收之损失 507,608,000 元。3. 敌伪钞券:包括伪中储券、伪联银券、伪蒙疆券,以上已扣除伪发行准备金及接收发行准备金,539,587,000 元。4. 敌发行军用票损失:此项系据人民向政府登记之数字,其未报告登记部份另候补列,133,000 元。5. 伪南京政府发行公债:发行额数字为 100,896,351 元,照历年物价指数折成美金 29,763,000 元。6. 华北伪组织发行公债,发行额为 2,945,738 元,照历年物价指数折成美金 869,000 元。7. 被日本劫掠未收回政府债券损失:被劫掠未收回之政府债券本息均系战前发行各债,56,926,000 元。8. 国债基金被劫持损失:国债基金被劫持数系于上海沦陷时被劫持者,125,000 元。9. 苏军东北军用票:苏联大使于六月十一日照会由中国收回,苏军向日要求赔偿62,581,000元。

(C)资源减损合计6,485,741,000元。其中:1.农作物生产减少损失:853,137,000元。2.茶叶产量减少损失:53,546,000元。3.蚕丝生产减少损失:765,000,000元。4.林木减少损失:434,108,000元。5.牧畜及畜产品减产损失:387,358,000元。6.渔业减产损失:727,890,000元。7.工业生产减产损失:1,041,164,000元。8.矿业减产及营业损失:55,061,000元。9.电业营业损失:91,401,000元。10.商业利润减少损失:1,636,173,000元。11.交通事业营业减少损失:440,901,000元。

《作战经过》第4册,第32—37页

4. 苏联战利品问题

吴半农所记之关于日本国外资产处理情形[①]

日本的国外资产应如何处理就是一个大问题。这些国外资产,随着战争的结束,已被盟国接收。如苏联就拆走了大量日本工业设备,还在千岛、库页岛接收了全部日本资产。这类资产应否计入受偿国应得的赔偿分配额内,就是一个争论不休的问题。苏联坚决认为它所接收的这些物资是"战利品",不应与赔偿物资混为一谈,后者只应限于日本本土以内的设备。英国表示,如国外资产处理问题不能得到解决,对于任何赔偿方案都不能同意,并主张各国应将接收的日本国外资产报告远东委员会,作为讨论赔偿分配额的参考。美国则提出折衷办法:(1)同日本作战的国家得保有接收的日本国外资产;(2)以上资产,包括"战利品"在内,实在决定分配供赔的日本国内工业设备时予以考虑;(3)报告接收的海外资产时,"战利品"不必分别估价。同时美还建议举行赔偿会议。

《文史资料选辑》第七十二辑,第228页

---

① 系原文节选。

澳大利亚代表关于处理日本资产的态度

澳大利亚代表伊瓦特(Evatt)发言说:"澳大利亚政府认为远东委员会有权处置日本四个主岛以外的日本资产。因为远东委员会被赋予制定关于日本投降后应履行的义务的政策,而且这些义务包括赔偿的支付,所以所有日本持有的资产,无论地处何方,都应该纳入远东委员会的考虑范围"。新西兰、英国和印度代表都表示支持伊瓦特的立场。新西兰代表认为"赔偿问题的解决应遵循在全球基础之上,而不能以日本海外资产所处的地域为限"。英国代表认为"为了解决赔偿问题,日本所有的资产都在远东委员会的权限之内,作为这些资产的组成部分的任何资产的地理位置是与赔偿问题无关的"。

Far Eastern Commission,Japan,FO371/54100,file No.2,1946,Public Record Office,U.K

国民政府关于处理日本国外资产的态度

1946年10月国民政府拟定的《中国对日要求赔偿的说帖》中再次重申了中国关于日本海外资产的立场:1.中国在原则上赞同将日本国外资产,充作日本赔偿盟国损失之财源之一部。凡各盟国所接收之所有属于日本政府或其人民之资产,均应抵充各该国赔偿摊额之一部份。如有多馀时,均应交于专设之赔偿机构,供分配其他各盟国之用。2.在朝鲜境内之日本资产,中国认为应移交于日后之朝鲜政府,以补偿朝鲜以往在日本统治下所蒙之损害,藉以资助其复兴建设。3.在轴心国之日本资产,应由有关当局移交专设之赔偿机构,列入赔偿公额。至在中立国之日本资产,亦应加以清理或处分,将其所得,满足盟国之赔偿要求。4.在移转领土内之日本资产,中国认为应依一般国际法原则与继承国之法令加以处置。关于此节,中国政府并愿与其他有关各国采取一致步骤。5.关于战利品之性质,中国拟准照一般通行之国际法解释之。战利品应严格限于供敌人武装部队及为敌人武装部队所有之装备或供应品,至于生产是项装备或供应品之工厂不在其内。苏联自盟国境内所搬运之日本工厂设备,依此解释,实不在战利品范畴之内。中国政府对于该项在中国境内原应归中国接收而不幸为红军搬运之日本工厂设备,已偕同盟国专家作详密之调查。是项调查清册,足以证明被搬运者实非"战利品"。是项调查清册并指出中国直接受搬运,间接被破坏所致损失之严重。6. 中国政府为促使整个日本赔偿问题从速解决,准备在下列两最低条件下,就东北被搜运物资事,与有关各国获取谅解。此条件之一,即不论作何解释,各盟国应就其实际上所接收之日本资产提出报告。此项实际接收之资产价值,一概列入赔偿公额,抵充各该国赔偿摊额之一部份。其次,在决定赔偿摊额时应对中国在东北所损失部份,予以有利之考虑,使中国能取得相当之补偿。

《作战经过》第 4 册,第 46—47 页

(二)远东委员会对日索赔问题的处理

说明:由 11 个对日战胜国组成的远东委员会是当时处理日本问题的最权威的国际机构。远东委员会及其下属的工作委员会给予日本赔偿问题及其相关问题的关注比其它任何问题都多,花费的时间也最长。远东委员会成立的前两年美国对日索赔的态度是积极的、严厉的,美国希望利用远东委员会的程序与各国的合作来解决赔偿问题。各成员国之间的合作最初是成功的,关于日本赔偿的很多决议都获得了一致通过。后来由于各国在各自赔偿份额上互不相让,加之美国对日政策开始发生变化,远东委员会最终没有解决对日索赔问题。

1. 临时赔偿计划

美国递交远东委员会的备忘录
1946 年 11 月 4 日

解决最基本的问题——赔偿问题的失败妨碍了日本和平时期经济

的稳定,延滞了对日占领,增加了美国纳税人的负担,阻挠了未来接收日本工业设备的国家重组本国经济的进程,同时很多珍贵的工业设备的状况在继续恶化。远东委员会没有就举行日本赔偿问题国际会议达成一致迫使该问题的解决只能通过其它远东委员会章程所容许的方式解决。因此,美国政府正在考虑采取以下方式:由美国政府发布有关赔偿的临时指令,决定工业水平,分配各国份额并指导拆迁。考虑中的指令是:1.最初的指令适用于所有充赔物资的15%或20%,目的是让赔偿的交接工作运转起来。2.临时指令适用于赔偿问题的最终解决。美国政府将与远东委员会的各国进行协商,邀请它们参加制定指令的起草工作。协商将在成员国代表间进行,一直持续到临时指令的最终完成。美国提议的临时指令的目标是获得所有成员国尽可能多的支持,美国为此将不遗余力。根据远东委员会章程规定,临时指令将发布给驻日盟军总司令并像其它临时指令一样由远东委员会决定。如果美国政府根据以上基础决定推进此事,它欢迎贵政府参加以上协商并希望尽早收到贵政府愿意参加协商的表示。

新西兰政府的答复认为,美国现在的提议如果没有被远东委员会的所有国家接受的话,新西兰也将支持,实际上也更愿意在远东委员会进行全面讨论,努力达成一项所有国家都接受的方案。澳大利亚政府的答复是,澳大利亚政府反对任何威胁或减弱远东委员会权威的行动,不愿意接受美国的建议,除非解决日本海外资产的僵局不能在远东委员会内部解决。英国政府的答复则认为最紧急的事情是决定日本的工业水平,而且这个决定应该在解决赔偿问题之前而不是之后。英国认为美国政府提出的发布临时指令的建议,如果不被苏联人接受的话,是否会像美国政府放弃最初提出的在远东委员会之外建立一个赔偿工作委员会一样出现不可妥协的政治僵局呢?加拿大政府的答复是,加拿大政府担心美国提议的计划会损害远东委员会未来有效地执行其既定的义务。在赔偿拆迁采取任何行动前先决定日本的工业水平,而且这些决定应该都在远东委员会内部解决的想法,加拿大认为是合理的。美国认为美苏双边谈判失败才促使美国政府向驻日盟军总司令发布包括赔偿最终解决办法的临时指令,加拿大政府对此种所谓的合理理由表示质疑。加拿大政府认为应该在远东委员会内部再进行尝试以便就分配给各国日本赔偿物资应遵循的程序达成一致。加拿大政府愿意接受一种不必特别注明如何处置日本海外资产问题的程序。法国政府希望有可能在远东委员会的框架内找到解决这个问题的办法,法国政府表示接受美国政府的建议但有以下保留:美国政府应该就目前征求意见的问题在临时指令中提出一个优先受益国名单,法国政府对于法属联盟是否在这个优先名单之列保留对此问题的同意权。尽管苏联政府对美国的提议没有做出正式答复,但是苏联驻美使馆的两名官员明确表示了反对。

The Far Eastern Commission—A Study in International Cooperation,1945–1952,p. 136

<h3 style="text-align:center">美国代表麦考伊将军的意见</h3>
1947 年 1 月 9 日

1947 年 1 月 9 日,美国驻远东委员会代表、远东委员会主席麦考伊将军在给美国国务卿的一封信中表达了自己的意见:"作为远东委员会主席,我有义务竭尽所能使这个由美国政府发起而建立的国际组织成功地运转。远东委员会目前面临一个非常棘手的问题:解决日本赔偿问题的程序。远东委员会中的大多数国家不同意美国的提议,而且它们中的大多数希望远东委员会重新考虑解决赔偿问题的权限。我认为采取临时指令解决赔偿问题的所有事宜的作法会给美国政府带来令人遗憾的结果,特别是对与其它国家进行成功的国际合作的影响方面,而且对与苏联合作的影响尤甚。为了我们的国家、为了远东委员会、也为了国际合作的利益,我认为我们现在应该对日本赔偿问题采取新的办法。我很不情愿地认为,首先应该发布一个最初的临时指令,它只规定日本充赔物资其中一部分的分配方案。即使这种限制性地使用临时指令也会遭到一些国家的反对。因此,我认为很重要的事情是,应告知远东委员会,使它有合理的时间去努力解决赔偿问题的所有其它事宜,包括制定一项关于海外资产的广为接受的规则。"

The Far Eastern Commission—A Study in International Cooperation, 1945–1952, p. 138

临时赔偿计划

远东委员会"临时赔偿计划",方案内容为:1. 海陆军兵工厂全部拆迁,但在设计与构造上专用于制造军备的设备另作处理;造船设备另行规定;制造消耗性军需品例如纱布、粮食、药品等的设备应留待讨论最后赔偿方案时决定,暂不拆迁;制造肥料及燃料的设备另行规定。2. 飞机工厂全部拆迁,但限于专造飞机的设备,将由和平工业改造者另行处理。3. 轻金属工业,除一万五千吨年产能力的铝压延设备外,全部拆迁。4. 工具机制造业,超过两万七千部年产能力的设备拆迁。5. 硫酸业,超过三百五十万吨年产能力的设备拆迁。6. 造船设备,超过十五万吨年产能力的造船设备及三百万总吨的修船设备拆迁。7. 钢珠轴承制造设备,超过年产成品价值 1939 年日币三千二百五十万元的设备拆迁。8. 钢铁,超过年产三百五十万吨的钢块生产设备和超过年产二百万吨的生铁生产设备拆迁。9. 火力发电,超过八万二千五百吨年产能力的设备拆迁。10. 纯碱,超过六十三万吨年产能力的设备拆迁。11. 火力发电所超过二百十万千瓦的设备拆迁。12. 民营军需工厂全部拆迁。13. 人造石油与人造橡皮工厂全部拆迁。14. 钢铁压延设备,超过二百七十七万五千吨年产能力的设备拆迁。

《在日办理赔偿归还工作综述》,沈云龙主编:《近代中国史料丛刊续辑》

710 辑,台北文海出版社,第 29—30 页

2. 对日索赔问题的讨论

远东委员会关于日本赔偿设备拆迁次序办法的讨论

1946 年 5 月 13 日通过的名为"远东委员会日本赔偿设备拆迁次序办法决议案"。它的目的是可以解散垄断日本贸易和工业的大财阀

企业和银行,这项政策规定解散大财阀对工业和金融的垄断应该成为择定拆迁工厂时的一个标准。1947 年 5 月 22 日通过的名为"远东委员会选择拆迁工厂标准决议案"为赔偿工厂的选择制订了广泛的标准。强调把日本国家安全保证和工业战争潜力武装放在突出位置以便主要和辅助战争工业的设备比其它设施优先拆迁。文件宣布,在盟国要求现代的、完整的和有效的设备充赔与日本和平经济对相同设备的合法需要之间,需要找到一个公正的平衡点。在选择拆迁特别的工厂时,应遵循先拆迁大财阀的原则。然后是其他日本国民、日本政府、轴心国国民和政府所拥有的工厂和设备。最后是中立国国民和政府所拥有的工厂和设备。根据远东委员会的决议规定,联合国成员国国民的资产,将受到特殊对待。该文件同时还用于指导驻日盟军总司令挑选充赔工厂和设备的分配比例。1947 年 2 月 13 日通过了名为"远东委员会赔偿物资在日移交办法决议案"。它主要规定了充赔工厂及设备的拆迁原则。它规定日本政府承担拆卸、包装和运输充赔物资的所有费用,将这些物资运到指定的地点。并按各受偿国取得赔偿品数量的比率分摊记入各国赔偿帐内,但各受偿国并不会因为这些费用而减少其应得的受偿数额。交货以后,受偿国承担将这些物资从日本运回国内的所有费用。一切赔偿设备均以机船舱面交货为原则。

Activities of the Far Eastern Commission, p. 49

远东委员会通过《关于禁止日本军事活动与处置日本军事装备的决议》

为配合《减除日本工业战争潜力案》,1948 年 2 月 12 日,远东委员会通过了《关于禁止日本军事活动与处置日本军事装备的决议》。该文件是旨在防止日本军国主义复活的政策决议。它的主要内容是:1.仅许日本民事警察使用小型武器,携带合法登记之打猎武器亦以有执照之猎人为限。2.禁止在日本制造任何种类之飞机。3.禁止制造任何军舰或辅助舰,禁止把其他船只改为军事目的而改制,禁止建造任何军事设备,包括枪炮、试验场与实验室。4. 除占领军、民事警察、或赔偿所需以外,一切二次大战中日本所掠持的军事装备应全部销毁。5. 一切日本旧有军事纪录应即没收,并转送盟军统帅销毁,以后不准保留任何纪录。6. 禁止日本重设陆军部及海军部、高级司令部、军事或半军事机构,军官团或任何形式的军官俱乐部。7. 禁止学校或专门学校恢复军事训练,日本复员后退伍军人之各种特权亦在禁止之列。8. 日本一切高级军官及海陆军与宪兵队之职业军官、其他军官,包括后备队,以及退伍军官协会或其他军事或军事机构之职员,均禁止充当政府官吏、公务员或教师等职。

《对日和约问题史料》,第32—33页

各盟国代表对临时指令的态度

英国代表:我的政府同意临时指令的基本目标,但是反对其中的一些条款。

中国代表顾维钧:首要考虑的因素是事态的紧急性,我认为在一定程度上只有美国目前采取的行动方案是适合这个事态需要的。因此,我们非常同意美国政府的决定,而且我们希望表达我们最完全的支持和赞成。

新西兰代表:新西兰政府完全同意美国政府已经采取或倡议的行动,我因此说两句。我们已经到了日本赔偿问题开始解决的阶段,这是一个明确的步骤,它至少可以使受害国得到补偿,这是非常受欢迎的事情。总之,这就是这个建议应该得到我们支持的原因。

澳大利亚代表梅金:我的政府的观点是救济不应该成为先期拆迁唯一适当的理由。还应包括战争毁坏和损失的因素,甚至那些没有要求紧急救济的国家,特别是对赢取战争做出重大贡献的相关几国。但是,如果临时指令以现有方式发布给驻日盟军总司令的话,澳大利亚政府认为择定的国家范围太狭窄了。先期拆迁计划还应该包括因受战争侵害的澳大利亚的新几内亚、巴布亚岛、瑙鲁,法国的印度支那,印度的阿萨姆邦和尼科巴群岛,美国的关岛、威克岛和珍珠港。澳大利亚政府认为,如果赔偿问题不能在远东委员会内部解决,那么就应该努力寻求其它方法解决。澳大利亚政府倾向于将赔偿问题交给对日和会解决。

苏联代表:从远东委员会各国广泛的政治团结与合作的角度看,由一个国家单独处理赔偿问题将对远东委员会的组织以及工作的基础产生负面影响。…指令的发布是不成熟的也不受欢迎。我们强烈地感到我们必须分享这些先期拆迁的份额,因此,如果其它国家也有类似的愿望,我们非常愿意为此而合作并支持所有11个国家,除一些不愿意参加的国家外,都应该在先期拆迁计划中获得份额。

英国代表:我的政府的观点是即将分配给英联邦地域的5%份额太少了,应该再多一些。我们还认为,我也经常代表我的政府表达了关于海外资产的观点,我收到指示再次强调我们的观点,海外资产必须包括在最终赔偿的所有资产份额中。我们应该要求将分配给中国的15%份额暂时减为10%,考虑到海外资产的整体情况,另5%的份额暂时中止。

FEC minutes, April. 3/20, 1947

3. 各国份额的分配

各国代表对份额分配的讨论
1946年7月11日

1946年7月11日远东委员会第19次会议英国代表乔治·桑瑟姆(George Sansom):英国认为即使还不清楚赔偿的总数量,但是可以考虑每个国家可以从总额中分得的份额的比例。……尽管这个建议已经交给赔偿工作委员会讨论,但是各国认为由于没有具体执行可依据的规则,它们需要确定远东委员会是否希望它们开始赔偿分配计划的制订。英国政府认为对份额的比例的讨论不影响赔偿问题的其它部分。英国政府还认为关于赔偿的讨论,宽泛的政治方法要比统计学的方法更可取。

新西兰代表:日本赔偿问题是一个非常迫切的事务。目前,还没有比英国的建议更好的办法。荷兰代表:同意英国的想法,但建议这个问题由赔偿工作委员会讨论。澳大利亚代表:建议这个问题首先应由远东委员会讨论,因为只有远东委员会才是讨论此问题的合法机构。法国代表:关于赔偿份额比例的分配的最终决议应该由远东委员会做出,而不是赔偿工作委员会。法国政府支持将海外资产包括在赔偿分配份额的讨论中考虑,而且如果盟国赔偿工作委员会成立的话,它应该隶属于远东委员会,而不应是一个独立机构。中国代表:同意英国的建议,但是建议政治和统计方法都应该考虑。加拿大代表:同意中国的建议。

FEC minutes,July. 11,1946

澳大利亚代表关于份额分配的建议

1947 年 5 月 5 日

在 1947 年 5 月 5 日举行的远东委员会第 55 次会议上,澳大利亚代表:经过几个星期对这个问题的仔细研究,澳大利亚得出结论,份额分配以及其他重要问题应该和平解决。赔偿应该与所有决定未来太平洋地区关系的因素分开处理。对日和平会议是唯一有权利处理整个赔偿问题的机构,而且可以通过对整个问题的解决形成的逻辑方法来分配赔偿,最终有助于建立一个公正和持久和平的太平洋。澳大利亚代表还说,澳大利亚并不想挑战远东委员会决定日本赔偿问题的权利或赔偿应该采取的形式,例如工业资产、黄金和贵重金属、现有生产量或其它形式。相反,澳大利亚一直呼吁远东委员会应该认为决定这些标准是自己主要任务之一,而且应该尽快付诸行动。但是澳大利亚认为,期望远东委员会对份额的讨论有任何进展都被证明是一种幻想,而且大量的时间浪费在来回的反驳中。澳大利亚认为能期盼最后解决的、最高级别、能考虑所有相关因素的唯一机构就是对日和平会议。尽早召开对日和平会议可以克服远东委员会的很多困难。它将结束远东委员会零散的解决各类问题以及不尽人意的尴尬境地。澳大利亚代表还强调澳大利亚的观点是有法可依的,远东委员会分配赔偿是不合法的。波茨坦公告规定,远东委员会可以规定日本供赔的总额,包括赔偿的类型和供赔的形式,但是那些赔偿的分配不是远东委员会的职责。澳大利亚代表还指出,澳大利亚政府认为现在赔偿工作委员会关于赔偿份额分配的讨论很可能收效甚微。赔偿工作委员会已经建议各国根据广泛的政治基础提交它希望从日本工业资产的赔偿份额中想获得的百分比。澳大利亚政府对美国政府的观点影响深刻,它曾在赔偿工作委员会的很多会议上都阐述过,大意是提交每个国家自己的数字是没有什么用的,除非所有其他国家都提交一个百分比数。但是澳大利亚对此有两点反对意见:一个是政治上的反对,一个国家在给予一个特殊国家特殊百分比时可能受其好恶的影响。另一个是实际操作的困难,成员国并不掌握其他国家的战争损失和贡献的数据。所以澳大利亚政府建议应该制订一个详细的计划,应该考虑每个国家对战争胜利的贡献、物质损失和人员伤亡。澳大利亚政府认为,在赔偿计划中应该突出人员伤亡。澳大利亚政府建议成立一个由三个独立的而且最好是公正的人组成一个审理团,对赔偿问题进行必要的调查。这个审理团向对日和平会议直接汇报工作。审理团的意见未必使每个国家满意。最后的决策由对日和平会议决定,它可以综合考虑各方面的因素。

56th FEC meeting, May. 5, 1947, FO370/63680, File No. 7

各国对分配份额的期望

截至到5月14日,11个成员国都提出了本国所希望分得的份额,总数额相加达到204.5%(如下表)。

国家—————份额(%)

澳大利亚————28

加拿大————1.5

中国—————— 40

法国—————— 12

印度—————— 18

荷兰—————— 15

新西兰————— 2

菲律宾————— 15

苏联—————— 14

英国—————— 25

美国—————— 34

共计—————— 204.5

经过几个星期的讨论,有四个国家适当减少了各自的份额:苏联从14 减为 12,美国从 34 减为 29,印度从 18 减为 12.5,荷兰从 15 减为12。但是这些消减对赔偿工作委员会来说毫无改观,赔偿的总份额依然高达 189%。

为了推动事情的发展,赔偿工作委员会又提出让所有 11 国提出其它各国应该获得的份额,这样用其它国家提出的份额与本国提出的份额对此,可以作出有效的分配。8 月底,10 个国家提出了别国的分配份额,只有澳大利亚没有提出方案,其中中国和加拿大提出的不是个别国家的份额,而是集团的份额。如下表:各国拟定的 11 个盟国赔偿分配份额表①

国家	各国最初要求自己的份额	苏联修改后的意见	美国修改后的意见	英国修改后的意见	荷兰修改后的意见	法国修改后的意见	印度修改后的意见	菲律宾修改后的意见	新西兰修改后的意见
澳	28	30	8	8.5	6	7.5	9.5	7	9
加	1.5	1.5	1.5	1.5	2	2	1.5	1.5	1.5
中	40	30	29	14	24	20	25	23	23

———————

① *The Far Eastern Commission—A Study in International Cooperation*,1945–1952,p.144.

续表

国家	各国最初要求自己的份额	苏联修改后的意见	美国修改后的意见	英国修改后的意见	荷兰修改后的意见	法国修改后的意见	印度修改后的意见	菲律宾修改后的意见	新西兰修改后的意见
法	12	4	2	1.5	6	12	2	2	2
印	12.5	7.5	4	9	6	6	12.5	4	8
荷	12	7	4	5	12	10	5	6	7
新	2	2	1.5	1.5	2	2	1.5	1.5	2
菲	15	8	8	#a	9	9.5	7	15	7
苏	12	12	3	2	3	4	4	3	4
英	25	6	10	25	15	10.5	10	7	14
美	29	18	29	#a	15	16.5	22	30	22.5
存余		1							
共计	189	100	100	100	100	100	100	100	100

美国和菲律宾合计32%。

加拿大和中国分别提出的是集团份额。加拿大修改后的意见是：1.中国和美国合计50%。2.澳大利亚、印度、荷兰、菲律宾、英国合计40%。3.加拿大、法国、新西兰、苏联合计10%。共计100%。中国修改后的意见是：1.中国40%。2.美国和菲律宾合计30。3.澳大利亚、加拿大、印度、新西兰、英国合计20%。4.法国、荷兰、苏联合计10%。共计100%。

The Far Eastern Commission—A Study in International Cooperation, 1945 – 1952,1953,p144

苏联提出远东委员会非会员国的份额

苏联在没有完全领会意图的情况下又冒出了一个新的受偿对象——远东委员会非成员国的份额,比例如下:澳大利亚 $2\frac{1}{2}$,加拿大 $1\frac{1}{2}$,中国23,法国3,印度7,荷兰5,新西兰2,菲律宾7,苏联14,英国

5,美国 15,非远东委员会国家 15。引起盟国的讥讽。

British Embassy Monthly Report, May. 31,1947, FO370, Ref. 413/30/47

各国代表对份额的讨论

美国代表陈述,美国政府去年夏天和早些时候对赔偿问题的解决进行了非常全面的数据计算工作。计算结果显示,如果单纯使用统计方法,美国在日本赔偿中所占的份额要明显高于我们提交给赔偿工作委员会的 34% 的份额。

中国代表陈述,日本侵略中国时期,中国的 21 个省曾被日本军队全部或部分占领,覆盖了中国农业最盛产和工业最发达的地区,日本掠夺中国的自然资源、奴役中国劳动力并使中国民众处在广泛的饥饿和营养不良状态。在人员毁灭方面,受中日战争的影响,中国遭受了如此巨大的人员损失,它远远超过其它各国的人员伤亡。中国的人员伤亡,包括军人和百姓、包括杀害、受伤或残疾,超过 1100 万。中国是抗击日本最久的国家,也是多年一直独自抵抗日本的国家,在日本投降时逾 200 万日本军队驻扎在中国。

英国代表陈述,英联邦、缅甸和其它殖民地军队所作的直接贡献是重要的,英联邦殖民地所遭受的物质和人员损失是巨大的以及这些殖民地对接受大规模和紧急救济的渴望是迫切的。英国军队进行了亚洲战场最大的陆地战役,那场战役几乎将日军全部歼灭。在海上,英国皇家海军将日本海军赶出印度洋和附近海域。

对于中国的分配份额,英国认为:中国已经占有了大量的日本海外资产(笔者按:日本留在中国东北的资产),它再从日本本土接受如此高份额的工业设备是不合理也不公平的。日本海外资产至少是其本土资产的两倍以上。在这些海外资产中,中国和苏联占有了不少于 75% 的资产。对此,英国驻远东委员会代表在递交给英国外交部的报告中称,我们引用的数字引起了几个国家的震动,特别是中国和苏联。老实说,到目前为止,这是我团在远东委员会激起最大波澜的一次。我们关于海外资产的评论激怒了中国和苏联代表,他们都谴责我们将一个无关的问题引入日本本土工业资产分配的讨论中。中国代表还认为我们的数字只采用了统计学的方法,而没有以广泛的政治原则为基础。中方苏方口头的批评很容易就回复了,但是中国代表在连续的几次会议上提出的一连串有备而来的问题必须经过研究后才能答复。

苏联代表说,我非常欣赏美国政府对击败日本所作的主要贡献,从这点上说,美国的份额应该高于15%(苏联提议美国应得的份额)。但是,苏联政府考虑到美国代表经常发表的言论,即美国政府几乎不可能将日本赔偿用于本国经济建设中,而苏联击败了日本一支重要的武装,同时苏联政府在日本侵略中国时期必须在边界驻扎大批军队,所以论对战胜日本的贡献,即使苏联不能与美国相提并论,那么它至少比远东委员会其它任何一半的国家加在一起的贡献大。

澳大利亚仍然是唯一一个没有提出其它各国分配份额的国家。澳大利亚代表认为,澳大利亚从最初就派出了大规模的军队,澳大利亚在生产方面的贡献是非常巨大的,澳大利亚在战争中重要的战略地位是不容忽视的,澳大利亚军队一直到1942年底在新几内亚岛和南太平洋的其它地区的陆战中都是首当其冲。对于其它成员国的损失和贡献,各国的统计数据都是不足的。苏联给予澳大利亚的分配份额仅为2.5%,我认为将这个数字分配给在太平洋战争中贡献仅次于美国的一个国家简直是对澳大利亚的侮辱。

印度代表认为,在考虑印度应得的份额时,有一个特殊的因素应该得到考虑,那就是印度非常低水平的经济生活。与像美国和英国这样生活水平高的国家相比,为战争所付出的压力对那些生活水平很低的国家的打击要大得多。

菲律宾代表说,对于菲律宾在战争中所发挥的作用,他们在军队、百姓、建筑、农业、工业等方面遭受了更加巨大的伤亡和损失,使得整个国家被严重破坏。

法国政府基于日本对法属印度支那的侵略而提出赔偿,依据是:1.

印度支那人口的伤亡达到欧洲人口的 5.5% 及法国本土的 2.5%。2. 货币流通的稳定被极大地扰乱。3. 所有的商船以及绝大部分的铁路运输被极大地破坏。4. 工矿产业的工厂和设备以及种植园、农庄的设备等遭到掠夺。5. 一半居住在印度支那的法国人失去了他们所有的财产。

荷兰代表根据荷属印度尼西亚的损失提出,拥有 70 万平方公里土地和超过 7 千万人口的印度尼西亚被占领并遭受物质和人员的巨大损失,荷兰政府认为分配给它的份额不应该少于 15%。如果假设赔偿物资的总价值为 10 亿美元的话,荷兰的份额不能少于它自己建议的份额的 2%。

FO371/63685,File No. 7

各国(除澳大利亚外)为其它国家提出的份额的平均值

国家————各国要求的本国份额————各国提出其它国家份额的平均数

国家	各国要求的本国份额	各国提出其它国家份额的平均数
澳大利亚	28	7.9
加拿大	1.5	1.8
中国	40	25.6
法国	12	3
印度	12.5	6.9
荷兰	12	6.8
新西兰	2	1.8
菲律宾	15	8.8
苏联	12	3.6
英国	25	11.3
美国	29	22.5
共计	189	100

The Far Eastern Commission—A Study in International Cooperation, 1945–1952, p.143

赔偿工作委员会关于赔偿分配份额的报告

远东委员会第 76 次大会,讨论第一工作委员会即赔偿工作委员会关于赔偿分配份额的报告

英国代表发言说,英国认为现在应该是远东委员会全面了解赔偿工作委员会所处的境况的时候了。英国政府希望通过总结目前达成的各国讨论结果来引起远东委员会的重视。我认为,应该让所有的国家全面了解远东委员会赔偿工作委员会在这个问题上所处的境况,即目前存在不能在短期内盟国之间达成一致的危险。我希望能给在座的各国政府带来一些压力,促使它们重新考虑它们的立场,努力寻求打破这种僵局的具体办法。

赔偿工作委员会主席、荷兰代表发言指出,苏联代表团反对将这份报告提交给大会的原因是,它认为将这份报告提交到更高层讨论不一定能获得什么结果,苏联代表团认为赔偿工作委员会潜在的达成一致的可能性并没有被充分挖掘。荷兰代表团反对的理由是,在赔偿工作委员会里解决日本赔偿这个难题的可能性并没有完全耗尽,荷兰也不希望整个远东委员会都卷入此事。但是赔偿工作委员会大多数代表都支持将此事提交远东委员会大会讨论,我也期待早日有更明智的办法出台。我个人认为目前主要的困难是,第一,对这个问题的讨论,赔偿工作委员会的各国代表没有从各自的政府那里获得讨价还价底线的充分的权利,每次改动建议都要向本国政府汇报,耽误了很长时间。第二,根据程序,各国必须从开始就面对由于澳大利亚政府采取不妥协态度造成的局面,它一直拒绝提供其它国家分配份额而只提供自己的份额。另外,不止一个代表团提供集团的分配份额,而不是一个完整的各国的份额。尽管这都只是程序上的问题,但它增加了大家的工作难度。

赔偿工作委员会的苏联代表也发言说,毫无疑问有很多困难不是难以逾越的。第一个困难是各国对份额的界定。很自然,如果其中有一个国家要求 125% 到 135% 的份额而不给其它国家留有任何份额空间的话,将很难获得任何实际解决办法。第二个困难是,赔偿工作委员

会里有一些人不仅要求讨论赔偿必须解决的问题,也就是决定日本本土资产分配份额,而且还试图讨论日本海外资产问题。第二个问题不必太认真,因为远东委员会的章程里规定,我们只有权讨论日本本土的资产。尽管苏联政府提出了一个非常适度的份额,但是它依然竭力修改了最初的立场。苏联希望其它国家也向苏联学习,修改自己的份额。但是很遗憾几乎没有一个国家这样做。

赔偿工作委员会中国代表陈述,中国代表团非常关注这个问题。希望公正的分配份额能尽快达成。自从去年 4 月至今,远东委员会一直在努力处理这个问题。当然,远东委员会将会关注临时赔偿计划问题,然后再解决这个问题的其它方面。众所周知,临时赔偿计划已经宣布日本的 13 类工业充赔。但其它的工业种类也必须充赔,包括轻工业。为了找到分配赔偿份额公正的基础,我们所有人都应该时常记得某些必要因素。根据中国代表团的总结,这些因素是:日本侵略的历史、抵抗这种侵略的各种战斗、远东委员会各国所作的努力、特别是它们中做出巨大牺牲的、各国所遭受的损失和伤亡、被占领的程度、这些国家真正对敌斗争的时间、击败敌人所作的贡献等等。

印度驻远东委员会代表发言认为,各国对本国获得的份额比对其它国家应得的份额更关注,各国提出的份额总计高达 189%,意味着多出了 89%。我们发现分配的主要困难来自两个国家——中国和澳大利亚。澳大利亚要求 28%,中国要求 40%,那么其它国家就要在它们剩余的部分找齐 100%。如果看一下其它国家建议分给这两个国家的份额,会很有启迪作用。澳大利亚要求 28%,苏联建议给它 3%、美国 8%、英国 8.5%、荷兰 6%、新西兰 9%、法国 7.5%、印度 9.5%、菲律宾 7%。换句话说,其它国家为其提出的份额的平均值是 8% 或 8.5%。现在,澳大利亚应该考虑自己提出的这个数字是公平还是不公平了,也应该重新考虑这个问题。再说中国。中国自己要求 40%。苏联为其提出 30%、美国 29%、英国 14%、荷兰 24%、法国 20%、印度 25%、菲律宾 23%、新西兰 23%。除英国的数字达到最底线外,其它国家基本都在25%或26%左右,如果平均的话,大约为24%或25%,这意味着普遍共识的数字比中国自己提出的要少很多。假定供赔的物资总额已定,在如何分配上,我个人有两点想法:第一,我想从世界经济结构恢复的角度谈,这点非常重要。有些国家拥有很多资源可以自我恢复或弥补损失。还有其它一些国家既没有自我恢复的必要能力也没有从其它地方获得弥补的机会。第二,对战争导致的伤害数量作富有同情心地考查,因为目前很多国家都急需恢复经济,但这种需要是否就是因为所受日本侵略战争伤害而直接导致的呢?那是一个非常艰难的问题,因为每个国家都肯定会说:"我遭受的损失最巨"。但是,毕竟存在人类良知和每个国家都应有的普遍良知。

中国代表再次发言,印度代表的发言非常好,所有的国家都急需恢复重建,但是需要考查这种恢复是否是由日本侵略直接造成的。我认为,在日本投降时日本军队在各国实际驻扎的人数也可以成为一个参考标准。最近我们不断收到来自中国国内关于需要重建以及通货膨胀和其它一些情况的报告。我们应该认识到,所有这些现象直接缘于长达9年的日本侵略。在日本于1937年7月开始正式大规模侵略中国之前,中国已经在重建和发展方面取得了巨大的进步,正在国际社会中拥有自己公正的地位。

FO371/63690,File No.7

菲律宾代表的建议

远东委员会第78次会议,菲律宾代表提出了下表:

国家	各国自己要求的份额(A)	其它国家提出的各国分配百分率%			各国自己要求的份额与100%平均数的比率(A/B)
		范围	平均数	按100%的平均数(B)	
澳大利亚	28	3—9	7.31	7.9	3.54
加拿大	1.5	1.5—2	1.63	1.8	0.83
中国	40	14—30	23.5	25.6	1.56

续表

国家	各国自己要求的份额（A）	其它国家提出的各国分配百分率%			各国自己要求的份额与100%平均数的比率（A/B）
		范围	平均数	按100%的平均数（B）	
法国	12	1.5—6	2.79	3	4
印度	12.5	4—9	6.36	6.9	1.81
荷兰	12	4—10	6.29	6.8	1.76
新西兰	2	1.5—2	1.71	1.8	1.11
菲律宾	15	7—9.5	8.08	8.8	1.71
苏联	12	2—4	3.29	3.6	3.33
英国	25	6—15	10.36	11.3	2.21
美国	29	15—30	20.67	22.5	1.29
总计	189		91.99		

他指出，值得注意的是，根据上表各国要求的份额比其它国家提出分配给它的份额的倍数顺序是：法国要求的份额是其它国家提出分配给它的4倍；澳大利亚3.54倍；苏联3.33倍；英国2.21倍；印度1.81倍；荷兰1.76倍；菲律宾1.71倍；中国1.56倍；美国1.29倍；新西兰1.11倍；加拿大0.83倍。菲律宾认为，各国要求的份额与其它国家提出分配给它的百分比之间的差距缘于决定赔偿份额的规则是模糊的，即各国分配的原则根据广泛的政治基础。在讨论中，每个国家都有自己的解释。很明显，达成一致的唯一办法是各国都能更多地考虑其它国家的需要和合理要求并重新提出自己的要求。因为补偿是赔偿概念的根本，所以应该更多地将重点放在不同国家所实际遭受的损失和破坏的程度上。所以菲律宾利用这个机会呼吁一种妥协和安抚的精神，更确切地说，希望拥有否决权的国家在这个特别问题上能有所作为。每过一天就意味着遭受日本侵略巨大损失的国家使用日本赔偿的工业设备的延误；每过一天就意味着日本充赔设备状态的不断恶化，最后转交给各国时就越来越差，也削弱了它们的制造能力。

FO371/63691，File No.7

美国代表麦考伊的发言

　　远东委员会作为一个国际组织已经非常成功地通过了近 50 多项决议,几乎都是一致通过的。即使在日本赔偿问题上,远东委员会也已经通过了很多重要的文件,包括:日本和平需要的决定、临时赔偿拆迁计划的 8 个系列文件、确保生产水平的决定、日本赔偿物资的运输以及赔偿份额的分配等。尽管已达成这些协议,但是远东委员会在日本工业赔偿物资分配各国的份额上还没能达成一致。这是一个复杂和令人困惑的问题,自然非常难解决。赔偿工作委员会汇报说它已经花了近 8 个月时间研究该问题,仔细研究了所有该委员会成员国提出的方案,但是没能就它们中的任何一项达成一致。赔偿工作委员会最终得出结论,在近期似乎没有达成一致的可能性。这种情况在国际委员会或国际会议上时常发生。经过数周或数月的会议讨论,好像也不能解决,于是大家都感到无望。但是,如果有新的建议被提出,这时参加会议的各方也意识到达成一个解决方案是必要的,那么每个国家都必须做出一些牺牲来获得它。美国政府已经有了一个新的建议,我希望其它远东委员会各国都能做些让步来获得大家共同的目标,我希望大家都能接受它,它也许可以解决这个既困难又困扰远东委员会很长时间的日本赔偿份额问题。

　　如果远东委员会能将以下方案作为政策决议、并将其作为日本供赔的工业设备的法定分配方案而采纳的话,美国政府将会从自己应获得的 28% 份额中提出 18%,重新分配给那些在已获准的份额之上还期望赔偿额再有所增加的国家。美国政府同样也愿意接受,这些国家将 18% 的份额自行协商调整各自的份额。或者他们有其它的办法分配这些份额皆可。美国政府将不参加其中的决策,但是要求这 18% 的份额是各相关国家在达成一致的情况下才可以重新分配。美国政府现在在远东委员会提出的这项建议是遵照广泛的政治基础制定的。如果不被远东委员会接受,美国政府当然可以自由地撤回它。这个建议如下表:

澳大利亚—————— 8

加拿大—————— 1

中国—————— 30

法国—————— 2

印度—————— 4

荷兰—————— 4

新西兰—————— 1

菲律宾—————— 8

苏联—————— 4

英国—————— 10

美国—————— 28

FO371/63691,File No.7

澳大利亚代表在远东委员会第80次大会的发言

澳大利亚政府提出的获得日本赔偿的实际数字是依据澳大利亚在战争中做出的努力决定的。这种战争努力是巨大的,而且已经在赔偿工作委员会里陈述了。它包括战争所有阶段的实质性的军事行动,特别是在太平洋战场——新几内亚、所罗门、缅甸、马来亚、婆罗洲等等。此外还有大量的经济贡献,如为太平洋盟军提供食品、衣物、军需品以及其它军事供应,范围覆盖太平洋和亚洲地区,西到苏伊士。基于这些原因,澳大利亚政府提出了一个实质性的份额。…通过对赔偿工作委员会的讨论的判断,其它国家已经承认澳大利亚有权从日本获得一份非常大的赔偿份额。基于以上认识,澳大利亚研究了美国的建议并考虑了其它因素,特别是南亚地区和中国以及其它被战争毁坏国家需要迅速恢复的需要。澳大利亚政府支持美国政府的新建议。澳大利亚注意到8%的份额分配给了澳大利亚。作为对本项建议的支持,澳大利亚政府愿意像美国一样,将分配给自己的8%份额中提出5%的份额交回。因此,澳大利亚和美国政府将交回将近25%的日本赔偿份额。澳大利亚希望这种捐赠可以激励其它国家接受美国的建议,而不要再为特别的数字讨价还价造成任何不必要的延误。日本的工业设备正在恶化,澳大利亚认为,不管这个分配方案科学与否,为了解决这个问题并阻止进一步的损失,应该现在就接受它,正如澳大利亚曾在很多场合所说明的,澳大利亚政府对获得捕鲸船和设备作为赔偿有特别的兴趣。澳大利亚不知道它们已被划归工业资产或其它类。无论如何,澳大利亚期待能对自己的这个特殊要求有所考虑。

80th FEC minutes,Nov. 13,1947,FO371/63692,File No. 7

新西兰代表在远东委员会第 82 次大会的发言

新西兰政府欢迎美国政府制定这样一个广泛的、直率的建议。新西兰在日本赔偿问题上获得的利益从数量上讲很小,因为与其它大多数国家相比,新西兰投入的人力和物质资源不大。但是这些资源也毫无保留地投入到抵抗法西斯的侵略中,与德国、意大利以及日本作战。新西兰人民要求获得他们应得的赔偿份额。但是新西兰人民深知被日本占领的其它国家的巨大损失以及由此带来的经济混乱。关于资产的份额,新西兰毫无疑问对特定的资产类型有兴趣,特别是船只,希望对此能给予考虑。美国建议分给新西兰 1% 的份额。这比大多数国家提出的分配给新西兰的平均数低一半,毋庸置疑,这个平均数是经过仔细考虑后得出的。新西兰深知美国建议的精神,愿意接受 1% 的份额并诚恳地希望,这种接受尽管很微不足道,但可以对获得全面的同意能有所贡献。至于再分配美澳贡献出的份额,考虑到被战争摧残的那些国家的需要,新西兰将放弃参加再分配。新西兰接受美国的建议并不意味着新西兰同意美国列表上的分配百分比。

FEC minutes,Nov. 20,1947

加拿大代表在远东委员会第 82 次大会的发言

在远东委员会进行长期和复杂的谈判期间,加拿大一直支持所有解决赔偿问题的正当的建议。加拿大正式提出的 1.5% 的份额是适当的和合理的,这一点也很清楚地表现在赔偿工作委员会的讨论中,这一要求从来没有被质疑过,而且至少在两个代表团的列表中,加拿大的份额曾被提高到 2% 。但是,与以往加拿大为解决这个问题所一贯表现的合作精神一样,如果这样做有助于使美国的建议通过,并在驻日盟军撤离前使赔偿拆迁项目中剩余部分尽早得到拆迁的话,加拿大愿意接受这个可以认为是对自己的份额减少的方案。受加拿大政府之意,加拿大接受美国的建议。

82nd FEC minutes,FO371/63692,File No. 7

中国代表在远东委员会第 82 次大会的发言

中国代表团对美国代表团的建议以及美国代表团为远东委员会各国分配日本国内充赔的工业资产这个难题能达成一致所作的努力表示欣赏。尽管这个建议中一些国家的份额减少了,但是中国代表团认为它代表了解决这个问题的一种积极的和真诚的努力。毫无疑问,它标志着向完全达成一致迈出了积极的一步。中国代表团还要感谢美国慷慨捐出自己的 18% 的份额。但是,中国代表团希望表明,相对于八年持久和艰苦卓绝的抗日战争给中国造成的不计其数的人员伤亡、巨大的破坏和道不尽的灾难来说,这个建议中分配给中国的 30% 份额太低。如果考虑了中国所受的损失以及所作的贡献,中国最初为自己提出的 40% 份额是非常合适和理智的。中国政府非常清楚其它国家的合理要求,为此愿意限制自己 40% 的要求。为了尽快达成协议,也本着妥协的精神,中国政府愿意做出实质性的减少,接受 34% ,放弃 40% 。中国代表团真诚地希望能对此建议给予积极的考虑。中国代表团建议将美国的建议作为讨论的基础。以这个建议为出发点,希望能够达成所有国家都能接受的合理的方案。

但是,希望美国代表团不要坚持它的建议必须全盘被接受,允许其作为讨论的基础,也希望美国政府能够参加它慷慨捐赠的份额的再分配的讨论。

82nd FEC minutes,FO371/63692,File No. 7

中国代表团对美国建议的陈述

后来尽管中国勉强接受了美国的方案,但不是很情愿,而且还表达了对这个份额的不满。中国代表陈述,中国代表团愿意接受美国的建议。但是,对它的接受并不表明中国政府对美国方案表示满意。中国代表说"如果我不加这一句的话我就不够坦诚了"。中国接受它基于两点原因:首先,中国愿意尽自己最大所能促成并实施日本赔偿问题在本阶段应该落实的问题。其次,中国期待能够从美国、澳大利亚和可能的其它代表团自愿和慷慨地贡献的份额中能获得实质的份额。

FEC minutes,Dec. 11,1947

苏联代表不同意美国所提赔偿份额的建议

苏联政府认为美国政府关于赔偿份额的建议是不能接受的,因为对于苏联来说,这个建议没有反映出 FEC-219/7 号文件关于赔偿份额分配标准的原则。苏联代表团将继续坚持苏联政府提出的本国份额,它非常合理,而且已经从 14% 减为 12%,在以后考虑该问题时应该得到满足。

82nd FEC minutes,FO371/63692,File No. 7

印度代表的意见

经过赔偿工作委员会几个月认真地和长期的考虑没有达成各方都能接受的方案,印度政府对此非常关注。事实上,由于对决定现有供赔资产分配原则的分歧太大,使得协议根本不可能达成。这种令人不快的结果可能是多种原因造成的,但是由于对基本原则有不同的解释应负主要责任。因此,印度政府对这个方案没有热情。赔偿问题应该遵循以牙还牙的原则,但是也应该考虑实际遭受的破坏。印度在战争中所遭受的损失…,印度政府仔细研究了美国建议中分配给印度的4%,认为它太低而不能被接受。印度不知是什么因素促使美国为印度定的百分比其它国家分配给印度的百分比还低。根据其它国家对印度份额的判断,美国的数字不算在内,这个数字应该高于美国建议给印度的数字。印度建议将印度、荷兰、法国的份额定为其它国家提出的平均数,这样就有可能接受这个建议。

84th FEC minutes,FO371/63692,File No. 7

荷兰代表的意见

远东委员会曾规定广泛的政治基础是决定各国赔偿份额的主要标准。但是这个标准是模糊的,很自然每个国家都只强调自己特殊的一面。例如,那些受到破坏的国家强调日本占领期间所受的破坏的数量;那些通过自己的军队为最后胜利做出贡献的国家强调它们的战争贡献;那些在它们的重建中需要帮助的国家强调这方面需要的紧迫性。很自然,在尽可能缩小其它国家所发挥的作用的同时,每个国家都愿意强调自己的情况。鉴于这种趋势,荷兰代表团一直坚持的意见是,达成一个公平分配方案的最好标准就是其它国家希望分配给每个国家的份额的平均数,而不用逐一地讨论每个国家的要求。尽管一些国家反对用平均数,但是荷兰仍然认为这是解决这个问题唯一有效的方法。荷兰代表团仔细研究了美国的新建议,但仍然保留以前的平均数的意见作为决定自己立场的原则。通过对比美国代表团提出的百分比与各国提出的平均数清楚地显示,美国的这个建议其实就减少了三个国家:荷兰、法国和印度的份额。参见下表:

	A 美国新建议分配的百分比	B 其它国家分配的百分比的平均数	C 平均数（B 栏）在美国新建议（A 栏）里的百分比（作者按：C＝A/B＊100%）
澳大利亚	8	7.9	101.26
加拿大	1	1.8	55.55
中国	30	25.6	117.14
法国	2	3	66.67
印度	4	6.9	57.97
荷兰	4	6.8	58.52
新西兰	1	1.8	55.55
菲律宾	8	8.8	90.91
英国	10	11.3	88.5
苏联	4	3.6	111.11
美国	28	22.5	124.44

从上可以看出，除了荷兰、法国和印度三国以外，美国建议中给各国的百分比或多或少都接近其它国家提出的百分比的平均数。只有荷兰和印度减少幅度最大，荷兰减少了 2.8%，印度减少了 2.9%。但另一方面，美国却为自己提高了 5.5%。所以，荷兰代表团认为美国对三国公正的要求给予了非常不公正的待遇。荷兰政府永远不会替荷兰人民，特别是荷属东印度的人民接受这个建议，它令人伤心地抹煞了荷兰王国在战争中发挥的作用和它所遭受的损失。…因为德国占领所造成的可怕的经济和社会后果，荷兰自己现在也处境困难，很不幸，它现在也不能对其巨大的海外领地的重建做什么。荷兰政府提出的 12% 的要求是合理的，是在考虑邻国的战争损失和战争贡献的情况下决定的。不无遗憾的是，远东委员会其它国家希望分配给荷兰的份额的平均数只有 6.8%。尽管荷兰依然坚持最初的 12% 的要求是正确的，但为了能达成一个妥协方案，荷兰代表团愿意考虑 6.8% 的份额。但是，他非常抱歉地说美国提出的 4% 的数字太低以至于荷兰认为无法进行讨论。荷兰代表团大胆地建议以下方案作为一个解决办法。将美国在最

后达成的方案中的份额改为各国建议给它的平均数 22.5%。通过削减美国的份额后获得的 5.5% 中,2.5% 应该转交给荷兰。

80th FEC minutes,FO371/63692,File No.7

法国、英国、菲律宾等国代表的意见

远东委员会第 80 次大会,法国代表发言

鉴于自己的责任,法国代表团对美国提议分配给法国的 2% 表示遗憾,法国代表团代表整个法属联盟声明:"它太低了,所以无法进行任何讨论。"……法国政府对美国政府提议给法国的 2% 感到非常不安,法国外交部感到非常气愤。

远东委员会第 80 次大会,英国代表发言

英国政府拒绝接受美国的建议……英国仔细研究了这个方案以及很多其它方案,英国政府的观点是此方案没有给予占有相当数量日本海外资产的国家应该的数额。缅甸正当的要求显然在分配中没有得到公平的对待。对英国来说,到目前为止的计划里,英国负有责任的国家的补偿都没有得到充分的考虑。……我想对放弃要求的一些国家说两句。英国政府的观点以前曾陈述过,不过我想再一次提醒各国的代表们,任何所有国未定的赔偿份额都应该归还赔偿总额,然后在有资格的国家中按比例分配。

远东委员会第 80 次大会,菲律宾代表发言

我很高兴地通知远东委员会,菲律宾政府接受美国关于赔偿分配地建议。菲律宾政府之所以接受不是因为对建议满意,而是因为这个建议所包括的份额百分比代表了一种理智的妥协,它会很好地解决这个困扰远东委员会多年的问题。……菲律宾遭受的物质损失如此巨大,即使菲律宾提出的 15% 的赔偿也不能补偿自己所失去的。菲律宾是一个小国,它的恢复能力有限。它在战争中的每样东西的破坏和损失都应按其固有的价值衡量,而且它们代表了菲律宾人的整个财产。没有外界的支持,菲律宾很难恢复经济。因此,菲律宾希望在座各国能

富有同情心地考虑菲律宾合理的要求。菲律宾接受美国提出的 8% 并希望能从美国和澳大利亚捐赠的部分再分得相当于另 7% 的余额。

80th FEC minutes, FO371/63692, File No.7

远东委员会中国代表团关于赔偿小组最近工作的报告(第四号)
1947 年 8 月 14 日

外交部亚东司公鉴:关于远东委员会赔偿小组讨论情形,除随时电部鉴核外,兹将小组会最近工作摘要编拟报告,寄奉查核参考为幸。远东委员会中国代表团。印。

民国卅六年八月十四日

远东委员会赔偿小组工作报告第四号

会议次数:第 115-120 次

会议日期:卅六年七月十八日至八月七日

(一)赔偿分配摊额案(C1-219/13,/17),FEC-219/7:

赔偿分配比例,前苏、美、英、法、加及我国均先后提有正式方案,本期内,复有荷、印提出官方方案,同时苏、美就其原提方案加以修正,除将各国方案列表附奉外,并摘述要点如左:

荷兰方案与前该国代表团非正式方案大致雷同,唯一区别为将原界我国百分之三十减为 24% ,将此余额分别增入英、美项下,该两国由 12% 增为各得 15% 。

印度所提方案与其代表团前非正式提出者相同,予我国 25% 。

美国就其原提方案加以修正,我国仍得 29% ,美自减为 29% ,使英由 8% 增为 10% ,苏由 2% 加至 3% 。(我仍占第二位。)

苏联代表叠次于会议席上发言,声称各国方案所定苏联比额过低,有违远东委员会决议案以广泛政治理由决定各国分配比例之原则,并表示如欲分配比例获得协议,各国应重行请示本国政府修正各国原提方案。八月七日,苏联代表团提出其本国方案之修正案,可注意者苏方原主将赔偿比额中 15% 保留予非 FEC 会员国,此次修正将该项保留额减至1%,同时为表容让计,其本国比额由14%减至12%,其余各国均予增加,我国由23%增至30%(此为迄目前止各国代表团予我最高之比例),英方由5%增至6%,美由15%增至18%。(我占第一位。)

综合前述各国方案,如将各国本身之方案不计,仅就其他国家方案所给该国之比例予以平均,大致可观察得其他国家对该国之应得比额一般意见,兹列表以明之:

澳	8
加	2
中	26
法	3
印	7
荷	7
纽	1.5
菲	8
苏	4
英	11
美	22.5
	100.0

由上述之简表中,可见各国对我国之分配比例,平均仅及26%,此与我国之要求40%相距颇远。

本案次一步骤,乃为如何就各国所提之错综方案中寻求一折衷方案,以为继续讨论之基础。各国对此意见尚趋纷歧,迄今犹未能商得一途径。兹将各国意见归纳于左:

苏联表示唯有其本国所提方案乃遵循远东委员会决议之广泛政治理由决定赔偿比例之原则拟定,其意似在将苏联方案作为讨论之基础。

美方称其本国方案业予修正,可望为各国接受作为讨论之蓝本。

英、加主张送请远东委员会根据各国所提方案,折衷拟定一单独方案后,再送交赔偿小组讨论,或可由大会主席斟酌拟定此单独方案。

　　法国代表建议将各国自行要求之份额加以权衡,现各国自行要求之份额,十一国总和为二百〇四点五,法代表主张将总和调整为二百后,各国再行折半其要求,如此凑成百分之一百后,再作讨论。此一方式固属简便,但对若干自提要求较为公允之国家甚为不利,故各国均不愿接受。

　　澳洲代表对此问题处超然态度,正当各国代表未能思索得一解决方案时,澳代表发表一正式声明,略以:澳洲政府认为赔偿分配比例事,非远委会所能解决,兹事体大,应交由对日和会中讨论,证诸赔偿小组会已往讨论本案之滞延情形,益见澳洲立场之正确,澳国政府现不拟提出任何分配方案,等语。

　　本案仍在延宕状态中,短期内尚无解决希望。

中国第二历史档案馆藏资源委员会档案

顾维钧关于日本国内工业资产赔偿摊额比率的电

1947 年 8 月 17 日

　　顾维钧　　三十六年八月十七日　　　815 号电:

　　关于日本国内工业资产赔偿摊额事,谨将远东委员会赔偿小组最近讨论情形胪陈如下:(一)目前正式提出分配方案者,计有中、美、苏、英、荷、法、加、印八国,除我国自提百分之四十外,其余七国方案中畀予我国之平均数仅约百分之二十三。(二)英国方案以我国接收日本在华资产为数甚巨为辞,仅予百分之十四。(三)美国改变其原提方案,减低其本国为百分之二十九,增加英国至百分之二十,苏联至百分之二十二,我国仍为百分之二十九。(四)荷兰官方所提方案,代表团所提者唯一差别为将我国由百分之三十减至百分之二十四,英、美各增为百分之五十。(五)苏联亦改变其原提案,减低其本国为百分之十二,同时将保留予非远东委员会员分配额百分之十五取消,其他各国摊派额均予增高,我国部分增为百分之三十。此数为各国予我以最高者。(六)赔偿小组目前工作仍在综合各国所提比额,俾得折衷以为未来继续讨论基础,惟综观上述情形,于吾似甚不利,当继续向美及各方接洽协助。

中国第二历史档案馆藏资源委员会档案

远东委员会中国代表团关于赔偿小组会议情形报告(第五号)

1947 年 9 月 15 日

外交部亚东司公鉴:关于远东委员会赔偿小组讨论情形,经随时电部呈报请示,兹就该会最近四次会议情形摘要编成报告第五号,除分寄驻日代表团外,相应随电寄请查照参考为荷。远东委员会中国代表团。附一件如文。

远东委员会赔偿小组工作报告第五号

会议次数:第一二一至一二四次

会议日期:卅六年八月十三日至九月三日

(一)赔偿分配摊额案(C1-219/13,/20,FEC219/7):

最近四次小组会议集中讨论本案,但仍无新发展。本期内菲、纽之官方方案虽经提出(注一)——如此除澳国外,其余十国之方案得陆续凑齐,但整个赔偿分配比例仍无法解决。如何将此十个错综方案加以折衷调和,俾获一单独方案作为次一步讨论之基准,始终为议题重心所在。

(注一):此两方案均予我国23%,详见C1-219/20

为打开僵局,纽西兰方案建议左列步骤:

一、将各国自行要求之比例汇列成甲项,将其余国家方案中畀予该国之比例平均后汇列成乙项。

二、根据上述两项,各国依次申辩其本国要求,然后由小组会投票决定一折衷比例,将各结果再汇列成丙项,此丙项之总数必超过100%。

三、将此丙项调整成100%后即成为最终方案。

依左述建议,兹编列甲、乙两项大致如左,以资对照:

甲	乙
澳	28.0	8.0
加	1.5	1.5
中	40.0	25.0
法	12.0	3.0
印	12.5	7.0
荷	12.0	7.0
纽	2.0	1.5
菲	15.0	9.0
苏	12.0	4.0
英	25.0	11.0
美	29.0	23.0
	189.0	100.0

对此建议反对最烈者为苏联，每次会议，苏联代表必滔滔发言，抨击各国方案对苏联之比例未作公允之考虑，表示如将各国所给苏联部分加以平均后，其结果对苏联仍极不公，故拒绝采纳此建议，彼并另提建议，希望各国，如苏联所为，重行修正各国方案，俾彼此之要求不致过分悬殊。

我国代表亦屡次发言表示此一数学平均法碍难接受，盖如小组会采纳此法，我国平均仅得 25% 左右，今后纵可申辩增添，但照现行趋向，增益必有限，势将增加我国困难，故不愿受此约束。

在上述讨论过程中，澳国持冷淡态度，仍寄望于和会中解决。而美国代表始终保持缄默，似采超然立场，凡此情形，似堪注意。

照目前趋势，小组会可能采纳一组、苏之折衷计议，即由各国代表团将所有国家所提之方案，包括其平均数，列陈事实及困难提请本国政府参酌修正其本国之原方案，并请示本国要求可能让步之范围，俾各国意见能较接近，但此举势将旷费时日，其结果是否有助于整个问题之解决，仍属可虑。

中国第二历史档案馆藏外交部档案

中国代表团关于远东委员会 1947 年 9 月份开会概况的报告
约 1947 年 10 月

概况:九月份远委会情绪仍欠紧张,其原因可有二端:(一)和会的呼声仍未消寂,会员国之注意力由远委会而转移于和会,(二)联合国大会开会,各国人员不免分散其注意力于纽约。

讨论要项:与上月相同,大部议案仍为赔偿与经济有关之问题。

(一)赔偿问题:讨论百分比之分配案,小组会已陷于僵局,只将数月来之经过报告大会,料大会亦无法予以处理。主要内容为各国间不能同意拟定一单一之分配方案,各国亦不愿一律将各自要求额减低,实质问题在于中国不能同意美国所给 29% 之数字,一方面英国则认该数字为太高,此案势将等待美国与各国间之政治的磋商。

中国第二历史档案馆藏外交部档案

远东委员会中国代表团关于赔偿小组会议情形的报告(第六号)
1947 年 10 月 4 日

远东委员会赔偿小组工作报告第六号

会议日期:九月十日至十月一日

会议次数:第一二五次至一二八次

(一)赔偿分配摊额案(C1-219/23):

赔偿小组对本案自二月间着手讨论以来,迄今七月余,始终无法打开僵局;第一二七次会议时,正式宣告已往努力之失败,决议将已往商谈之情形择要向大会报告,重行请示(关于该报告之内容请参阅 C1-219/23)。

检讨已往讨论所以失败之原因,不外左列各端:

1.各国对自行要求之比额,坚持甚力,致无协调之余地。

2.美国侧重日本工业水准之厘定,对赔偿事宜,持消极态度。

3.苏联对各国方案所予苏联之比额,至表不满,每次会议均啧有烦言。

4. 自英国所提方案中牵涉国外资产问题后,问题益趋复杂。

5. 澳大利亚对赔偿分配表示观望,不愿合作。

中国第二历史档案馆藏外交部档案

远东委员会中国代表团关于赔偿小组会议情形报告(第八号)
1947 年 11 月 25 日

二、赔偿分配比例:

关于日本国内工业资产移充赔偿各国分配比例一案,业经由小组会送请大会核议。最后三次大会对本案有紧凑之讨论。先是第七十九次大会,美代表麦考将军宣读美政府正式声明,提出再度修正之分配方案,并宣称美愿将其自获之百分之二十八中让出十八,分与其他尚表不满之国家,此让出部分分配标准或照其他各国所得比额比例分摊,或另定标准,如以需要为准等,对此均无成见(本案详见呈部 964.815 号电 FEC-278)。查美修正方案,将自得部分由廿九降为廿八,将纽、加原得各一点五减为一,同时将我国增至三十,苏联提高至四,其用意在缓和中苏之反感,促进全案之解决,似显而易见。美方案提出后,各国均慎重其事,八十次大会时,澳代表改变以往对本案旁观态度,表示接受美建议,并步美后尘,自动将美方案中界予该国之八分中提出五分,列入公份,亦供其他国家分配。澳方此举殊出意料,揆其所以出此,似在:(一)澳代表 Major Plimsoll 新随外长伊瓦特访日归来,彼对供赔偿之工厂设备,必实地有所观察,或鉴于机件于澳并无实用,故愿放松其要求。(二)澳方认为赔偿比例之早日厘定可为和会辟一坦途。(三)澳方愿在远委会追踪美方,采主动地位。

远委会对美方案之反响,并非均属有利。荷兰代表发表正式声明,即对之有所非难。荷方以美新方案,与其他各国方案之平均比额相对照,认为美方案对荷、法、印三国有所歧视,至为不公。彼声称根据各国方案之平均比额作为讨论根据较为合理,一则以其反映一般公论,二则为近于广泛之政治考虑,否则荷代表认为,美应于自得 28% 中再让 2.5 给予荷兰。美方对荷兰声明之答复为："美提案乃为一整体，远委会或整个接受，或整个反对。美方对任何修正，未便考虑。"等语。

根据美新案，并假定重分其让出部分之标准为依照各国比额加以调整后比例分配，则我国实际所得为三十七点五，如再以澳大利亚让出部分并予计算，则我国实际所得为四十点八，此与我国期望相近。现本团正候部方对 815 号电核示，预示下次大会十二月三日（按十一月廿七日正逢感恩节，大会顺延一周），我国对本案当可有所表示。

在讨论本案中，尚牵涉其他两问题，似甚注意：

（一）关于商船移充赔偿，澳、纽两国于接受美新案时，提出保留，略以目前讨论日本国内工业设备之分配标准，其本国政府可勉于让步，但对日后讨论商船及捕鲸船之赔偿分配时，则以较为其所需，拟另提要求，不受拘束等云。故纵使日本国内工业设备标准厘定，日后关于商船部分恐仍费周折，或将仿对德赔偿例，分别确定分配标准。目前关于分配商船之议案暂从赔偿小组之议程中撤出，有待第二小组关于商船保留水准获悉后，再参酌续行讨论。

（二）关于经常生产品充赔偿事，荷兰代表之声明中曾予提及，希望关于以将来产品充偿一节，各国能早获协议，尤其是目前所讨论之分配标准，是否亦将适用于产品赔偿方面，亦盼能早得分晓。各国对此，虽无反响，然苏代表于小组会席上，亦侧面表示整个赔偿品类之范围，应从早划定，其中应包括经常生产品在内。当时美、英代表答称，果尔牵涉经常生产品一节，则目前第二小组所拟议中之工业水准，势非重加考虑不可，意中似欲更行提高有关工业之水准。现此一问题业在酝酿之中，我代表团以我对此事素表关切，亦在密切注意中，同时并候部方对此具体指示，俾资遵循。

中国第二历史档案馆藏外交部档案

远东委员会中国代表团关于赔偿小组会议情形报告（第九号）
1948 年 1 月

赔偿小组工作报告第九号

会议日期:卅六年十一月廿六日至十二月廿二日

会议次数:第一三七次至第一四一次

一、赔偿分配比额案（FEC–278）:

第八次报告业将本案由小组会移请大会核议情形及美提新方案后各国初步反响撮要陈述,最近迭次大会对本案有热烈之讨论,各国之意向均已有所表示。兹综合剖析之于左:（各国次序系以提出声明先后为准）

	对美全案之意见	对美分配比额之意见	对重分部分之意见	参考文件 FEC–278
美国	希望各国整个接受。	希望各国能接受。	不愿参加讨论,可由有关国家自商重分其让出部分之标准。	Minutes 79th、80th、82nd
澳洲	全部接受。	愿予接受,但对捕鲸设备希日后另予考虑。	愿让出其自得八分中之五分,供其余国家分配。	Minutes 80th
荷兰	碍难接受,原则上认为以各国方案之平均比额作为讨论根据较为合理。	希望修正美方案,将荷兰增至六点五,美国由廿八减至廿二点五。		Minutes 80th
纽西兰	接受全案。	愿予接受,但对商船希日后重行讨论并认英所得比额过低。	愿不参加重分美、澳让出部分。	Minutes 81th
加拿大	接受全案。			Minutes 82nd
中国	接受全案。	愿见中国增至三十四,但为促使美案为各国接受,对三十亦勉予赞同。	希望重分时能获优厚比额,冀于能满足中国百分之四十要求。	Minutes 82nd & 83nd

	对美全案 之意见	对美分配 比额之意见	对重分部 分之意见	参考文件 FEC-278
苏联	拒绝接受。	坚持百分之十二。		Minutes 82nd
英国	无明确表示,愿参照各国反响再作决定,但特别提出日国内资产之分配比额应与各国所得之日国外资产并案处理。	认印度所得过低。		Minutes 82nd 84th
法国	勉于接受。	勉于接受。	希望于重分时能获优厚比额,以符其重大之损失。	Minutes 83nd
印度	碍难接受,对美所予印度比额较各国方案之平均比额犹低表示不满,希美参照平均比额对印、荷、法加以调整。			Minutes 84th
菲律宾	全部接受。	接受。	希望重分时能获百分之七,冀能满足其百分十五之要求。	Minutes 84th

中国第二历史档案馆藏外交部档案

（三）美国对日索赔政策的转变

说明:在远东委员会讨论战后处置日本的方案时,美国对日政策开始发生转变,由最初的惩罚与打击转变为扶植与振兴。反映在赔偿问题上,就是赔偿方案几经变动,而且,越来越由"严厉"向"宽松",由"实质性"赔偿向"形式化"、"象征性"赔偿转化,在赔偿的具体实施中由最初的积极推进赔偿向极力阻挠赔偿、反对赔偿转化。美国通过派遣斯特赖克调查团、海外顾问团、德雷珀调查团对日本赔偿问题所提交的报告,逐步完成了对日赔偿政策的转变。1949 年 5 月 12 日美国在远东委员会宣布取消先期拆迁计划,从根本上中止了远东委员会对赔偿问题的讨论。

1. 斯特里克调查团

远东委员会中国代表团关于赔偿小组会议情形报告(第五号)
1947 年 9 月 15 日

其他事项:美国陆军部于本年内两度派遣史屈拉克(编者按:翻译版本不同,即斯特里克)赴日协助盟军总部处理赔偿问题,史氏已往为美国驻德军政府工业组之赔偿助理,彼于最近九月份在美国杂志发表一文,主张美国应放弃鲍莱计划,不顾远东委员会之阻挠,竭力协助日本自给自足。彼之议论与目前盟军总部对赔偿之迟延态度,似可互相印证,特摘译要点附供参考。该文题为"Revenge is Expensive"。

史氏首先引述对德赔偿之经验,称美国一面允许苏联拆迁工业设备、船舶,一面复须大量拨款救济及匡助德国安定战后经济,此一现象实甚矛盾。胜利对于美国不但无代价,反而成为赔钱的累赘,长此以往,美国为维持战败国,势将有破产之虞。"美国并不需要德国和日本工厂,吾人应鼓励此两国家自足自给,并生产其所需以外之物品。如此,吾人不但可毋须再事救济,其结果且可使美国工厂及农民获得市场,此乃真正对美国有利之赔偿方式"。本此见解,史氏主张对日赔偿应慎重处理,以免重蹈覆辙。史氏检讨鲍莱计划之后称,此一计划将摧毁日本经济,从而加重美国救济之负担。史氏并暗示麦帅对远东委员会根据鲍莱计划所作之决议不满,故对已指定拆迁之一千一百个工厂仍准暂时启用其中之七百座,并希望此项决议加以改变。史氏并明白表示,陆军部所以派遣彼等赴日,乃在谋对鲍莱计划重加检讨。据其调查结果,"纵将目前所有设备留存日本,日本亦难再行从事战争,数年内亦难以复兴,远东委员会之政策要求巨额赔偿支付必致引起日本经济崩溃和今后不断之救济需要"。"吾人建议供赔偿拆迁者为若干之制钢、储油、炼油设备、兵工厂中之工具机及过剩之造船设备,此等设备必将仅限于现行一千一百工厂中极少数部分,其余工厂应鼓励复工,以使生产输出物资,弥补其入超"。史氏之结论为远东委员会之决议应予推翻,在和约中将日本置于安定之经济基础上,俾其生产力能有所贡献。

中国第二历史档案馆藏外交部档案

远东委员会中国代表团关于赔偿小组会议情形的报告（第六号）

1947 年 10 月 4 日

（四）斯屈拉克撰文美方答复:

关于 Strike 氏在九月份 American 杂志所发表关于赔偿之专文,经于第五号报告撮要阐述,我方为此并于小组会中向美代表质询,美代表于第一二七次会议席上发表官方答复略称,该文纯系以私人资格撰述,美国政策并无变更等语,并称此声明将同时在东京 RTAC 宣读。

中国第二历史档案馆藏外交部档案

2. 海外顾问团

美国所提关于日本经济的建议

在 1948 年 1 月 21 日远东委员会大会上,美国驻远东委员会代表宣读美国政府关于日本经济的文件:如果没有战后日本自给自足的经济的建立,那么盟军对日占领已经取得的成绩就不能得到巩固,盟军对日占领的前两年还没有完成这个目标。为了谋求战后日本经济的早日复兴,应该在盟军占领日本的基本方针范围内寻求能够采取的一切必要手段来完成这个目标。但是盟国之间关于日本必须实施的战争赔偿还没有达成一致,势必影响该目标的实现。所以现在必须做出更多努

力来完成日本拥有自给自足的经济和合理生活水平的目标。美国政府
即将在国会讨论 1949 年的财政预算案,还要讨论盟军占领日本所需的
物资费用、支持日本扩大和平工业生产所需的工业原材料和零配件的
进口费问题。美国政府认为远东委员会及其成员的合作是促使日本成
为自给自足经济的计划成功所必不可少的因素,所以美国政府希望,今
后远东委员会各国多提能实现这个目标的政策。

Verbatim minutes,Jan. 21,1948,FO371/63692,File No. 7

苏联代表的建议

苏联代表在 1948 年 4 月 8 日的远东委员会大会上发言:根据日本
执行投降条款所规定的义务,远东委员会在制订政策、规定和标准方面
已经取得了成绩,但是对规划战后日本工业重建这一重要的政治问题
的决议至今仍悬而未决。而近来在美国的对外宣传中不断出现声音,
称美国政府正在制订战后日本工业重建计划,如向日提供贷款等,为此
绕开远东委员会。苏联代表团认为有必要声明以正视听,没有远东委
员会关于日本工业重建的政策决议,任何国家单方面的决定和行动都
被认为是非法的。

Verbatim minutes,April. 8,1948,FO371/63692,File No. 7

5 月 6 日美国代表在远东委员会的发言

美国代表在 1948 年 5 月 6 日远东委员会大会上发言:我国认为远
东委员会并没有政策规定可以阻止驻日盟军最高司令利用自己的权力
帮助日本获得自给自足的和平经济。相反,根据《波茨坦公告》规定日
本有权拥有一个自给自足的经济。远东委员会的政策宗旨也再次确认
了那个保证。

Verbatim minutes,May. 6,1948,FO371/63692,File No. 7

9月9日美国代表在远东委员会的发言

美国代表在 1948 年 9 月 9 日远东委员会大会上发言:我奉政府之命通知远东委员会,早前远东委员会提出了"日本经济生活水平"的文件,美国非常欣慰远东委员会各国对此表示出的兴趣。我国政府现在还不准备对此文件表达任何立场,也不会对"日本造船业和船舶的政策"或者远东委员会一些国家要求对先期拆迁计划进一步拆迁的问题提出任何看法。美国可能还需要一段时间才会提出自己的观点。

Verbatim minutes, Sept. 9, 1948, FO371/63692, File No. 7

澳大利亚政府的提议

澳大利亚政府于 1949 年 2 月 8 日致函所有远东委员会的英联邦国家:美国近来有绕开远东委员会的倾向,而且在制订盟国对日政策的时候不给远东委员会发言的机会。考虑到我们在太平洋地区的特殊利益,我们不愿意接受日本只是美国的责任的想法,而其它盟国只是它睡着的伙伴。在对日和会召开前,远东委员会仍然是制订对日政策的唯一机构。澳大利亚政府已经要求本国驻远东委员会代表尽早陈述以上问题,并强调远东委员会章程所规定的权利和责任。

英国的回复:"美国越来越无视远东委员会的存在,使其大部分时间只能浪费在讨论一些无关紧要的小事上。鉴于美苏关系和苏联的立场,美国的态度是必然的发展。但是由于苏联的存在,远东委员会似乎不是一个反美的合适场所"。

FO371/76186, File No. 1016, 1949

翦仲襄呈关于斯揣克调查团报告内容的要点
1948 年 4 月 16 日

斯揣克调查团二月二十七日向美陆军部所提出关于日本赔偿问题的报告,共长 175 页,其概要共 5 页,主要建议:除主要战争工业以外,不要把日本生产设备移去。

A节:说明该团任务第一部分工作,即是指那些工厂和设备应保留,以及那些工厂设备应移作赔偿之用。

	应予保留的每年生产能力	规定作为赔偿生产能力	工业设备规定作赔偿价值(一九三九年日元)
铣铁	2,000,000 公吨	1,600,000 公吨	(无)
钢块	3,500,000 公吨	2,900,000 公吨	390,314,000 日元
钢板	2,650,000 公吨	1,550,000 公吨	(无)
硫酸	3,510,000 公吨	1,245,075 公吨	25,201,000 日元
硝酸	30,295 公吨	106,945 公吨	9,648,000 日元
电解苛性钠	82,500 公吨	46,300 公吨	22,632,000 日元
人造石油	(无)	(无)	(无)
人造橡皮	(无)	900 公吨	10,236,000 日元
机械工具制品	10.000 部	26,970 部	145,695,000 日元
钢珠与轴承	价值32,500,000 日元	价值59,318,000 日元	24,537,000 日元
火力发电电热量	1,906,000 瓦	366,860 瓦	7,851,000 日元(大部为无锅炉的发电机)
商船	1,240,500 总吨	59,500 总吨	23,700,000 日元
船舶修理	4,526,490 总吨	2,693,350 总吨	(无)
造船	153,000 总吨	648,100 总吨	163,120,000 日元
石油提炼	9,809,550 桶	(无)	(无)
石油贮藏	7,293,000 桶	(无)	(无)
铝金属提炼	25,000 公吨	68,100 公吨	86,418,000 日元
铝金属制品	(无)	110,000 公吨	66,180,000 日元
镁	(无)	680 公吨	14,501,000 日元
小计		990,033,000 日元	
主要军火工业设备		1,475,887,000 日元	
总额		2,465,920,000 日元	

B节:说明该团任务第二部分工作,即是生产设备应该保留在日本,以便它能达成自给自足的经济。

日本在战事结束后,不但地土丧失甚多,国内工厂,大部分已受损失或毁坏,目前工业生产,远逊于一九三○年到一九三四年的时期,商船吨位,已减少到战前 1/4 不到,不少工业公司,已摧毁殆尽,无限价值之渔场和捕渔权都已失去,而粮食衣着住屋,都是供不应求。目前日本人口——估计目前约七千九百万人,还在迅速增加中。

重建日本问题,该团为了便于研究起见,假定到了一九三五年生产效能将达到战前的水准,并假定一九五三年为"目标年",以是年为基础,以便估计日本国内的生产量和必需输入。

预料到一九五三年的时候,日本人口估计当有 8580 万人,较一九三○——三四年约增 30% 。日本可耕地,在总面积中仅占 15% 左右,因此,非农土地的人口预料将较一九三○——三四年增加 60% ,非耕种土地人员增加,在食物供应上,引起新的重大问题。

为要使日本人民能达一九三○——三四年的生活水准,估计一九五三年的输入,至少需要比一九三七年增加二亿七千五百万美元(一九三九年美元价值)。

日本不但面临着偿付此等输入的问题,同时还面临着,从国外方面获得之无形收入,将比战前任何一年,急剧减少——无形收入,包括国外有价证券的利息和红利,在国外所办事业获得的利益,国外劳务所获的报酬,装运外国货物所获的运费、保险费及在日旅行者在日本所付出的费用等。

为要使日本成为自给自足,不但日本需要比现在更多的生产能力,而且如本报告中 A 节所拟之设备搬运,将有损于世界生产和复兴。

该团认为日本工业设备,除主要军火工业设备外,可供赔偿者如后:

硝酸	107,000 公吨	值 9,648,000 日元	备考
人造橡皮	900 公吨	值 1,236,000 日元	
造船	385,000 公吨	值 118,138,000 日元	
铝及镁制品	50,000 公吨	值 21,688,000 日元	
镁	480 公吨	值 12,550,000 日元	
小计　172,269,000 日元			
主要军火工业设备值 1,475,887,000 日元(此项设备包括有工具机)			
总计　1,648,156,000 日元			

　　拆迁之设备,在未来几年中,各接收国不一定能生产亟急货物,以供世界市场需要,假如这些设备能在日本加以利用,生产和时代需要货物,就应该及时利用,藉以减轻世界的缺乏,特别是用以减轻要求赔各国目前存在之缺乏。

　　结论:

　　把日本经济恢复到自给自足基础问题,是一个极困难问题,如果日本在最有利环境之下,开工生产基本条件,他们要有工作的工具。

　　如果将日本生产设备(除了主要军火工业设备)搬去,将损害世界生产,减少日本成为自给自足的可能性,并且增加美国纳税人之支出。

　　职蒯仲襄呈　四月十六日

中国第二历史档案馆藏外交部档案

3. 德雷柏调查团

蒯仲襄呈摘译美国陆军部德雷柏调查团报告有关赔偿问题的要点
1948 年 6 月 11 日

　　该团由德雷柏(美陆军部次长)、霍夫曼(美经济合作局长)、约翰斯敦(美化学业银行及纽约信托公司董事)以及洛云(美国贸易顾问公司经理)、徐尔(美国徐尔公司老股东)等诸氏组成,由德雷柏及霍夫曼率领,调查报告由约翰斯敦拟草,故陆军部称此报告为约翰斯敦报告。

该团报告建议日本政府经营之主要军火工业设备,应提供赔偿,同时日本国内其他工业,必须恢复自给自足。

其赔偿范围除主要军火工业设备外,其他工业设备仅限于化工、金属、造船三类,总计共值662247000日元(按照一九三九年日元值合一亿六千五百美元)。

兹列表说明如后:

(一)作战工业设备	560,000,000 日元			
(二)普通工业设备	类别	能力	价值(一九三九年日元)	备考
	硝酸	83,000 吨	8,000,000	
	人造橡皮	750 吨	10,000,000	
	造船	162,000 吨	50,000,000	
	铝及镁制品	50,000 吨	21,688,000	
	镁金属提炼	480 吨	12,559,000	
	小计		102,247,000	
总值	662,247,000 日元			

该团并敦促美国政府在经济上援助日本,使每年之输出能达十五亿七千五百万美元。同时并希望使日本不待和约完成,即可与世界其他各国恢复(承)〔成〕平时正常贸易关系。

该团并谓日本、中国台湾及其他地区,已陷入中国及苏联手中之国外资产,应正式承认为赔偿品。

附斯揣克调查报告与约翰斯敦调查报告建议提作赔偿物资类别、能力、价值比较表:

	斯揣克意见			德雷柏意见		
	物资类别	能力	价值一九三九年日元值	物资类别	能力	价值一九三九年日元值
A	硝酸	107,000 公吨	9,648,000 日元	硝酸	83,000 公吨	8,000,000 日元
	人造橡皮	900 公吨	10,236,000 日元	人造橡皮	750 公吨	10,000,000 日元
	造船	185,000 公吨	118,138,000 日元	造船	162,000 公吨	50,000,000 日元
	铝及镁制品	50,000 公吨	21,688,000 日元	铝及镁制品	50,000 公吨	21,688,000 日元
	镁金属提炼	480 公吨	12,559,000 日元	镁金属提炼	480 公吨	12,599,000 日元
	小计		172,269,000 日元	小计		102,247,000 日元
B	主要军火设备		1,475,887,000 日元	主要军火设备		560,000,000 日元
	总计		1,648,166,000 日元	总计		662,247,000 日元

职翦仲襄　六、十一

中国第二历史档案馆藏资源委员会档案

4. 远东委员会取消对日索赔计划

麦考伊在远东委员会的发言
1949 年 5 月 12 日

1949 年 5 月 12 日,美方代表麦考伊在远东委员会的发言:1、日本已依据临时赔偿计划的临时指令将两万余台机械器材交付中国、菲律宾、荷兰与英国,且海外资产之被押收,实际上支付了 30 多亿美元,据此认为"日本已履行其大部分赔偿义务"。2、美国为日本之赔偿问题"已竭尽自己之努力,并于战后已耗费 10 多亿美元之对日援助费"。3、不应限制日本和平工业之生产,原划为战争工业设备之工厂,现亦为促进日本经济复兴所必需,并且要"复兴此种工业以满足日本国民最低限度之需要"。4、对于远东委员会业已决议或尚悬而未决之有关日本赔偿及工业水平之议案,美国要求废止或另外提出修正案。因此美国宣布取消 1947 年 4 月 4 日的有关 30% 的先期赔偿方案。同时撤销美国政府所提的有关各盟国享受赔偿的分配比例方案。

日本赔偿问题已经成为远东委员会及其成员国必须解决的最重要和最紧迫的问题之一。美国曾经长期不懈地关注这个问题并深切地知道远东委员会其它成员国希望找到解决它的合理的办法。非常遗憾的是,这个曾花费远东委员会如此长时间的有争议的问题会继续妨碍支持日本获得自主经济的行动,这也是我们大家对这个国家的共同利益。在远东委员会,我们对该问题的讨论是根据《波茨坦公告》对日本的规定,以及不破坏日本民众自给自足的能力的要求而进行的。在远东委员会成立早期,美国受这样一种愿望的驱使而决定:受日本侵略的受害者在没有危害日本民众满足自己和平需要的情况下接收日本赔偿是可能的。为了使受日本侵害的国家最大程度的获得赔偿、为了消除日本政府和民众对赔偿问题的不安、为了使日本战后义务尽可能多地在占领时期履行,美国还认为应尽早制定并实施赔偿计划。这些因素促使美国政府率先向远东委员会提出了若干政策建议。1946 年 4 月,美国向远东委员会建议应该迅速明确当时被认为明显是日本和平需要过剩的用于军需的工业设备。在那一年的 5 月至 12 月,远东委员会基于美国的建议表决通过了一系列临时赔偿计划的决议,但是随后远东委员会未能就各国分配份额达成一致而阻碍了这些决议的实施。1947 年 4 月,美国政府提出进一步的建议,准确确定日本的工业能力。同月,根据远东委员会章程第三部分的第三段,美国发布了先期拆迁计划的临时指令,命令驻日盟军总司令将远东委员会先前制定的临时赔偿计划的设备提出 30% 分配给四个国家。这个指令发布的动力是,希望支持那些在本国领土内抵抗日本侵略并遭受巨大损失的国家,同时也希望促进远东委员会能够达成一项使 11 个国家都受益的赔偿计划。1947 年 11 月,美国政府倡议结束远东委员会内部关于赔偿分配率谈判的僵局。如果这个僵局继续下去的话,远东委员会关于赔偿问题的任何决议都不可能付诸实施。16 个月过去了,这个建议还没有被远东委员会通过。以往远东委员会通过的各种有关赔偿的决议的有效执行基于两个前提:1. 一切赔偿拆迁应不损及日本平时生活水平。2. 盟国间对于赔偿分配份额及执行拆迁办法须获得一致协议。这些前提中的第二条已经不能实现而且也看不到它实现的前景。鉴于几年来各种形势的发展,美国认为这两个前提都不能成立。由于日本战后经济极其艰难窘迫,已不能维持一个合理的生活水平,而各盟国间对于赔偿问题又始终不能得到完全协议。所以美国认为:1. 日本战后经济上的缺损在短时间内无法弥补,为使收支得到平衡,必须利用现有的一切资源。2. 此时如果继续实施拆迁赔偿,将不能达到稳定日本经济,使之达到自给自足的目的。3. 盟国间关于分配率的问题达成协议的希望渺茫,而此项协议的缺失使得远东委员会有关赔偿的所有决议都无法执行。4. 日本已经通过海外资产充赔和一部分先期拆迁履行了它的赔偿义务。根据以上结论,美国政府决定:1. 取消 1947 年 4 月 4 日的临时指令,停止先期拆迁计划。2. 撤回美国 1947 年 11 月 6 日关于分配率的建议。3. 美国将不再采取单独行动,颁布临时指令,从日本拆迁任何赔偿物资。美国认为日本现有一切工业设备都应该保留,用以恢复日本经济。即使连主要军需工业,除应销毁的以外,都应该全部保留,移作民用,而其不能用者,都应作为废铁利用。美国赞同不许日本恢复作战能力的原则,但认为一切用于和平目的的工业都应该让其无限制的发展。此后,美国将向远东委员会建议取消或修改关于赔偿及工业水平的一切现行决议,使其与美国在占领期内不再拆迁赔偿设备的宗旨相符合。

FEC Minutes,153rd meeting,May. 12,1949,FO371/76191,File no. 1016

菲律宾代表在第 154 次会议的发言

1949 年 5 月 19 日

1949 年 5 月 19 日远东委员会第 154 次会议菲律宾代表发言:大约两个月以前的 3 月 17 日,我代表菲律宾政府发表了一份关于日本赔偿问题的发言。我对赔偿问题解决的长期拖延表示痛心,指出这个问题本质上讲是盟国制订日本和平经济应该遵循的标准摇摆不定的结果。由于美国对占领日本所负有的特殊使命,我曾真诚地呼吁美国能够帮助远东委员会脱离恶性循环的怪圈。两个月前我们向美国政府提出的问题是由于当时的焦急和迷惑心情。今天我们已经获得了答案。当我最早听到美国政府的决定时,我的第一反应是"目瞪口呆"。凡是熟悉美国口语的人都知道,我用这个比喻是为了表达愤怒、惊讶和疑惑的一种综合感情。美国5月12日发言的影响就是现在关于日本赔偿既没有任何政策也没有计划了。过去的所有工作努力都被抹去。我以前提出的恶性循环并没有解决。日本战后赔偿的所有政策都是根据严厉惩处的原则,并相应地考虑了日本人民的福祉和盟国的成功占领。所以,远东委员会采取了几个步骤来落实赔偿一揽子的解决,包括制订临时赔偿计划等一系列决议,择定供赔工厂、确立决定每个国家份额的标准以及确定日本的和平需要。远东委员会为这些决议的通过做了艰苦和长期的工作。确实,它可能还没有达到就赔偿问题的每个方面都制订出一个满意的方案的结果,特别是各国获得日本赔偿份额百分比的方案到目前还没有达成一致。但是,我想指出的是,远东委员会已经就很多重要问题达成协议,比相应的战后德国占领机构和我所熟悉的联合国里相同的政治机构获得的成果要多。所以当美国政府以远东委员会这个不成功的方面作为自己的决定的理由时,我强烈地认为这种急躁的举动也许会暂时奏效,但是最后终会一事无成。非常奇怪,这种情况也出现在1947年4月4日美国政府单方面发布临时指令的事件中,在远东委员会成员还没能就各自的份额问题达成协议的情况下,美国政府就采取类似急躁的举动作出了决定。渴望推进赔偿进程,为了使它能强有力地向前发展,于是先期拆迁计划出台了。也许这样的行动的动机不错,也符合逻辑,但是现在,我们最终被告知一个事实,远东委员会到目前为止没有采纳一个赔偿份额方案,这也许证明是两个完全矛盾的行为。也许导致美国采取新的赔偿政策有很多因素,其中有一个原因,就是为使日本经济自给自足而希望稳定日本经济赤字的想法。众所周知,目前从先期拆迁计划中分配给四个国家的所有赔偿总数大约为 7 千万美元。这些赔偿大部分是机械工具、试验设备和实验工厂设备。没有一个工厂被拆迁。现在我们被告知美国各种考察团所进行的相继的考察是必要的。关于这些美国专家的观点,我认为至关重要的和意义深远的政策不仅影响美国而且也影响其它国家,它们都是根据这些考察者的发现和建议产生的。应该注意的是,美国三个不同的调查团给出了日本和平工业需求的三个不同评估。如果派到日本的考察团能由多国代表组成,那将是一个明智的做法,那样可以确保对美国专家们的发现进行一定程度的控制和检查。如果理智地假设,调查团能由来自中国或菲律宾这种工业化程度低又遭受战争巨大损害的国家的代表组成,那么对于来自繁荣的工业巨人的美国的代表的评估来说将起到一个矫正的作用。所以,关于这些考察报告,我的第一个观点就是,没必要去考证它们,事实是它们互相差距如此之大,任何人对它们的准确性和可靠性都会产生严重的质疑。我的第二个观点是日本内部的困境造成自身的经济形势危急。我已经说过,远东委员会在日本投降后的基本政策是规定了严格的条款"日本的困境是咎由自取,盟国将不承担恢复工作"。该政策还规定,"有必要让日本人承担物质重建并主要对他们的经济活动和机构的性质及方向进行改革"。但现在,我们被告知日本经济处于非常危急的状况,整个赔偿计划必须废弃,因为按美国代表的话,"日本人民必须在一个可以容忍的生活水平上实现自给自足",因为"没人有理由建议把日本抛弃于经济绝境中"。的确,我们不能那样建议,但是我们可以更有理由地认为日本危急的经济形势是它自己战争行为造成的,而且,它的经济失败很大程度上是它自己的工业领导者——财阀以及他们在政府机构的政治代理人们故意阴谋破坏日本战后工业恢复所造成的。所以目前日本经济形势危急,日本应负两个责任:首先是对自己侵略的犯罪行为导致的结果负全责,其次,故意制造金融混乱并放慢生产速度以便使占领当局局促并获得盟国的同情,特别是美国的同情,对此它应该负主要责任。我肯定远东委员会不希望知道,日本在得知美国的新政策后发表的庆祝新闻。5月13日的日本《每日新闻》发表了一条社论:"近期华盛顿的声明已经挽回了日本在世界上的面子。我们认为我们可以理直气壮地站在那些怀疑我们重新武装自己的国家面前了。"我更不想告诉大家,在马尼拉的民众得知同样消息后所表现出的沮丧,甚至是痛苦的沮丧。在我的回忆中,近些年唯一能够使东京欢呼庆祝而马尼拉惊愕的新闻报道就是日本偷袭珍珠港的消息。时间一定改变了很多东西,后来才制造出这个奇怪的又截然相反的重复事件。或许,我们应该认为这是一次新的偷袭,一个更加阴险的偷袭——延期爆炸的袭击,在未来某一天这个偷袭会在那些现在心疼日本占领费的人面前爆炸,到时为了牵制日本需要更大的努力或者付诸战争,现在花费一千万维持日本经济,到时会花费十亿。如果我辛酸地说,主席先生我请求您能理解我只是想反映菲律宾人民的克制和情绪。我还请求您相信这些情绪并没有针对日本人民的盲目的报复性感情。我们对他们政治和经济重建的希望是真诚的,因为他们是我们的近邻,我们渴望未来他们能与我们和平相处。美国可以根据自己的意愿留在或者离开远东,但是我们别无选择,我们必须一直在那里。从更重要的意义上讲,一个和平民主的日本对我们比对你们更利害攸关。对我们并不像对你们那样,只是忘记过去、克服对日本深切的和正当的仇恨这么简单。更重要的是,必须确保日本将来不再成为我们安全和自由的威胁。赔偿问题不只是一个日美关系问题,也不仅是一个苏美霸权关系问题。它是涉及对未来亚洲利益攸关的所有远东委员会成员国的一个重要的国家问题。所以解决它的方案也要基于此。一个公正的解决方案不能只依据为了使日本恢复工业而必须缩减赔偿这样的假设。总之,没有人能对美国政府取消由它一厢情愿单方面发起的临时赔偿计划的权利提出质疑。但是我认为在国际关系中,对这类问题的考虑不应该仅以美国的合法的权利为尺度。一个决议,即使最初是单方面和自愿的行动,但随着时间的发展,会在各方之间产生一系列的限制各方行动自由的关系。各方都不能完全随意地、专断地抛弃已形成的关系体系。

FEC minutes,154th meeting,May. 19,1949,FO371/76191,File no. 1016

中国代表李惟果要求美国政府重新考虑其计划

1946 年 5 月 26 日

中国代表李惟果在 5 月 26 日举行的远东委员会第 155 次会议上发言：对于美国政府于近期宣布中止在日本的拆迁行动并取消先期拆迁计划的临时指令这种倒退性的政策，中国政府认为有必要要求美国政府重新仔细考虑。尽管自去年春季美国代表团对日本经济水平政策的讨论长期拖延不发表意见以及放慢实施先期拆迁计划开始，美国近期转变的立场的总趋势已经非常明显，但是中国政府对此行动依然感到非常不安。首先，我们认为这个激烈的行动与美国政府也参与制订的一系列的国际文件和决议相违背。我们还认为，它也对受日本侵略的受害国不公平，而且从长远看也不能证明会对现在的获利者，甚至日本有利。毕竟，我们担心这个转变是对公正、持久和平的远东持有偏见。我认为没必要再引证盟国协议的详细条款，更不必提《波茨坦公告》对日本投降的规定、远东委员会对日本投降后基本政策的规定以及远东委员会的一系列关于日本赔偿的决议，美国的行动是有违这些文件的。美国的声明指出，美国政府对远东委员会赔偿问题的政策决定是根据两个基本设想，即关于赔偿份额方案的协议以及日本存在超过和平需要的工业能力。美国政府认为远东委员会不能就份额分配这个重要而紧迫的问题达成一致以及由缺乏充足的工业设备导致的日本经济困难迫使美国政府重新考虑自己的立场。因为对这两个说法所产生的质疑，受命我国政府进行评论。关于第一点，美国在大约 16 个月前就提议了赔偿份额的分配，而后没有达成任何决议的说法也确实。同样是事实的是自 1948 年初开始远东委员会就再没有任何积极的讨论。海外顾问公司考察报告于 1948 年 3 月 2 日提交远东委员会，紧接着 5 月又来了约翰斯顿报告。两个报告都呼吁大量缩减对日本资产的拆迁。在 1948 年 6 月 1 日举行的赔偿技术顾问委员会第 27 次会议上,美国哈奇逊将军说"在就海外顾问公司和约翰斯顿报告提出的建议达成决议以前,他不希望拆迁任何飞机和私有军需生产工厂"。在远东委员会指导委员会 1948 年 7 月 13 日举行的第 113 次会议上,英国代表曾请美国代表对哈奇逊将军的发言做评论。其它国家也支持英国的要求。但是没有得到任何肯定的答复。1948 年 9 月,远东委员会被美国代表告知,他的政府不准备就先期拆迁计划的进一步拆迁问题表达任何立场。所以很显然,对此问题解决的延误不全是因为远东委员会不能找到解决方案,还包括远东委员会缺乏积极讨论以及美国自己从 1948 年初起在赔偿拆迁立场上的态度不明确。特别是关于日本工业水平问题,自从派遣了上述两个考察团后,美国代表团对解决它的兴趣显得逐渐降低。1948 年 9 月 10 日,美国代表团在答复其它盟国代表团关于美国对此问题的立场时认为,美国要根据赔偿份额问题的进展来决定自己的观点。但是我们认为,远东委员会不能解决分配份额问题不能妨碍美国代表团表达自己关于日本工业水平问题的观点。诚然,没有赔偿份额的方案是解决日本战后赔偿问题的一个障碍,但是即使在没有这样一个方案的情况下,执行先期拆迁计划的临时指令也不能被拖延,而且应该在它发布两年后的现在早已经完成了。众所周知,先期拆迁计划的临时指令是出于满足接收国紧急需要、根据远东委员会章程发布的。这个指令一旦发布将对这些国家造成一系列影响,因此成为普遍关注的事情。所以,任何中止它的企图应该通过远东委员会各盟国协商后方可采用。但是,今天这些国家陷入进退两难的境地。这个计划开始实施两年后,已经制订利用这些资产并准备接收它们的国家突然被告知这个计划被取消了。没有人能否认临时指令的突然废除注定扰乱接收国的计划并随之阻碍它们的经济重建。从这一点说,美国政府也许应该意识到这个问题的道德因素。美国的声明还应该考虑安全问题,它是受日本侵略的受害国最关心的问题。在过去三年半的盟国占领期间,通过在日本推进改革,一个充满希望的开端已经出现。我必须承认,这些做法仅仅是开始。很多工作还需要继续做下去。凭借我们对日本人的了解,我们坚信,认为三年半的政治改革已经完全去除了他们多少代所接受的信念和宣扬的想法,使他们知道这是与事情的本质背道而驰的。考虑到这些因素,在缺乏反对日本军事复苏可靠保证的情况下,中国人民只能要求对日本问题采取现实的方法。赔偿拆迁不仅仅是为了达到日本补偿盟国部分损失的目的,而且还要拆除可能使日本重新武装的工业设施。我们正在处理一个重大问题,我们今天的所作所为将成为人类历史重要的一篇。后代判断和评价我们的工作不是根据我们今天的权宜之计,而是依据我们支持和赞成的根本理念和原则。尽管中国政府非常渴望和约的签署,但是我们不能同意一个只考虑私利而放弃公正持久和平这个基本原则的政策。

FEC minutes,155th meeting,May. 26,1949,FO371/76191,File no. 1016

菲律宾代表反对美国取消赔偿计划

1946 年 5 月 26 日

远东委员会第 155 次会议菲律宾代表发言:1. 赔偿计划的取消是美国政府对波茨坦公告的公然背叛。2. 菲律宾提出的对日索赔份额是《远东委员会日本投降后基本政策》规定的应得的正当权利。3. 美国的决定将使远东委员会章程的文字和精神以及对赔偿问题所作出的一系列决议无效,特别是那些关于 11 类用于临时赔偿资产的日本工业的处置的决议。4. 美国的决定与菲律宾独立前美国国会签署的《1946 年菲律宾复兴法案》主旨相违背,该法案签署的前提条件是日本对菲律宾赔偿。5. 在所有亚洲国家中,可能除中国以外,菲律宾承受了最严重的损失和伤亡,所以在赔偿问题上应该获得优先的权利。6. 日本赔偿资产在菲律宾战后工业发展和经济恢复中起到非常战略性的作用,期望中的获赔的中止对菲律宾的经济发展进度造成严重的中断并对其经济结构产生巨大混乱。

FEC minutes, 155th meeting, May. 26, 1949, FO371/76191, File no. 1016

中共对美国取消赔偿计划的批判

1949 年 6 月 20 日

1949 年 6 月 20 日,针对美国政府 6 月 10 日的狡辩,中国共产党人以"北平观察家严斥美国所谓停止日本赔偿声明"为标题发表评论。评论称:美国国务院这个声明,是美国政府颠倒是非的一个确证。事实和美国国务院的武断声明相反,美国停止日本赔偿的立场,完全破坏了波茨坦协定及远东委员会对日基本政策的有关条款。波茨坦宣言第十一款曾明确地规定日本将被准许保持为维持其经济所必需及可以偿付实物赔偿之工业,但可以使其重新武装作战的工业,不在其内。远东委员会于一九四七年六月十九日公布的对日基本政策也确定,只有维持日本民主经济及支付赔偿物品的工业,才许其发展,而使日本能重整军备的工业,则绝对不许存在。远东委员会于一九四七年八月十四日通过的关于日本赔偿的决议,同样地规定,一切基本与次要的工业,均应划作赔偿。远东委员会根据鲍莱的赔偿计划,曾经通过一个决议,具体规定了哪些工厂应予拆毁,充作赔偿。美国一九四七年四月发表的临时赔偿计划,正是在许多国家的要求下根据这个决议而拟定的。由此可见,无论波茨坦协定与远东委员会的决议,都曾明明白白地规定了日本应该实行正当的公允的赔偿。美国国务院在其声明中说:美国对赔偿问题的立场与日本继续进行有效之解除武装及解除日本军备之间,实无矛盾可以发现。而且又说:日本已完全解除武装。但是事实却完全是另一回事。许多确实的证据证明:日本并没有被完全解除武装,日本的军事工业不但基本上保持完整,而且正在被扩充之中。依照美国政府一九四七年四月四日发布的临时赔偿计划,规定美国应在麦克阿瑟划作赔偿的一千座飞机制造厂、造船厂及兵工厂中,先行提取百分之三十分配与中、英、菲、荷四国。这些工厂都是为日本曾经用以发动和进行侵略战争的军事工业是毫无疑问的了。但美国政府一再决定保存这些军事工业,现又决定停止赔偿,这不是为了重新武装日本是什么? 不是违反波茨坦公告第六、七款关于肃清日本军国主义、摧毁日本战争工业的原则又是什么? 因此,问题已不是要在"美国赔偿问题的立场与日本继续进行有效之解除武装和军备之间",去发现什么矛盾,因为这是一件最简单、最容易不过的事。美国国务院的声明宣扬:美国必须协助日本达到自给自足的经济,因此自入不敷出的日本经济中索取赔偿,显然与此目标大相径庭。评论指出,日本首先被划作赔偿的工厂,都是军事工业,因此,这些工厂的拆卸充作赔偿,与日本和平经济的恢复与发展,没有丝毫关系。相反地,日本在美国扶植军国主义反动势力、保存与扩大军事工业及实行残酷的殖民地榨取政策之下,才会永远地无法达到真正的自给自足经济。美国政府之决定停止赔偿,显然不是为了什么协助日本达到自给自足的经济,而是为了把日本变成它在远东的兵工厂与侵略基地。对于美国这一专横的非法决定,中国人民决不会承认其有任何效力。中国人民将坚持波茨坦协定不可动摇的原则,要求摧毁日本军事工业,实行公允的赔偿。只有这样,才真正符合于中国与其他国家人民以及日本人民的利益。

《对日和约问题史料》,第 153—155 页

印度代表提出中立国资产处理问题
1949 年 9 月 9 日

印度代表在 1949 年 9 月 9 日远东委员会第 166 次会议上,提出日本在中立国资产的处理问题:美国政府曾建议日本在远东委员会各国的海外资产应该由那些国家持有。这个建议我们能接受,我希望在座的其它国家也能接受。但是,我想提出日本在中立国家资产的处理问题。据我所知,现在指导委员会正在讨论一项建议,对在一些中立国家的日本资产进行排列登记工作。从远东委员会的草案中,我注意到并没有对这些资产如何处理提出建议。印度要求远东委员会尽快启动这

些资产的最后处置方案。印度政府建议这些资产应该分配给有资格申请赔偿的国家,而且为达此目的应该采取具体的有效措施。最后,印度认为远东委员会至今还没有考虑日本在暹罗(泰国)的资产处置问题。印度建议远东委员会应该尽早考虑这个问题。

FEC minutes,166th meeting,Sept. 9,1949

苏联代表对日本发展工业的提议

苏联代表于 1948 年 9 月 23 日向远东委员会递交了一份名为"关于发展日本工业问题的声明":日本工业发展水准的问题是需待解决的许多最重要的问题之一。日本工业发展的水准将决定日本未来的经济发展。但是在检讨这一问题时,我们必须首先弄明白,成为问题的是那一种类的工业发展。工业可以用来适应国内和平时期的需要,但是大家知道,工业也可以用来准备战争的,正像日本从前那样。因此,这一点必须首先弄清楚,只有这样,我们才能对于日本将来工业生产水准的各项建议决定我们的态度。在这样做的时候,我们应该记得:日本还必须符合受到日本侵略危害的国家的合法赔款要求。苏联政府不认为限制日本将来和平工业的发展是合宜的,这要求毫无成立的理由。这不能符合日本人民的利益,或其他国家,主要的是须要和日本维持经济联系的亚洲各国的国家利益。日本工业发展的高度、水准本身并不包含危险的因素,除非允许日本复兴战争工业和军国主义。在过去,日本工业作了日本实行侵略的经济基础,并不是因为日本达到了较高的发展水准,而是因为这种发展是适应着战争的需要的,和日本人民切身的利益相反,日本军阀是在这样一种状况下发展整个的国内工业和经济生活,以便适应陆海军的需要,用来准备战争。但是,当军国主义的日本一败涂地,现在可以指引日本沿着民主和平的道路发展的时候,这种情形当然不容其再存在下去了。现在我们必须留心,不要让日本军国主义死灰复燃,让日本再度成为战争威胁的场所。为了达成这一任务起见,我们必须使日本工业的发展只适应于日本人民的和平时期的需要。如果我们遵循着这一原则，这个唯一正确的原则，那么，非常明白的，限制日本和平工业的发展是完全不必要的。把日本战后和平工业发展到一九三〇——一九三四年的水准，或者更高的水准，同时把长期体味日本军阀侵略的严重恶果的日本人民之物质福利加以提高，这是不但应该，而且是非常必须的。这样的工业发展一定会帮助加强她的经济独立，减少日本国民经济生活对于她不利的外部因素的依赖性。此外，日本制成品的输出，将帮助满足若干亚洲国家的需要，同时使日本可以输入她所急需的原料及适合日本人民和平时期需要的其他各种东西。因此，盟国所面临的任务，不是限制日本和平工业的发展，而是防阻日本战争工业的发展，阻止造成有利于日本军国主义和日本侵略复活的条件。接着必然就发生了这一任务在何种方式下才能获得解决的问题。苏联政府认为，如果在日本树立适当的管制到一个相当时期，藉此阻止日本战争工业的复兴，这一问题就可以获得解决。这一管制为期数年，凡愿阻止日本另一次侵略的国家都可以参加，这一管制必须在对日和约中述及之，而且准备并签订这一和约的时期早已成熟了。根据我所叙述的立场，并且根据苏联政府的训令，我建议，我们应该通过下列各项决议：（一）不限制适应日本人民需求的日本和平工业之发展，以及符合日本和平时期需要的输出之发展。（二）严禁日本战争工业之复兴及设立，树立为期若干年的管制，由力主防阻日本另一次侵略的各国负责执行之。

《对日和约问题史料》，第143—145页